现代出版学研究丛书

中国出版史论

刘兰肖 主编

中国书籍出版社
China Book Press

《现代出版学研究丛书》
编辑委员会

编委会主任 　魏玉山

编委（以姓氏笔画为序）　王　平　王　勤　王　飚　冯建辉　刘兰肖
　　　　　　　　　　　　　　刘拥军　李广宇　张　立　张凤杰　吴永贵
　　　　　　　　　　　　　　吴培华　宋慧献　陈　丹　陈丽菲　范　军
　　　　　　　　　　　　　　庞沁文　罗紫初　赵　冰　聂震宁　黄先蓉
　　　　　　　　　　　　　　黄晓新　魏玉山

分册主编

《数字出版学导论》　　　　　　　主编：张　立　　副主编：李广宇
《出版法规与著作权法论析》　　　主编：张凤杰
《现代实用编辑学》　　　　　　　主编：吴培华　朱坤泉
《中国出版史论》　　　　　　　　主编：刘兰肖
《现代出版学概论》　　　　　　　主编：庞沁文

《中国出版史论》编撰人员

主　编：刘兰肖

编写人员：刘兰肖　卞卓舟　刘　峰　叶　建

总 序

出版学研究要为出版改革发展服务

现代出版学研究丛书（一套五本）即将出版了，作为这一套丛书的负责人，终于可以松一口气了。这套书是国家哲学社会科学基金资助课题"出版学学科体系（与教材建设）研究"的成果之一。研究课题2005年立项，历时8年于2013年4月通过专家评审，顺利结项。但是与课题研究配套的教材编写却颇费周折，在国家出版基金办公室的资助下，教材以研究丛书的形式出版，也算是对整个课题有一个比较圆满的交代了。

出版学是一门年轻的学科。不仅比文学、史学、经济学等年轻，就是与新闻学、传播学等相比也很年轻。说它年轻是因为它形成的时间比较短，从1931年我国著名文献学家杨家骆在《图书年鉴》中提出出版学的概念至今不足百年，而我国的出版学研究真正起步是在改革开放以后，我国以出版学命名的图书是在20世纪80年代才出版的。在国外，出版学作为一个学科的起步时间也不早。1963年韩国学者安春根出版了《出版概论》，开始从学术的角度研究出版，1967年，日本学者清水英夫在《读书人》杂志发表了《建立出版学的可能性与必要性》，1972年出版了《现代出版学》一书，开始把出版学作为一门学科来构建。由于这一学科起步比较晚，所以其研究成果不足，教育界、学术界对其认识也不足，时至今日仍然有一些人认为出版无学也就不足为奇了。

出版学是一门独立的学科。它有区别于其他学科的独立的研究对象，有特有的概念、原理和范畴，有独特的知识体系和知识构成。它虽然与传播学、

> 现代出版学研究丛书

管理学、文化学、图书馆学等有密切的关系，但是又不同于其他各学科。出版学之所以出现比较晚，是因为出版业作为独立的产业，作为一项重要的社会事业被大家关注较晚。

出版学是应用之学、实践之学、行业之学。出版学与文史哲等学科不一样，它是一门广泛运用于出版实践又紧随出版实践不断丰富与发展的应用科学。最近30多年来，中国出版业乃至世界出版业，都出现了新一轮的发展高潮，体制机制改革不断深化，新技术应用越来越广泛，金融资本的渗透越来越加剧，一方面呼唤出版理论支撑并为出版学的发展提供了丰富、鲜活的素材，一方面现有的理论又不能回答现实的许多关切；一方面需要有大批的具有专业知识的人才投身出版业，另一方面原有的教学体系包括教材又不能适应形势的需要。

为了总结出版改革与发展的实践经验，总结出版理论创新的成果，以便更好地服务于出版改革与发展，我主持申报了国家社会科学基金项目"出版学学科体系（与教材建设）研究"，目标是在多学科知识的基础上，以出版实践的理论升华为核心，形成自己特有的研究对象和研究方法，以及其他学科不可替代的学科内涵、概念、范畴和体系，对出版学科的课程体系予以明确，并编写部分核心课程的教材。通过研究，我们认为，出版学应当从新闻传播学、信息管理学等学科中划分出来，成为与新闻学、传播学并列的同一级学科。

随着出版学研究不断深入，出版学开始作为一门学科在许多高等学校设立，公开发表的出版学研究论文不可胜数，公开出版的出版学论著也颇为可观，出版学的学科地位正在逐渐得到有关方面的认可。1997年国务院学位委员会和国家教育委员会颁布的《授予博士、硕士学位和培养研究生的学科、专业目录》所设的12个学科门类、88个一级学科、382个二级学科中，出版学并不在其中；1998年教育部修订颁布的《普通高等学校本科专业目录》将"编辑出版学"作为"新闻传播学"之下的二级学科；2010年9月，国务院学位委员会发布关于下达2010年新增硕士专业学位授权点的通知，中国传媒大学、北京印刷学院等院校成为出版专业硕士授权点；2011年教育部将出版正式列入《专业学位授予和人才培养目录》。由此可见，出版学的学科地位正在由不明确逐渐走向明确（当然，时至今日，出版学依然没能与图书情报与档案管理、新闻传播学等并列成为独立的一级学科，出版学的学科体系也不十分明晰，各高校出版学专业的课程设置也比较随意，没有达到相对的统一，这在一定程度上影响了出版人才的培养与出版学理论研究的进一步深入）。

作为课题的重要组成部分，编写核心教材是我们的任务。经过多次的研讨，我们认为出版学、编辑学、数字出版学、出版法规、出版史等有关方面的知识，是出版教育的核心知识，为此我们组织中国新闻出版研究院及有关院校的中青年学者、教师共同承担这些核心教材的编写任务，由于这几本书带有探索性质，与正式教材不同，我们称之为现代出版学研究丛书。我们力求做到具有集成性、系统性、创新性、实用性、形象性，适应时代发展的需要，在一定程度上代表最新的出版科研水平，但是由于作者水平有限及客观条件的限制等原因，其结果与初衷定会有不小的差距，不妥之处衷心希望广大读者给予批评指正，以便我们将来修订再版时加以改正。

现代出版学研究丛书于2014年2月获得了国家出版基金的资助，可见国家出版基金办及评审专家对出版基础理论的研究是高度重视的，借本套丛书出版之机，谨向他们致以诚挚的谢意，并向所有支持、关心、参与本套丛书编写、审稿、出版的同志们表示真诚的感谢。

中国新闻出版研究院　魏玉山
2015年4月16日

绪　言

什么是出版？这是学习研究出版史首先要明确的问题。按照《中国大百科全书》的解释，"出版"是指"通过一定的物质载体，将著作物制成各种形式的出版物，以传播科学文化、信息和进行思想交流的一种社会活动"。另据1971年修订的《世界版权公约》，"出版"是指"可供阅读或视觉可以感知的著作以有形的形式复制并向公众普遍发行的行为"。对以上定义加以概括，"出版"一般包括四个要素：一是记录人类社会积累的知识、思想、信息的作品；二是对作品进行编辑加工；三是运用各类复制技术；四是通过一定传播渠道向公众传播。也就是说，"出版"是将知识、思想或其他信息产品经过加工和复制，通过一定途径向公众传播的活动[①]。

一

世界出版业始于何时，国外尚无定论。《不列颠百科全书》第14版"出版"条的叙述为："出版是对书写的著作物的选择、复制和发行。尽管它在现代已变得依赖于印刷和纸张，但它的产生比这两者都要早。"也即是说：世界出版业的开端早于造纸术和印刷术的发明。G. 昂温，P. S. 昂温（英）著、陈生铮译《外国出版史》（中国书籍出版社，1988年）更加明确地指出，"出

[①] 肖东发：《中国出版通史·先秦两汉卷》，中国书籍出版社2008年，第6页。

中国出版史论

版史的特点是同技术革新和社会变革紧密地相互作用和相互促进的。如今，众所周知，出版依赖于三大发明，即文字、纸张和印刷术，以及对社会发展具有决定意义的文化普及。"基于上述认识，该书将公元前 3000 年埃及最古老的书——纸莎草纸卷作为世界出版史的起点。

国内学界有关出版起源的分歧，主要涉及对出版活动的认识。有人认为有了图书就有出版，有人认为有出版物就有出版，有人认为有发行才有出版，还有人认为有印刷才有出版。可见，对于中国出版史的起源，史学界、出版界学术界的认识也不尽一致，大体有如下四种比较有代表性的观点。

观点之一：有了印刷术才有了出版业。持这一观点的学者，以刘国钧为代表。他认为，"有了印刷术，然后图书才可以说得上'出版'，才开始有出版业"[1]。《新闻学词典》（浙江人民出版社，1988 年）"出版"条解释为："在印刷术发明以前，书报主要靠人工书写流传。印刷术发明以后，才开始有出版事业。"

观点之二：雕版印刷发明前有抄本出版时期，抄本出版萌芽的时代以纸的发明和改进为标志。持这一观点的学者，以刘光裕为代表。刘光裕在《出版文化史论·序言》（华文出版社，2002 年）中提出："作为出版物的书籍，仅仅指采用出版技术制作的那一部分书籍……古代的书籍不一定是出版物，古代的出版物不限于书籍……出版史是出版物制作与流通的历史，也是出版事业、出版制度、出版思想的产生与发展的历史……出版史必须将出版物与书籍区别开来……中国是出版技术的发源地……从蔡伦于公元 105 年发明蔡侯纸算起……有纸以后，抄本立刻出现了"。此外，《中国出版事业发展概况》（《中国出版年鉴》创刊号，1980 年）从西汉时期发明原始纸张开始叙述图书在中国出版的历史。

观点之三：发行事业的开端，即出版事业的开端。西汉时期书肆的出现，就是中国出版业的开端。持这一观点的学者，以林穗芳为代表。他认为："考

---

[1] 刘国钧：《中国书史简编》，书目文献出版社 1982 年，第 64 页。

察出版事业的开端不能把着眼点局限于图书产生的物质技术条件，同时还要看制作出版来的图书是否向公众发行……没有发行就没有完全意义上的出版。从这个意义上说，发行事业的开端，也就是出版事业的开端。据史籍记载，我国在西汉末期出现了书肆……不仅是我国发行事业的开端，也可以看作是我国出版事业的开端。"①

观点之四：殷商时期的甲骨文字的产生，是编辑出版的萌芽时期。持这一观点的学者较多，以肖东发、王振铎等为代表。肖东发认为，《逸周书》中的"铭之金版"、《黄帝内经素问》中的"著之玉版"，《墨子》中的"镂于金石，书之竹帛，传遗后世子孙"，都可称为是早期的出版活动……可以说，"出版"一词在中国虽然仅使用了不足百年，但出版活动、出版工作和出版事业的逐步形成过程已有几千年的历史。②王振铎《从甲骨版片看编辑与出版的起源》（《中国编辑研究》2002年卷）认为："我国的编辑出版活动，就是萌芽于用文字来记载、刻板和传播精神文化的殷商时代。"此外有代表性的论述还有：黄镇伟认为，中国唐代就已出现"版行"、"刊行"或"梓行"，"付梓"、"镂板"、"刻版"、"雕版"等词，都与雕版印本书籍的生产相关，是唐代雕版印刷术广泛应用于图书生产后出现的术语。但是这并不说明中国的出版活动就始于唐代。在雕版印刷术诞生之前，中国的图书传播经历过一个漫长而辉煌的传抄时代，正是因为传抄的相对低效难以满足日趋旺盛的社会需求，所以寻求生产制作技术的创新才成为一种历史的选择。传抄时代的起始，当不晚于殷周。根据历史文献记载和地下出土文物的双重证据，中国历史上的编辑出版活动应肇始于殷商时代。③姚福申也认为："根据考古学的发现，我国最早用来记录文献的物质材料是甲骨、玉版和钟鼎……那时人们将文字资料记录下来的目的，并不是为了传播知识，而是想保存历史档案，供后世子孙缅怀祖先的业绩……这些工作由史官们一代代继续下去，那就是

---

① 林穗芳：《中外编辑出版研究》，华中师范大学出版社1998年，第21—23页。
② 肖东发主编：《中国编辑出版史》，辽海出版社2002年，第3—4页。
③ 黄镇伟：《中国编辑出版史》，苏州大学出版社2003年，第5—6页。

中国编辑史上最原始的阶段……据出土的实物资料推断，这一阶段至迟在殷商时代已经开始"。[1] 有关中国出版史的教材及专著对于出版史起点的叙述，如张召奎《中国出版史概要》（山西人民出版社，1985年）、宋原放、李白坚著《中国出版史》（中国书籍出版社，1991）等有关编辑出版史的教材或专著，均从文字的产生说起，也可看作是对第四种观点的赞同者。

以上关于出版起源问题的分歧，源自不同的标准。主张以雕版印刷术为出版起源的学者，其标准是成熟的复制技术；主张以抄本为出版起源的学者，其标准是出版物；主张以书肆为出版起源的学者，其标准是发行与传播；主张以殷商甲骨为出版起源的学者，其标准是文字产生。针对上述问题，叶再生做了较为系统的阐述和总结。他提出，图书发展有六个决定因素：创造出文字、文字的载体、书写的工具、文字的保存、文字的复制、图书的流通。这六个问题是互相联系、互相制约的。只有全面解决好这六个问题，人类文明才能发展。我们的祖先，在长期发展过程中，就是在解决这六个问题中一步步摸索，一步步前进的。从这一认识出发，叶再生将图书发展的历史划分为五个时期，并以开创文字的时期为第一期。[2] 从总体上来看，这或许是对中国出版起源较具历史眼光的论述。

二

出版的起源，既有技术的支撑，也有观念的推动。关于出版观念的产生，一般认为始于人类自觉进行的历史记录。殷商时期，人们对于重大活动均用占卜方式作出决策，并把占卜的事项、结果或应验，用文字符号记录在龟甲和兽骨上。这种被称为甲骨文的文字，是我国最早有文字记载的历史依据。西周时期，人们选择在青铜器上面铸或刻写文字，以之记载重大事件，被后世称为钟鼎文。这些铭辞的结尾常常刻有"子子孙孙永宝用"的字句，也即

---

[1] 姚福申：《中国编辑史》，复旦大学出版社1990年，第3—4页。
[2] 叶再生：《编辑出版学概论》，黑龙江教育出版社1988年，第9、41页。

希望承垂后世。从这个意义说，青铜铭文比甲骨文前进了一步，被赋予了有意识地进行历史记载的性质。而这种历史意识，或许就是出版观念的源头。

　　历史意识是出版活动得以产生的深刻动机。人们把某一文本或记录通过一定的载体或复制形式进行传播，其深层的观念依据，是试图超越个体的有限生命，把人的活动和思想保存下来，流传下去。"子子孙孙永宝用"的铭文，即是这种观念的具体体现。与我们今天的传播观念迥然不同的是，这是一种纵向传播和代际传播的深度传播观念。《礼记·祭统》云："夫鼎有铭，铭者自名也，自名以称扬其先祖之美，而明著之后世者也。"《墨子》的《尚贤》《明鬼》等篇更加明确地说："古者圣王，既审尚贤，欲以为政，故书于竹帛"，"咸恐腐蠹绝灭，后世子孙，不得而记，故琢之盘盂，镂之金石以重之"。《左传·襄公二十四年》记载，鲁国大夫叔孙豹言："太上有立德，其次有立功，其次有立言，虽久不废，此之谓不朽"。这一"三不朽"的价值观，尤其为后世推崇和遵循。特别是对于"立言"的重视，引导历代知识分子著书立说，"文以载道"。他们把文字和文字传播看得尤其重要，即便不能在当代彰显，也要传诸后世、以待知音。司马迁在《史太史公自序》中谈及自己写《史记》的动机就是为了"成一家之言"，"藏之名山，副在京师，俟后世圣人君子"。曹丕在《典论·论文》中提出了"盖文章者，经国之大业，不朽之盛事"的著名论断。刘知几写《史通》，因担心此著不能流传"泪尽而继之以血"。明代学者何乔远写的分类体明史著述，书名就叫《名山藏》。历代文士更是热衷于把自己的文字结集刊刻。据《现存宋人别集版本目录》统计，仅宋代就有739人的诗、词、文别集（或合集）流传至今。唐代诗人白居易在去世前作《白氏集后记》中说："集有五本，一本在庐山东林寺经藏院，一本在苏州禅林寺经藏内，一本在东都圣善寺钵塔院律库楼，一本付侄龟郎，一本付外孙谈阁童，各藏于家，传于后。"用五本分藏的方法让自己的作品最终得以保存，古人为文字传世而费尽心机由此可见一斑。而中国古代出版在长期的发展过程中逐步形成的官刻、坊刻、家刻、书院刻书、寺院刻书等五大刻书系统中，以家刻系统的文化属性更为突出，也是因为那些成就卓著的私人藏书和刻书家参与刻书事业的目的，考虑更多的是传承文化，而不是市场需求。他们刊刻之书，多是经史子集及有用于世的实学之作，而非迎合大众的通俗作品。在这一出版传统的背后，其深层的观念依据，就是长期以来起主导作用的代际传播和纵向传播观念。

总体来说，自春秋战国以来，有关出版传播的观念主要集中在以下几个方面。

一是经世致用。讲究经世致用，是儒家积极入世的人生观。儒家文化创始人孔子在鬼神问题上提出的"未能事人，焉能事鬼？"、"未知生，焉知死"、"务民之义，敬鬼神而远之，可谓知矣"等观念，特别是"修身齐家治国平天下"的儒家哲学，引导古代知识分子沿着由内而外的路线，以积极入世的心态在现实世界中建功立业。作为中国古代知识阶层居主导地位的文化价值观，经世致用的观念在出版实践中不断丰富起来。早在春秋战国时期，孔子就意识到书籍具有彰往察来、垂法万载的功效，通过整理汇编《六经》，保存了许多有助于治理国家的历史文献，并且通过确立一系列编辑原则以别善恶、寓褒贬，寄托自己的政治理想。正如孟子所说："世衰道微，邪说暴行有作，臣弑其君者有之，子弑其父者有之。孔子惧，作《春秋》。《春秋》，天子之事也。"这不仅深刻揭示了《春秋》的政治功能，也深刻反映了人们对于书籍编纂和文献整理之地位和作用的认识。西汉时期，司马迁自觉将经世致用作为《史记》的编辑宗旨："居今之世，志古之道，所以自镜也。"[①] 在他看来，历史是现实的镜子，考察历史重在"稽其成败兴衰之理"，把握古今盛衰的规律，寻求实现长治久安的方法。此后，经世致用思想在出版活动中获得进一步发展，其中较具代表性的观点，一是刘知几关于"史之为用，其利甚博，乃生人之急务，国家之要道。有国有家者，其可缺之哉！"[②] 的论述，深刻揭示了编纂史书的社会价值及其与国家发展的关系。二是杜佑提出的"征诸人事，将施有政"，鲜明地体现了经世致用的高度自觉。三是司马光编纂《资治通鉴》，在前人

---

① 司马迁：《史记》（点校本二十四史修订本），中华书局2013年，第1044页。
② 刘知几：《史通·史官建置》，中华书局1980年，第206页。

基础上，进一步明确了经世致用的实现路径，就是要"据事直书，使人随其实地之异而评其得失，以为鉴戒"。[①] 及至清代，王夫之发展了司马光的这一思想，强调史书必须信而有征，"取仅见之传闻，而设身易地以求实"。[②] 由此可见，作为我国古代出版观念之核心的经世致用，其思想内涵经历了一个不断丰富完善的过程，体现在出版实践中，一是在通经致用思想推动下形成了一批有影响的经注书籍，二是在以史为鉴思想指导下推出了一批历史和史学著作，三是从现实生活的实际需要出发编写刊刻了一批具有专业性和实用性的类书。明清以至民国时期，还持续兴起了"经世文编"和"经世文续编"潮，也就是将各种经国济世之文，主要包括治国思想策略以及典章制度等，按照一定的编纂形式汇集起来的出版热潮，被称为清末民初"六大世风"之一。

二是辨章学术。在历史意识和经世致用思想主导下的古代图书出版活动，直接推动了传统学术体系的建构。从西汉以至清代逐步形成的图书典籍四部分类法，集中体现了中国传统学术的精神内核。正如《隋书·经籍志》所说："夫经籍也者，机神之妙旨，圣哲之能事，所以经天地、纬阴阳、正纪纲、弘道德。"也就是说，典籍是儒家进行王道教化的教材，学术的目的在于维护王道伦理的秩序，所有知识的界定及其展开都要以此为准绳。由此形成的以经为根，依经、史、子、集之次第排列的中国古代图书分类体系，构成了以经典中心主义为特征的中国传统学术的主干。[③] 古代学者在整理图书的出版活动中建构中国传统学术体系，也逐步形成了以目录学和校勘学为特色的古代出版学术思想。孔子整理"六经"即以"仁"为中心，他还总结出"多闻阙疑、无征不信"的编辑理论，对后世产生了深远影响。西汉末年刘向、刘歆父子在整理先秦以来藏书的过程中，提出了"校雠"的概念。对此，清代学者章学诚《校雠通义》曾作出全面的总结："校雠之义，盖自刘向父子；部次条别，将以辨

[①] 陈垣：《通鉴胡注表微》，商务印书馆2011年，第20页。
[②] 王夫之：《读通鉴论》卷二十，中华书局2013年。
[③] 左玉河：《典籍分类与近代中国知识系统之演化》《华东师范大学学报（哲学社会科学版）》2004年第6期。

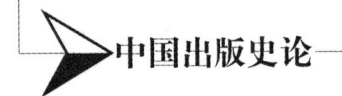

章学术，考镜源流，非深明于道术精微，群言得失之故者，不足与此。"这里的"部次条别"和"辨章学术，考镜源流"，就是对刘向、刘歆出版学术思想的高度概括。刘氏父子"参以司马迁之法"，作《别录》《七略》，后者用《辑略》作序录，以辨章学术、考镜源流；用《六艺略》《诸子略况诗赋略》《兵书略》《术数略》《方技略》《诸子略》作为分类编目，这就属于部次。在此基础上再分为"儒家者流"、"道家者流"等10家，按流别对图书进行分类。此后，把刘氏思想发扬光大的第一人，是宋代的郑樵。他在《通志·校雠略》中全面阐述了图书目录"通古今之变迁，明学术之源流"的思想，并在《通志·艺文略》中提出了实现这一思想的具体方法，被称为创建图书目录学的先驱。郑樵认为，目录学的任务就是条理书中的学术，告诉人们如何治学，书的存佚是学术盛衰之表征，只有"人守其学，学守其书，书守其类"，才能使人们"睹其书，可以知其学之源流"[①]。这就从学术的角度辨明了整理图书与制作官私藏书目录之间的不同。及至清代，在考据学盛行的学术环境下，章学诚撰写《校雠通义》，全面继承和发展了刘向、刘歆和郑樵的思想，提出三个方面的主张：一是全面总结目录学的传统，指出目录学应以探讨学术源流、考究其得失为宗旨；二是顺应学术发展大势，提出以类例申明学术，对四部分类法进行调整："《七略》之古法终不可复，而四部之体质又不可改，则四部之中，附以辨章流别之义，以见文字之必有源委，亦治书之要法"。三是推广互著与别裁之法。"互著"、"别裁"是分类著录中的两个重要辅助方法，其前者是将同一书分别著录于甲乙两个类目，后者是把书中某一部分从本书析出，著录于其他类目。这两种方法，一为求"全"，一为求"备"，根本目的都在于使四部之法既能辨章学术，又能方便稽检。对此，章学诚总结刘向、刘歆以来的学术成就，从理论上对互著别裁之法进行了系统论述，推动古代出版学术思想达到一个新的水平。

三是爱国主义。1840年鸦片战争爆发以后，在西力东侵和西学东渐的时

[①] 郑樵：《通志·校雠略》，中华书局1987年，第831页。

代背景下，西方近代出版观念传入中国，通过有识之士的传播而深入人心，推动出版业呈现出不同于古代的近代特质。近代中国起支配作用的观念形态，是以反抗列强侵略为主旨的爱国主义精神。这种观念的形态在出版实践的表现，一是推动了翻译出版，二是开启了教育出版。鸦片战争的失败，促使许多中国人认识到"欲制外夷者，必先悉夷情始；欲悉夷情者，必先立译馆翻夷书始"①。据学者统计，从1840年到1861年，有关介绍世界历史地理的书籍至少有22种。②创建于1868年的江南制造局翻译馆，从1871年正式出书至辛亥革命前期，翻译出版西学著作达200多种。甲午中日战争以后，维新派更是高标"国家欲自强，以多译西书为本"的出版观，大力宣扬译书对于变法和国家富强的重要性："天下识时之士，日日论变法。……故及今不速译书，则所谓变法者，尽成空言，而国家将不能收一法之效。"③戊戌政变后，东渡日本的留学生增多，掀起一波新的翻译出版潮。仅商务印书馆1902到1910年间出版的译作就达330种，其中严复的《群己权界论》《天演论》等译作，大力传播各种西方近代思想，切实推动了中国近代化进程。与此同时，被称为中国近代"出版第一人"的张元济，怀抱教育救国梦想，成立商务印书馆编译所，大力编译教科书，"筚路蓝缕，煞费苦心，得成一种辅助教育的新事业"④。中华书局创始人陆费逵也清晰地表达了"我们希望国家社会进步，不能不希望教育进步；我们希望教育进步，不能不希望书业进步"的出版观，认为"立国根本，在乎教育，教育根本，实在教科书"⑤。陆费逵从理论层面揭示了教育出版的意义和作用，在中华书局创立之初编写出版一批新式教科书，与商务印书馆共同开启了近代教育出版的先河。

四是出版自由。如果说爱国主义是以经世致用为特征的古代出版思想在近代的发展，那么伴随着近代中文报刊这一新式出版物而输入的出版自由思

---

① 魏源：《海国图志》《魏源全集（四）》，岳麓书社2011年，第32页。
② 费正清：《剑桥中国晚清史》下卷，中国社会科学出版社1985年，第172页。
③ 梁启超：《大同译书局叙例》，张静庐辑注《中国出版史料补编》，上海书店出版社2003年，第53页。
④ 《商务印书馆九十年》，商务印书馆1987年，第64页。
⑤ "广告"，《中华教育界》1912年第2期。

想则是近代具有代表性的出版观念革命。1833年，马礼逊在其主办的《东西洋考每月统记传》上刊登《新闻纸略论》一文，简介西方社会自由发表言论和出版报刊的状况。1838年，该刊发表《自主之理》一文，最早在中文刊物中谈及"自主之理者，按例任意而行也"的西方言论自由观。1881年，由传教士林乐知主办的《万国公报》介绍了被资本主义各国视为宪法蓝本的美国联邦宪法修正案，其中就有关于允许报刊自由言论的条款。在传教士报刊影响下，王韬主办的《循环日报》表示，其编辑方针是"凡时务之利弊、中外之机宜，皆得纵谈无所拘制"[①]；郑观应、陈炽等人也主张学习和仿照西方报刊的活动规则和管理制度。不过，这一时期的国人并非从西方近代自由主义思想出发，而是将自由出版报刊、自由评论国家大事作为实现变法图强的一种重要手段展开讨论。这种局面在甲午战争以后逐步得到转变。在维新变法运动推动下形成的近代国人第一次办报高潮中，黄遵宪、谭嗣同、严复等开始较为系统地介绍西方自由主义思想，使得"自由"概念被提升到近代话语表达的层面，为部分开明知识分子所认同。梁启超在1899年4月20日《清议报》发表《各国宪法异同论》，首次使用了"言论著作之自由"这一词汇。同年8月16日和26日《清议报》先后发表欧榘甲的《论中国当知自由之理》和梁启超的《自由书序》，介绍了西方近代思想家关于"人群之进化，莫要于思想自由、言论自由和出版自由"的观点。革命派也加入译介行列，先是我国留日学生创办最早的刊物《开智录》第1至6期连载大井宪太郎著、冯自由译《自由略论》，接着马君武将英国思想家穆勒的《论自由》译为《约翰弥勒自由原理》，于1903年出版。此后，言论自由、出版自由从概念语汇到思想学说被系统介绍到中国。1912年中华民国政府颁布《中华民国临时约法》，称"人民有言论、著作、刊行及集会、结社之自由"，标志着出版自由作为一项基本权利，获得了法律的保障。

五是版权意识。与出版自由同时输入中国的版权意识，是近代出版不同

---

① 卓南生：《中国近代报业发展史》，中国社会科学出版社2002年，第185页。

古代出版的另一重要思想特质。在我国相沿成习的观念中，学术乃天下之公器，写书刻书不是为了一己之私利，而是为天下教化。因此，古代知识分子并不把未经授权许可而复制自己作品看作一种侵权行为。这种观念直到宋代才发生了变化。根据叶德辉《书林清话》记载，南宋年间刻本有"眉山和舍人宅刊行，已申上司，不许复板"的字样。但这只是一种原始的版权意识，与资本主义商品市场经济相联系的近代版权思想，是由西方传教士输入的。1903年《万国公报》第197号《欧美杂志》栏刊载林乐知、范祎译述《版权通例》，介绍西方各国版权保护通例。1904年，《万国公报》第183卷发表林乐知《板权之关系》一文提出，所谓版权，就是指"著书者、印书者自有之权利"，"（版权）保护乃国家之责任，而非其恩私也"，呼吁清政府承担起版权保护之责。近代中国人认识到版权保护的重要性，始于启蒙思想家严复。他在翻译出版《原富》过程中，曾与时任商务印书馆编译所长的张元济反复商讨版税问题。1903年，商务印书馆在出版严译《社会通诠》时，首次使用版权所有的"稿主印花"作为著作权之凭证。同年，严复上书学部大臣张百熙，阐述版权保护与国家的贫富强弱和人民的文明愚昧休戚相关，要求实行"版权立法"，保护"著、述、译、纂"者权利[1]。至1910年，清政府颁布《大清著作权律》，结束了中国单靠官府文告保护版权的历史，为把版权保护正式纳入法制轨道开启了先河[2]，也成为在西方近代思想文化影响下出版近代化的一个重要标志。

三

从出版的概念和观念嬗变出发，对出版活动进行纵向的历史考察，我们可以看到，出版活动承担着文化积累和文明传播的功能，是人类社会发展到一定阶段的产物。

---

[1] 王栻主编：《严复集（三）》，中华书局1986年，第577—578页。
[2] 李明山：《中国近代版权史》，河南大学出版社2003年，第125页。

殷商时期，产生了以甲骨文为标志的文字符号体系，推动历史记载由零星的不自觉的记录向系统的自觉的记录发展，出现了以甲骨、金石、竹木等为文字载体而形成的龟册和简册。这些典册多数未经过复制，也不向公众传播，大致相当于我们今天的档案整理。

春秋战国时期，随着私学的发展，学术文化的普及和文化思潮的发展。急剧动荡的社会变革，激发了思想家们对面临的各种现实问题进行探讨，形成了生动活泼的百家争鸣局面。在这种社会环境和学术氛围中，著书立说成为一时风尚，出现了一大批对中国历史产生深远影响的著作，也出现了以孔子整理六经为代表的早期编辑活动。在图书形制和载体材料上，竹木简牍是这一阶段图书的主要形式，帛书与简牍并行于世是这一阶段图书载体的主要特点。

秦始皇统一六国，统一文字，推动了文化交流和思想文化的统一，而焚书坑儒又使先秦典籍遭受空前劫难。西汉王朝则广开献书之路，置写书之官，确立了"罢黜百家，独尊儒术"的文化政策，将儒家经学正式确立为官学，逐步形成了以儒家思想为核心的多民族统一的文化格局，对我国出版活动的发展产生了深远的影响。汉代设立了兰台、东观等早期校书著述机构，其后产生了秘书监等专门典掌图书编纂的机构和职官，涌现出司马迁、扬雄、刘向、班固、许慎等一批杰出编辑家，推出了《史记》《汉书》《说文解字》等一批经典之作。在民间，书籍贸易开始萌芽，出现了书肆、槐市等图书流通的形态。而造纸术的发明，为后来的出版事业打下了良好的基础。唯因纸张尚未全面普及，图书的形制仍以简牍制度为主并日渐完善。

魏晋南北朝时期，政局长期动荡，中外交流频繁，书业呈现出明显的时代特点。从政府层面来看，作为专门典掌图书编纂的机构，秘书监的地位和作用大大加强，荀悦、郑默、荀勖等职官在整理典籍方面取得了突出的成绩。从图书生产的角度来看，萧统、徐陵等在图书编辑方面作出了各自的贡献，类书、别集、总集等新型编著形式得以产生，史地书、科技书、佛经翻译也有了很大的发展。从图书载体来看，这一时期依然处于竹帛和纸张并行时代，至东晋桓玄（公元五世纪初）下令以纸代简，始进入纸本时代，图书形制也从简牍过渡到卷轴制度。

隋唐五代时期是我国古代社会的鼎盛时期，也是古代出版业的大发展时期。隋唐两代政府对书籍的搜求和收藏都十分重视，曾经多次组织编纂大型图书。唐代政府特设史馆，建立了官修国史的编辑制度。魏征等编纂《隋书·经籍志》创立经、史、子、集四部分类法，确立了古代图书分类的标准。雕版印刷术的发明和使用，推动刻书事业兴起，书坊刻书、官府刻书、私人刻书三个系统初步形成。随着写本书进入鼎盛和印本书的出现，图书贸易日益活跃，长安、洛阳等地形成了图书贸易的中心。技术的进步，同时也推动图书形制从卷轴形式向册页制度过渡。

两宋时期，汉族政权与周边少数民族政权多元并存，经济繁荣，科技发达，文化政策相对比较宽松，刻书出版活动高度活跃。北宋政府设立崇文院等编纂机构，组织编辑四大类书，产生了《资治通鉴》等具有代表性的史著。官刻、私刻、坊刻、寺院刻书、书院刻书等五大系统广泛参与到刻书活动中来，形成了杭州、川蜀、福建和开封四大刻书中心。在印刷复制技术上，平民毕昇发明活字印刷术，成为我国对世界文化事业的又一伟大贡献；在雕版印刷基础上发明的套版印刷技术，也为出版业提供了更为丰富的技术条件。图书作为商品的经济属性更加浓厚，版权意识初步萌芽，政府对图书生产流通的管理和限制也日趋严格。与两宋大约同时的辽金两代，其藏书、著书和刻书活动也逐步兴起。元代的出版事业紧承两宋辽金余绪，在政权之间和中外图书贸易活动方面呈现出繁荣景象，特别是以《开宝藏》为代表的汉文大藏经的多次雕印，不仅推动了雕版印刷工艺的发展，也对辽、夏、金、元以及朝鲜、越南等出版事业带来了积极的影响。

明清两代，专制主义中央集权发展到登峰造极的地步，对于具有意识形态属性的文化教育和图书出版业尤其重视，调动各方面的人力物力编修各种类书、丛书，明成祖组织编修的《永乐大典》和乾隆皇帝主持编纂的《四库全书》都是中国古代图书出版事业中的旷代盛举。伴随着资本主义的萌芽和城市的发展，坊刻与私刻兴盛起来，书籍贸易在更大的范围以更激烈的竞争形式展开。雕版、活字以及套印等印刷技术的成熟，为刻书事业的发展提供了良好的物质条件。但与此同时，图书在内容和形式上的创新乏力，经营上始终未突破手工作坊的形态，也限制了行业的繁荣发展。

1840年鸦片战争爆发，由于西方列强的入侵和中国社会内部资本主义因素的增长，中国传统社会开始瓦解，走上了半殖民地半封建的道路。在剧烈的社会变革中，产生了近代意义上的新式出版。从鸦片战争到1949年的100多年间，出版行业无论在形式还是内容方面都发生很大的变化。翻译出版活动空前活跃，直接推动了"新学"的大量输入；期刊杂志和近代教科书、工具书等新型出版物的出现，大大丰富了出版物的种类；书籍形式也由传统的线装转变为精、平装。机械化印刷的推广，推动了资本主义出版企业的诞生。编辑作为一种职业，成为知识分子实现自身价值的人生选择。

民国时期，在资本主义经济背景下，民营出版业的主体地位更加巩固，市场化运作的商业手段更加成熟，规模化经营的产业特征更加明显。这既与古代传统刻印时期手工作坊式的经营特点有较大差异，也与紧接其后的中华人民共和国时期的出版经济形态存在相当不同，表现出这一阶段的历史特殊性。与此同时，中国共产党领导的出版事业，为中华人民共和国出版业积蓄了源头活水；这一时期出版业积累的生产力，也是新中国成立后各项出版活动开展的重要人力物力基础。其市场主导的经营运作方式，对于当前出版体制改革和产业化发展也提供了可资取法的重要历史资源。

1949年10月1日，中华人民共和国成立，中国的出版事业进入了新的历史时期。在新中国成立前后，中国共产党和中央人民政府就适时地为出版工作做出了一系列重大决策，采取了有力措施，在较短时期内，对旧中国落后的出版业进行了整理、整顿和改造，从而为社会主义出版事业开辟了光明的前景。由于受到政治因素的影响，在前进的道路上也经历了不少曲折和反复。党的十一届三中全会以后，我国的出版事业进入了改革开放的新时期，在短短的30年里取得了辉煌的成就，呈现出前所未有的繁荣景象和新特点。具体表现在：书报刊的出版全面繁荣，出版技术日新月异，体制改革取得明显成效，国际交流与合作出版积极开展，出版法规日趋完善。

中国出版历史发展的每一阶段都有其特殊的历史背景和鲜明的时代特征，而出版活动在每一个阶段都会有因有革，体现出独特的演进轨迹和发展面貌。这就决定了每一时期的出版史研究都有特定的研究对象和研究内容。在考察中国出版活动发生发展的历史时，既要关注出版活动各个环节的内部联系，也要关注出版与我国社会政治、经济、文化及科学技术发展等方面的相互联系，揭示出版在社会历史文化形成中所起的作用，从而形成对于出版发展的规律性认识。为此，在编写本书的过程中，我们注意出版活动的各个环节及其相互联系，强调专题史和通史并重，宏观描述和个案分析结合。在章节结构和内容安排上，考虑到出版是涉及编纂、编辑、印刷、发行、管理、版权等环节的一项综合活动，出版史也是由编辑史、技术史、管理史、发行史、版权史及书史等共同组成，本书按照出版技术、出版行业、出版流通、出版对外交流、出版管理、出版物等6个专题，以内容为主轴，梳理中国出版发展的历史脉络，揭示出版的不同侧面在不同历史时期的阶段性特点，力图实现专史与通史的结合：从纵向上说，于沿革流变之中体现中国出版自身的发展规律；从横向上说，注重时代精神对出版活动的影响和整合作用，注重出版系统的内在联系及其不平衡的发展。

需要说明的是，由于出版与政治、经济、文化、科技等密切相关，出版自身各个环节之间也存在着不可分割的内在联系，特别是中国古代政府校书、藏书、刻书机构往往也负有图书管理的职责，民间的坊刻又往往集编辑、印刷、发行于一体，这就使得本书各章节在内容上难免有交叉之处。为了保持专题历史面貌的完整性，兼顾编写的可行性，本书在叙述时一方面保持了历史脉络的贯通，另一方面也根据具体情况，对其中有些内容在不同章节从叙述详略和叙述角度方面予以分别。此外，20世纪以来，有关中国出版史的通史性著作蔚为大观，一些研究相当深入，如中国出版科学研究所组织编纂的《中国出版通史》、肖东发编著《中国图书出版印刷史论》《中国编辑出版史》、郑士德著《中国图书发行史》、彭斐章著《中外图书交流史》、吴永贵《民国出版史》等等。本书在充分吸取和借鉴这些研究成果的基础上，在体例上做了一些调整和尝试。囿于学识水平有限，这种尝试肯定存在许多可供商榷和改进的地方，敬希读者批评指正。

目录

总序 ……………………………………………………………………… 001

绪言 ……………………………………………………………………… 001

第一章 出版技术的进步 ……………………………………………… 001

 第一节 文字载体的发明与发展 ……………………………………… 002

  一、陶器款识 ………………………………………………………… 002

  二、甲骨与甲骨文 …………………………………………………… 003

  三、青铜铭文 ………………………………………………………… 005

  四、竹木简牍 ………………………………………………………… 006

  五、帛书与玉石刻辞 ………………………………………………… 008

  六、造纸术的发明与传播 …………………………………………… 010

 第二节 雕版与活字印刷术的发明与推广 …………………………… 013

  一、雕版印刷术的发明 ……………………………………………… 013

  二、活字印刷技术的发明和推广 …………………………………… 016

  三、套版印刷术的实践 ……………………………………………… 021

  四、印刷术的外传与影响 …………………………………………… 025

 第三节 西方近代印刷技术的传入与推广 …………………………… 027

  一、近代印刷术的产生和演进 ……………………………………… 027

  二、西方传教士与近代印刷术的传入 ……………………………… 029

  三、石印术的盛行及其对雕版印刷的取代 ………………………… 031

 第四节 出版物形制的变化 …………………………………………… 033

  一、简册制度 ………………………………………………………… 033

  二、卷轴制度 ………………………………………………………… 034

  三、册页制度 ………………………………………………………… 036

  四、近代印刷技术的引进与出版物形制的新变化 ………………… 038

 第五节 当代新技术的应用与推广 …………………………………… 039

一、汉字激光照排技术 …………………………………… 039
二、按需印刷技术 ………………………………………… 042
三、新的出版介质以及数字出版的兴起 ………………… 043
本章小结 …………………………………………………… 046
参考文献 …………………………………………………… 047

第二章　出版行业的发展 …………………………………… 049
第一节　古代刻书系统及其出版活动 …………………… 050
一、官刻 …………………………………………………… 050
二、坊刻 …………………………………………………… 061
三、私刻 …………………………………………………… 069
四、书院刻书 ……………………………………………… 076
五、寺院刻书 ……………………………………………… 079
第二节　晚清时期新式出版业的兴起 …………………… 084
一、教会出版机构及其出版活动 ………………………… 085
二、官书局及其出版活动 ………………………………… 091
三、官办翻译出版机构及其译书活动 …………………… 094
四、近代民营出版企业的崛起 …………………………… 098
第三节　民国时期出版企业的竞争与发展 ……………… 103
一、商务印书馆 …………………………………………… 103
二、中华书局 ……………………………………………… 107
三、其他大书局 …………………………………………… 112
四、中小出版企业 ………………………………………… 119
第四节　中国共产党领导的出版事业 …………………… 125
一、中国共产党成立初期的出版活动 …………………… 125
二、第二次国内革命战争时期的革命出版事业 ………… 131
三、抗日战争和解放战争时期的革命出版事业 ………… 134

第五节　社会主义出版业的繁荣 ··· 140
　　一、社会主义出版事业的建立和曲折发展 ··························· 140
　　二、改革开放初期出版业的市场化探索 ······························ 145
　　三、21世纪的出版产业体系 ··· 148
　　本章小结 ··· 155
　　参考文献 ··· 156

第三章　出版物流通与出版市场 ··· 157
第一节　古代的图书流通 ··· 158
　　一、书肆与槐市 ··· 158
　　二、佣书与经生 ··· 163
　　三、图书市场与书业中心的形成 ······································· 166
　　四、隋唐五代时期的图书流通 ·· 174
　　五、宋元时期的图书流通 ·· 176
　　六、明清时期的图书市场 ·· 186

第二节　近代的出版流通及市场营销 ······································ 194
　　一、近代新型出版中心的形成 ·· 194
　　二、近代图书发行业的兴起 ··· 198
　　三、近代书业营销 ·· 201

第三节　新中国出版物发行业的发展 ······································ 204
　　一、出版物发行体制改革的深化 ······································· 205
　　二、出版物发行产业体系的形成 ······································· 207
　　三、出版物发行系统的逐步开放 ······································· 212
　　四、出版物网络发行的迅猛发展 ······································· 214
　　本章小结 ··· 215
　　参考文献 ··· 216

第四章　中外出版交流 ··· 217

第一节　古代中外图书交流 …………………………………… 218
　一、东汉及魏晋南北朝时期的中外书籍交流 ………………… 219
　二、隋唐五代时期的汉籍外传 ………………………………… 223
　三、宋元时期的图书出口贸易 ………………………………… 225
　四、明清时期的图书出口贸易 ………………………………… 232
　五、中外图书翻译出版与传播 ………………………………… 238
　六、古代中外图书交流的渠道和特点 ………………………… 248

第二节　近代中外图书交流 …………………………………… 250
　一、晚清时期的汉籍外传和西书东渐 ………………………… 250
　二、民国时期的中外出版交流 ………………………………… 262
　三、马克思主义著作的出版传播 ……………………………… 270

第三节　当代出版业对外开放 ………………………………… 275
　一、我国图书版权贸易的发展历程 …………………………… 275
　二、国际出版交流互访逐步发展 ……………………………… 279
　三、中国出版业对外开放全面深化 …………………………… 281
　本章小结 …………………………………………………………… 286
　参考文献 …………………………………………………………… 287

第五章　历代出版管理 …………………………………………… 289

第一节　古代出版管理 ………………………………………… 290
　一、宋代之前的出版管理 ……………………………………… 290
　二、宋元时期的出版管理 ……………………………………… 295
　三、明清时期的出版管理 ……………………………………… 300
　四、历代出版法规与禁书 ……………………………………… 306

第二节　晚清民国时期的出版管理 …………………………… 315
　一、晚清时期出版管理的新变化 ……………………………… 315
　二、民国时期出版管理的强化 ………………………………… 319

三、出版界争取出版自由的斗争 ········· 329

第三节　新中国的出版管理与出版法制建设 ········· 330
　　一、出版管理机构的变迁 ········· 331
　　二、对出版业的行业管理 ········· 334
　　三、社会主义出版法律法规体系的逐步完善 ········· 337
　　本章小结 ········· 342
　　参考文献 ········· 342

第六章　历代出版物 ········· 345

第一节　古代出版物 ········· 346
　　一、先秦时期的出版物 ········· 346
　　二、秦汉时期的出版物 ········· 349
　　三、魏晋南北朝时期的出版物 ········· 356
　　四、隋唐时期的出版物 ········· 360
　　五、宋元时期的出版物 ········· 363
　　六、明清时期的出版物 ········· 366

第二节　近代出版物 ········· 374
　　一、新式教科书 ········· 376
　　二、近代报刊的编辑出版 ········· 382
　　三、现代学科内容图书的出版 ········· 385
　　四、新型工具书 ········· 388
　　五、丛书与古籍 ········· 391

第三节　当代出版物 ········· 395
　　一、图书 ········· 395
　　二、报纸 ········· 402
　　三、期刊 ········· 404
　　四、音像制品、电子与网络出版物 ········· 407

五、少数民族文字、外文、盲文出版物 …………………………… 411
　　本章小结 ……………………………………………………………… 414
　　参考文献 ……………………………………………………………… 415

参考文献 ………………………………………………………………… 417

第一章
出版技术的进步

第一节　文字载体的发明与发展
第二节　雕版与活字印刷术的发明与推广
第三节　西方近代印刷技术的传入与推广
第四节　出版物形制的变化
第五节　当代新技术的应用与推广

本章梳理出版载体和出版技术发展的基本线索，结合社会文化背景考察不同历史时期出版技术的成就，以及技术进步的基本趋势。

考察中国出版的发展，媒介技术的不断进步是一条重要线索。甲骨、金石、竹木等载体的出现，使得原始的编辑活动初露端倪；造纸术的发明改变了图书的载体和形态，雕版和活字印刷术的发明和发展使得图书出版业在数量和质量上都产生了新的突破，机械化印刷技术的引入催生了新式出版企业的诞生和出版业的近代转型，而当代信息、网络、数字技术的发展，推动出版业呈现出融合发展的趋势。

第一节 文字载体的发明与发展

在造纸术发明之前，文字经过结绳记事、契刻、图画等阶段的发展得以产生，但是并非从有文字开始就有了"书"。只有当人们开始有意识地将文字刻写在各式各样的载体上，借以记录经验，阐述思想，并使之传布久远的时候，才有了真正的书籍。从公元前1600年商王朝建立到公元前771年西周灭亡，为我国历史上著名的商周文明时期，中国上古文明在这一时期得到高度发展：形成了比较成熟的汉字体系，人们开始在甲骨、青铜、玉石以及竹木上书写文字、记载知识，从而形成了甲骨文书、青铜器铭文、玉石刻辞、竹木简牍等文献形式。

一、陶器款识

陶器，即陶制器皿，是一种质地较粗且不透明的黏土制品，经成型、干燥、烧制而成。陶器在新石器时期即已大量出现，是当时人类的主要生活用品之一。在陶器上刻画的符号和文字称陶文。陶文可分几种情况：一种是在泥土还柔软时写画的，一种是以模铸而成，还有的是在烧制后再刻画而成。这类文字通常都不大，再加上符号文字较为原始，以致人们往往不把陶器作为一种书写材料对待。但作为文字的载体,陶器因其较为原始而被视为研究我国文字起源的重要资料。

我国最早的陶器,如西安半坡村和甘肃辛店出土的彩陶距今6000多年,就刻有类似文字的符号。山东大汶口文化遗址中发现的图画文字,被认为是我国最早的文字。河南安阳出土的一些殷陶也有粗简的单字。秦汉时期的瓦当文字多为吉祥语,也有宫殿、庙宇、陵寝、水井、道路的名称,如羽阳千岁瓦、兰池瓦当等。瓦当文一般为四字,如"千秋百岁"、"长乐未央";多者有12字,如"维天降灵,延元万年,天下康宁"。字体多为篆书,间有隶书。北京历史博物馆收藏的一块秦砖,约一尺见方,一寸左右厚,上刻"海内皆臣,岁登成熟,道无饥人"。

二、甲骨与甲骨文

甲骨是龟甲和兽骨的合称,契刻在这些龟甲和兽骨上的文字,称为甲骨文或甲骨文书。甲骨文已经是一种比较成熟的文字体系。19世纪末,在殷代都城遗址(今河南安阳小屯)发现了一批甲骨。这批甲骨文字继承了陶文的造字方法,是商代后期(前14～前11世纪)王室用于占卜记事而刻(或写)在龟甲和兽骨上的文字。目前,殷墟出土的甲骨约15万片,单字约4500个,其中约有1500个单字已被释读。20世纪80年代,在西安附近一处龙山文化时期的遗址中,又发现了一批甲骨文,这批甲骨文字体很小,笔划繁多,笔锋刚劲,字体结构严谨优美。经鉴定是距今4500年至5000年前的产物,大致相当于上古传说中的黄帝时期。说明了中国使用甲骨作为书写材料的时间可能比商代还要早[①]。

由于甲骨文兴盛的时期为殷商(前1600—前1046年)和西周(前1046—前771年)时期,按产生的时代又分为殷商甲骨和西周甲骨两大类。目前所发现的殷商甲骨大多为商代中后期的遗物,主要发现于殷都废墟(今

---

① 《西安龙山文化遗址出土原始甲骨文实物,中国文字历史提早千余年》《人民日报·海外版》1987年3月2日。

河南安阳），故也称"殷墟甲骨"。内容主要是商朝的占卜记录。西周继续保持用甲骨占卜的习俗。1954年在山西省洪赵县坊堆村第一次发现两块西周甲骨实物。此后，在山西、北京、河南、陕西等地均有零星发现。西周甲骨一般文字较小，排列整齐密集，雕刻技术更高。

从整体来看，甲骨文所记载的内容非常丰富，几乎涉及当时社会的各个方面。郭沫若主编的《甲骨文合集》一书按照内容将甲骨文分四大类22小类，从中可见甲骨文内容之丰富：1. 奴隶和平民；2. 奴隶主贵族；3. 官吏；4. 军队、刑法、监狱；5. 战争；6. 方域；7. 贡纳；8. 农业；9. 渔猎、畜牧；10. 手工业；11. 商业、交通；12. 天文、历法；13. 气象；14. 建筑；15. 疾病；16. 生育；17. 鬼神崇拜；18. 祭祀；19. 吉凶梦幻；20. 卜法；21. 文字；22. 其他。这些领域涉及社会各个方面，为研究殷商时期的历史提供了重要史料支撑。

甲骨与当时的占卜之风紧密相关。占卜在当时有一定程式。卜前要对龟甲、兽骨进行整治。整治的方法是：刮去龟的腹肠成为壳，或刮去兽骨上的皮肉只存肩胛骨，然后在甲骨反面有规律地钻成一个个圆孔，在孔旁再凿成梭形凹槽。占卜时由卜人用点燃的树枝在圆孔中央或凹槽旁边烧烫，甲骨正面相应部位就显出字形的裂纹。这种裂纹就是卜兆。卜人根据裂纹的长短、粗细、曲直、横斜来判断吉凶。占卜以后把占卜的时间、卜人名字、卜问的事情，以及占卜的结果，占卜的应验等刻在卜兆旁边，叫作卜辞。甲骨上的文字多少不等，少的三五个，多的几十个，一般先刻竖画，后刻横画。有的在刻画上涂朱砂或墨，有的用毛笔写在甲骨上，也有些是先写后刻的。也有部分甲骨中间钻孔，串联成册，有次序地保管收藏，即所谓的"龟策"。可见，这一过程初步具备了文献编辑和整理工作的雏形。

确切说来，商周甲骨是一种文书档案，不同于后世的图书。但是从其记载的内容和装订的形式来看，它们具备了图书的部分要素：一是有被传播的知识信息；二是有记录知识的信息符号，三是有记载文字、图像的物质载体，四是有基本的生产技术和工艺。所以，有学者把甲骨文看成是一种原始的图书典籍①。

三、青铜铭文

青铜是铜锡合金，铸造出来的器物呈青灰色，因此被称为青铜。用青铜制造的器皿，就叫青铜器。青铜器的出现，标志着人类由新石器时代进入青铜器时代。

青铜器时代肇始于夏，发展于商代前期，成熟于商代后期和西周早期②。初期主要是石器、酒器、水器等日用器物，之后逐渐发展为祭祀用的礼器，青铜器也由此成为象征权威和统治权力的国家"重器"。商周时期的王公贵族，凡有重要文件需要长期保存，或有重大事件需要永久留念的，一般都会铸一件青铜器物，用以记载这些文件或事件，以便于让后世子孙永久保存。这些刻铸在青铜器上的文字，被称为"青铜器铭文"或"金文"。目前已经发现和著录的青铜器铭文已有万余件，时间跨度从商朝到汉朝（前1600—220年）。其中文字最多的是刻铸于西周时期的毛公鼎，共497字。殷商时期的铭文重在实用，西周时期的铭文重在记载。由于铭文的字数渐多，西周的青铜器还出现了把一篇铭文分载于几件器物的现象。铭文字体大小一般为2厘米左右，也有椭圆形和较大的字体。铭文的排列大都自右而左、自上而下，内容是周王室和各诸侯国的记事文书，大致可分为以下几类：一是祭祀典礼：举行重大的祭祀活动；二是征伐纪功：战争之后的纪功留念；三是赏赐赐命：统治者对功臣、贵族、亲属等进行封赏，受封人作器以示纪念，并将受封之事和被封赐之物记载于器物上；四是书约文件：有关法律条文、誓约、文辞或合同、协定等类文件，刻器以作证；五是训告：统治阶级把其对臣民的训诰记载于器物之上；六是颂扬祖先：记载祖先的圣事、美德，以告后世子孙③。

与甲骨文相比，青铜器铭文篇幅有所增加，内容丰富，记事完整，用途

---

① 肖东发：《中国出版通史·先秦两汉卷》，中国书籍出版社2008年，第31—33页。
② 白寿彝：《中国通史》第三卷，上海人民出版社1999年，第69页。
③ 肖东发：《中国出版通史·先秦两汉卷》，中国书籍出版社2008年，第35页。

也更加多样,特别是刑律、制度、诏令等方面的铭文,考虑到了阅读和传播的需要,初步具备了信息和知识载体的功能。

四、竹木简牍

竹木简牍是我国先民早期使用更广泛的一种文字载体。王国维认为:"书契之用,自刻画始。金石也,甲骨也,竹木也,三者不知孰为后先,而以竹木之用为最广。"[1] 从历史上看,在造纸术发明以前,竹木简牍的通行时间最长,使用范围最广,对后世也有深远影响。

《尚书·多士篇》有"惟殷先人,有册有典,殷革夏命"之说,人们由此认为殷夏之交就有了册书典籍。春秋后期,孔子曾删《诗》《书》,定《礼》《乐》,修《春秋》,序《易》传。这些书的载体或为竹简,或为缣帛,或为金石等材料。其中用竹木简制作的书籍,就需要编简成册,也即"简策"。"策"是"册"的假借字。"册"是象形字,象绳穿、绳编的竹木简之形,《说文解字》解释为"象札一长一短,中有二编之形";《仪礼·聘礼》中说"百名以上书于策,不及百名书于方",也就是说古人写东西超过100字者,就要写在编连好的竹木简策上;如果不足百字,就可以写在方木板上。对此,唐孔颖达解释说:"简谓据一片而言,策是众简相连之称。"一根一根写了字的竹木片称为"简",将若干简依文字内容的顺序编连起来称为"策"(册)。可见,"简策"的确切含义就是编简成册的意思。加工后没有写字的木板称"版",写了字的称"牍",细一些的木板称"木简",木质的合称"版牍",竹木合称为"简牍"。

竹木简牍的使用可以追溯到上古三代,与甲骨、金石同时。春秋战国时期的人们使用的都是简策。到秦汉时,简策仍然在使用。秦始皇(前246—前209年在位)执政时,每天批阅写在简上的公文重达120斤。汉武帝时期的大臣东方朔有一次给皇帝写奏议,用了3000根竹简,由两个大力士抬上宫殿。

---

[1] 王国维:《简牍检署考》《王国维全集》第2卷,浙江教育出版社2009年,第479页。

西汉末刘向刘歆父子等整理编辑政府藏书，多数也是写在竹木简牍上。

由于竹木质地不如甲骨、金石坚硬，难以长久保存，加上保存技术的落后，大部分竹简湮没在历史的尘埃之中。当今所能见到的简牍实物，最早是战国时期的（前476—前221年）[①]。1978年在湖北随县擂鼓墩一号墓发掘的战国简策240多枚，是目前国内保存最早的一批古简。秦代简牍发现次数不多，除云梦睡虎地秦简、四川青川木牍外，最著名的是里耶秦简，于2002年在湖南里耶古城出土，共3万余枚，内容多为官府档案文书。出土次数和数量最多的是汉代简牍，其中著名的有敦煌汉简、居延汉简、银雀山汉简、江陵汉简等等。

与甲骨、金石等载体相比，竹木的优点十分明显：一是取材容易，价廉易得；二是加工工艺简单，方便书写修改；三是可连缀成册，书写长篇宏论，便于文化普及。正因为此，在造纸术发明后，简牍和丝帛、纸张仍并行了几百年。三国时期，官府的文书还采用竹木简牍。东晋末年豪族桓玄废晋安帝，下令："古者无纸，故用简，非主于敬也。今诸用简者，宜以黄纸代之。"其时为公元404年，从上古至此，简牍使用有数千年之久。

从内容来看，竹木简牍所载极为广泛，可分为档案和书籍两大类。1930年和1973年在额济纳河流域居延地区发现的汉代简牍前后达30000余枚，有公文、书信、历书、律令、诏书等，都属于文书账册档案；1978年湖北随县擂鼓墩出土的简策为殉葬器物的目录，详细记录丧仪所用的车马兵甲；1959年在甘肃武威郊区的一个东汉墓中，掘得385件木牍，其中有儒家经典之《仪礼》七章；1975年在湖北云梦睡虎地秦墓中出土的竹简，有秦代法律10种及公元前306至公元前217年的《编年纪》；1973年山东临沂银雀山汉墓出土的4900多件竹简，以兵书和阴阳书为多，其中最著名的有《孙子兵法》和《孙膑兵法》等。

除了文字以外，一些简牍还包括多种符号，其作用大致相当于今天的标

[①] 肖东发主编：《从甲骨文到E—publications：跨越三千年的中国出版》，外文出版社2009年，第26—29页。本节有关出版技术的材料多取自该书，以下未及一一注释。

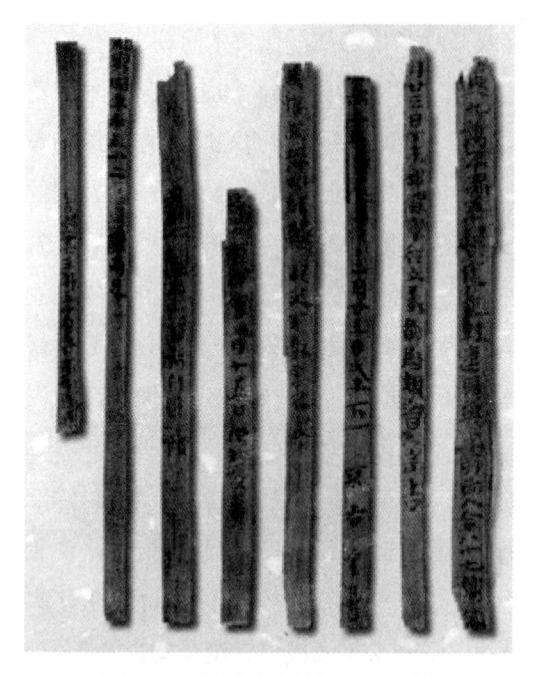

图 1.1　长沙走马楼三国吴简

点符号和编辑符号，对文字的表达功能起到辅助和强化作用。从这些符号可以判断当时的编辑工作已经趋于规范，有了自己的一套符号体系。不少简牍的上下端留有空白，分别称为"天头"、"地尾"，和今天的出版物非常相似。一些简牍还分栏书写，对后世的纸质媒体也有影响。

作为中国古代最早的书籍制度，竹木简牍流行时间长达数千年，在知识文化的传播和流传方面影响极为深刻和长远[①]。

20世纪以前的相当长一个历史时期，汉字书写的行文格式都是由上至下、由右到左排列，这与简策的使用直接相关。由于简策是连缀而成，人们一般把简放在左侧，右手执笔书写，依次把写好的简推向右侧，形成由右到左的顺序。这种书写方式至今仍为有些书法爱好者所沿用。另外，今天我们使用的图书计量单位仍称"册"，文章的计量单位仍称"篇"，许多从"竹"、从"片"、从"木"的字大都与书籍有关。

五、帛书与玉石刻辞

写在绢、缯、缣、帛上的文字为帛书，也称素书。帛作为书写材料起于何时，难以考定。王国维在《简牍检署考》中认为："帛书之古，见于载籍者，亦不甚后于简牍……以帛写书，至迟亦当在周季。"[②] 由于丝织品易朽烂，古

---

① 肖东发：《中国出版通史·先秦两汉卷》，第44页。
② 王国维：《简牍检署考》《王国维全集》第2卷，第496—497页。

代遗留下来的帛书实物并不多见。现在发现最早的实物是战国中晚期的遗物，即著名的湖南长沙子弹库战国"楚缯书"，这件帛书出土时间有1934年和1942年两说，原件现存美国纽约大都会博物馆。从文献和实物结合来看，帛书的使用在春秋至魏晋之间，约有上千年的历史，以战国至三国时期最为盛行。这一时期的图书载体是以竹帛并行，计量单位也是"篇"、"卷"并用。竹简常用来起草稿，缣帛用于最后写定本。《汉书·艺文志》中有四分之一称"卷"，为帛书；四分之三称"篇"，为竹书。除一部分儒家经典，全部的天文、历法、医药、卜筮著作均为帛书，祭祀祖先及神灵、占卜星相之书，通常多著缣帛。帛书在版牍的影响下形成帛卷，其后向卷轴制度过渡，到纸写本时代趋于完善。

缣帛之用于书写，有许多胜于竹木之处，其一是质地轻软，书写、舒卷、收藏、携带、阅读都十分方便；其二是体积小、容量大，还可据内容长短随意剪裁；其三是表面洁白，比竹木更宜吸收墨汁，致使内容清晰。最主要的是克服了竹木简牍笨重的缺点，是书写材料的一大飞跃。唯因其价格昂贵，只能与竹木并行于世。随着社会生产的发展，到两汉时期，我国丝织品的生产技术大大提高，丝织品的种类和产量日渐增多，这就有可能为书写和绘画提供更多的缣帛材料。也因为此，两汉时期的缣帛文书数量和种类远多于前代，政府典藏机构的缣帛图书几乎和简牍图书平分秋色。1973年底到1974年初发掘的湖南长沙马王堆3号汉墓出土了大量帛书，经过整理共得26件，总计12万余字，大部分用朱丝栏墨书，字体有小篆、秦隶、汉隶和草书。据书体、避讳字和帛书上出现的纪年内容，可推定帛书的书写年代早的可到秦代，晚的属于汉文帝时期，内容涉及汉初政治、军事、思想、文化及科技等方面，学术价值很高。除了众多的帛书以外，马王堆3号汉墓还出土了中国现存最早的以实测为基础绘制的3幅地图，为我们了解两汉时期缣帛文献的内容、形制和用途提供了珍贵的实证。钱存训先生评价说：这些古籍都是前所未有的重大发现，不仅篇章完整，也为帛书的形制提供了实证，尤其古帛地图更属前所未有，为中国图书史加添了最辉煌的一章。①

竹帛并行时期，在玉石上刻字纪事也是一种社会风气。玉石刻辞在商周时期就有发现。《墨子·明鬼篇》云："又恐后世子孙不能知也，故书之竹帛，传遗后世子孙。或恐其腐蠹绝灭，后世子孙不得而记，故琢之盘盂，镂之金石以重之。"②现存最早的石刻文字是春秋时期的10个石鼓文，唐朝出土于陕西凤翔县。石鼓呈圆柱形，故曰"碣"，内容是有关秦王田猎的诗句，所以叫做"猎碣"。石鼓文共700余字，后因自然与人为的损害，剥蚀严重，字迹漫漶，其中一石鼓文字已经荡然无存，目前仅存300余字，原物现存于北京故宫博物院。这10个石鼓是中国在地面上保存时间最长的文物。石鼓文中有一首田猎诗歌，起首是："吾车既工，吾马既同；吾车既好，吾马既駒。"不少学者以之为依据，认为石鼓是周宣王（公元前827——前782年）时代之物。此外还有侯马盟书、温县盟书等玉石刻辞。

六、造纸术的发明与传播

如前所述，我国先民在纸发明以前，曾尝试以龟甲、兽骨、金石、竹木、缣帛等材料作为文字载体，形成了中国历史上特定的文献形态和书籍制度。但是这些载体都有自身难以克服的缺陷，制约了知识的生产和传播。随着文化教育事业不断发展，人们迫切需要用一种新式文字载体来记录和传播知识。在这种情况下，我国劳动人民在长期的生产实践的基础上，终于在西汉时期（前206—25年）发明了纸张，并在东汉时期（25—220年）经过蔡伦的改进逐渐得到推广。

1.造纸术的发明与改进

中国早期的纸是在水中漂丝时，附粘在竹席上的粗丝绵干了以后，揭下来的一种薄丝绵片。最初是人们在无意中发现这种物品而加以利用的，后来才有意识地加工成一种漂丝的副产品。这种丝质纸既可用来包裹东西，又可

---

① 钱存训：《书于竹帛》，上海书店出版社2002年，第98页。
② 孙诒让：《墨子间诂》，中华书局2001年，第237—238页。

用来写字，用途广泛。作为一种书写材料，它光滑、轻便，较之笨重的简和昂贵的帛，大受欢迎。但是因其本身是一种副产品，且原料（蚕丝）珍贵，其数量也不多，除了少数人可以使用，很难加以普及。

在长期的劳动实践中，人们发现，某些植物表皮在撕剥的时候可以拉出一根根丝絮，而某些苔藓类植物经风化水泡后变成纤维状，被水冲到岩石上，相互交聚、粘附，晒干后也形成类似纸的薄片。在这些自然现象的启发之下，经过长期的试验和不断总结，一种用植物纤维做原料的新型纸张终于制作成功。这一成就是纸的制作历史上的飞跃性进步。植物纤维制作的纸，从用料、制作方法及其使用的普遍性来看，与丝质纸有着根本的区别。它是植物纤维原料经人工的机械、化学作用而得到提纯的分散纤维与水制成浆液，经漏水的模子滤水，使纤维素在模子上交织成为湿纸膜，再经干燥后，形成具有一定强度由纤维素靠氢键缔合交织成的薄片，作为书写、印刷、包裹等用途的物质。现代的纸张就是在它的基础上发展起来的。

很长一段时间里，人们认为植物纤维纸是由东汉时期的蔡伦发明的。《后汉书·蔡伦传》中写道：自古书契，多编以竹简，其用缣帛者，谓之为纸。缣贵而简重，并不便于人。伦乃造意，用树肤、麻头及敝布、鱼网以为纸。元兴元年奏上之，帝善其能，自是莫不从用焉，故天下咸称"蔡侯纸"。

对于这一记载，人们有着不同的看法。大多数人认为，造纸术起源于西汉，在公元前2世纪即已有纸，蔡伦不是纸的发明者，而是改良者。他们的依据是，在古代典籍中，"纸"字在蔡伦之前已数次出现。如公元25年，东汉光武帝前往都城洛阳，随行的车驾中就载有大量分别用丝帛、竹简和纸张书写的图书文献。应劭在记载光武帝建武元年事时，将素、简、纸并提，可知纸与缣帛有别。这些都为西汉发明古纸提供了文献上的有力证据。

20世纪30年代以来，在我国新疆、甘肃、陕西等西北地区曾多次出土西汉纸，以确凿的证据证明了西汉时期中国已经出现了植物纤维纸。根据潘吉星对西汉古纸历次出土情况的分析归纳[①],20世纪以来中国先后8次分别在新疆、甘肃、陕西等省区不同地点出土了蔡伦时代以前的古纸。从其中的放马滩纸形制可见,早在西汉文帝、景帝时期,纸已可用于书写、绘制地图。这就有力地证明公元前2世纪的西汉初已有了纸,把造纸术起源的时间提前了281年,也证明蔡伦以前的纸既非缣帛,亦非丝质絮纸,而是地地道道的植物纤维纸,澄清了《后汉书》关于造纸术记载的讹误,为研究早期造纸原料及制造技术提供了宝贵的实物资料。

当然,西汉发明造纸术的事实并不能否认蔡伦的伟大功绩。文献记载和考古发现都能证明,造纸术在西汉发明以后,由于生产技术尚不发达,原料来源也比较有限,只能在小范围内流行。蔡伦总结前人经验,改进造纸技术,并扩大了造纸所用的原料,成功地试用树皮造纸,不仅提高了纸张的生产效率,而且降低了造纸成本,客观上对纸张生产的普及起到了推动作用,为纸张的大范围推广并逐渐取代金石、竹木、缣帛,成为主要的文字载体和书写材料奠定了基础。

纸的出现,不仅使记录知识、传播知识的载体实现了根本性变革,对知识的普及和图书出版事业的形成、发展和社会的进步也都产生了直接的促进作用。

2. 造纸术的传播

造纸术是中华古代文明高度发达的重要标志之一,也是中华民族对世界文明作出的杰出贡献。作为文字载体,纸有竹木之廉而体积不大,有缣帛羊皮之柔软而无其贵,有金石之久而无其笨重,是一种理想的书写材料。当中国使用纸的时候,世界上其他国家和民族都还在使用着古老、原始的书写材料。印度人长期使用棕榈叶抄写佛经,埃及人、欧洲人则分别用纸草、羊皮和蜡版等作为记录文字的工具。造纸术发明以后,逐步传播到世界各地,促进了当地文化事业的发展。

---

① 潘吉星:《中国科学技术史·造纸与印刷卷》,科学出版社1999年,第55—57页。

中国造纸术的外传，首先是把纸和纸制品（书、信件和绘画等）传入其他国家，第二步才是造纸技术的外传。造纸术首先在3世纪左右传入越南，后传入朝鲜。610年，朝鲜僧人昙证将造纸术传入日本。7世纪左右，造纸术传入印度。唐代僧人义净往印度访经（671—694年），在梵文里已有"纸"字。这些国家在学习和掌握造纸术后，又常常将该国生产的纸张输出到中国，促进了中国与亚洲各邻国之间的经济文化交流。如7世纪—13世纪，朝鲜的高丽纸输往中国大陆，深受中国人欢迎。

造纸术向西方传播是经由海上和陆上两条"丝绸之路"进行的。2世纪前后，纸张由中国内地传入西域黑城、敦煌、吐鲁番、楼兰等地。5世纪时，中亚一带也使用了纸。8世纪，造纸术开始传入西方。此后，欧洲人便尝试着改良造纸技术，但直至17世纪仅达到中国10世纪—13世纪的水平。为了解决欧洲纸张质量低劣的问题，法国财政大臣杜尔阁曾希望利用驻北京的耶稣会教士刺探中国的造纸技术。1736—1795年间，供职于清廷的法国画师、耶稣会教士蒋友仁将中国的造纸技术画成图寄回巴黎，中国先进的造纸技术才在欧洲广泛传播开来。1797年，法国人尼古拉斯·路易斯·罗伯特成功地发明了用机器造纸的方法。至此，从公元前2世纪开始，中国人持续领先近2000年的造纸术才被欧洲人超越。

第二节　雕版与活字印刷术的发明与推广

中国的雕版印书，起于唐，成于五代，盛于两宋，沿袭于元明清。隋唐时期，由于有了纸以及墨、笔、砚这样的物质基础，加上社会对书籍的大量需求这一社会环境的推动，同时也由于应用已久的盖印、拓印，以及二者结合所创造的技术条件的具备，促成了印刷术这一重大发明。

一、雕版印刷术的发明

雕版印刷也叫整版印刷或木板印刷。版材一般取梨木或枣木，用写就的薄纸样稿覆贴在木板面上，由刻工刻成反向的图文版，以为印刷底版，然后在印版上用棕刷涂上水墨，将纸铺在版上，再用净刷在纸背刷过，底版上的图文便可印于纸上。关于雕版印刷术发明的时间，就目前所掌握的材料而言，至迟出现在7—8世纪之间，其起源时间应在6—7世纪之交的隋唐时期（581—618年）。

隋唐时期是中国文化发展的鼎盛时期，社会各阶层对图书需求量大幅增加，传统的传抄复本方法越来越难以满足人们的需要，一种新型的高效率的图书复制技术——雕版印刷术随之诞生了。

图 1.2　石刻捶拓工具

雕版印刷术发明的关键是技术问题，而捶拓和印章两项技术被认为是雕版印刷术的先驱。中国古代石刻之风很盛。古人很早就发现，在石碑上盖一张微微湿润的纸，用软槌轻打，使纸陷入碑面文字凹下处，待纸干后再用布包上棉花，蘸上墨汁，在纸上轻轻拍打，纸面上就会留下黑地白字跟石碑一模一样的字迹。这样的方法比手抄简便、可靠。这便是捶拓技术。

印章是从新石器时代制造陶器时使用印模过程中发展起来的。东晋（317—420年）葛洪在《抱朴子》中记载，曾有人佩戴一种印章，宽四寸，刻字120

个。这些字已可构成一篇短文，从其刻的字数、面积亦与用来印刷的雕版有些相近了。

在存世的唐代文献中，有多处关于唐代印刷术发明并得到广泛应用的记载。诗人元稹为白居易《长庆集》所作序言中称，当时元稹和白居易的诗集已经被大量刊印，在民间广泛流传，并因民间私人印刷历书数量渐成规模，朝廷不得不下令禁止。又据唐代诗人司空图记载，845年禁佛时，洛阳敬爱寺内的佛经印本遭到散失，在873—879年间又筹资准备再次雕刻印刷。可见当时佛教经典已大量印行。

图1.3 龙门石刻阳文正体碑文

从现存的印刷实物看，早期的雕版印刷品也都出自唐代，其中最著名的有两件：一是在敦煌发现的868年雕版印刷的《金刚经》，被认为是现知世界上最早的刻印有确切日期的雕版印刷品。经卷首尾完整，图文刻画精美，墨色均匀，印刷清晰，是一份印刷技术已臻成熟的作品。二是1966年在韩国庆州佛国寺释迦塔内发现的汉字印刷品《无垢净光大陀罗尼经》，是704—751年间的刊印品。经卷文字雕刻精美，墨色浓厚匀称，清晰鲜明，也是件比较成熟的印刷品。据中国学者考证，这一经卷的刻印地点当为唐代的洛阳。美国印刷史专家富路特认为："这件新发现的经卷仍然说明中国是最早开始发明印刷术的国家。"

雕版印刷术发明以后，很快就成为中国古代出版技术的主流，不仅提高了文化、信息传播的速度和效率，更为重要的是打破了皇家贵族对文化的垄断，使一般民众得以共享文化成果并参与文化交流。雕版印刷术的发明也加速了人类文明的进程，在人类文化史上具有划时代意义。马克思指出："火药、指南针、印刷术——这是预告资产阶级社会到来的三大发明。火药把骑士阶层炸得粉碎，指南针打开了世界市场并建立了殖民地，而印刷术则变成新教的工具。总的来说，变成科学复兴的手段，变成对精神发展创造必要前提的最强大的杠杆。"① 的确，印刷术"是科学复兴的手段"，是推动人类精神文明的"最强大的杠杆"，其影响之大是"任何帝国、任何教派、任何星辰"无可比拟的。当然，印刷术的发明经历了一个相当长的过程，是中国古代灿烂文化长期积累、沉淀的结果。

二、活字印刷技术的发明和推广

宋元时期，以雕版印刷为主要技术载体的出版业，反过来将雕版印刷技术推向了高度成熟，并直接推动了活字印刷技术的发明。

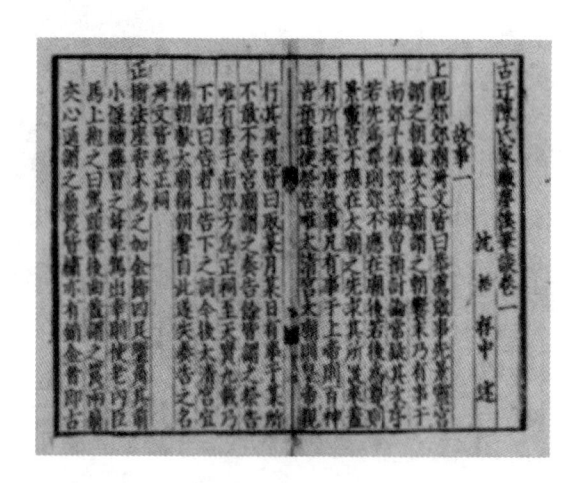

图 1.4　元东山书院刻本《梦溪笔谈》

1. 毕昇与泥活字

活字印刷术就是预先制成单个活字，然后按照付印的稿件，拣出所需要的字，排成一版而施行印刷的方法。采用活字印刷，一书印完之后，版刻拆散，单字仍可用来排其他书版。活字印刷术的发明者是北宋时期的平民毕昇，时间是1041—1048年间。这项技术是继造纸术之后，中国对世界文化事业的

---

① 《马克思恩格斯全集》第47卷，第427页。

又一伟大贡献。对此，与毕昇同时代的科学家沈括在《梦溪笔谈》一书中作了较详细的记载。

毕昇去世后，其活字为沈括的子侄所得，就在沈括写《梦溪笔谈》时仍保存着。沈括的记载可以让我们了解活字的创制方法和活字印刷的整个工艺流程：

（1）制字：用胶泥刻字，一字一印，用火烧使其坚固。每一字都有数个活字，用以解决文稿中同一字重复出现的问题。

（2）置范：先备一块铁板，上放松脂、蜡和纸灰之类。再放一铁范于铁板上，以承容和固定活字。

（3）排版：在版上紧密排布字印，满铁范为一板。

（4）固版：以火给铁板加热，使药溶化，再以一平板按印面，使字面平整、固定。

（5）印刷：固版后就可以上墨铺纸印刷了。为了印刷方便和快捷，通常用两块铁板，一块板印刷时，另一块板在排字，印完一块板，另外一块板已经排好，交相使用，能提高印刷效率。

（6）拆版：印完后再用火为铁板加热，使药溶化，用手拂落活字，并不沾污。

（7）贮字：活字不用时则以纸贴之，每韵为一贴，贮藏于木格之中。

南宋时期，周必大按沈括《梦溪笔谈》所记北宋毕昇泥活字印书法，进行实践，在潭州造出了泥活字，排版印制了自己的《玉堂杂记》。元世

图1.5 西夏文泥活字本《大方广佛华严经》

祖忽必烈的谋士姚枢，曾在河南辉县教弟子杨古制胶泥活字排版印制《小学》书及《近思录》《东莱先生经史论说》，其时是南宋淳祐间（1250年）。这是目前所知，继周必大之后第二个仿效毕昇用泥活字排版印书的又一次成功实践，距周必大用泥活字排印《玉堂杂记》仅晚57年。这些书，也是目前所知次早的泥活字印本。

19世纪中期，又相继出现了李瑶和翟金生的泥活字印品。李瑶，字子玉，号七宝生，苏州人，道光九年（1829年）雇用10余个工匠，用泥活字排版，前后共用240多天，耗用30万钱，印成《南疆绎史勘本》30卷，《南疆绎史摭遗》10卷，共刷印了80部。道光十二年（1832年），李瑶又在杭州排印了一套《校补金石例四种》，共17卷。道光二十四年（1844年）安徽泾县秀才翟金生及其家人经30年努力，烧炼了10余万个泥活字，印成《泥版试印初编》《水东翟氏宗谱》《仙屏书屋初集》等书。翟氏制泥活字的方法，是先刻泥字并翻成铜范，再将澄泥浆倒入范内，等干燥成为一块泥字版，入炉烧炼后，经过分开修整，就成为"坚贞同骨角"的单个活字了。其字体为横细竖粗的宋体字，字有大小5种。翟氏称此种字版为"泥斗板"或"澄泥板"、"泥聚珍板"。

2. 王祯与木活字

由《梦溪笔谈》所记可知，毕昇在发明泥活字的同时，还曾试用木制活字印书，但未成功。毕昇之后，曾有很多人精心研制木活字并用来印刷图书。其中最为著名的是元代（1206—1368年）的王祯（1271—1368年）。王祯是著名农学家。曾担任过安徽和江西的地方官，很重视农业，并动手整理前人的农业文献及各地的种植经验，写成了《农书》。因《农书》字数多，难于刻印，他就准备采用木活字来排印。他请匠人刻制木活字3万多个，于元武宗至大四年（1311年）用这批木活字试印自己纂修的6万多字的《旌德县志》，不到一月就印好100部，比雕版印刷的效率高很多。最为可贵的是，王祯把这些经验写成了《造活字印书法》，附在《农书》之后，保存了珍贵的历史文献。王祯所造木活字印书法是先在木板上刻字，再逐字锯开并修整一致，然后在框内排字，行间用竹片隔开，塞紧后即可印刷。他还创造了转轮排字架，把木活字按韵和型号排列在两个木制的大转盘里，排字工人可以坐着捡字，只需转动轮盘，就可以捡到所需要的字。

  元朝时，木活字传到少数民族地区，被用于少数民族文字书籍的印刷。甘肃敦煌千佛洞曾发现几百个硬木制成的回鹘文活字。到了明代（1368—1644年），使用木活字的地区普及到苏州、杭州、南京、福州、四川、云南等地。明朝用木活字印刷的书籍，至今有书名可考者，约100余种，其中有不少卷帙繁浩者。明崇祯十一年（1638年）还出现了用木活字排印的《邸报》，这是中国用活字印刷古代报纸的开端。清朝时期木活字印书已在全国通行，各地衙门、书院、官书局，大都备有木活字，在北京出版的《京报》从乾隆到清末，都用木活字排印。此外还出现了如"活字印书局"或"聚珍堂"等专门采用木活字印刷的店铺，流传到现在的清朝木活字印本，还有2000种左右。这一时期最大的一次采用木活字印书的活动，是乾隆年间刻印的《武英殿聚珍版丛书》。乾隆三十八年（1773年），乾隆帝在修《四库全书》时，下诏刊印从明《永乐大典》中辑出的大批失传古书。因数量大，刊版耗费财力、人力、时间太多，当时负责武英殿刻书事务的四库馆副总裁金简建议用木活字排印，得到乾隆帝批准，并把活字版改称"聚珍版"。金简雇工刻成大小枣木活字25万个，先后共印成《武英殿聚珍版丛书》134种2300多卷。金简还把刻印经验写成了《钦定武英殿聚珍版程式》，比王祯的《造活字印书法》的记载更详细。这是中国印刷史上又一重要文献，被译成德文、英文等多种文字，流布国外。

图1.6 武英殿聚珍版程式目录

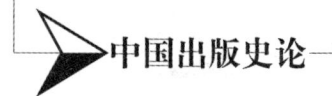

3. 金属活字

中国古代金属活字包括铜活字、锡活字、铅活字。其中，铜活字使用最早，使用次数最多，均用手工雕刻而成。北宋时期已有人用铜板刻成整块印版，用铜活字印书到15世纪末开始兴盛起来。当时江苏一带有不少富家铸铜活字印书，最有名的是无锡的华燧、华坚和安国等家。

明弘治三年（1490年）华燧用铜活字印出《宋诸臣奏议》50册，因铜字难受水墨，着色浓淡不匀，质量较差，但却是我国现存最早的一部铜活字印本。华燧的叔父华珵于弘治十五年（1502年）用铜活字印过陆游的《渭南文集》和《剑南诗稿》。华燧的侄子华坚和华坚的儿子华镜也用铜活字印过书。华坚印的书每卷末有"锡山兰雪堂华坚活字铜板印"字样，所印书有《蔡中郎集》《元氏长庆集》等。明代采用铜活字印书，与华氏同样有名的是安国，他用铜活字印的书可考者有10种，其中《正德东光县志》是国内唯一用铜活字印的地方志。

清康熙末年，内府曾用铜活字印刷过天文、数学、音乐方面的书籍。雍正六年（1728年）又用这种铜活字排印《钦定古今图书集成》。全书有1万卷之多，用大小两种字体排印，印本清晰美观，只印了65部，是我国用活字排印的字数最多的一部大型书。道光二十六年（1846年），林春祺曾请人刻成正楷体大小铜活字40多万个，他是福建福清县尤田人，因而把这批铜活字命名为"福田书海"，并用以印刷顾炎武的《音论》《诗本音》等7种书。在《音论》卷首，林春祺还写了一篇《铜板叙》，记录刻制铜活字的原因和经过。这是继沈括记载毕昇制泥活字，王祯、金简记述制木活字文献之后记述制铜活字印刷技术的又一文献。

除了铜活字外，明清时期还有用锡、铅作的活字。道光三十年（1850年），广东佛山唐姓书商，出资铸造锡活字约有20多万个。咸丰元年（1851年）曾用这批锡活字印成马端临《文献通考》348卷，共19348页，订成120册。唐氏铸造锡活字的方法是：用木活字制成泥字范，浇上熔锡，凝固后取下，加以修整即成。用锡活字印制图书，有实物可证的只此一种。由于锡版难沾水墨，不易印刷，所以未能推广。

关于用铅刻制活字的记载，如明陆深《金台纪闻》载："近日毗陵（即常州）人用铜、铅为活字，视板印尤巧便。"清道光年间湖南人魏崧在他所著的《壹是纪始》中说："活板始于宋……今又用铜、铅为活字。"可见，早在现代铅合金活字传入我国之前，就已有人用铅做活字了。

三、套版印刷术的实践

套版印刷术是在雕版印刷术的基础上发展起来的，也是中国人民在世界印刷史上的一项重大贡献。它的发明，既是对手写本书籍形式的继承，又是对雕版单色印刷的突破；它的发展，既是在雕版印刷技术基础上的发展，同时又是对这种固有技术的大胆革新。因为普通雕版印刷一次只能印出一种颜色，故称之为"单印"。套版印刷则是在一张纸上印出几种不同颜色。人们将需要印不同颜色的部分，分别刻成同样大小规格的版，逐次印在同一张纸上。用这种方法印出的书本称为"套版本"。套版发明初期，多用朱、墨两色印刷，印出来的书称为"朱墨本"或叫"双印"。后来发展到四色、五色套印。根据用色的多少，套印的书被称为"四色本"、"五色本"等。

1. 套版印刷的发明与发展

在写本书时代，人们用不同的颜色来区分书中作用不同的文字，特别是在区分一书的正文和注文时，常用朱墨两色抄写。雕版印书，比起手写有无比的优越性，但受版面墨色印刷技术的限制，对模仿和继承以前朱墨套写的形式，就十分困难，这便促成了套版印刷术的产生。

早期雕版的版画，有墨印彩绘的方法。英国不列颠图书馆东方部收藏着一幅出于我国五代时期刻印的敦煌菩萨像，即是用墨印之后，又将面容、衣巾、裙带用不同颜色分别饰染。这大概是雕版印刷兴起之后，人们想区别不同色彩的初期尝试。到北宋初年，四川民间流通的交子，"制楮为券，表里印记，隐密题号，朱墨间错。"[1] 这种纸币的印刷，似已有了套印技术。山西应县木塔发现的辽代彩印的《南无释迦牟尼像》，"释迦牟尼扶膝端座于莲台，披红色衣。头部光圈内红外蓝。肉髻之下微见白毫相。顶部华盖饰宝花，帛幔下垂。华盖两旁饰以天草，其外印以'南无释迦牟尼佛'七字，字左反而右正……印刷方法，似是以两套版印制，先漏印红色，后漏印蓝色。至于字地上的黄色，则是用笔刷染的。这和我国民间漏孔印染花布的方法基本相同。由于漏印方法不容易印出精细的线条，因此以笔勾画眉、眼、口、鼻、手、足和服饰，而身形穿着显得不甚清晰。"[2] 这可以被认为是我国现存最早的套版印刷品。其套印技术借用民间套版丝漏印染花布的技法，还不算是套版印刷技术的正宗。不过这些史实证明，当我国雕版印刷术兴起之后，人们在不断地摸索套印途径，以期印出色彩分明的印刷品。

到元代，雕版印书越发普及，套印技术用于图书，印出了如同以前手写图籍时朱墨灿然、经注分明的图书，其代表作便是至元六年（1340年）中兴路（今湖北江陵）刻印资福寺无闻和尚注释的《金刚经》。这部《无闻和尚注释金刚经》于1947年为南京中央图书馆购藏，后被携往台湾。每半叶五行，行大字十二，小字二十四。凡37版，每版印五半叶。版心记有版次。经折装。经文大字，印以朱丹，注文双行，印以墨色。圈发、句读符号，亦多朱色。这是迄今为止我国现存最早的利用印书的普通版片套色印出的书籍。它的问世虽然晚于辽代用丝漏方法套色印制的《南无释迦牟尼像》，但在技术上跳出了墨印彩绘及移用民间印染花布的窠臼，标志着我国传统的雕版印刷术又进入了一个新的阶段。

明代后期，套版印刷技术得到广泛应用。现存明代最早的套印本书是明神宗万历年间安徽歙县印刷的《闺范》。我们今天常见的套印本，绝大部分是明万历间吴兴闵氏、凌氏刻本。闵、凌是著名的套印刻书世家，两姓同邑，共操一业，世代相传，堪称中国印刷史上的一段佳话。闵氏的第一部套印书

---

[1] 张秀民著、韩琦增订：《中国印刷史》，浙江古籍出版社2006年，第148页。
[2] 侯恺、冯鹏生：《应县木塔秘藏辽代美术作品的探讨》《文物》1982年第6期。

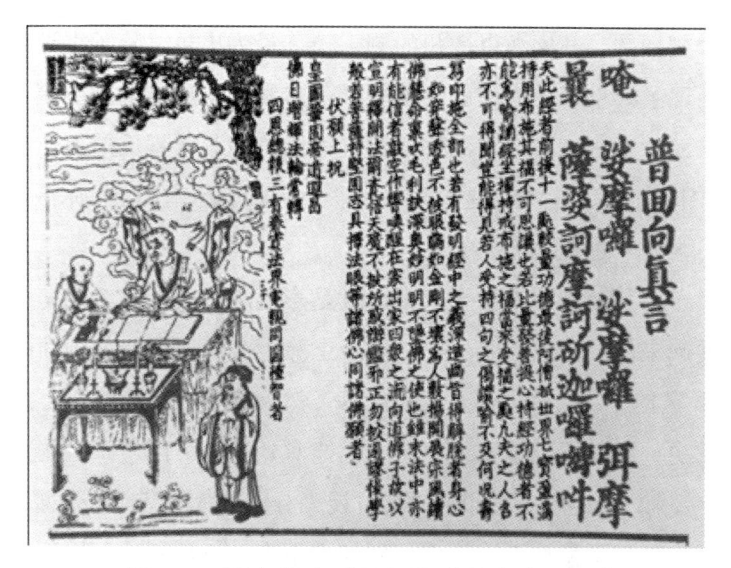

图 1.7　元套印本《无闻和尚注释金刚经》

是明万历四十四年（1616 年）刻的《春秋左传》，为朱墨两色本；到 1620 年闵氏就印出了 91 卷、24 册的《史记钞》这样的大部头。凌濛初是著名的戏曲小说家兼出版家，他刻印的书以戏曲、小说为多，且多套印并有插图，都是聘请名家绘刻的，字迹笔画工致，绘图人物神态秀逸。其传世品有《虬髯客传》《红拂记》《琵琶记》《明珠记》《幽闺记》和《南柯记》等。据近人陶湘统计，两家共刻印了 117 部，计 145 种套印书籍，其中已知有三色套印本 13 种，四色套印本 4 种，五色套印本 1 种。套印本适应了社会的需求，特别是凌氏刻本中戏曲小说占有相当比例，更具有通俗性和普及性，也获得较高的评价。

清代套印本中，官刻的有康熙年间的四色本《御制唐宋文醇》、五色本《劝善金科》及乾隆年间的五色本《昭代萧韶》。民间私坊如道光十四年（1834 年）涿州户坤印《杜工部集》，将王世贞等 5 人的评语分别用紫、蓝、朱、绿、黄等 5 色套印上版，加上杜文所用的墨色，共有 6 种颜色，这被认为是中国古代印刷史上用色最多的套印书籍。

2. 饾版和拱花的发明

明代弘治以后，反映市民生活的戏曲小说风行。为了扩大销路，这些书又都附绘木刻插图，其中尤以徽州的刻工技艺最为出色。除了小说戏曲有插图外，还涌现了一批以图为主的绘画教学范本和供人欣赏的版画集，如《集雅斋画谱》《诗余画谱》《雪湖梅谱》《程氏竹谱》《程氏墨苑》等等。绘画、雕版和印刷技术的融合，逐渐形成了彩色版画套印术（今称木版水印），把我国古代雕版印刷术推向高峰。

把套版印刷和版画艺术结合起来，就是彩色版画套印术。最初是从涂色的方法发展起来的。涂色法是先在一块版上涂上几种颜色，如画面的花上涂上红色，叶子上涂绿色，枝干上涂棕色等，然后覆上纸印刷。明万历年间所刻印的《花史》和《程氏墨苑》中的《天姥对廷图》《巨川舟楫图》就是这样印成的。后来，彩色版画套印很快就发展为分色分版的套印法，称为饾版。"饾版"是将彩色画稿按不同颜色分别勾摹下来，每色刻成一块版，然后逐色依次套印或叠印，最后形成一幅完整的彩色画图。这样印出的作品颜色浓淡，阴阳向背，几与原作无异。饾版得名，是因其形似饾饤。饾饤是一种五色小饼。"拱花"是用凸凹两版嵌合，使纸面拱起的办法，与现代钢印的效果很相似，富有立体感，适于印鸟类的羽毛和山水。

饾版和拱花技术曾被认为是明代徽州人胡正言发明的。因为当时能见到的饾版拱花印本只有明崇祯十七年（1644年）胡刻《十竹斋笺谱》和《十竹斋画谱》。1963年春，上海博物馆于浙西采访到明天启六年（1626年）颜继祖用饾版印制的《萝轩变古笺谱》上下两册。书前有颜继祖小引云："《萝轩变古笺谱》书成于天启丙寅。"天启丙寅即1626年，比胡正言《十竹斋笺谱》早19年，是目前所见饾版刻印的最早传本。

3. 影刻本

明代正德嘉靖年间，李梦阳为首的前后七子在文坛上提倡复古运动，一时蔚然成风。为配合当时士子阅读古文的需求，出版业兴起了翻刻宋本的风气。其源盖出于以苏州、吴县为中心的一批私人刻书家。其中较著名的有正德年间陆元大覆刻宋建康郡斋本《花间集》《二俊集》《李太白集》，嘉靖年间袁褧嘉趣堂覆刻宋淳熙严州郡斋本《世说新语》和宋本《六臣注文选》，以及徐时泰东雅堂的《韩昌黎集》、郭云鹏济美堂的《柳宗元集》、苏献可通津草堂的《论衡》和《韩诗外传》等等。由于他们都是藏书家，注重善本，精加校刊，所刻书都可与宋本媲美。影宋覆宋之风由苏吴地区，很快波及全国，如福建汪文盛校刻《仪礼注疏》，前后《汉书》《五代史记》；苏州王延吉翻刻宋黄善夫本《史记》等。覆宋、影宋本大多技术精湛，字体神韵都酷似原书，有的已达到乱真的程度，后世书贾常以明嘉靖本冒充宋本，这固然是一种恶习。但从另一方面来分析，这在没有现代摄影或静电复印技术的当时，是把濒于亡佚的宋元善本化为千百部复本的最好方法，便利了学者研读，推动了学术发展。

四、印刷术的外传与影响

中国是印刷术的故乡，这项伟大的发明出现以后，迅速向周边邻国传播，又通过多种方式和路径传到西亚、北非和欧洲，进而传向世界各国，对促进人类文化交流和文明的共同繁荣，发挥了积极的作用。世界绝大多数国家的印刷术都是从中国直接或间接地传播过去的，有的则是在中国印刷术的影响和启发下产生和发展起来的。

印刷术发明以后，首先在亚洲传播开来。而佛经，特别是《大藏经》是主要的传播媒介。朝鲜、日本、越南等国与中国有悠久的传统友谊，过去这些国家都信仰佛教，因此印本《大藏经》成为赠送各国最珍贵的礼品。后来他们感到单靠从中国输入不能满足需要，于是也仿制纸墨，翻版印刷，印刷术便借此传播开来。受中国印刷术的影响，朝鲜、日本及东南亚国家的印本书籍都保留着明显的中国风格。直到近代出版业兴起后，这一情况才逐渐发生改变。

朝鲜是最早接受中国印刷术的国家之一，7世纪时，朝鲜经常派留学生来中国学习，回国时往往带走大批书籍，当时输入朝鲜的书籍主要为佛教典籍。印刷术发明之后，也通过佛教传入朝鲜半岛。由于缺乏记载，人们还难以断定朝鲜出现印刷术的年代。从现存记载看，比较可信的说法是11世纪。993年，北宋王朝应高丽王之请,将佛经《开宝藏》赠送给高丽。中国刻字工匠有可能在此时进入朝鲜半岛。高丽又派人专门到中国学习雕版印刷术,培养了第一批印刷工匠。1082年,高丽翻刻成《大藏经》,是为高丽大藏经的初次刊刻。

日本与中国很早就有交往。7世纪中叶,日本实行"大化革新",多次派遣使者、僧人和留学生到中国学习儒家文化和先进技术。他们归国时带回大量印本书籍,雕版印刷术就在这一过程中传入日本。日本有确实年代可考的雕版印刷品是1088年刻印的《成唯识论》,这是宋版书传入日本后的产物。日本也曾用木活字和铜活字印书。日本古代所刻图书,中文书籍占了相当大的比例,风格与中国图书十分相似。

中国书籍很早就传入越南,宋朝雕印的《大藏经》《道藏》都曾赠送给越南。越南早期的印刷品也多与佛教相关。越南历史上记录最早的印刷品是1268年木版印刷的户口帖子。1295年,越南从中国再次得到印本《大藏经》并翻版刊行。15世纪,越南政府开始刊行出版儒家书籍。17世纪,彩色套印术传入越南,越南的湖村、河内等地建起了专门刻印年画的作坊。其所印年画的题材、内容,以及所采用的工艺技术,主要来自中国。18世纪初,越南开始用木活字印书。

13世纪随着蒙古大军的西进,中国与欧洲之间的交通大开,交往更为频繁。来往于中欧开展对外贸易的商人总要在中国买些纸牌作为旅途消遣之用,另一些带回国内馈赠亲友。这种纸牌综合了手绘、木版印刷等各种方法,成了欧洲人学习、掌握雕版印刷术最直接的途径。学术界普遍认为,14—15世纪之交雕版印刷术从中国传入欧洲。欧洲人印刷雕版书籍是在15世纪40年代,其印刷工艺、原材料和中国雕版印刷完全一致。这都证明,欧洲的雕版印刷术是在东方影响下产生的。

对于欧洲人来说,有了雕版印刷的实际经验之后,再发展活字印刷,并不存在太大困难,而活字又特别适合拉丁文种拼音文字系统。在地处欧亚大通道要冲而与中亚衔接的新疆地区,维吾尔族已于12世纪末在吐鲁番地区研制出适合于拼音文字的回鹘文木活字。德国人谷登堡(1397—1468年)在木活字的启示下,用铅、锡、锑的合金初步制成了欧洲拼音文字的活字,用来印刷书籍。这一技术随后迅速散播到欧洲各地，为欧洲科学的突飞猛进以及文艺复兴运动提供了重要的物质条件，其意义对于欧洲乃至全世界都是极为巨大和深远的。

第三节　西方近代印刷技术的传入与推广

一、近代印刷术的产生和演进

我国是世界上最早发明雕版印刷术和活字印刷术的国家。但是，由于漫长的封建社会的束缚，印刷术的发展十分缓慢，尤其是活字印刷术长期处于停滞不前的状态。而活字印刷术在朝鲜和欧洲有突出改进和巨大发展，特别是德国的谷登堡创造的铅合金活字印刷术，得到了世界各国广泛应用。

谷登堡是世界公认的现代印刷术的创始人，他从1436年开始研究活字印刷，1440年制成螺旋式手扳木质印书机，1445年开始设厂印书，印过《四十二行圣经》《加特利根》等书。1462年，谷登堡的工厂毁于大火，他一直被守为秘密的印刷方法由此得到传播机会。谷登堡创造的活字印刷术和毕昇发明的活字印刷术，在原理上没有大的差别，但是谷登堡采用铅、锡、锑合金做活字材料铸字，用脂肪性油墨代替水性油墨，并创制了手扳印书机，奠定了现代印刷术的基础。谷登堡的活字印刷术，先从德国传到意大利，再传到法国，到1477年几乎传遍了欧洲，一个世纪以后传到亚洲，在世界各国沿用了400余年。1845年，德国生产了第一台快速印刷机，1860年美国生产出第一批轮转机。以后德国又相继生产了双色快速印刷机，印报纸用的轮转机以及双色轮转机，1900年又制成了六色轮转机。从1845年起，大约经过一个世纪的时间，各工业发达国家都相继实现了印刷工业的机械化。

机械印刷依其印版的结构，可以分为三种类型：凸版印刷，平版印刷和凹版印刷。

凸版印刷，俗称铅印，是历史最悠久的一种印刷方法。它起源于我国的木刻雕印。凸版印刷的版面结构的特点是：印版上的图文部分凸起并在同一个平面上，非图文部分凹下。这是一种直接加压印刷的方法，在以文字内容为主的书刊生产中长期占有重要的地位。凸版印刷也存在制版质量难以控制、制版费用昂贵、不适合印制大幅面的产品，以及使用铅合金挥发的蒸气会污染环境等一些缺点，例如最早传入中国的凸版印刷机械为手扳架，每天只能印数百张，由手工上墨，效率很低。不久，又传入了自来墨架，加快了印刷速度。1872年上海申报馆购置手摇轮转机，每小时印几百张报纸。后改用蒸汽及火力动力，效率增加了一倍。1898年，日本仿制欧洲的轮转机输入中国，多为当时印刷机构所采用。1906年，由英国人发明的用电气马达作动力的单滚筒机传入中国，每小时可印1000张，俗称"大英机"。1912年申报馆购置亚尔化公司的双轮转机，每小时可印 2000张。1919年商务印书馆引进英国的米利机，印刷速度更快，且可进行多色印刷。1916年申报馆购置日本制造的法式的滚筒印刷机，每小时可印8000张，比轮转机提高数倍。1922年商务印书馆置办德国造的滚筒印刷机，可以从机器两旁同时出书，并配有折叠机，每小时能出双面印的8000张，其速度相当于10架米利机。1925年上海时报馆购置德国造的彩色滚筒印刷机，在当时属于世界上最先进的凸版印刷机械。

平版印刷，是奥国（捷克的布拉格）人赛纳费尔德发明的，其特点是印刷的图文和非印刷的空白部分几乎同处于一个平面上，肉眼看去没有高低之分。印刷时，利用油、水相斥的原理，使图文部分抗水亲油而着墨，空白部分抗油亲水而排墨；通过压印机构，将图文部分的油墨直接或经橡皮布转印到承印物的表面。平版印刷和照相排字机相结合，不仅可以消除铅中毒，且拼版容易、制版迅速，既适用于印刷图文并茂的书籍和连环画，又可应用于报纸和书刊印刷。平版印刷术大致包括石印、胶印及珂罗版印刷等三种形式。光绪初年，点石斋印书局引进轮转石印机，仍以人力手摇，每架机器配备工人8名，分两班轮替，另需1人添纸，2人收纸，每小时可印几百张。为减轻劳动强度，后将石印机改用火力作动力。由于石版体积太大，后来又出现了铅版印刷机，用铅版代替石版进行平面印刷。石版与铅版的平面印刷机因为直接印刷，纸张容易受潮而伸缩率高，影响印刷质量及速度。1904年美国人鲁培尔发明了胶印，在平版印刷机上安装一个橡皮滚筒，印版上的图文经过橡皮布转印到纸面上，而印版和纸张不直接接触，为一种间接印刷的方法。1915年商务印书馆开始使用进口胶版机，后来又使用双色胶印机。平版印刷之珂罗版印刷为德国人海尔拨脱于1869年发明，俗称玻璃版印刷，是最早的照相平版印刷。其印刷品清晰、逼真，缺点是印量不大、成本昂贵。我国在光绪初年已有珂罗版印刷，上海徐家汇土山湾印书馆曾用珂罗版印刷过宗教图画；1907年商务印书馆开始用珂罗版进行彩色印刷。

凹版印刷术是意大利工人菲尼格拉1452年发明的。后来发展成为蚀刻铜版。1905年商务印书馆曾聘用日本技师加以传授使用。凹版有雕刻凹版、蚀刻凹版和照相凹版三种。凹版印刷的版面结构很象拓石，只不过着墨的部位相反而已。凹版印刷具有墨色表现力强、印刷品墨层厚实、色调丰富、印刷质量好、印版耐印力高等优点，多用来印刷精美画册、钞券、邮票等。

二、西方传教士与近代印刷术的传入

在中国近代出版史上，西方传教士占有十分重要的地位，近代出版机构的建立及近代印刷技术的传入，都与西方传教士的活动有着密不可分的关系。尽管西方传教士的目的主要在传教，但客观上向当时的中国出版业注入了一股新鲜血液。

早在明神宗时期，就有外国传教士带来西方的铅活字和印刷机。万历十八年（1590年）曾用西洋的活铅字印过拉丁文的《日本派赴罗马之使节》一书。这是我国用西方活字印行的最早的书籍。只是此后200年间，西方印刷术在我国并未得到广泛推广应用。

再次将铅字印刷术传入我国的是基督教英国伦敦会传教士马礼逊。他于清嘉庆十二年（1807年）来到澳门。为了传教需要，开始刊印汉文《圣经》。马礼逊雕刻了汉文字模，准备铸造汉文铅字。因受到地方当局的禁止，他雇用的刻工惧祸而将字模焚毁。伦敦教会又派传教士米怜来华。由于在广州、澳门之间无法立足，二人乃决定将传教中心暂时设在马六甲。1815年，米怜带领几个中国雕刻、刷印工人前往马六甲筹建英华书院及其印刷所，继续制造中文铅活字。1819年，他们成功印制了铅活字本的《新旧约全书》，这是最早的汉字新式铅印书。英华书院印刷所还于1838年发明了钢冲压制造中文字模的方法。1843年11月，英华书院印刷所迁至香港。至1870年停办，该印刷所的全部设备售给了中国人黄胜和王韬。

继马礼逊之后，1815年，英国人马施曼在槟榔屿（今马来西亚槟城）译印《新旧约全书》，雇人在澳门镌刻字模，浇铸华文铅字。1834年，美国教会在中国找到一副木刻汉字，运回波士顿，用浇铅版的方法制成中文铅活字，用以印刷教会书报。1836年，法国人葛兰德倡导研制"华文叠积字"，借以减少字模。这种方法虽可大大减少字模的数量，但排版繁复，且单独之字与拼合之字一同排列，显得很不整齐，因而推行未广，只在澳门使用了一段时间。1838年，法国巴黎皇家印刷局得到木刻汉字一副，用其浇铸成铅版，然后运回中国，用以排印教会印件，当时颇称便利。

1843年，英国伦敦会传教士麦都思在上海创办墨海书馆，成为上海最早拥有机械铅印设备的印刷出版机构。其设备除有英文铅字七号外，还有中文铅字两号。印刷机器为铁制印书车床，长一丈数尺，宽三尺，由齿轮和重轮驱动，由两人司理印事，用一头牛旋转机轴，印出的书与今天大致相同。时人作《洋泾浜杂诗》云："车翻墨海转轮圆，百种奇编宇内传。忙杀老牛浑未解，不耕禾垄种书田。"由于印刷机落后，又缺乏可靠动力，大多数出版物仍用雕版印刷。

1844年，美国长老会在澳门设花华圣经书房，由美国人谷玄主持，刻模铸字用以广印书籍。因这套铅活字制造于香港，故称"香港字"。香港字在当时颇为流行，其他使用铅活字印刷的机构也多于此处购用。1858年，美国长老会派遣姜别利来华主持宁波美华书馆事务（前身即花华圣经书房）。姜氏早年曾在美国费城学习过印刷，对此颇有心得。鉴于汉字繁多，字体复杂，镌刻困难，乃于1859年在宁波创电镀汉文字模。其方法是用黄杨木刻汉文阳字，镀制紫铜阴文，镶入黄铜壳子。这不但减省了雕镌之工，且字号小的汉字也得以镌制。姜别利用这种方法制成大小七种汉文铅活字，其中一号称显字、二号称明字、三号称中字、四号称行字、五号称解字、六号称注字、七号称珍字。这七种字体标准奠定了中文铅字制度的基础。此后，姜别利又发明以20盘常用字为中心的元宝式排字架，大大提高了捡字工效，对中国近代铅活字印刷作出了贡献。

自姜别利研制出电镀汉文字模后，中文铅活字的研制活动基本停顿下来。这次中文铅活字的研制热潮大致有以下两个特点：其一，这一时期从事研制活动的基本上都是外国人，其中尤以西方传教士为多。其二，这次研制活动的着重点在于中文铅活字的制作、使用及其字体大小上，而对字体美观与否未加注意。这次研制的热潮大致上奠定了中文铅活字的基础，但也面临着许多自身无法克服的困难。由于从事铅活字研究的大多是外国人，研制的铅活字大多呆板生硬，不易为中国人所接受。当外国人纷纷研制铅活字时，我国传统的雕版印刷业又正处于高度发达的时期，因此，外国人研制中文铅活字的热潮并未能推动铅活字在中国的普及。随着中国的洋务运动及各省官书局的纷纷建立，木版雕刻又进入了它的最后辉煌，而铅活字印刷则只应用于几个教会印刷机构及报馆，没有得到普及和推广。

三、石印术的盛行及其对雕版印刷的取代

石印术自18世纪末发明后，大约在19世纪30年代传入中国，最初只是用来印刷一些布道宣传品及报刊，影响并不大。1879年，英商美查于上海申报馆外设立点石斋石印书局，作为报馆的附属机构。书局开办之初，即聘请土山湾印书馆的邱子昂任石印技师，印制的第一本石印书是《圣谕详解》，后又用照相石印法翻印了《佩文韵府》《四库全书简明目录》等书。1882年，点石斋印书局又用照相石印法印制了《康熙字典》，此书将殿版分为三排缩印于一页，既保留了殿版字体的优美笔迹，又便于携带。据姚公鹤《上海闲话》："闻点石斋印第一获利之书为《康熙字典》，第一批印4万部，不数月而售罄；第二批印6万部，适某科举子北上会试，道出沪上，率购五六部，以作自用

及赠友之需，故又不数月而罄。"

美查用石印术复制中国古籍，让中国人认识到石印术的独特魅力。继点石斋石印书局后，其他石印书局也纷纷成立。除上海外，武昌、苏州、宁波、杭州、广东等处亦相继开设石印书局，其中以同文书局及拜石山房最为著名，与点石斋印书局形成三家鼎立的局面。石印出版物也受到人们的普遍欢迎。用石印术印刷的书籍大致有以下几类：一为古籍，尤其是大部头的丛书、类书；二为科举用书；三为新式教科书；四为宣传新思想新科技的书籍、期刊等。

石印术的兴盛，使西方近代机械印刷术首次成为中国印刷界的主导技术，从而打破了千余年来雕版手工印刷在中国印刷业中的独尊地位，使得资本主义出版企业得以纷纷成立，在近代编辑、印刷、发行上积累了许多宝贵的经验，推动中国出版业的近代化进程。由于石印术是西方大规模机械印刷技术首次进入中国的印刷业，开办书局的企业大多经验不足，未进行充分的市场预测就盲目地大批量印行，往往造成资本积压。石印术盛行后，开办石印的企业未注意在发行环节形成一个与机器印刷配套的利于大规模迅速发行的体系，过分依赖考市（即科举时代举行科举考试时在考场周围形成的集市），其印刷书籍亦向科举方向发展。至清廷废止科举，考市消失，石印书局因失去主要发行环节而纷纷倒闭，石印术在印刷界的独尊地位逐渐为铅活字印刷所代替。

19世纪后半期，中国出版业处于雕版、铅字和石印三者并用的时期。随着新闻事业兴起，报馆相继出现，新式印刷术得到广泛应用。同时，为了介绍外国先进技术和知识，书刊印行量也大为增加；新式学堂的出现，对于教科书、地图、参考资料等印刷品的需求增加；商业的发达，证券、股票、广告等印刷品也越来越多。这一切都促进了印刷工业的发展。人们在使用新式印刷术时，还结合汉字的特征，不断加以改进和创新。到20世纪初期，机械化印刷术成为我国印刷技术主流，一千多年来的手工印刷术开始退居到次要的地位。印刷业也逐步成为资本主义经营方式的工业企业，从生产力到生产关系都实现了根本性的变革。

图 1.8　商务印书馆照相制版间

第四节　出版物形制的变化

中国书籍装帧形制的形成与演变,同书籍的制作材料、制作方法、便于检阅、利于保护等诸方面因素紧密相关。受这些因素的影响,不同历史时期的书籍装帧形式与形制也呈现出不同的特点,大抵经过简策制度、卷轴制度和册页制度三个阶段,先后流行过简册装、纸书卷轴装、经折装、旋风装、梵夹装、蝴蝶装、包背装、线装等多种装帧形式。

一、简册制度

如前所述,简策是对用竹木简制作书籍时代装帧形式的总称,它既是一种装帧形式,又形成了一种约定俗成的书籍装帧制度。古人编简成册有两种方式:一种是在竹木简上端钻孔而后以绳穿连,其上边好像梳子背,下边诸简垂挂,如同梳子的栉齿相比。这是一种穿连的方法。另一种是用麻绳或丝线绳,像编竹帘子一样地编连竹木简。为保护正文不致磨损,古人编简时常在正文前边再加编一根不写文字的空简,叫作"赘简"。今天书籍的封面,大概就带有这种赘简的遗意。古人很重视篇名，把篇名写在赘简上端，以示醒目。而把书名写在赘简的下端，以示该篇所归属之书。这种格局虽然是仅适应简策典籍而出现的特定形式，但对后世典籍形式的影响却是深远的。简策书籍的卷收，也因其特定的材质而有特定的形式。一篇文章的简编完，或一编编好的简册写完，便以最后一根简为轴，像卷竹帘子一样从尾向前卷起。简策书籍这种编连卷收的方法，是适应竹木简的特质而形成的特定形式，但对后世典籍的装帧形式产生了极其深远的影响。纸书卷轴装的出现及长期流行，可以说是对简策卷收形制的模仿。

二、卷轴制度

卷轴制度是魏晋时期纸书出现以后发展出来的一种装帧形式。根据记载可知，晋时的纸质典籍已使用卷轴装，唐以后使用卷轴装的情况更加普遍。北宋欧阳修《归田录》中说："唐人藏书，皆作卷轴。"明朝都穆《昕雨记谈》说："古人藏书，皆作卷轴。"这些记载证明，自纸书出现直到隋唐五代，书籍盛行的装帧形式是卷轴装。20世纪初在敦煌莫高窟藏经洞发现的大批遗书，主要是写本佛经，现分藏在英国、法国、中国、俄国、日本、印度等，总计大约4万多件。这些敦煌遗籍产生的时代，大约起于东晋十六国，迄于北宋之初，此时正是手写纸书的高峰期。这些遗籍，有的就是简单的卷子，有的木轴犹存，以实物证明唐五代及以前的纸书装帧形式普遍流行卷轴装。

一部用多张纸才能写完的典籍，按顺序粘接成一幅长条。长条可以先写后粘，也可以先粘后写。写完的长条典籍，即可从尾向首卷起。为使纸卷不致于折皱或损坏，在长条纸书最后一纸的末尾粘裹一根圆木棒，然后以木棒为轴心从左向右搓卷，所以称作卷轴。书籍的卷轴形式到隋唐时期发展到高峰，帝王贵族之家的藏书，其卷轴装饰非常讲究。隋炀帝嘉则殿的藏书是用卷轴的材料加以区别的：上品为红琉璃轴，中品为绀琉璃轴，下品为漆轴。唐玄宗时期，集贤院藏书也是以轴、册、帙等的不同颜色来区别的。

卷轴装的形式在唐代后期发生了变化。在长期使用的过程中，人们感到

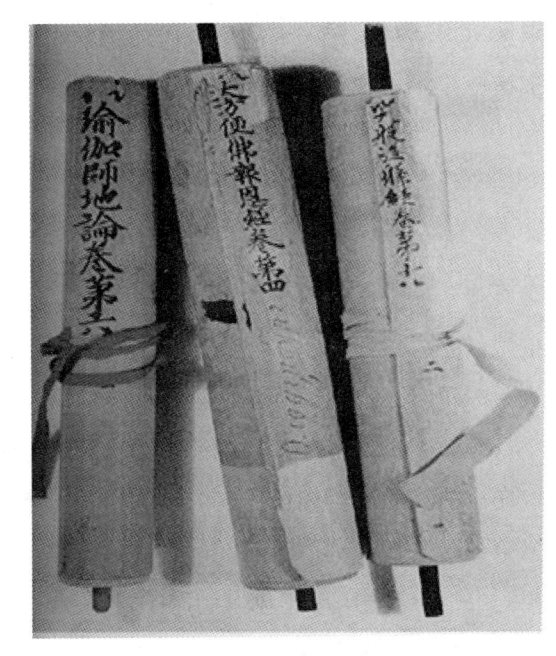

利用卷轴形式有许多不便之处。如制作工序复杂，一般要经过粘纸、加轴、装裱、系带等各种环节，费时费工；阅读不便，需要展卷、收卷，查阅时也很费力。为了避免卷轴装的缺点，人们又发明了经折装。这种方法是将纸一反一正反复折叠，使之成为长方形的一叠。然后，将这叠书的前后各加一硬纸予以保护。从外形上看，它具备了现代书册的形式，只是有册无页。敦煌石室保存的古书中就有这种形式的

图 1.9　敦煌卷轴文书

书。经折装又称梵夹装。唐代盛行佛教，可能在诵颂佛经的频繁活动中，首先接受了印度贝叶经梵夹装形式的启示，将经卷改变成为经折装，而后推广开来。经折装的书在唐代以后还继续使用，从宋代以后保存下来的印刷本藏经中也能看到。经折装的优点是制作简便，可以免去加轴、接裱等操作工序，翻阅省时省力，也便于保存。但它容易散开或撕裂，于是出现了旋风装。从文献描述和现存于北京故宫博物院的一件唐写本《王仁煦刊谬补缺切韵》来看，旋风装可能有两种方法：一种是用一整张纸把书从第一页到最后一页连书背一起包裹起来，另一种是把一张一张写好的书页按顺序先后鳞次相错粘到一整张纸上，然后将整纸卷成卷子，这种有页无册的形式也称为龙鳞装。

　　经折装和旋风装都是从卷轴装发展演变过来的，它们比卷轴装有所改进，但仍保留着卷轴的某些特点。经折装和旋风装的出现，反映着书籍制度由旧形式向新形式的发展过渡。如果把单张的书页与折叠成册子两种形式结合起来，就意味着一种更新的书籍形式——以散页装订成册的书籍出现了。成册

书的出现，是与印刷术的使用相辅相成的，五代时期印的监本九经就已以册为单位。它标志着我国图书发展历史进入了一个崭新的阶段——印本书时代。

三、册页制度

唐代以后，书籍生产主要是采用雕板印制。与手写书籍不同，雕板印书必须将一书分成若干版，一版一版地雕刻印刷，印出来的书实际上是以版为单位的若干单叶。所以，雕板印刷的书籍必须经过装订，一种既适应雕板印刷又方便阅读的"蝴蝶装"便出现了。

蝴蝶装也称"蝶装"，具体做法是将每张印好的书叶以版心为中缝线，以印字的一面字对字地折齐，集数叶为一叠，以折边居右戳齐成为书脊，在书脊处用浆糊或其他粘连剂逐叶彼此粘连，然后再用一张硬厚整纸，中间折出与书册厚度相同的折痕，粘在抹好粘合剂的书脊上，作为前后封面，也叫书衣；最后再把上下左三边余幅剪齐，一册蝴蝶装的书就装帧完成了。这种装帧样式打开时版心如蝴蝶身躯居中，书叶恰似蝴蝶的两翼向两边张开，看去仿佛蝴蝶展翅飞翔，所以称为蝴蝶装。蝴蝶装适应了印制书籍一版一叶的特点，并且文字朝里，版心集于书脊，有利于保护版框以内的文字。同时没有穿线针眼和纸捻订孔，散了重装也不至于损坏。正因它有这些优点，所以宋元两代流行近400年。《明史·艺文志序》说，明朝秘阁所藏的典籍，都是宋元两代的遗籍，它们"装用倒折，四周外向，虫鼠不能损"，指的就是蝴蝶装。

蝴蝶装的书叶是反折的，两个半叶的文字均相向朝里，这有助于保护框

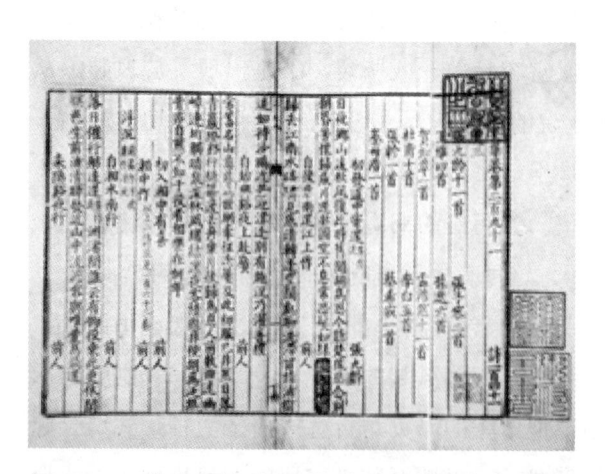

图1.10 南宋周必大刻本《文苑英华》蝴蝶装

内文字，但也会造成所有的书叶都是单叶，不但每看一版使人首先看到的都是无字的反面，而且很容易造成两个半叶有文字的正面彼此相连，不便翻阅。蝶装的书脊用浆糊粘连，若是经常翻阅，也容易脱落和散乱。针对蝴蝶装的这些弱点，又出现了一种既便于翻阅而又牢固的装帧形式，这就是包背装。包背装的特点，是将印好的书叶正折，使两个半叶的文字相背朝外，版心再折边朝左向外。书叶开口一边向右，戳齐后形成书脊；在右边框外余幅上打眼，用纸捻穿订、砸平；裁齐右边余幅的边沿，形成平齐书脊。再用一张硬厚纸对折作为封皮，用浆糊粘包书的脊背，裁齐天头地脚及封面的左边。这种装帧主要是包裹书背，所以称为包背装。包背装大约出现在南宋后期，直至清末，流行了几百年。《永乐大典》用的就是这种形式。

　　包背装的书脊部分仍是书页的两个外边，实际上是相当宽的空白，而逐页粘连又很费事的，于是在包背装发明不久，就有人开始采用在空白书边上打孔、穿纸捻来合订书页，然后再装封面的方法来装订图书。这种包背装为书的线装开辟了道路。一般认为，线装书籍的装帧形式出现在明朝中叶以后。但据有学者考证，早在唐末已出现了线装，只不过线装的真正流行是明朝中叶以后[1]。随着明代中后期资本主义萌芽，市民阶层的精神文化生活日益提高，书籍的流通翻阅更加频繁，典籍的装帧形式也必然要适应这种需要而作相应的改变。蝴蝶装不牢与不便之弊早已暴露，包背装同样承受不起经常的翻阅。所以，线装典册便兴盛了起来。线装是从包背装演变而来的。把包背装的整封面换为两张半页的软封面，分置书身前后，把它连同书身一起打孔穿线订的方法，就是线装。线装一般是在书上打四孔，称为四针眼装。较大的书，在上下两角各加打一眼，就成为六针眼装了。讲究的线装，有时用绫、绢之类包起上下两角，这主要是为了美观，也有护书作用。线装书的优点，是书本破旧了可以重装。在修整旧书的时候，还可以衬纸、接边。线装书的出现，是我国古代书籍装帧技术发展的最高阶段。直到现在，一些仿古铅印本和影

---

[1] 李致忠：《中国古代书籍的装帧形式与形制》《文献》2008年第3期。本节材料多取自该文，未及一一注释。

印古书都还在应用这种装帧方法。

四、近代印刷技术的引进与出版物形制的新变化

清代中叶以后，我国逐渐采用了机械化的新式印刷术。随着新式印刷技术的推广，大约到20世纪初，西方平装和精装技术传入中国，并逐渐取代了线装。

近代印刷技术的变革，直接引发了中国传统书籍制度的变革。19世纪之前，中国的图书形制以线装为主，这是与传统的印刷技术和造纸术相适应的。新式印刷术传入以后，新式机器铅印逐渐取代手工雕版印刷而居于主要地位。原先手工制作的各种软纸不仅产量低、成本高，不能满足图书大量生产的需要，加上软纸不便双面印刷，不适用于新技术。清朝末年，与机械化印刷术的广泛使用相对应，我国进口洋纸的输入总量迅速增加，洋纸逐渐取代软纸成为主要的出版用纸，传统的单面印刷也因之而变为双面印刷，书籍的装订和装帧也随之发生变革。虽然线装书的形式仍然存在，但不可避免地开始退居次要地位。西式装订开始成为出版物的主要形制，在西方广为流行的精装、平装得到普遍应用，从而实现了图书装订和装帧的变革。

平装也叫简装，主要工艺过程包括折页、配帖、订本、包封面和切书边。也有不经切边的毛边书。订本工艺有平订（包括缝纫、铁丝订等）、骑马订、锁线订和无线胶粘订等，一般采用纸质封面。

精装通常是用于页数较多，需长期保存和要求美观的图书。精装书籍的书心一般采用锁线订，经过扒圆、起脊等工序，上书壳后再经压槽成形。精装书的封面、封底一般为硬质或半硬质的材料，通常有皮面、绸面、布面等形式，也有纸面皮脊、纸面绸脊、纸面布脊等。书脊有圆脊和方脊之分；切口有染色和刷金，也有装书带的。封面及书脊上的文字和图案采用金粉、金箔和色粉烫印。另有一种用卡纸作封面，外加勒口的护书纸，称半精装，也称软精装或假精装。

平装书和精装书除了装帧材料及方法的不同外，结构层次也有较大的差异。如平装本只有封面、扉页、版权页和封底，精装本另有护封、环衬、正页等。随着西式装订的应用，西洋新式标点开始应用到中文书籍中，横排中文书也开始出现。1904年，商务印书馆出版的严复《英文汉诂》是第一本应用新式标点于中文的出版物，也是第一部横排出版的中文书籍。

第五节　当代新技术的应用与推广

从11世纪中叶毕昇发明活字印刷术开始，中国印刷工人用手码字块的印刷历史一直延续了900多年。直到1974年，一项由中国政府支持的科技攻关项目"汉字信息处理工程"启动并完成后，才使长达10个世纪以来大量的人力劳作得以解放。特别是最近几十年来，信息、网络、数字技术迅猛发展，日新月异，为出版业的转型升级带来了新的发展机遇。

一、汉字激光照排技术

新中国成立后，在印刷工业和印刷技术方面有长足的发展。采用新式印刷设备和工艺，生产规模较大的印刷厂在北京、上海等地陆续建立起来。新式印刷技术，如胶版、影写版等被广泛地用于印刷各种书报画刊；排字方法也有了改进，书报刊印刷速度大大提高。这一时期我国的造纸工业发展迅速，从1953年起，不仅可以生产各种印刷纸张，还出口相当数量的新闻用纸，扭转了百年来依赖外国进口纸张的局面。但真正为印刷业带来革命性变革的，是汉字激光照排技术的出现。

所谓激光照排，就是用计算机控制的照相排版技术。它和激光技术结合起来，先把字模信息以数字化形式存储在计算机存储器中，由计算机控制激光照排束在底片上打点扫描形成版面，然后再通过制版、固版、印刷等程序批量生产出版物。在此基础之上，实现计算机激光编辑和排版，将文字、图片输入到版面设计全部由计算机控制，大大提高了制版印刷的质量，减轻了劳动强度，消除了污染，降低了成本。这一技术的推广应用，使出版业告别了"铅"与"火",走进了"光"与"电"的时代。而此项革命性成果的缔造者,正是北京大学的王选。

王选,江苏无锡人,1937年出生于上海,著名计算机文字信息处理专家,当代中国印刷业革命的先行者,被称为"汉字激光照排系统之父"。

1974年,当时的北京大学副教授王选开始主持汉字照排系统的研制,在世界上首创了使用控制信息描述笔画。他发明的"数字化存储和高倍率字形信息压缩及输出复原和失真最小的变倍技术",不仅使汉字的录入速度和英文及其他拼音化的文字达到了相同水平,更为重要的是,他还在此基础上,直接研制国外尚无产品的第四代激光照排系统,即数字存贮式的激光照排。1975年,正在病休中的王选听说国家有一个汉字信息处理系统项目"748工程",其中"精密照排系统"的价值和难度吸引王选全身心投入到研制工作中。1976年夏,王选在做了大量调查研究后,毅然决定采取数字存储方式,跳过当时日本流行的光学机械式二代照排机、欧美流行的阴极射线管式三代照排机,直接研制国外尚无商品的第四代激光照排系统,即走数字存贮式的激光照排道路。电子工业部在了解了王选的方案后给予大力支持,把"748工程"中汉字精密照排系统的研制任务正式下达给北京大学,并成立了北京大学汉字信息处理技术研究室,由王选负责整个系统的总体设计和研制工作。1979年,王选团队研制的精密汉字照排系统第一台样机调试完毕。次年,支持这套系统的电脑软件,包括具有编辑、校对功能的软件也先后研制成功,并排印出第一本样书《伍豪之剑》。1987年5月,《经济日报》出版了世界上第一张完全采用

图1.11 《王选文集》

计算机屏幕组版、整版激光输出的中文报纸；1989年，《人民日报》引进美国HTS公司的照排系统失败，改用国产华光系统。此后，外国照排厂商全部退出中国市场。1991年，华光Ⅳ型系统被香港《大公报》采用，《大公报》成为香港地区第一家全部版面都用电脑编排的日报，也是海外第一家采用国产系统的华文报纸。1992年，北大方正计算机系统工程公司成立，北大方正彩色激光照排系统也于当年研制成功，使照排系统应用实现了从黑白到彩色的巨大变革，并率先在《澳门日报》得以应用，1992年刊登在《澳门日报》的邓小平南巡的照片便是利用北大方正的彩色照排技术制作的，而这一天的《澳门日报》也是世界上第一张不用电子分色印刷的彩报。同年5月，第二套彩色照排系统在香港《大公报》正式投入应用，同年6月，第三套彩色照排系统落户到《科技日报》，这也是国内第一个彩色照排系统在报业的应用。从1992年开始，汉字激光照排系统相继出口至马来西亚、美国、加拿大、泰国等国家。2003年，方正系统在日本市场也取得重大突破，在日刊体育印刷社实现150种报纸同时上线印刷。

  汉字激光照排技术的发明，也为中国出版实现全过程的数字化、实现与世界出版的对接奠定了基础。首先，出版周期大大缩短。在"铅与火"时代，印刷工序相当繁琐，效率很低。出版社出版一本书需要大约1年的时间，众多的科技书刊、杂志、学术论文都因积压而不能及时出版。而在汉字激光照排系统下，计算机录入和排版的效率很高，文稿修改也非常方便，而且文字和图片排版能够实现一体化，大约三天就能出版一本书。其次，节省人力、物力和财力。传统的报纸图书用铅字印刷，劳动强度大，污染环境，速度较慢，对排字工人身体健康也有相当大的危害。而激光照排只用将印刷软片拿到印刷厂，经过晒版、拼版、印刷等工序，便能完成整个出版过程。再次，与世界出版接轨。汉字激光照排技术在国内外中文书报刊市场上的主导地位，证明了中国人完全有能力研制出优秀的自主知识产权的产品，并将其成功打入发达国家市场。从某种程度上来讲，正是有了这一技术，中国出版才逐步赶上了世界出版的步伐。

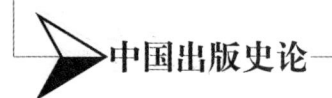

二、按需印刷技术

按需印刷（Print On Demand，简称POD）是按照不同时间、地点、数量、内容的需求，通过数码及超高速打印技术，实现出版行业整个流程的全新改造，以适应个性化、短版化、高效率的现代市场需求，特别适用于一些定向较窄，专业性强，可变性强，批量较小的印刷。按需印刷是先进的数字技术和原色（toner—based）印刷技术相结合的新型印刷工艺，其操作过程是将图书内

1990年至2007年中国出版图书、报纸、期刊的种数、印数对比

指标 年份	图书出版			期刊出版			报纸出版		
	种数（种）	总印数（亿册）	总印张（亿印张）	种数（种）	总印数（亿册）	总印张（亿印张）	种数（种）	总印数（亿册）	总印张（亿印张）
1990	80224	56.36	232.05	5751	17.9	48.1	1444	211.3	215.5
2001	154526	63.1	406.08	8889	28.95	100.92	2111	351.06	938.96
2007	248283	62.93	486.51	9468	30.41	157.93	1938	437.99	1700.76

容数字化后，用电子文件在专门的激光打印机上高速印制书页，并完成折页、配页、装订等工序。

按需印刷之所以能够付诸实践，主要依赖于数码印刷机。2002年中国数码印刷机总装机量大约有300多台，2007年达到3000多台。数码印刷机的快速发展促进了按需出版的推进，使得个性化、可变、即时印刷成为现实。

1998年底，我国一些出版机构开始接触按需出版，如复旦大学出版社等上海几家大学出版社与美国的专业按需出版公司签订了合作协议。之后，按需出版业务在我国日渐兴起。在数码印刷设备并未完全普及的情况下，有资源优势的出版社和有设备优势的出版社合作开展按需出版也逐渐成为趋势。例如，商务印书馆和知识产权出版社之间的合作，商务印书馆作为内容资源提供方，结合市场需求，对全社会开展资源服务；而知识产权出版社作为技术服务方，通过专业的数据处理过程实现图书的电子化，利用先进的数字印刷设备完成即时的、个性化的图书制作，将经典著作完整再现，满足读者需求。

按需印刷使得很多人的"出版梦"得以实现，尽管像超印速和印客网之类的网站由于没有书号等政策限制，所印出的只是印刷品，而非严格意义上的图书，但是依然受到不少人的欢迎。随着出版业的发展，按需出版的概念也从最初的单纯的基于按需印刷技术的图书出版，发展到更高层次的内容和形式的按需出版。近年来，中国的一些技术提供商开始进入按需出版领域，通过软件开发实现了内容上的按需出版，也实现了相同内容不同形式的呈现。

三、新的出版介质以及数字出版的兴起

介质是承载知识信息的载体，是构成出版的重要要素之一。从历史上看，任何一次出版介质的发明和普及，都将对出版业带来一次变革。近几十年来，新的出版介质层出不穷，如微缩胶片、以磁带和磁盘为代表的磁介质，以互联网、手机、电子纸等为代表的数码介质。新介质从发明到普及的时间越来越短，简策大概用了近千年的时间，纸张用了 800 年的时间，唱片用了 30 年的时间，磁带用了 20 年，互联网只用了不到 10 年，而手机用作出版介质仅仅用了几年时间。正如纸的发明促使中国出版从竹木简牍时期进入纸写本时期一样，新的出版介质的出现正引领中国出版步入数字出版时代。

1. 微缩胶片、磁盘和光盘

出版业是内容产业，寻找到合适的内容并将其以一种合理的方式组织起来，是出版活动发生的前提。在只有纸介质存在的情况下，图书、报刊等的储存受到很多条件的限制。以磁盘和光盘为代表的磁、光介质的出现，使出版物所承载信息的容量和种类得以扩大，打破了以往图书出版中单调的图文形式，而代之以立体化多元化的出版市场，磁盘在 1980 年之前应用较多，光盘在中国的推广则是 1980 年之后的事情。

作为一种高容量的储存媒介，光盘较好地解决了传统纸质出版物容量较小的缺点。作为一种高融合性的储存介质，光盘也能够将文字、图像、音频、视频等多种形式的信息融为一体，丰富了我国出版物类型，音像、电子出版

等出版形式层出不穷，读者的需求在更大程度上到了满足。我国《电子出版物管理规定》规定，电子出版的媒体形态包括软磁盘（FD）、只读光盘（CD—ROM）、交互式光盘（CD—I）、照片光盘（Photo—CD）、高密度只读光盘（DVD—ROM）集成电路卡（IC—Card）和"新闻出版署认定的其他媒体形态"，因此磁盘CD的出现是电子出版出现的先决条件。从某种意义上来讲，是光盘的引入使电子出版在中国被更多的人所认知。在西方国家，电子出版物于20世纪60年代就已出现，并在20世纪80年代初具规模，与之相比，我国电子出版起步较晚。1987年，中国引进了第一张CD—ROM光盘，继而又于1991年自行研制成功了电子出版物《中国工商名录》（英文版）；1998年，中国学术期刊（光盘版）电子杂志社成立，成为我国第一家连续电子出版物出版单位，也是我国目前最大的连续光盘出版单位；1999年，专门出版电子出版物的专业机构——万方数据电子出版社成立。截至2004年我国电子出版物的出版单位已达162家，制作和复制单位达上千家，电子出版物的类型从简单的CD—ROM发展到VCD、DVD、CD—I等多种形式，出版种数也逐年增加，从1994年的30种发展到2007年达8652种。

2. 数字介质

从历年的互联网发展报告中可以看到，互联网作为一种介质在不断地被普及和应用，这直接表现为网民的不断增加。中国互联网络信息中心（CNNIC）发布的统计报告显示，截至2010年6月底，中国网民规模达到了4.2亿，突破了4亿大关，互联网普及率攀升至31.8%。互联网具有传统纸介质所没有的优势，而其中最令纸介质无法与之抗衡的就是：承载信息多样化、容量无限大、即时互动性等等，这也就意味着网络出版必然会对传统出版带来一定的冲击。

手机在中国作为一种出版介质进入人们的视野，始于2004年的一本手机小说《城外》。在3G技术普及之前，多数手机出版只能以短信的形式完成，在一定程度上限制了手机出版的发展，也造成了这样一个现象的出现：跟手机图书和手机杂志相比，手机报纸的发展更加顺利。从2001年开始至2010年，中国已有手机报几百家，规模最大的当属中国移动旗下的《新闻早晚报》。2010年，中国移动的用户已经超过3个亿。截至2010年6月，中国手机网民规模为2.77亿。这是手机作为出版介质的基础。

伴随着新介质的出现，纸质出版与网络出版、手机出版等数字出版形态共同构成了当今出版的大格局。传统出版不断将自身的资源和新媒体的特点相结合起来，拓展出版的业务内涵，不仅在出版内容方面充分发挥了自身的优势，还在网络出版和手机出版等领域逐渐开拓出新的天地，从而使得传统出版和新介质做到了多个层面的融合，传统出版和新兴出版融合发展成为大势所趋。

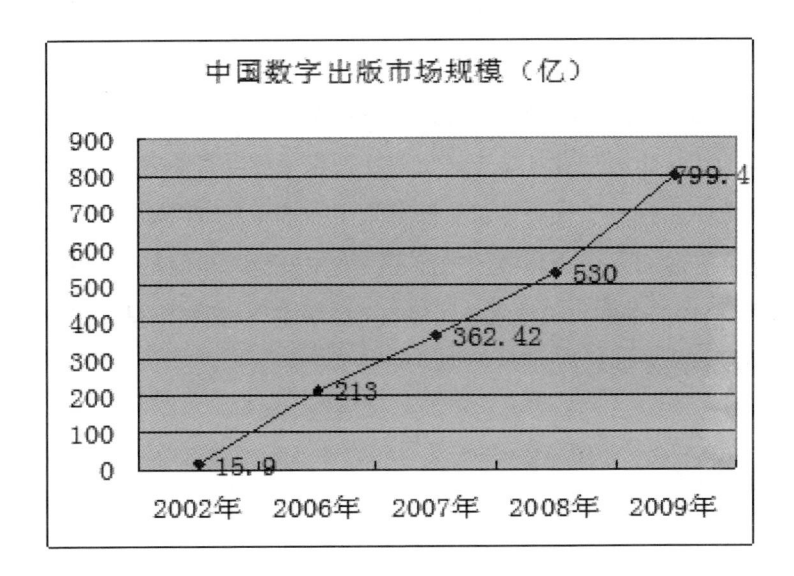

中国数字出版市场规模（亿）

年份	规模
2002年	15.9
2006年	213
2007年	362.42
2008年	530
2009年	799.4

首先，数字技术的变革带来了数字出版产业的迅猛发展。据中国出版科学研究所发布的《2010年中国数字出版年度报告》，2009年中国数字出版总产出达799.40亿元，同比增长41.5%，增长速度超过纸质出版物。与2002年的15多亿元相比，8年间，我国内地的数字网络出版产值规模累计增加了35倍以上，这是传统出版不可企及的发展速度。

其次，全球范围内的出版产业数字化进程加快。国际出版商们对于数字技术变革的反应更为迅速，数字化转型的步子也迈得更快。所有美国出版企业几乎都已在数字化进程中取得了明显进展，数字技术已经被广泛运用到出版工作的每一个环节，电子图书、在线阅读等新型阅读方式在出版舞台上风生水起。据美国消费电子协会数据显示，2009年全球电子阅读器营收增长265%，2008年到2013年，全球电子书市场将保持124%的年复合增长率，在2013年底突破25亿美元的规模。欧美大型传媒集团正迅速完成向数字出版时代的跨越，数字出版收益在其总收益中所占比例迅速提升，其中汤姆森集团69%、励德·爱思唯尔集团70%、培生教育集团50%以上的收益均来自数字出版及网络相关业务。在2010年的法兰克福书展上，超过60%的展品都是数字化产品，在为出版界专业人士举办的400多场活动中，有超过50%的活动与迎接出版数字化潮流有关。

再次，出版产业链各环节表现出多方位变化。在"出版—印刷—发行"三位一体的传统出版产业环境中，出版社拥有绝对丰富的内容资源和作者资源，在产业中始终处于优势地位。随着数字技术和互联网的发展，传统的上下游的边界在融合，印刷环节的功能正在发生变化，出版与营销发行平台逐渐一体化，横向的关联方如技术公司等也与出版主体相融合，呈现出形态多样、互相融合竞争的发展趋势。

本章小结

本章论述先秦以讫当代的出版技术发展的脉络。第一节论述印刷术发明以前出版载体的发明与发展。以造纸术的产生为标志，这之前被称为出版事业的萌芽和奠基时期。这一时期，文字经过结绳记事、契刻、图画等阶段的发展最终得以产生，但是并非从有文字开始就有了"书"。只有当人们开始有意识地将文字刻写在各式各样的载体上，借以记录经验，阐述思想，并使之传布久远的时候，才有了真正的书籍。第二节论述印刷术的发明和进步，主要涉及隋唐时期雕版印刷术的发明、宋元时期活字印刷术的发明和明清套版印刷的应用以及印刷术的外传和对人类文明的影响。第三节论述近代印刷技术的传入和推广。西学东渐过程中，西方传教士把近代印刷技术带到我国，推动了出版技术的变革和出版物形制的变化。第四节论述书籍装帧形制的形成与演变，受书籍的制作材料、制作方法、便于检阅、利于保护等诸方面因素的影响，出版物的形制大致经过简策制度、卷轴制度和册页制度三个阶段。第五节论述当代新技术的应用和推广。从王选的汉字激光照排技术到数字技术的广泛应用，新的出版介质不断丰富，出版业态和阅读方式都发生了革命性的变化。中国出版业告别铅与火，走过光与电，进入0与1的数字化时代。

参考文献

[1] 肖东发著：《中国图书出版印刷史论》，北京：北京大学出版社，2001年。

[2] 肖东发主编：《从甲骨文到E—publications：跨越三千年的中国出版》，北京：外文出版社，2009年。

[3] 孙毓修著：《中国雕版源流考》，上海：商务印书馆，1934年。

[4] 张秀民著、韩琦增订：《中国印刷史》，浙江古籍出版社，2006年。

[5] 钱存训著：《纸与印刷》，北京：科学出版社，1990年。

[6] 张树栋等著：《中国印刷通史》，北京：印刷工业出版社，1999年。

[7] 罗树宝著：《中国古代印刷史》，北京：印刷工业出版社，1993年。

第二章
出版行业的发展

第一节　古代刻书系统及其出版活动
第二节　晚清时期新式出版业的兴起
第三节　民国时期出版企业的竞争与发展
第四节　中国共产党领导的出版事业
第五节　社会主义出版业的繁荣

本章梳理雕版印刷术发明以后出版行业的发展脉络，以及不同历史时期出版行业发展的特点。

古代书籍的流传，最初是由人们辗转抄录。随着文化的发展，单靠手工抄写书本，逐渐难以满足社会的需要。印刷术的发明和进步是书籍生产方法的大革命，直接推动了古代刻书业的兴起和近代出版业的诞生。当代新技术的推广和应用，带动出版业朝着产业化、数字化、国际化的方向迈进。

第一节　古代刻书系统及其出版活动

自雕版印刷术发明以后，我国古代出版逐步形成了官刻、私刻、坊刻、寺院刻书、书院刻书五大系统。这五大系统的功能分别类似于今天的政府出版、私人出版、民营出版、宗教出版和学术出版。它们各具特色，又互相促进，构成了中国古代出版业的基本格局，在文化典籍的传播和保存、知识的普及和延续方面发挥了重要作用。

一、官刻

所谓官刻，是指古代中央政府以及地方各级行政机构出资或主办的出版机构及其出版活动。按出资渠道，又可分为中央官刻和地方官刻。

在雕版印刷术发明以前，历代政府也都曾从事图书文献的整理、编辑、抄写和传播等出版活动，因以抄写为复制手段的出版活动效率较低，政府组织开展的图书出版规模受到限制。雕版印刷术发明以后，统治者逐渐认识到这一技术的优越性，积极促进这项技术的广泛推广并大规模地刊印图书，逐渐形成地位显赫、规模庞大、特色鲜明的官刻体系。官刻始于唐与五代时期，兴于宋元时期，盛于明清时期。鸦片战争以后，官刻逐渐衰败，并为近代新型出版机构所取代。

自有官刻以来，历代政府都高度重视，宗旨明确，将其作为教化民众及维护统治的工具。所以官刻的刻书内容相对集中，多为儒家经典、史学著作以及帝王御纂之书。由于官刻机构财力雄厚，人才荟萃，不惜工本，因而刻书质量较有保证，对全国出版业具有示范作用，在保存典籍、普及知识方面多有贡献。

1. 唐及五代时期的官刻活动

雕版肇祖于唐，而盛行于五代[①]。唐代中央政府直辖的司天台（太史局）掌握历书的颁印权，说明唐代中央官刻已经产生。至五代时期，后唐宰相冯道奏请国子监刻印儒家"九经"，首开我国官方刻印儒家经典之先河。冯道（882-954年）受民间印刷书籍流行的影响，为使儒家经典广颁天下，于后唐长兴三年（932年）奏请以唐代"开成石经"为底本，雕印儒家"九经"[②]。后唐皇帝同意了冯道的奏请，下令于当年开始印行。历时20余年才全部刻印完，实际雕印了12部书籍，除"九经"外，还有《经典释文》《五经文字》和《九经字样》。因这次刊刻活动由国子监主持，史称"五代监本九经"，冯道也因此被认为是中国大规模官刻儒家经籍的创始人。作为一项前所未有的浩大工程，此次刊刻活动标志着印刷活动从民间走入庙堂，在古代出版史和文化史上产生了深远影响。一方面，国子监刻书重视底本的选择，谨慎的校勘和优秀书手的手写上板，为后代刻书作出了榜样，形成了中国古代印刷书籍的优良传统。另一方面，雕版印刷术为政府所提倡和重视，极大地促进了印刷术的普及和应用，推动中国图书形式的主流由手写本过渡到印刷本，中国古代出版活动开始进入一个全新的阶段。

五代十国时期，还有一些政权的统治者利用雕版印刷术大规模印刷佛经，颁行天下，其中较为突出的是吴越国王钱俶（929—988年）。钱俶热心出版事业，曾雕版印刷了许多佛教印刷品，普施天下。后周显德二年（956年），

[①] 叶德辉：《书林清话》，国家图书馆出版社2009年，第14页。
[②] "九经"包括9部儒家经典：《周易》《诗经》《尚书》《周礼》《礼记》《仪礼》《春秋左氏传》《春秋公羊传》《春秋谷梁传》。

钱俶投入大量人力物力刻印《一切如来心秘密全身舍利宝箧印陀罗尼经》，印数达 84000 卷。此后，又分别于北宋乾德三年（965 年）和开宝八年（975 年）刻印。从现存实物来看，这批佛经墨色精良，文字清晰，为国内现存最古的浙本，充分反映出吴越印刷事业的发达，在我国雕版印刷史上有承先启后之功。之所以这样说，是因为宋代杭刻冠于全国，而北宋杭州的刻印技术，实际上是受到吴越老刻印工的传授指导而发展起来的，有的可能直接参加宋初印本书的生产。①

钱俶组织刻印的《宝箧印陀罗尼经》对朝鲜的早期印刷事业也产生了一定影响。日本东京上野博物馆原藏的高丽穆宗十年（1007 年）高丽总持寺主弘哲刻印《宝箧印陀罗尼经》一卷，从经文和版式看，乃根据钱俶刻印的经卷为底本刻印，只不过雕刻的文字和插图还不够圆润，这是迄今在朝鲜境内发现的最早的雕版印刷品。

2. 两宋时期的官刻系统

宋代是古代出版业的黄金时期。这一时期的官刻初步形成了中央和地方两个系统。中央机构中，国子监、崇文院、秘书省、国史院、进奏院、刑部、大理寺、修内司等都出版书籍。宋仁宗嘉祐二年（1057 年），政府还建立"校正医书局"于编修院，命直集贤院、崇文院检讨掌禹锡等四人并为校正医书官，韩琦担任提举。这是我国古代最早设立的专业出版机构，对古代医学和医籍的传播作出了贡献。

宋初继承五代传统，校勘及刻印统由国子监负责。国子监既是宋代的最高学府和教育、出版管理机关，也是最重要的刻书机构，其刻本被称为"监本"。宋代国子监刻书发展很快，从公元 960 年北宋建国至 1005 年不到半个世纪的时间，国子监雕刻的版片就增加了 25 倍。刻书最多的是仁宗（1023—1063 年）时期，包括 1000 卷《太平御览》在内的许多大部头典籍都是那时雕印的。从流通渠道来看，宋代国子监刻印的书籍在供皇帝作赏赐之用的同时，

---

① 张秀民：《五代吴越国的印刷》《文物》1978 年第 12 期。

也自办图书发行。一种方式是向士人出售成书，还有一种方式是把版片租出去，让人们自备纸墨印刷。此外，还采用"发各州郡学售卖"[1]的代售制向社会发行，以扩大监本的影响。从图书品种来看，国子监不仅刊刻颁行儒经和正史，还校刻了大量医书、类书和算学书，尤其是医书，使得大量重要医学典籍大行于世，推动官刻图书逐步走上经史子集多样化发展之路。

　　宋代国子监刻书规模之大、数量之多、地位之高，是有其原因和背景的。首先，监本备受皇帝重视。宋太宗命设专门刻书机构，宋真宗亲临国子监视察书库，宋仁宗将监本奖给昌王赵宗晟。据李心传《建炎以来朝野杂记》载，宋高宗曾对秦益公说："监中其他缺书，亦令次第镂板，虽重有所费，不惜也。"宋孝宗曾诏印经史子各一帙，赐吴益二州；宋理宗出禁钱百万刊书，并亲题篇首语。有宋一代，几乎每个皇帝都有校刊监本的诏谕。其次，作为国家兴衰的缩影，国子监刻书曾经几度盛衰，均举全国之力迅速恢复建设。北宋时期各种经典一再翻刻，宋姚铉《唐文粹序》称"国子监之印群书，虽汉、唐之盛，无以加也"。然而靖康之难，国子监所贮书版被金人劫掠一空。宋李心传《建炎以来系年要录》云："绍兴五年二月，尚书兵部侍郎王居正言：'四库书籍多阙，乞下诸州县，将已刊到书板，不论经史子集小说异书，各印三帙赴本省。系民间者，官给纸墨工价之值。'从之。"[2]乃于绍兴十三年（1143年），在钱塘县岳飞旧宅（今昭庆寺东）修建国子监，调动全国各地力量，恢复国子监刻书的规模与业务。除各地呈缴书板外，宋代监本还有相当一部分是交杭州刻印的。近人王国维在《两浙古刊本考》中指出："及宋有天下，南并吴越，嗣后国子监刊书，若七经正义，若史、汉三史，若南北朝七史，若《唐书》，若《资治通鉴》，若诸医书，皆下杭州镂版。"[3]他撰写的《五代两宋监本考》，考证两宋监本182种，大半为杭州刻印。可见宋代国子监带有国家出版社的性质，编校好的书，可发本监雕印，也可交地方镂版。其三，

---

[1] 叶德辉：《书林清话》，国家图书馆出版社2009年，第41页。
[2] 李心传：《建炎以来系年要录》卷八十六，中华书局1956年。
[3] 王国维：《两浙古刊本考序》《王国维全集》第7卷，浙江教育出版社2009年，第3页。

监本的质量精审可靠。除了刻书规模大、数量多、地位高以外，宋代监本最为后世称道的是刊刻质量。宋代国子监刻书继承五代国子监刻书的传统，为保证内容和文字的准确，注重选择优秀底本，校勘审慎精细。按照国子监规定，凡经批准刊印的书籍，在刻版之前，必须经过三道程序的校勘，即先由负责校理的官员精加校勘，校毕后，交由覆勘官复校，然后再送主判馆阁官，重加点校。刊印时，负责三级校勘官员的名衔均印于全书卷末，以示对书籍质量负责。这种严密的校勘制度，有效地保证了图书出版质量，使得"监本"成为官刻的典范，成为后人翻刻、翻印古代典籍的标准范本。这种严密的校勘制度，也成为出版行业三审三校制度的源头和基础。

至于宋代地方官刻，因其分布广，机构多，出版的书籍按其官署名称，分别称为茶盐司本、转运司本、安抚司本、提刑司本等等。其中最富特色的是公使库刻书。宋太祖开国后，废除藩镇，命士人典掌州事，于是设置公使库，招待来往官吏。公使库遍布全国各地，本职是为公使出差提供饮食住行方便，其费用由国家专门拨款。由于拨发的公款数量有限，不敷使用，公使库经允许可以自找财源，补偿所需费用。各州府公使库内往往设有"雕造所"，负责这方面的经营活动，所刻书籍总称"公使库本"。各地方政府刻印书籍，从中牟利，往往以公使库的名义印行。北宋嘉祐四年（1059年），苏州知州王琪借用公使库费用修葺官署，开支过大，无力偿还，于是拿出家藏杜甫诗集的善本，在公使

图 2.1 宋两浙东路茶盐司公使库刻本《资治通鉴》

库刊印万余本发卖，士人争相购买，不但还清了欠款，还有盈余，在当时被称为"文雅之事"①。另据《书林清话》《中国版刻图录》《中国古籍善本书目》《中华再造善本》等记载和现存传本可知，台州、苏州、明州、沅州、抚州、泉州、鄂州、婺州等地公使库也刻过很多书。作为宋代地方官刻中最为活跃的一支刻书力量，公使库刻书主要兴盛于北宋末年到南宋初年这一时期，其刊印的书籍具有鲜明的特色：一般以经、史类书为主，校勘精善、工艺精良，具有较高的文献学价值。公使库刻书在地方政府的刻书活动中独树一帜，不仅刊印了大量经典名作，繁荣了官刻事业，而且因其刊刻精良，不少成为后世翻刻、影刻的底本，产生了深远影响。如两浙东路茶盐司于绍兴三年（1133年）刻印过《资治通鉴》294卷；该司刊刻的《周易注疏》《尚书正义》《周礼疏》《礼记正义》等，为最早的注疏合刻本，也是南宋刻本中的精品书籍。

3. 元代的官刻及其特色

元代中央级的刻书机构有秘书监的兴文署、艺文监的广成局、太史院的印历局、太医院的广惠局或医学提举司，除此之外的刻书几乎全部通过各级机关，下发至各路儒学或各个书院刊板印行。

兴文署创立的时间大约在至元十年（1273年）之前，初为秘书监统辖之下专事雕印出版文书，既是元政府中央机构中典型的刻书出版机构，也是当时北京的专门刻书出版机构之一。在秘书监辖属时期，兴文署已颇具规模，有官12名，刻字工人40名，印刷工人16名，总共68名。兴文署归秘书监领属三年后，并入翰林国史院。至元二十二年（1285年），又单设集贤院，下辖国子监、国子学和兴文署。兴文署又成了集贤院国子监下的一个机构，掌提调学生饮膳及文牍簿书之事，设署令、署丞、典簿等官。"至元二十七年正月，立兴文署，召集良工刊刻诸经、子、史，以《通鉴》为起端。"②可见复立后的兴文署，仍以刻书出版为事。

国子监在元代隶属集贤院，兼事刻书出版。曾牒呈中书省批准，下浙东

---

① 陈继儒：《太平清话》，王云五《丛书集成初编》，商务印书馆1936年。
② 丁丙：《善本书室藏书志》卷七。

道宣尉使司都元帅府分派庆元路儒学召工镌刻《玉海》200卷以及《辞学指南》《诗考》《地理考》《汉书艺文志考证》《通鉴地理通释》《周易郑康成注》等书籍，还于元延祐年间修补宋版重印《国语》、于泰定三年（1326年）刻印《监本附释音十三经注疏》等。

元代地方官署同宋代地方官署一样，也从事刻书活动。但与宋代不同的是，元代地方官署刻书出版，主要是由其提出或接受别人建议，而后下令各路儒学投资刻印出版。这就促使元代出现各路儒学刻书极盛的特殊现象。江浙等行中书省在元代是非常富庶、人文荟萃的行省，儒学刻书之多，出版之活跃，盖为各行省儒学之冠。现可考知该行省儒学在60多年内曾刻印出版朱熹《仪礼经传通解》《晦庵先生朱文公文集》《辽史》《金史》《宋史》，重修再版宋刻《通典》等19种版本1575卷图书。该行省下辖的集庆路，即今南京长江以南和西南的一部分地区，也是富庶之地，出版活跃。现可考知者，集庆路儒学刻印过宋欧阳修撰、徐无党注的《五代史记》等书。嘉兴在唐为嘉兴县，元升为嘉兴路，也是江浙行省的繁富之地，曾于延祐六年（1319年）修补宋宝祐版片再印之袁枢《通鉴纪事本末》，刘勰《文心雕龙》等总计11种266卷，规模相当可观。

据有学者统计，元代各路儒学的刻书活动涉及28路儒学，5所郡学，凡刻印出版图籍82种6246卷，这还是仅可考知者。[1] 刻书活动在儒学范围内可谓十分普遍，规模宏大，卷帙浩繁，在元代显得特别突出。这些能够参与刻书活动的儒学，大多集中在江浙、江西、福建行省，少数在湖广行省。这些地区经济富庶，文化发达，构成元代出版业的轴心地区。

4. 明代中央和地方的官刻活动

明代官刻机构很多。从中央政府层面来看，有南北国子监、秘书监、钦天监、都察院、詹事府、太医院、礼部、工部、兵部等多处刻书处所。

国子监刻书在明代发展到鼎盛，刻书的种类和数量都远超前代，尤以史

---

[1] 李致忠：《中国出版通史·宋辽西夏金元卷》，中国书籍出版社2008年，第383页。

书监本最具特色，在历代国子监刻书史上颇具代表性。明代在南京和北京都设有国子监，两处都从事刻书活动，其中以南京国子监刻书影响较大。因其书版新旧不一，故有"大花脸本"之称。至于南京国子监刻书的特点，一是充分利用宋元官刻的基础，收集南宋国子监、元代西湖书院及各路儒学许多旧书板；二是沿袭宋元旧制，从地方收取书板，如洪武八年（1375年）取元庆元路（治今宁波）《玉海》板；三是发动监中学生补刊图书，近百名监生直接参与写字、校对，甚至亲自动手刻字印刷；四是品种繁多，数量巨大。据黄佐《南雍志·经籍考》下篇之"刻梓本末"，著录约200种左右，分制书、经、子、史、文集、类书、韵书、杂书、石刻九类。经书以《十三经注疏》为代表，史书以《二十一史》为代表。另据当代学者统计，明代南京国子监刻书共计443种[①]，加上北京国子监的刻书，明代国子监刻书的规模和数量均超前代，但同时也因参与人员的素质参差不齐，刻书质量受到一定影响，国子监刻书由此盛极而衰。

在明代的中央官刻系统中，最有特色的是内府刻书。内府不仅人员编制和刻书数量骤增，而且版式考究，完成了几部数千卷的《大藏经》，这有其深刻的历史背景。洪武十三年（1380年）罢中书省，废除丞相制，六部直接统于皇帝，形成绝对的中央集权制。至明成祖时，立内阁，渐居六部之上。内阁制施行后，皇帝与内阁之间，转呈文书、传达谕令均须经太监之手，于是太监得以左右朝政，并在城内设有二十四衙门（内府十二监、四司、八局），其中为首的是司礼监。司礼监下属有一个专门刻书机构——经厂。随着司礼监权力的扩大，经厂也急剧膨胀起来。据吕毖《明宫史》记载："经厂掌司四员或六七员，在经厂居住，只管一应经书印板及印成书籍，佛藏、道藏、蕃藏，皆佐理之。"其刻印的书被称为"经厂本"。洪武年间经厂有刊字匠150名，每两年一班；裱褙匠312名，印刷匠58名，一年一班。据《明会典》一八九卷记载，到明嘉靖十年（1531年），司礼监专门刻书者有：笺纸匠62名，

---

① 李明杰：《明代国子监刻书考略（上）》，《大学图书馆学报》2009年第3期。

裱褙匠293名，折配匠189名，裁历匠80名，刷印匠134名，黑墨匠77名，笔匠48名，画匠76名，刊字匠315名，总计1274名。这样大的规模，如此精细的分工，相当于一个中型印刷厂。从内容来看，经厂本的书籍多为皇帝诏令、国家律令及经史文集等，其目的在于强化"文治"。从形式来看，经厂本为宫廷所刻，一般版式宽大，行格疏朗，悦目醒神，纸好墨佳，多包背装，雕、印、装俱佳，代表了明代刻书的最高成就。万历以后，明朝国势走向衰微，经厂刻书日趋减少，经厂本的图书质量也因校勘不精而受到一定影响。

明代的地方官刻机构，所刻图书多为地方志及所谓"书帕本"。书帕本又称"巾箱本"，是明代版刻中比较特殊的一种类型。明代地方官任满进京入觐，或中央官吏奉使出差回京，都要以一书一帕馈赠给相应部门的官僚，因书与手帕同送，故所赠之书名为"书帕本"。书帕本的刻印经费大多出自地方政府的公款，因只作馈赠之用，校刻一般比较草率，不为人所重视。地方官刻中质量最好的是藩刻。明朝开国之初，朱元璋曾把他的子孙分封到全国各地，是为藩王，除给以封地和厚赠外，还送给他们许多书，借以训诫，陶冶其性情，消除其野心。一些藩王对学问产生了兴趣，对藏书、刻书也乐意为之。各藩王府所刻书籍称为"藩府本"或"藩刻本"。藩府所刻之书多以宋元善本作为底本，加上具有优厚的物质条件，藩王本人也有一定学术造诣，所刻书中多有佳作。据统计，明代诸家藩王府及其后裔支庶刻印、抄录之书凡574种，若合各子目计之，则当有七、八百种之多，明代藩府刻书及藩府本之大观，庶几由此可见。①

5. 清代的官刻活动

清代中央官刻主要集中在武英殿修书处。清初，中央官刻承明内府经厂刻书之余绪，后针对其刻书内容校勘不精等弊病，改变了由司礼监经管的制度，在武英殿设立修书处，隶属于内务府。武英殿作为宫廷修书处的历史始自康熙十九年（1680年），初曰武英殿造办处，雍正七年（1729年）改为修书处，

---

① 陈清慧：《明代藩府刻书辑考》，载《中国典籍与文化》2010年第2期。

由监造处和校刊翰林处组成，由皇帝简派总理王大臣督办一切事务，主要职掌是刊印内府书籍，工作内容大致分为缮样、发刻、刷印三个主要环节。此外，还兼办缮写御览图书、存贮宫廷图书、修补装潢内廷藏书、缮印内府所用的礼单和档册等事项。武英殿刻印的多是皇帝下令编纂的关乎"文治"的书籍，故书名前多有"钦定"、"御纂"等字样，带有强烈的个人意志和浓厚的政治色彩。这些书籍由专门的修书馆编纂完成后，再发交武英殿刊刻。在长达200余年的历史中，武英殿修书处先后刊行书籍数百种，在版本学上即以刊刻地点称之为"武英殿刻本"，简称为"殿本"。台北学者吴哲夫曾以陶湘所编《故宫殿本书库现存目》核对台湾各大图书馆收藏殿本实况，共得595种，即：经部115种，史部234种，子部107种，集部135种，丛书4种[①]。《清代内府刻书目录解题》一书著录为"武英殿刻本"者经部39种，史部249种，子部69种，集部67种，丛书148种，合计为572种[②]。其中包括顺治年间颁刻的《御制资治要览》《御制劝善要言》、康熙朝颁刻的《御批通鉴纲目》以及《御制律历渊源》以及《皇舆全览图》等一系列科技著作、雍正朝颁刻的《圣谕广训》《御制朋党论》《御制拣魔辨异录》、乾隆朝辑刻的《武英殿聚珍版丛书》以及著名的《古今图书集成》等等。乾隆时期还完成了雍正时校刻的汉文《大藏经》，又诏刻满文《大藏经》，都是卷帙繁多、旷日持久的浩大工程，将武英殿刻书事业推向极盛。"殿本"无论是在刊刻工艺、用纸，还是在校勘、装订等方面，都创造了中国古代官刻的最高水准。主持武英殿刻书事业的多为博学之士，图书内容自然精审。"殿本"刊刻十分讲究，多用楷书字体，精写上版，工整而娟秀。许多殿本中刻有精美插图，有的为彩色套印。如1662—1722年间刻印的《凌烟阁功臣图》《耕织图》《万寿盛殿图》，1736—1795年间刻印的《劝善金科》《唐宋诗醇》等，均为中国版画史上的佳作。

除武英殿外，其他机构也或多或少承办宫中刻印书籍事宜，这些书通常

---

① 吴哲夫：《清代殿本图书》，台北《故宫文物月刊》1985年第3卷第4期。
② 辽宁省图书馆、故宫博物院合编：《清代内府刻书目录解题》，紫禁城出版社1995年。

被称为"部院本"。各部、院刻本主要是经清政府奏准的各衙门编刊的各部则例。乾隆一朝,新增则例品种最多,中央各部、院无不编有则例,各个部、院之下还有分司或专门性的则例,大大丰富了政书的品种和内容。如吏部有《吏部处分则例》《吏部铨选则例》等;户部有《户部漕运全书》《赋役全书》;兵部有《兵部军需则例》《八旗则例》等;特殊性的规例有《科场条例》《皇子事例》等;少数民族法规有《蒙古律例》《理藩院则例》《回疆则例》等等。各部、院刻行的则例等政书广泛参考了大量书籍、档册,材料丰富具体,叙事详晰至微,作为成文的条规法令,与武英殿刊行的《大清会典》和《大清律历》等构成完整密致的典律网络和文本系统,代表着清代典制建设的成果。

值得一提的是,清朝前期扬州、苏州等诗局也是内府的书籍承刻单位之一。康熙四十四年（1705年）,《红楼梦》的作者曹雪芹的祖父曹寅任江宁织造兼两淮巡盐御史期间,在扬州天宁寺创设以刊刻内府书籍为主的刻书机构——扬州诗局,奉康熙帝之命编校刊刻《全唐诗》等书。曹寅挑选各方书手、名工百余人书写、刻印、装潢,精益求精,刊刻的《全唐诗》反映了当时扬州书写、刻印艺人的高超技术,成为我国雕版印刷史上公认的杰作之一。在刊刻《全唐诗》的同时,曹寅还以扬州书局名义,刊刻私家藏书《音韵五种》《楝亭藏书十二种》和自著的《楝亭诗钞》《词钞》等。扬州诗局所刻各书,细楷字精刻,墨色均匀,装潢考究,精致典雅,版式风貌与"殿本"有所不同,被誉为"康版"。初印本是用开化纸所印,全部运送给宫中武英殿,再对外发放。因此扬州诗局也可视为武英殿的一个分号。

清初地方官刻没有太大的开展,后因修《大清一统志》,从全国征集志书,武英殿允许各省翻刻,各省的官刻书才逐渐增多,以刻书业发达的南方省份如浙江、安徽等省的官刻本居多,刻书内容以编纂与出版地方志书为主。如扬州府署曾刊刻多种版本《扬州府志》。此外,乾隆至道光间,扬州府各县署如仪真县、靖江县、高邮州、兴化县、宝应县等也刻印了多种志书。安徽仅徽州一地就有府署刻书1种、县署刻书26种、府学刻书15种、县学刻书3种,合计44种。其中,婺源县就刊刻府志5种（今存4种）、府属县志26种（今存25种），其数量在安徽省甚或在全国均称发达，堪与江、浙两省相比。《婺源县志》基本为50年一修，这既反映了清政府屡次下诏修志，对志书编纂的重视，同时也反映出当地人文及经济繁荣之盛况。

二、坊刻

在古代刻书系统中，坊刻兴起最早，分布最广，数量最多，影响最大，是中国古代书籍生产的基本力量，也是书籍作为商品流通的主体。所谓坊刻，主要是指书坊刻书。书坊又称书林、书堂、书铺、书棚、书籍铺、经籍铺等，其前身是在街头闹市以图书作为商品交换的书摊和沿街叫卖而为市井服务的书贩。雕版印刷术发明以后，书坊的业务范围大为拓展，不仅贩书、卖书，还要编书、著书、刻书和印书，一身而兼有出版社、印刷厂、书店三者的职能。书坊刻书主要面向民间，以盈利为主要目的，经营方式较为灵活，商品交易的性质比官刻、私刻都要突出。

1. 唐宋时期坊刻的兴起

坊刻的兴起，始于唐代。唐代的刻书事业主要由寺院刻书和民间坊刻组成。所刻图书，前者以佛经为主，后者以历书、诗文集、占卜等民间常用图书为主。今日所能见到的唐代印刷品实物，多由书坊刻成。伴随雕版印刷术的发明和应用，坊刻在今陕西西安、四川、安徽、江苏、浙江和洛阳等地逐渐兴起。进入宋朝以后，坊刻的发展更为普遍。东京汴梁、杭州、建阳崇化、麻沙等地，坊肆众多，有的专门接受委托，刻印出版和售卖书籍；有的书坊主人本身就是藏书家，兼事编撰、刻印、售卖，编撰、出版、发行往往集中在一坊一肆。所以书坊刻印之书常常名目新、刻印快、行销广，使整个宋代的出版活动显得十分活跃。叶梦得《石林燕语》评介宋代各地刻书说："今天下印书以杭州为上，蜀本次之，福建最下。京师比岁印板，殆不减杭州，但纸不佳。蜀与福建多以柔木刻之，取其易成而速售，故不能工。福建本几遍天下，正以其易成故也。"① 这说明，宋朝时期全国已形成了杭州、川蜀、福建和汴京四大刻书中心。

杭州早在唐末就有刻书的基础，到宋代继续发展，渊源有自。宋代杭州可以考知的书坊就有20余家，其中最有影响者属陈起家的书籍铺。陈起在文学艺术上有较深的造诣，编辑刻印的唐宋文集和笔记小说有近百种之多。陈起与作者保持着良好的关系，编印《江湖集》《江湖后集》等65种，收集当时被称为"江湖诗人"的作品，使许多无名诗人的作品得以保存留传。陈起对一些贫而好学、无力买书的文士运用赊账、借阅等开明的经营方式，备受士林称赞。陈宅书籍铺所刻的书，雕印精良，为历代藏书家所重。此外，如杭州猫儿桥河东岸开笺纸马铺钟家刻印的《文选》、贾官人经书铺刻印的《妙法莲华经》，至今仍藏在中国国家图书馆。

福建是宋代出版事业特别是坊刻出版业最发达的地区。这与当地的人文环境有关系。据淳熙《三山志》载，宋末背着书箱、扛着雨伞进京赶考的福建人几占全国之半，仅莆田地区据说就出过1200名进士，6名宰相，故有"海滨邹鲁"之誉。浓厚的文化气氛，加上程朱理学的浸润，为福建出版业兴盛奠定了重要社会基础。建阳县与建宁府的建安县则是福建的出版中心。建宁府出版的书籍，被称为当地"土产"。建阳县西七十里的麻沙、水南、崇化、长平等地，书坊林立，比屋弦诵。尤其是麻沙、崇化两坊，号为"图书之府"。现在仍可以考知的，据张秀民先生《中国印刷史》所列，有建邑王氏世翰堂、建安蔡子文东塾、建安余彦国励贤堂、建安余仁仲万卷堂、建安余恭礼宅、建安刘之向（刘元起）宅、麻沙镇南斋虞千里宅等37家②。这37家刊刻的出版物，有的至今仍有流传。如建安余仁仲万卷堂刻印出版的《春秋公羊经传解诂》《礼记》，建安刘日新宅三桂堂刻印出版的《童溪王先生易传》等。当时还出现了很多刻书世家，其中建安余氏是中国古代经营时间最长、名声最著的民间书坊世家，从事书业活动自南宋至清初绵延近600年。宋代余氏

---

① 叶梦得：《石林燕语》卷八。
② 张秀民著、韩琦增订：《中国印刷史》，浙江古籍出版社2006年，第67—68页。

刻书家可考者有余仁仲、余恭礼、余唐卿、余腾夫等多人。余仁仲万卷堂所刻经书纸墨精良，点画完好，至今仍能见到。元代则以余氏勤有堂最为著名。

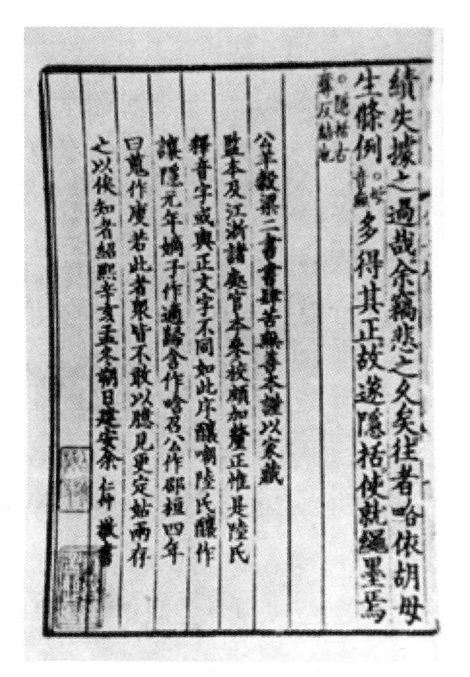

图 2.2　宋建安余氏万卷堂刻本《春秋公羊经传解诂》

图 2.3　元余氏勤有堂刻本《国朝名臣事略》

2. 元明时期坊刻的发展

元代坊刻得到了长足的发展，仅据日本目录学者长泽规矩也所列《元朝私刻本表》，就有118家，刻印图书232部。随着元朝建都北京，政治中心北移，刻书业虽然仍以江浙、福建为盛，北方山西的平水以及北京等地的刻书业也逐渐兴盛了起来。著名的书坊如叶日增广勤堂，他得了余氏许多版片，剜去余氏木记，另刻"广勤堂新刊"牌记。如《千家注分类杜工部诗集》，原为余氏勤有堂刊，目录后有"皇庆壬子余志安刊于勤有堂"牌记，版归叶氏后，即挖改为"广勤堂新刊"。传至其子叶景逵时，书坊字号更易为"三峰书舍"，同时把鼎式广勤堂牌记，挖改为钟式三峰书舍。到明正统时，叶氏书版归金台汪谅，汪氏又把三峰书舍牌记改为"汪谅重刊"。一份《杜诗》书版，两次易主，三次改换牌记，是元明时期坊刻变迁的历史见证。

元代另一家经营雕版印刷出版事业较长的书坊，是刘君佐翠岩精舍，从其传本所见，从元延祐年间延至明成化年间，为元明时期建阳著名书坊。另外，虞平斋务本堂、郑氏宗文堂、刘锦文日新堂、陈氏余庆堂等也都刻印了很多书且有传本行世。这些书坊多集中在福建地区，特别是建安余氏勤有堂，实为雕板印刷史上的佼佼者。元时余氏勤有堂旧业仍操，一方面说明余氏有志于刻书出版事业，另一方面也反映元代对刻书事业还是保护的。

及至明代，政府免征书籍税，加以手工业方面的政策宽松，使得建阳、南京、苏州等地不少老字号刻坊得以继续发展，地域集聚的特点更加突出。

福建的建阳地区宋代可考的书坊就有55家，元代又有增加，至明嘉靖、万历年间达180多家，其数量之多为全国之冠[①]。这些书坊多集中在麻沙和崇化两地，那里刊刻的版本又被称为建本、闽本、麻沙本，在全国图书市场上的占有量相当可观。特别是建阳书坊刊行的通俗小说，约占此类书出版总数的二分之一，一定程度上反映出建本书的市场竞争力。明代建阳地区的书坊业，有百年以上历史的至少有余氏、刘氏、虞氏、郑氏、叶氏、杨氏、熊氏、詹氏等8家。这些书坊善于总结和继承祖先的经营经验，刊刻了不少上乘之作。如早在宋代就以刻书而名扬海内的余氏，到了明代又有数十人从事刻书业，其中以余象斗的三台馆和双峰堂为最著名，编刻的《四游记》《列国志传》《三国志传评林》等书行销甚广，刊刻的《水浒志传》木刻插画达1235幅，被后世认为是我国连环画的滥觞。

除建阳外，南京、苏州、徽州、杭州、北京也都是明代的书坊集中之地。据胡应麟记载："今海内书凡聚之地有四：燕市也，金陵也，阊阖也，临安也。"[②]据张秀民考证，南京书坊可考者有94家，其中以唐姓书坊为最多，仅1573—1619年间所刻经书、医书、文集、名人书信和戏曲、小说等就有数

[①] 郑士德：《中国图书发行史》（增订本），中国时代经济出版社2009年，第277页。
[②] 胡应麟：《少室山房笔丛》卷四《经籍会通》。

百种。苏州素有藏书、刻书之风,明代苏州府刻书在万历初年以前多至177种,为全国各府之冠[①]。所刻被称为"苏板",与建本并称。苏州书坊多冠以"金阊"两字,可考知的有37家,其中振业堂、书业堂在清初继续营业;扫叶山房于明万历年间由松江席氏与苏州人合资,后从松江迁至苏州阊门内,直到民国初年仍在沪营业。徽州因有盛产佳墨良纸的传统,加以徽商"遍于江北",明代徽州地区的坊刻也获得了发展,其书坊可考知的有10余家。其中刻书最多的是歙县吴勉学师古斋,因广刻医书而获利,所刻有王肯堂辑《古今医统正脉全书》44种、205卷以及《性理大全》《通鉴》《世说新语》《文选》《花间集》等等。明代北京书坊多集中于正阳门一带,在宣武门、崇文门、隆福寺、护国寺等地也有书坊,目前可考知的有13家,其中成化年间金台鲁氏所刊的《新编四季五更驻云飞》等四种,为我们今天所能见到的最早的明代唱本;金台岳家刊行的《全像参增奇妙注释西厢记》为迄今传世最古的刻本。

明代书坊刻书内容丰富,面向民间,受利润驱使,所刻之书以供应大众日常所需为主,不但有医书、童蒙读物和科举用书,还有小说、戏曲等不为官刻、私刻所重视的图书。在经营方式上,明代书坊刻书多为编、刻、售合一的经营模式,这种形式使从业者更能了解市场需要,编刻图书更加有的放矢。如建阳熊氏的种德堂,自撰、自编、自刻了许多医书,其中《名方类证医书大全》一书在日本翻刻,被日本人称为医家至宝,成为日本刊行最早的医书。不过,与私刻的精审相比,明代坊刻旨在牟利,一些书坊的经营者使用多种手段,以假乱真,为坊刻本带来了不良声誉。

3. 清代坊刻盛极而变

经历了朝代鼎革之后,清初的坊刻业逐步振兴。北京成为全国图书出版发行的中心,苏州成为南方出版中心,浙、闽、徽、赣、粤、川、鲁、豫、晋等地区的坊肆刻书也有了发展。北京"琉璃厂于前清乾隆年间已成书市,四方来京会试之举子暨朝野文人,恒视此为消遣岁月之地。书商获利既丰,

---

[①] 张秀民著、韩琦增订:《中国印刷史》,浙江古籍出版社2006年,第245—247页。

辄归功于文昌之保佑，遂建馆祀之；此琉璃厂之所由来。……此两处馆、庙，为厂肆书贾最重要之祀典。"①乾隆年间李文藻著《琉璃厂书肆记》，记录了琉璃厂的30家书肆。这其中，"以五柳居、文粹堂为最"②。五柳居主人陶正祥，少年时家境贫寒，后来以经营书肆为业，迁寓北京后，设书肆于琉璃厂路北。陶氏长于版本鉴定、搜访异书秘本，刻有《十三经注疏》《抱朴子》《太玄经集注》等，深受学者、藏书家称赞。至于文萃堂，以刻印的多语种图书最为有名。这家书坊于嘉庆六年（1801年）刊刻《新刻校正买卖蒙古同文杂字》，为蒙汉图文对照三节版，上层下层为对照文字，中间是图，收辑许多当时习用的会话词语，刻印精雅，携带方便。为了方便各族语言的交流，文萃堂还刻有学习满、蒙、汉文对照的《三合便览》12册。除了以上两家书坊之外，位于琉璃厂路南的老二酉堂在当时也颇负盛名。老二酉堂经营时期比较长，所刻图书行销华北各地，光绪十五年（1835年）所刻明伦评《聊斋志异》，朱墨套印，镌刻精审，为坊刻善本。此外，还有一家也十分有名的聚珍堂，为刘魁武于同治年间在北京隆福寺街路南创办，出版的典籍多采用雕版与活字两种技术，所印书籍版式较小，校勘审慎，镌刻清晰，属坊刻本中上乘之作，如《书经》《四书章句》《幼学琼林》以及用木活字排印的《王希廉评红楼梦》《儿女英雄传》《三侠五义》《济公传》《聊斋志异》等。聚珍堂还先后刊印过满汉合璧的《孙子兵法》《幼学琼林》《书经》《翻译四书》等。

苏州刻书在清代是首屈一指的。叶德辉在《书林清话·吴门书坊之盛衰》中说：苏州"书肆之盛，比于京师"③。并据黄丕烈《士礼居藏书题跋记》描绘出当时苏州书坊的分布情况。《士礼居藏书题跋记》记录了不少流动于苏州地区的书贾，譬如吕邦惟、郑益偕、胡益谦、邵钟琳、沈斐云；书船友曹锦荣、吴步云、郑辅义、邵宝埔，估人吴东白等等，他们与固定的书肆一起，构成了吴门繁盛的书业。苏州最有名的书坊"席氏扫叶山房"，取古人"校

---

① 孙殿起：《琉璃厂小志》，北京古籍出版社1982年，第273页。
② 孙殿起：《琉璃厂小志》，北京古籍出版社1982年，第32页。
③ 叶德辉：《书林清话》，国家图书馆出版社2009年，第172页。

书如扫落叶"之义，刻书以经、史、子、集四部之书以及笔记小说、经史多至数百种。毛氏汲古阁《十七史》书版散出后，辗转归席氏所有。扫叶山房最早刊刻的是其补刻汲古阁本《十七史》中的《旧唐书》《旧五代史》；其次是乾隆六十年（1795年）所刻宋王偁《东都事略》、清邵远平《元史类编》；嘉庆二年（1797年）刻明钱士升《南宋书》，世称《四朝别史》。嘉庆五年（1800年）又刻《唐六典》《东观汉记》《吴越备史》。以上各书，字体仍仿汲古阁本，为扁方形。到同光年间，扫叶山房刻书种类更多，数量更大，行销大江南北，常见的有《毛声山评点绣像金批第一才子书三国演义》《绣像评点封神榜全传》《千家诗》，刻印清晰，质量上乘。

南京也是清代坊刻密集的地区。据记载，当时"天下各种书板，皆刊刻于江宁、苏州，次则杭州。"[1] 四方书贾皆集于江宁，书坊甚多，书贾亦多有饶裕者。金陵书坊刻印、售卖的书籍以戏曲、小说、医书、时文等类为主，特别是配有插图的戏曲、小说书籍，销售的很好。根据江澄波、杜信孚、杜永康等人《江苏刻书》"清代刻书"之研究，金陵官私刻书机构多达20余家，其中以芥子园较有代表性。芥子园是李渔在康熙初年创办的书坊，刻有《三国志》《水浒》等书，以精刻饾版五色套印的《芥子园画传》最为著名，初印本用开化纸，色调绚丽夺目，问世后颇受欢迎。

福建刻书素有传统，至明代形成了两个中心，一是以建阳为中心的闽北坊刻，二是以四堡为中心的闽西坊刻[2]。清杨澜在所著《临汀汇考》中称："长汀四堡乡皆以书籍为业，家有藏版，岁一刷印，贩行远近，虽未必及建安之盛行，而经生应用典籍，以及课艺应试之文，一一皆备。城市有店，乡以肩担，不但便于艺林，抑且家为恒产，富将多藏，食旧德服先畴莫大乎是！胜牵车服贾多矣。"清代四堡书坊最为著名者是邹葆初。据《范阳邹氏族谱》载，邹葆初"壮年贸易广东兴宁县，颇获利，遂聚妻育子，因居其地刊刻经书出售。至康熙二十年辛酉（1681年），方搬回本里，置宅买田，并抚养诸侄，

---

[1] 王树民等编校：《戴名世遗文集》，中华书局2002年，第122页。
[2] 缪永和：《中国出版通史·明代卷》，中国书籍出版社2008年，第164页。

仍卖书治生。闽汀四堡书坊，实公所开创也"。此后世代相传，到乾嘉时期，四堡书坊达到极盛。从族谱、账册及现存书板中统计，四堡刻书见到实物或有文献记载的有667种，除各种重复外，共489种，其中有《四库全书》《四书集注》等儒家经典105种；《千金翼方》等医药类58种；《人家日用》《弟子规》等日常实用65种；《文心雕龙》《楚辞》等文学80种；历代文人诗文、宋词、元曲、小说等51种；地理、堪舆、占卜、星算等42种；启蒙读物41种，可谓种类繁多。四堡坊刻纸张质地好，装帧考究，精致大方；字体多为宋体、笔划齐整，字形清秀；校核精细，讹错甚少。而且书页天头高，便于读者批注。因而信誉极高，销量极大。

总体来说，清前期坊刻也有其特色：一是坊刻分布广泛。苏州的刻本质量较好，福建刻书也多；北京是清代政治经济文化中心，带动坊刻事业繁荣发达，成为全国的刻书中心地区。二是刻书种类繁多。经、史、子、集四部俱备，品类齐全，普遍地采用雕版印刷方式刊行、销售。书籍编撰的类型不断创新，尤其是卷帙繁简不等、题目范围多式多样的丛书、类书的刊刻。这类书籍的刻印流传，对于发展传统学术研究、保存古代文化遗产，都起了非常重要的作用。三是形式多样，多有创建。坊刻的书籍有单色印、多色印之分。在单色印中，有普通印法，也有少数嵌印法。在多色印中，有涂色法，有拱花套印法。装帧基本上采用线装，但版框大小不一致，装订时以齐下栏为规矩。由于有的坊主为了尽快获利，或校勘不精，伪误较多；或考虑成本核算，纸张、墨以次充好；有的书坊还妄改书名卷第，书中章节互易，增减内容等，这些都影响了坊刻质量。

1840年鸦片战争爆发后，书坊刻书盛极而变。随着西方先进印刷技术和经营方式传入中国，出版中心从北京移向上海，传统的坊刻事业发生了分化：一部分日渐衰微乃至消亡，一部分则因时而变，引进机械化印刷设备，改进经营方式，扩大印书范围，在激烈的竞争中占得一席之地。典型的如前面提到的席氏扫叶山房，从16世纪一直经营到1955年，起先以刻印、经营传统典籍为主，19世纪末开始拓展业务范围，在上海、汉口开设分号，采用铅印、石印等先进技术继续印书，行销全国，流传至今。

19世纪末，新式民营出版业开始勃兴，在继承坊刻优良传统的基础上，以先进的出版理念和技术，管理和经营出版企业，终于在20世纪上半叶开创出近代民营出版业的辉煌局面。

三、私刻

私家刻书又称私人刻书，简称私刻或家刻，是指私人出资刊刻图书的活动。其出版图书多以学问崇尚、文化推广、知识传播为目的，不以盈利为第一要务，所以出版物校刻精审，多可信赖。当然，私宅与坊肆有时也很难区分，有时前者也向后者发生演变。

私人刻书家多为达官显宦、文人学士或富商大贾，他们以名望为重，重视刻书质量。许多私人刻书家本人就是著名学者，将刻书活动与学术研究结合在一起，在搜集、编辑、刻印典籍的过程中，同时进行校勘、训诂（注释）、考据、研究版本、编纂目录等一系列学术活动，建立并丰富了中国的"治书之学"。有的私人刻书家还在刻印技术上大胆创新，发展了铜活字、套版、饾版、拱花等印刷技术，采用影刻、复刻、影钞等方式保持古书原貌。所以，私刻出版物多善本精品。

1. 唐及五代时期的私人刻书家

与坊刻一样，私刻也始于唐代。见于记载的最早私人刻书家，是唐代的纥干泉。他笃信道教，迷信金丹，曾于847—849年间在江西任职期间，将道士所做的炼丹之书《刘宏传》雕印几千本送给京城内外的好友。

五代十国时期，私刻开始增多。和凝曾刻印自著诗文集数百部，分送于人，被认为是中国历史上第一位自著、自刻、自印、自发的刻书家。后蜀宰相毋昭裔，也是一位刻书家。据记载，毋昭裔少时贫苦，想读书而不得，曾向人借读《文选》一书，其人面有难色。毋昭裔便发愤说，以后我若显贵，一定要把此书刊刻出版，造福学者。后来谋得高官，就履行前言，刻成《文选》以及《初学记》《九经》等儒经、诸史等书。所刻之书不仅数量多，而且部头大，均为同时代私人刻书家所不及。更为重要的是，毋昭裔以私财印书是为便利天下读书人，充分体现了中国传统士人的"仁爱"之心。

2. 宋元时期的私家刻书

私刻发展至宋代，逐渐形成一种风尚，与官刻、坊刻构成三家鼎足之势。与坊刻以盈利为宗旨而投资刻印出版物不同，私刻的目的多数是为了传承和弘扬学术，并不完全以是否盈利或盈利多少为标准，因而出版物质量值得称道。《天禄琳琅书目·茶晏诗》谓两宋私刻以"赵、韩、陈、岳、廖、余、汪"七家最有名。即长沙赵淇、临邛韩醇、临安解元陈起、岳飞的孙子岳珂、贾似道的门人廖莹中、建安万卷堂余氏、新安汪纲。不过，这七家又与坊刻相混，如陈起及万卷堂，便是典型的坊刻经营者。

从内容来看，宋代私刻侧重于子、集。如陆子遹刻其父陆游的诗文集《渭南文集》，崇川于氏刻印《新纂门目五臣音注扬子法言》《新增丽泽编次扬子事实品题》《新刊扬子门类题目》等等。而王氏取瑟堂刻印宋阮逸《中说注》十卷，为现存宋代私刻子部书之实例；婺州王宅桂堂刻印《三苏先生文集》、咸淳年间廖莹中世彩堂刻印《昌黎先生集》《河东先生集》。淳熙三年（1176年）王旦刻印宋王阮《义丰文集》；绍熙四年（1193年）吴炎刻印宋吕祖谦《东莱标注老泉先生文集》；庆元二年（1196年）周必大刻印宋欧阳修《欧阳文忠公集》，为现存宋代私刻集部书之实例。

宋代私刻出版物中比较有名的是家塾本。其时，有权势或经济情况较好的人家，经常设立家塾，聘师教授子弟。家塾教师在教书过程中，常常按照自己的志趣和所长，或自己著述，或校勘、整理、注释、阐明前人的著作，并依靠主人的财力刊刻成书。如鹤林于氏家塾刻印的《春秋经传集解》，黄善夫家塾之敬室刻印的《史记》三家注合刻，蔡琪家塾刻印的《汉书集注》，蔡梦弼东塾刻印的《史记集解索隐》，蔡子文东塾刻印的《击壤集》，陈彦甫家塾刻印的《圣宋名贤四六丛珠》等等，均系家塾本之精华。这些出版物通常都校勘精审，版印精良，书品极佳。虽然这些私宅出版物也对外发行出售，但主要是为嘉惠学林，承传学术，赚回成本，略有盈余。

元代早在定鼎之前，就有私刻的先例。蒙古太宗十三年（1241年），姚枢做了燕京行台郎中，会蒙古族牙鲁瓦赤行台徇私舞弊，姚枢因弃官，"遂携家来辉，垦荒苏门，粪田数百亩，修二水轮，诛茅为堂……又汲汲以化民成俗为心，自版小学书、《语孟》《或问》《家礼》；俾杨中书版《四书》；田和卿版《尚书》《声诗折衷》《易》程传、《书》蔡传、《春秋》胡传，皆脱于燕。又以小学书流布未广，教弟子杨古为沈氏活板，与《近思录》《东莱经史论说》诸书散之四方。"① 这是现知北京及河南刻书出版的较早记载。尤为可贵的是，姚枢还请他的弟子杨古"为沈氏活板"，摆印《小学》书及《近思录》《东莱先生经史论说》，这是在毕昇发明泥活字印刷术之后200年，又一次大胆的成功实践。

元朝建立以后，私刻者甚众，其著名者一是范氏岁寒堂，一是荆溪岳氏家塾。岁寒堂是范仲淹家塾的堂号，自宋至清一直沿用。在元代，范仲淹八世孙范文英于天历和元统间以岁寒堂名义刻印出版过几种范仲淹及其子范纯仁的著作。范文英字彦才，今江苏吴县人。现知其在元天历元年（1328年）刻印范仲淹《范文正公集》二十卷《别集》四卷《尺牍》三卷，序后镌有"天历戊辰改元褒贤世家重刻于家塾岁寒堂"牌记；还刻印范仲淹的儿子范纯仁《范忠宣公文集》；另刻印范纯仁、范纯粹编集的《范文正公遗文》《范文正公政府奏议》，目录后镌有"元统甲戌褒贤世家岁寒堂刊"篆文亚字形牌记。这是比较典型的私刻书，也是后人为其家族先贤刻印家集的家刻本。荆溪岳氏家塾是岳飞九世孙岳浚读书、校书、刻书的堂号。岳浚博学好古，与当时文士交游过从甚密，曾任象山书院山长，其家塾积书万卷，延致名儒雠校群经，刊行《九经》《三传》。现可考知者，其刻印有《周易》九卷，卷末有"相台岳氏刻梓荆溪家塾"亚字形牌记；《春秋经传集解》三十卷，每卷末有"相台岳氏刻梓荆溪家塾"隶书牌记；以及岳珂自撰《桯史》《相台书塾刊正九经三传沿革例》等。这也是元代私刻的典型。

---

① 姚燧：《中书左丞姚文献公神道碑》《牧庵集》卷十五。

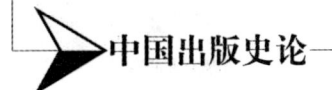

3. 明代的私刻活动

明代私刻异常活跃，在《全明分省分县刻书考》的 5400 多个刊者中，私刻在 4000 个以上，约占 84% 以上[①]，主要分布在江苏、浙江两省。这两个地区是私人藏书家聚居之地，他们在刻书时注意选择善本并精加校勘，在刻印技术方面也精益求精，因此刻本多精品，刻书内容以历代文集所占比重为大。

明代私家刻书常能引领一时之风气，16 世纪上半期曾掀起一股翻刻、仿刻宋版书的热潮。明代私刻家还在铜活字、套印和饾版、拱花等方面都做出了突出的贡献。这一时期，北京私人刻书最为有名者为明代开国将领武定侯郭英的后人郭勋，其私刻被称为"武定板"，传世之书有《白香山诗集》《三国志通俗演义》《忠义水浒传》，又辑《三家世典》《康熙乐府》以及《家刻书目》。刻书而有书目，可见其所刻之多[②]。在苏州地区，精刻本多出于私人刻书。明胡应麟云："余所见当今刻本，苏、常为上，金陵次之"；"其精吴为最"。这些私刻主人往往不惜资金与时间，加以良工为之绣梓，因而颇得佳本。如袁褧翻刻宋蜀本《文选》用了 16 年时间，耗费浩繁；震泽王延喆本《史记》、顾元庆《顾氏文房小说四十家》等，均很精美。

明代后期，私刻愈加繁荣，涌现出了一批著名刻书家，其中最负盛名的是汲古阁主人毛晋。毛晋（1599—1659 年）是江苏常熟人，大约从 30 岁开始经营刻书事业，建汲古阁和目耕楼，藏书 8 万余册，并雇人刊刻其中精华，先后刻书 600 多种，共计 10 万多块书版，刻书数量居中国历代私人刻书家之首。毛晋刻书不计成本，惟求其精。他对于好的底本不惜重价收购，因此，书商常云集于毛晋住宅之前。当时民间流传一首民谚称："三百六十行生意，不如鬻书于毛氏"。刻书需要大量资金，毛晋就以田养书，最终把父辈留下的数千亩良田全部卖光，还全部卖掉了毛家开设的几个当铺。毛晋有一套完整的收购、校订、刻印、销售图书的机构，分工细致，工序环节紧密，已经初具出版企业的性质。他聘有从事校勘加工工作的编辑，经部 13 人，史部 17 人，

---

① 缪永和：《中国出版通史·明代卷》，中国书籍出版社 2008 年，第 172 页。
② 张秀民著、韩琦增订：《中国印刷史》，浙江古籍出版社 2006 年，第 253—254 页。

还雇有专事印刷的工人20人,可算是古代民营出版业中规模最大的了,以后直到清朝嘉庆朝,还没有一个民营出版业超过他的[①]。毛氏所刻书校勘认真,技术精良,其最著名者有《十三经注疏》《十七史》《六十种曲》《津逮秘书》等,各书的版心下端均印有"汲古阁"或"绿君亭"标记,世称"毛刻本"。"毛刻本"流传极广,影响甚大,直到19世纪仍有人利用遗存的汲古阁书版印刷书籍。今天,在国内许多图书馆还可以找到"毛刻本"。

4. 清代的写刻与精刻

清代私家刻书大体上可分为两类:一类是学者文人所刻自己的著作和前贤诗文。这类书大都是手写上版,即所谓"写刻",选用纸墨都比较考究,是私刻本中的精品,世称"精刻本"。写刻精本始于康熙年间(1661—1722年),盛于乾隆年间(1735—1795年),绵延百余年,出现了许多由名家精心缮写刻印的著作。如林佶曾手写汪琬撰《尧峰文钞》、陈廷敬撰《午亭文编》、王士禛撰《古夫于亭稿》和《渔洋精华录》,被誉为"林氏四写"。康熙三十八年(1699年)顾嗣立秀野草堂刻的《韩昌黎先生诗集》,为吴郡名刻工邓明玑、曾唯圣所刻。康熙四十二年(1703年)刻印的《汤子遗书》为古吴范稼庵写、金陵名匠刘文藻刻。雍正十一年(1733年)广陵(今扬州)般若庵刻本《冬心先生集》,写刻、字体笔画磅礴豪迈,纸墨均臻上乘,印刷极为精致。雍正年间刻印的浦起龙撰《读杜心解》,为张亭俊写、何元安刻;雍正十三年(1735年)辛浦校刻的汪琬《说铃》,为无锡华育渠所写。此外还有许多未署写刻人名而字体书写刻印纸墨精湛的如陈撰的《玉几山房吟稿》,卓尔堪的《三家诗》,李光暎的《观妙斋金石文字考略》等,都是软体字书写上版,字体秀美,笔力遒劲,刊印精工,纸墨版式精雅悦目。乾隆十二年(1747年)林佶同门歙县程哲七略书堂写刻的《带经堂全集》,黄晟写刻的《水经注》都是精工绝伦。嘉庆时有些私家刻书,尤其崇尚写刻,名校勘家黄丕烈手写上版的《季沧苇书目》,字画圆润而苍劲,刻印不失原书神韵,可作识别黄

[①] 方厚枢:《我国古代出版事业》,《百科知识》1981年第5期。

氏题跋手迹的有力参考。

另一类是乾嘉考据之学兴起之后，藏书家和校勘学家辑刻的丛书、逸书，或影摹校勘付印的旧版书。乾嘉时期，一些藏书家延聘著名校勘学者从事校书刻书工作，所校书籍往往汇刻为丛书，其中黄丕烈的《士礼居丛书》、鲍廷博《知不足斋丛书》较为著名。有些校勘学家自己也校刻书籍，如卢文弨的《抱经堂丛书》、毕沅的《经训堂丛书》、孙星衍的《平津馆丛书》等等。还有一些丛书，虽不很精当，但收罗宏富，可资参考。如张海鹏的《学津讨源》、吴省兰的《艺海珠尘》等。嘉庆年间阮元所刻的《十三经注疏》和《皇清经解》更是搜罗齐全，为研究清代经学的重要资料。在乾嘉学术的影响下，私人刻书家掀起翻宋、仿宋潮流，对刻书事业产生了巨大的影响。写刻求精成为风气，精本佳刻不胜枚举。其中较具代表性的有周亮工、鲍廷博、黄丕烈和顾广圻等。

一是周亮工。《清代印刷史小记》写道："清代刻书之兴盛，当推周亮工为先驱。周氏，河南祥符人，世以刻书为业，清代开国而后，雕版行世，亮工实始其事。"周氏为书香世家，经营雕印业几代，尤以周亮工（1612—1672年）为著名。他所刻的书多在赖古堂、因树屋中进行，刻书的时间大致从顺治末年到康熙初年的10多年间。顺治末年刻有图书数种10卷，康熙初年刻有6种30多卷，此外还刻印有丛书《赖古堂藏书》10种14卷。他经营的雕印业在技术上也采用了新的印制方法，曾用朱墨套印技术，印有《广金石韵府》《字略》等书。二是鲍廷博。鲍廷博（1728—1814年），字以文，号渌饮，安徽歙县人，随父迁居杭州。后定居桐乡县青镇（今乌镇）杨树湾。殷富好文，不惜巨金求购宋元书籍。名其室为"知不足斋"。久之，藏书甚富。乾隆三十七年（1772年），诏求天下遗书编《四库全书》，鲍廷博献精本620种。他校书、抄书、刻书都很多，并校辑所藏秘籍刻成《知不足斋丛书》30集。三是黄丕烈。黄丕烈（1763—1825年），字绍武，号荛圃、荛夫、复翁。江苏吴县人，号有抱守老人、荛圃主人、士礼居主人等。其室名有百宋一廛、学耕堂、学圃堂等，以藏书、校书和刻书闻名，刊刻出版了《国语》《汲古阁书目》《百宋一廛赋》《焦氏易林》《宣和遗事》《舆地广记》《藏书纪要》

《论语音义》《仪礼》《汪本隶释刊误》《船山诗草选》《周礼》《洪氏集验方》《夏小正》《伤寒总病论》等数十种书。四是顾广圻。顾广圻（1766—1835年）一生以校勘刻书为己任，为当时的藏书家校书、刻书。经他手校刻印的宋元本书，有给黄丕烈校刻的宋本《国语》《战国策》《隶释》《易林》《舆地广记》；给孙星衍校刻的宋本《古文苑》、元本《唐诗疏议》；给汪士钟校刻的宋本《仪礼疏》；给张敦仁校刻的宋本《仪礼注疏》《礼记注疏》；给吴鼒校刻的宋本《韩非子》等等，皆极为有名。黄丕烈的《士礼居丛书》也是顾氏代为校刻。凡是顾氏校刻的书，都是选择最好的本子作底本，对后世校勘起了典范作用。

这一时期所校印的某些精刻本，直到近代乃至当代还一再翻刻、影印，为后人的学术研究提供了极大便利。在乾嘉之学影响下，有些人还从事辑佚工作，将很多亡书重新搜集，并刊刻成丛书，其中最著名的有黄奭的《汉学堂丛书》、马国翰的《玉函山房辑佚书》、严可均的《全上古三代秦汉三国六朝文》等。此外，还出现了一些专门以刻印一个地方先人著作为目的的丛书，一般称为"郡邑丛书"，如《台州丛书》《浦城丛书》等等，为保存地方历史资料做出了贡献。

晚清时期，私人刻书的风气趋于衰落。由于私刻书籍以古籍为大宗，与时代发展已有一定距离。当近代出版业发生巨大变化时，此种私人出版活动逐步变成一种分散的个体行为，无法与先前那种参与者众多的私家刻书系统相比了。

历代私人刻书家搜集散落在民间濒于亡佚的书籍，刻印出版，使一些书籍得以保存下来，为古籍文献的搜集、整理、保存和学术文化的发展作出了重大贡献。蒲松龄编撰的长篇小说《聊斋志异》完稿后，由于生活拮据，无钱刊刻，多次寻亲问友求得资助。幸亏鲍廷博家财丰富，肯于帮助将其刊刻出版，才使其广泛流传。程伟元为了不使《红楼梦》失传，用木活字刊印这部不朽的著作。徽州清代私人刻印的插图版画，保存到今天的尚有3000多幅。严可均刻的《全上古三代秦汉三国六朝文》一书收文多至3000余家，资料十分珍贵。徽州张潮刻的《昭代丛书》，是清代最大的专收清人小品的专类丛书，保存了很多珍贵的掌故琐记资料。

四、书院刻书

书院作为古代知识阶层的文化教育基地，起于唐代，兴起于北宋，鼎盛于南宋，绵延至清末。据统计，中国历代书院总数当在6600所以上。书院基本属于私学，在其发展过程中，又与各级政府有着千丝万缕的联系，这其中也有不少官办书院。书院主持院务者称为山长，一般由知名学者担任。历代书院在设坛讲学、著书立说、学术研究的同时，也编辑出版图书，因而形成了书院刻书系统。

宋元时期是中国书院发展的繁荣时期，出现了江西庐山白鹿洞书院、湖南长沙岳麓书院、河南登封嵩阳书院、湖南衡阳石鼓书院、河南商丘应天府书院（亦称睢阳书院）等一批著名书院。书院刻书事业也繁荣起来，因为有丰富的收入作为资本，加以山长大都是著名学者，故所刻之书多佳作。

宋代书院创办者或为官府或为私人，但大都由著名的学者讲学其间。如前面提到的白鹿、石鼓（一说为嵩阳）、应天、岳麓四大书院山长都是学者，以研习儒家经典为主，采用个别钻研、相互问答、集众讲解等相结合的办法进行教学，对学术思想的发展有很大的影响。反映在刻书上，书院刻书的校勘比较精审，多为后世所称道。据各家著录可知：婺州丽泽书院再版司马光《切韵指掌图》2卷，象山书院刻印袁燮《絜斋家塾书钞》12卷，泳泽书院刻印大字本朱子《四书集注》19卷，龙溪书院刻印陈淳《北溪集》50卷，竹溪书院刻印方岳《秋崖先生小稿》83卷；环溪书院刻印《仁斋直指方论》26卷、《小儿方论》5卷、《伤寒类书活人总括》7卷、《医学真经》1卷；建宁府建安书院刻印《朱文公文集》100卷、《续集》10卷、《别集》11卷。国家图书馆现藏有宋代白鹭洲书院刻印的《后汉书注》90卷、《志注补》30卷。

元代书院刻书也十分活跃，这与元代将书院官学化的政策紧密相关。至元二十八年（1291年）命在"先儒过化之地，名贤经行之所，与好事家出钱粟赡学者，并立为书院。凡师儒之命于朝廷者，曰教授，路、府、上中州置之；命于礼部及行省及宣慰司者，曰学正、山长、学录、教谕，路、州、县及书院置之。"① 并规定"中原州县学正、山长、学录、教谕，并受礼部付身。各省所属州县学正、山长、学录、教谕，并受行省及宣慰司劄付。"② 也就是说，中原州县书院的山长，与州县官学的学正、学录、教谕一样，同受礼部任命。行省所属州县书院的山长，亦与州县官学的学正、学录、教谕一样，同受行省及宣慰司的任命。这就从本质上将书院划归官学了。书院本为授学研习之所，于有关学问图书的出版活动，也显得极为活跃。如古迂书院又称东山书院，为陈仁子营建并讲授其中。今可考知者，其于大德九年（1305年）刻印出版宋沈括撰的《梦溪笔谈》，名《古迂陈氏家藏梦溪笔谈》26卷。《梦溪笔谈》在宋代有两个系统的传本，一为30卷本，一为26卷本。30卷本早已失传。最早的26卷本，刊印于南宋孝宗乾道二年（1166年）扬州州学，卷末镌左迪功郎充扬州州学教授汤修年跋文。陈氏古迂书院刻印出版者，即以此宋本为祖本，是26卷本系统的传承本。宋本失传后，陈氏古迂书院所刻本便成了《梦溪笔谈》现存最早的刻本。据统计，陈氏古迂书院在元大德间刻印出版图籍12种454卷，且极具特色，是元代书院出版史上耀眼的一页。再如杭州西湖书院，曾刻印出版元马端临《文献通考》348卷，苏天爵选编的《国朝文类》70卷《目录》3卷等，总计7种480余卷。

上述元代书院刻书出版的实例还可以举出很多。据陈谷嘉、邓洪波主编的《中国书院制度研究》一书的统计，元朝约有书院296所，其中官办的51所，民办的181所，情况不明的63所，浙江还有1所为道士所建。至今仍可考知曾从事过刻书活动的在50所左右，刻印图籍102种3891卷，还有6种不明其卷数。这其中有一些书院，实为坊肆。如宗文书院实际就是宗文堂，明州的梅隐书院实际就是梅隐书堂，圭山书院实际就是程庆堂，安正书院实际就是安正书堂等。这些坊肆性质的书铺子，为了使自己所刻印出版之书取

---

① 陈邦瞻：《科举学校之制》《元史纪事本末》卷八。
② 宋濂：《元史》卷八十一《选举志一》。

信于人，获得社会的认可，从而畅销牟利，便将自己的书坊取名书院，以争取好的学术声誉。其实这种情况不仅元代有，宋代朱熹在建阳崇化建同文书院，便是利用朱熹的学术影响和书院固有的学术声誉而行刻书出版、畅销牟利的先例。由此可见，书院刻书作为元代出版事业的重要组成部分，出版物质量较高，书品较好，类似于明代的藩府刻书，构成了一代出版的特殊角色。所以清初顾炎武认为："闻之宋、元刻书，皆在书院，山长主之，通儒订之，学者则互相易而传布之。故书院之刻有三善焉，山长无事而勤于校雠，一也；不惜费而工精，二也；板不贮官而易印行，三也。"[1]

明清时期，书院刻书的功能得到进一步强化，刊刻图书成为大规模的经常性活动。据陈元晖等统计，清代设立书院达 1900 多所，大部分控制在政府及官员手中，书院刻书成为官刻、坊刻、私刻之外的又一重要出版形式。书院官私兼办的性质决定了书院刻本既有内容的广泛性，包括经、史、子、集、丛书诸部，又有较强的目的性，重点为本书院师生自用，主要集中于学术性著作，尤重师承学派。书院刻本可分为三种类型：一是教学用书；如康熙四十六年（1707 年），张伯行在福州创建鳌峰书院，"取朱子语类、学的、文集、文略、遗书、二刻遗书、朱刘问答诸书及闽前哲杨龟山、罗豫章、李延平、黄勉斋、陈北山、高东溪、真西山诸文集，尽刊布之，凡五十五种"[2]，名曰《正谊堂全书》。全书分为立德、立功、立言、气节、名儒粹语、名儒文集 6 部，是一部汇集宋代以来濂洛关闽学派理学名著的丛书。阮元创立的诂经精舍和学海堂也刊刻了大量的典籍，刊有《诂经精舍文集》8 集，《学海堂经解》180 种，《学海堂文集》90 卷，共收集 500 人的著作。其他的刻书如衡山船山书院重刻《学海堂经解》小字本、南菁书院刻《续皇清经解》和《南菁书院丛书》、宏道书院刊《惜阴轩丛书》、广雅书院刻《广雅堂丛书》、端溪书院刻《端溪丛书》、解州书院刻印《有诸己斋格言丛书》等等。书院刊刻的这些丛书和文集，保存了大量的古代文献，至今仍然是学术研究必不

---

[1] 顾炎武：《日知录》卷十八，《顾炎武全集》第 19 卷，上海古籍出版社 2011 年，第 708 页。
[2] 游光绎：《鳌峰书院志·杂述》，清嘉庆十一年福州鳌峰书院刻本。

可少的珍贵资料。二是刊刻书院师生的读书札记和研究著述,以资学术研讨;如张伯行的鳌峰书院"每月具饮馔,集诸生考课,口讲指画不少倦,拔其尤雅者裒而刻之";正谊书院将师生日记汇编为《学古堂日记》,关中书院也刊有《志学斋日记》等。三是刊刻历代先儒大师的巨著和本院山长的名作,以广泛传播其学说思想。如清初大儒孙奇逢"讲学于苏门之夏峰,并创建兼山堂作为讲学、刻书之地"①,不仅刊刻自己所著的《理学宗传》《四书近指》等数种著述,而且后世作为刻书堂号,也刊刻了许多著作,对当时及以后的书院刻书都产生了一定影响。其他如阎若璩《潜邱札记》、臧琳《经义杂记》、卢文弨《钟山札记》和《龙城札记》,王鸣盛《蛾术篇》、汪中《知新记》、洪亮吉《小读书斋四录》、王念孙《读书杂志》、王引之《经义述闻》、俞正燮《癸巳类稿》《癸巳存稿》,陈澧《东塾读书记》等,都是通过书院刻书系统得以行世的。

清代既是书院刻书事业的繁荣期,也是书院刻书历史的终结期,其成就十分突出。不仅出版了一些"集大成"的书籍,如前面提到的福州鳌峰书院刊刻的《正谊堂全书》总括宋明理学尤其是程朱理学数百年发展的历史,广州学海堂刊刻《皇清经解》集结清代乾嘉学派的学术成就,而且出版了大量书院文献,为书院的教学、研究、管理服务。19 世纪末 20 世纪初,随着西学的输入,科举考试的废除,新式学堂的兴起,旧式书院制度亦完成了它的历史使命。但书院这种独特的教育方式,连同它的藏书和刻书活动,在我国的古代教育史乃至藏书史、出版史上自有其不可忽视的历史意义。

五、寺院刻书

寺院刻书,是指佛寺、道观刊印本教典籍的出版活动,所刻典籍成为"佛藏"和"道藏",类似于当代的宗教出版。目前已发现的唐代早期印刷品中,数量最多的就是佛教印品。进入宋代以后,随着雕版印刷的广泛应用,佛寺

---

① 钱仪吉:《经苑·儒行跋》,1923 年重印本。

和道观刻书也随之活跃起来。历代政府也基本对佛藏和道藏的刊刻持支持态度，民间刊刻佛家和道家经典的热情非常高，因此而形成一个独立的系统，成为古代出版事业不可忽视的组成部分。

佛教寺庙刻书的主要成果，是从宋至清800年间共雕印了17部汉文大藏经和多部少数民族语文大藏经（包括西夏文、蒙古文、藏文、满文等）。所谓大藏经，就是将一切佛教典籍有组织有系统地汇集成的一部大丛书。佛教大藏经收集广博，卷帙繁浩，通常都在5000卷以上，版片常多达10多万块，书写、校对、雕版、印刷、流传一般要动员和集聚数以千计的人力，历时10余年至数十年上百年才能完成。

中国第一部印本大藏经是《北宋官版大藏经》。宋太祖开宝四年（971年）命张从信往益州（今四川成都）雕造佛经全藏，至太宗太平兴国八年（983年）告成。因始刻于开宝时，后世遂称《开宝藏》《开宝藏》完成雕版13万块，以《开元释教录》入藏经目为底本，共480帙，5048卷；卷轴式，每版23行，每行14字，版首刻经题、版数、帙号等；卷末有雕造年月干支题记。此后，经过三次比较重要的校勘修订和不断增入宋代新译及《贞元释教录》入藏的典籍，形成三个不同的版本：一是北宋端拱二年（989年）到咸平（998～1003年）年间的校订本；二是北宋天禧（1017～1021年）初年校订本；三是北宋熙宁四年（1071年）的校订本。此后，陆续有新译本增入，到北宋末年，已积累到653帙，6628余卷，增入173帙，1580余卷。

自中央政府开雕《开宝藏》后，宋代寺院、道观刻印大藏经的出版活动接二连

图2.4 北宋开宝藏本《佛说阿惟致遮经》

三，形成了一股潮流，成为古代出版史浓墨重彩的一页。现知宋神宗元丰三年（1080年）由冲真、普明、咸辉等主持，于福州东禅寺募捐开雕的《大藏经》，至宋徽宗崇宁二年竣工，前后历时 23 年，凡雕印 6430 卷，580 函，经折装。今传世的东禅寺大藏经本《华严经》卷八十有彦肃"福州东禅等觉院住持慧空大师冲真于元丰三年庚申岁谨募众缘，开雕《大藏经》板一付，上祝今上皇帝圣寿无穷，国泰民安，法轮常转"的题记，说明了出版缘起，所以此经也就得名《崇宁万寿大藏》。这部大藏经被认为是我国民间寺院募刻出版大藏经的滥觞，也是藏经由卷轴装改为经折装的滥觞。

民间募捐刊刻大藏经的先例一开，各大寺院争相仿效。有宋一代共历 300 余年，公私开雕刊刻的大藏经就有 6 部凡 3.5 万卷，其延续时间之长、规模之大空前绝后。此外，金粟山广惠禅院在北宋时还写过一部《大藏》，就更显得难能可贵。至于出版的单经，如开庆元年（1259年）太平天寿寺释延福刻印的《金刚般若波罗蜜经》、嘉定间（1208—1224年）净慈寺刻印的《嘉泰普灯录》至今仍有流传。大中祥符二年（1009年）明教寺还刻印过《韩昌黎集》，相国寺刻印过《秦传国玺》，思溪资福寺以刻印释家《大藏》所剩余的板片刻印《新唐书》《五代史》，后被征入国子监，所刻之书便成了南宋国子监本。

元朝政府在政治上笃信佛教，这种宗教信仰与政治杂揉而生出的政教合一的体制与策略，导致元代寺院遍天下，僧侣满域中，刻印出版单经大藏尤为频繁。元代寺院所刻单经大藏，有的是政府出资，有的是施主奉献，有的是寺田积累，有的是募化众缘，并非都是民间性质。如至元十七年（1280年）"敕镂板印造帝师八合思八新译《戒本》五百部，颁降诸路僧人。"[①] 仁宗延祐五年（1318年）"给书西天字《维摩经》金三千两"，"赐钞万锭，命晋王也孙铁木儿赈济辽东贫民。晋王内史拾得间加荣禄大夫，封桓国公。给金九百两、银百五十两，书金字《藏经》。"[②] 这是朝廷出公帑书写金字《藏经》

---

① 宋濂：《元史》卷十一《世祖本纪八》。
② 宋濂：《元史》卷二十六《仁宗本纪三》。

的实证，在历史上是仅见的。元代用泥金所写的佛经虽未得见，明代青海玉树权贵几十年陆续用泥金书写的藏文大藏经却至今还有留存。其后历代宫廷、施主以泥金所写单经赓续不断。元世祖至元三十年（1293年），由政府筹资于杭州路大万寿寺开雕西夏文《大藏经》。至大德六年（1302年）夏雕板工竣，共刻经3620卷，前后印造100多部，广施西夏人生活的西北地区。这是元代中央职能部门出资并主持刻印的第一部西夏文大藏经，而具体操办其事者则是杭州的大万寿寺。可见那时的出版者宣政院，与付梓印制者已分而行之，大约类似于今天出版社与印刷厂的关系。此外，元武宗至大间（1308—1311年）曾开雕西藏喇嘛乔依奥爱尔同蒙古、维吾尔及汉人学者共同译出的蒙文大藏，为最早的蒙文大藏之刻印。

明朝诸帝大多佞佛，常助寺院刻经，造成佛寺刻经的繁荣。其中最为著名者为《径山藏》的刊刻。这部大藏从万历七年（1579年）开始，中间时刻时停，直到清康熙十五年（1676年）才全部完成，有多个省的20个寺院僧俗人士参与了这部书的刊刻。从发起的紫柏真可、憨山德清，及其弟子密藏、法铠，经过几代佛教徒的努力，最终功德圆满，刊刻正藏1665种、续藏252种、又续藏217种，合计2134种、10844卷。[①]为节省成本、便于阅读，采用方册装代替梵夹装，装成344函。其中既包括增补的旧藏，也包括大量新编的佛教史籍以及明代人的佛学专著，在佛教大藏刊印史上占有重要地位。

明清时期，福州鼓山涌泉寺、怡山西禅寺、福清黄檗山万福寺均有刻经流通，涌泉寺的刻经规模更为福建全省之冠。涌泉寺刻经肇始于明万历年间，入清以后，在住持道霈的主持下，刻经事业迅速发展，康熙年间达到鼎盛。康熙三十年（1691年），道霈还刊行《鼓山永通斋流通诸法宝划一》，介绍寺内刻经目录及其单价，以促进流通。1934年，弘一法师在《福州鼓山庋藏经版目录序》中也提到："昔年余游鼓山，览彼所雕《法华》《楞严》《永嘉集》等，楷字方册，精妙绝伦。以书法言，亦足媲美唐宋，而雕工之巧，

---

① 缪永和：《中国出版通史·明代卷》，第99页。

可称神技。虽版角有少腐阙者,亦复何伤,弥益古趣耳。又复检彼巨,有清初刊《华严经》及《华严疏论纂要》、憨山《梦游集》等。而《华严疏论纂要》为近代所希见者。余因倡言印布,并以十数部赠与扶桑诸寺。乃彼邦人士获斯秘宝,欢喜忭跃,遂为摄影镂版,载诸报章,布播遐迩,因是彼邦金知震旦鼓山为庋藏佛典古版之宝窟。"据《鼓山涌泉禅寺经版目录》一书统计,涌泉寺刻经自明万历间起至1932年止,计有359种。其中明刻84种、清刻195种、民国刻45种、年代不明的及抄本35种。清刻中多康熙年间所刻,有141种,几乎均是精椠之本,其中著名的有《大方广佛华严经疏论纂要》《顿悟入道要门论》《鼓山永觉禅师广录》与《旅泊庵稿》等;而康熙五年(1666年)刊的《楞伽阿跋多罗宝经》四卷,原为宋书法家苏轼所书,鼓山涌泉寺据镇江金山寺宋本翻刻,以镂工精良著称。

自明代开始刊印藏文《大藏经》以后,随着佛教文化的进一步发展,雕版印刷业在藏区空前兴盛起来,藏区较大的寺院均设有印经院,大量印刷藏文《大藏经》等典籍。较著名的有德格印经院、那塘寺印经院、布达拉宫印经院、塔尔寺印经院、拉卜楞寺印经院等。今四川甘孜藏族自治州德格印经院是诸印经院中颇有声名的,由德格第42代土司兴建于雍正七年(1729年),全称为藏族文化宝藏德格印经院大法库吉祥多门。最盛时期的德格印经院刻工据载有1300多人,刀功精细雄健,文字准确清晰,内藏以样本为主,并有少量松木书版200多部,印版计21万余片。内容以《甘珠尔》《丹珠尔》为主,还有藏族学者的有关文集、传记、宗教史、天文历算、音乐、美术图书等。德格版藏文经籍不但畅行整个藏区,还流传到汉、蒙等地区和国外。此外,拉卜楞寺印经院作为安多地区的重要寺观,也闻名遐迩。1959年,拉卜楞寺工作组曾对拉寺藏书进行清理,油印《拉卜楞寺图书总目录》共2卷,仅列入该书目的就有7824部。其他重要的寺院刻书处还有:布达拉宫印书院,由清初五世达赖建立于西藏拉萨布达拉宫下面,十三世达赖曾予以扩建,刊刻了很多宗教书籍;卓尼印书院,设在甘肃卓尼,康熙五十五年(1716年)由摩索贡布创办,曾刻印藏文《甘珠尔》以及《宗喀巴全集》《智华谢知布全集》《吉祥经》《赛昌经》和《四部经典疏注》等藏文书籍；德相印书院，雍正七年（1729年）由四川土司却吉·登巴泽仁创建，印成《大藏经》300 余部；拉萨印书院，清初五世达赖喇嘛建立，原设在哲蚌寺内，后迁至布达拉宫东侧，以那塘版《甘珠尔》为蓝本，参照藏区所藏其他版本刻印拉萨版《甘珠尔》100 部。

道教是中国土生土长的宗教。道藏是按照一定的编纂意图、收集范围和组织结构，将许多道教经籍编排起来的大型道教丛书，内容十分庞杂，除道教经典以外，还收入诸子百家著作和很多关于医药、养生、炼丹、天文、历法等古代科学技术的著作。道藏的编纂始于 557—581 年间。到宋徽宗时期，进一步搜访道家遗书，命道士刘元道就书艺局校定《大藏》，增至 5387 卷，于政和年间（1111—1117 年）送往福州闽县万寿观，令福州知州黄裳监雕镂版，进于京师，因名《万寿道藏》。这是我国第一部道教总集印本。此后金代金道明补刻的《金道藏》，蒙古时期宋德方及其弟子在玄都观校刻的《玄都宝藏》（又名《宋德方藏》），都是在宋刻《万寿道藏》版片基础上加以修补重印而成的。蒙古太宗九年（1237 年），山东掖县（今莱州市）道士披云真人宋德方在平阳主持醮事，决心雕印《道藏》。乃与门人陵川通真子秦志安等共谋其事。丞相胡公捐白金千两作为启动费，乃立局镌板。由秦志安在平阳玄都观总领其事，召雇雕印工人 500 多人，每天校雠开板。于公元 1244 年全部竣工，凡 7800 余卷，因在平阳玄都观刊雕，故名《玄都宝藏》。此藏与金章宗明昌年间（1190—1196 年）中都大天长观之《大金玄都宝藏》名同而实异，为元代道观刻印《道藏》之实例。元初，释道交恶，由皇帝下令毁掉《道藏》板片，所以留传至今的《玄都宝藏》零帙已屈指可数。至于中国现存古代印本《道藏》，乃明代正统十年（1445 年）的"正统道藏"，全书共计 5305 卷。

第二节　晚清时期新式出版业的兴起

鸦片战争以后，由于西方列强的入侵和资本主义因素的增长，中国传统社会开始瓦解。在剧烈的社会变革中，出版事业也进入了变革时期。近代社会对新知识有着强烈的要求，各种政治派别都有对出版物的需要，原有官刻、私刻、坊刻的旧体系已不能适应形势发展。于是，在传教士创办近代出版机构的带动和影响下，政府办起了官书局，私坊刻书也进一步分化。新的经济力量加大了对出版业的投资。最初是一些外国商人，后来是国内一些民族资本家，陆续开设新式印刷厂，创立出版和发行机构。所有这一切，都标志着我国出版业已进入一个新的时代。

一、教会出版机构及其出版活动

19世纪初，在西方资本主义大举向亚洲扩张的过程中，西方传教士随之来华，通过翻译出版进行宗教宣传，对资本主义社会进行介绍。鸦片战争后，清政府被迫开放五口通商，西方传教士纷纷涌入内地。他们在华从事文化活动，创办了一批中文出版印刷机构。

1. 新教传教士创办的出版机构及其出版活动

据统计，在1842年至1874年间，基督教新教传教士开办的印刷出版机构有香港英华书院印字馆、墨海书馆、花华圣经书房及美华书馆、清心书馆、福州卫理公会书馆、宁波传教士协会书馆、北京崇实印书馆等7家。①

香港英华书院。鸦片战争后，由于中国的大门已经打开，南洋一些传教机构开始向香港和中国大陆沿海转移。1843年11月，英国伦敦传教会决定创办英华书院神学系并将马六甲英华书院转移到香港，伦敦传教会新加坡布道站的印刷机、中文活字与铸字设备以及华人工匠等都转到香港，英华书院便正式开始了印刷活动。英华书院印字馆的印刷活动主要有两种：一是代工印刷。该馆几乎所有印刷品都是代人印刷并收取费用。如1853年至1856年出版的《遐迩贯珍》月刊，传教士理雅各的《中国经典》、英国圣经公会委托印刷的新约旧约，以及由宗教小册子协会委托印刷的传教小册子等；二是铸造活字出售。中文活字铸造是香港英华书院印字馆的主要业务，在19世纪四五十年代，英

---

① 胡国祥：《近代传教士出版研究》，华东师范大学2008年博士学位论文，第47页。

华书院的中文活字占据了主要的中文活字市场，被称为"香港字"。当时几乎所有传教机构的中文印刷都用的是英华书院的活字。英华书院活字最大和最有名的客户则是墨海书馆。另外，香港的中文报纸最初也使用英华书院的中文活字。从1843年创立到1852年，香港英华书院印字馆的印刷业务基本上是亏损的。从1853年开始，随着活字生意的扩大，英华书院开始产生赢余。1860年，由于其最重要客户墨海书馆沉寂，再加上美华书馆的兴起，英华书院印字馆又从赢转亏，1870年把全部印刷设备转给了黄胜、王韬创办的中国近代第一家民营出版企业中华印务总局。

清心书馆又称清心书院，美国北长老会于1860年开设于上海，早期以教育为主，1875年后出版《小孩月报》《画图新报》两种期刊。福州卫理公会书馆1862年设立于福州，采用企业管理模式，注重印刷设备的引进更新，基本上以印刷为主，于1915年盘给一家中国基督教徒开的公司。宁波传教士协会书馆1869年成立，最初只能进行英文印刷，1881年后开始中文印刷，以杂件印刷为主，兼印中文宗教读物。

近代中文印刷第一次进入中国内地，是从英国传教士麦都思主持的墨海书馆开始的。麦都思出生于英国伦敦，1843年底到上海，并把他在巴达维亚设立的印刷所迁来，更名为墨海书馆。墨海书馆所用的中文活字，一部分在上海刻制，一部分在香港购买，也有一部分是从伦敦运来的。墨海书馆也是第一个大量出版西学书籍的机构，聚集了一批基督教英国伦敦会传教士，如伟烈亚力、艾约瑟、韦廉臣等。他们在传教的同时，也介绍一些西方自然科学知识，从而吸引了王韬、李善兰、华蘅芳等一批中国知识分子加入进来。其中，李善兰和伟烈亚力合译了古代希腊数学名著欧几里德《几何原本》的后九卷，完成了徐光启、利玛窦的未竟事业。墨海书馆还出版了他与艾约瑟合译英国物理学家胡威立的《重学》20卷，这是中国近代史上专门论述力学的译著，也是当时影响最大的一部物理学著作。1859年，墨海书馆还刊印发行了李善兰与伟烈亚力合译的英国天文学家约翰·侯失勒的《谈天》，开启了近代天文学在我国传播的先河。梁启超曾在《读西学书法》中评价该书"最精善"，"不可不急读"。① 此外，墨海书馆出版的李善兰与韦廉臣合译英国植物学者林德利的《植物学》、张福僖与艾约瑟合译的《光论》、英国医生合信著的《博物新编》等等，在我国近代史上均具有开启先河的意义。墨海书馆在编译、出版图书的同时，还发行由伟烈亚力主编的月刊《六合丛谈》。该刊于1857年1月创刊，是上海第一家综合性中文刊物，也是中国最早铅印出版的杂志之一。主要撰稿人包括慕维廉、艾约瑟、韦廉臣等外国传教士，以及王韬、蒋敦复等中国知识分子。《六合丛谈》本质上是一份宗教性刊物，但"西学"在该刊中占有相当大的比重，刊载的文章内容涉及化学、地理、数学、电学、天文学等西方近代科学。譬如对于天文学的介绍，《六合丛谈》自1卷1号起至2卷1号，除最后1期外，每期都登载有当月的天文历。具体介绍天文知识的栏目《西国天学源流》包括8篇文章，不仅介绍近代科学，还向中国人阐明近代科学的重要意义。该刊还设有新闻、书籍介绍等栏目。特别值得一提的是其书籍介绍栏目，最初刊载在"杂记"栏中，后自成一栏，几乎每号都介绍二至三册新书。这些新书多为传教士撰写或翻译的书籍，其主要内容是宗教、自然科学和医学等。如第1卷第12号的"新出书籍"介绍《西医略论》说②。1860年美华书馆在上海立足后，墨海书馆的出版活动逐渐被其取代，直到1877年才真正停业。

　　花华圣经书房于1844年由美国基督教（新教）长老会在澳门设立，次年迁往宁波。最初规模较小，印刷出版工作由美国长老会传教士理查德·柯尔为主要负责人的出版委员会管理，委员会的成员参与选择出版的书目，决定发行量、版式以及经费，参加出书后的校对工作，负责把书分发给教会外的其他会员，并且对有关书馆的一切事宜提出意见。1858年10月，威廉·姜别利被派来主持书馆工作。他的两大贡献，一是用电解法铸造汉字字模，二是发明捡字字盘，设计制造了一种"元宝式"字架，大大提高了工效。这两项工作均于1859至1862年间在书馆完成。姜别利主管书馆后，在经营上也有

---

① 梁启超：《读西学书法》，1896年石印本。
② 《六合丛谈》第1卷第12号，上海辞书出版社2006年。

了很大的变化。1860年12月，在姜别利的努力下，花华圣经书房迁到了上海并更名为美华书馆。

美华书馆成立后，因为姜别利在中文印刷技术上的重大突破，再加上规模扩大、设备更新、铅字增加等，印刷能力有了很大提高。1860年书馆刚搬到上海时有5台印刷机，1862年又新增加了一台滚筒式印刷机，印刷量达到1400万页，比书馆在宁波时的最高印量还多出一倍。虽然姜别利于1869年离开了美华书馆，由于他所奠定的坚实基础，美华书馆一直发展良好，到1903年印刷设备又扩增到5台大型滚筒印刷机、2台小型滚筒印刷机、3台平板印刷机和6台手动印刷机，雇工达200多人，逐步发展成为一个大型的印刷机构，圣经会、圣教书会、广学会等教会机构出版的报刊书籍，大多由其印刷。书馆还编辑出版《圣经》和宗教书刊及供教会学校用的教科书，印刷出版了几十种自然科学书籍。其中，《英字指南》是中国近代最早的英语读本，《万国药方》是中国最早介绍西洋医药的译本，《格物质学》是自然科学常识教科书，《代形合参》《八线备旨》则是数学教科书。还有《心算启蒙》《五大洲图说》《地理略说》等被作为教会学校教科书。美华书馆的经营一直延续到1923年，其印刷器材盘给商务印书馆，书馆关闭①。从宁波花华圣经书房到上海美华书馆，这一机构的显著特色是以印刷为上，很少像墨海书馆那样有自己著作的出版。这也是花华圣经书房没有采用中国传统雕版印刷的原因之一。②

2. 天主教传教士开办的印刷出版机构

与新教传教士相比，天主教传教士办的印刷出版机构较少，主要有上海土山湾印书馆、北京遣使会印书馆、河北献县张家庄天主堂印书馆。

北京遣使会印书馆又称北堂遣使会印字馆。北堂即西什库教堂。1860年第二次鸦片战争法国军队撤离北京时，留下了一台印刷机。1864年，北堂以此为基础成立了印书馆。这是天主教最早在中国采用铅印印书的机构，一直持续到1944年。献县张家庄天主堂印书馆开设于1874年，初期只是为传教士、教徒

---

① 上海出版志编纂委员会：《上海出版志》，上海社会科学院出版社2001年，第222—223页。
② 胡国祥：《近代传教士出版研究》，华东师范大学2008年博士学位论文，第57页。

及学生印刷所需的书籍，到 19 世纪 90 年代后，开始出版传教士的著作和译作。

在中国近代新式印刷出版业兴起过程中占有重要地位的是土山湾印书馆。该馆从 1867 年设立印刷所起，至 1958 年公私合营时并入上海中华印刷厂，前后持续 90 余年，是中国天主教最早、最大的编辑出版机构。① 1869 年土山湾印书馆印刷的中文书籍已经超过 70 种，1870 年盘入上海一家外国印刷所，买进一些印刷机和外文铅字模，又添置了一些中文铅字模，成立了铅字部。1874 年正式开始机器铅字印刷，1875 年引进珂罗版，印刷圣母像等图片。1894 年，成立照相制版部，最先把照相铜锌版设备和技术引入上海。土山湾印书馆承担了中文《圣经》、中西文教会出版的刊物、宣教小册子、教会学校的教科书，法租界当局的文件、通告和报表，有关气象、地质、地震、水文等方面书籍，以及地图、挂图、圣像和宗教画片等的印制任务。② 出版传教士自己的著作和译作是在 1875 年以后，还出版了《益闻录》《格致益闻汇报》《圣心录》《圣教杂志》等刊物。1889 年《土山湾孤儿院印刷所出版图书目录》共著录图书 221 种，其中有关西方科学的书籍有《形性学要》《西学关键》《几何探要》《透物电光机图说》《五洲图考》《物理推原》等。

3. 广学会及益智书会

进入 19 世纪 80 年代以后，广学会成为新教传教士翻译出版的重镇。广学会原名"同文书会"，1887 年由英国传教士韦廉臣创立于上海，至 1892 年改名为"广学会"，由李提摩太继续主持，译书成员有韦廉臣、李提摩太、慕维廉、艾约瑟、林乐知、丁韪良、李佳白等。广学会是中国近代史上外国传教士在华建立的最大的出版机构，其规模及出书量远超京师同文馆、江南制造局。

广学会的前身是苏格兰同文书会，为印书赠书的宗教团体。韦廉臣组织上海同文书会，目的就是利用苏格兰同文书会在上海购置的印刷厂，继续其

---

① 上海出版志编纂委员会：《上海出版志》，第 224 页。
② 庄素原：《土山湾印书馆琐记》，载《出版史料》1987 年第 4 期。参见张树栋等《中华印刷通史》，印刷工业出版社 1999 年，第 471 页。

印书、译书、赠书的工作。因此，广学会的工作是始终围绕出书售书展开的，广学会的主要工作人员也是其最重要的编辑出版人员。从 1897 年至 1911 年间，广学会共出版 461 种图书 1,168,436 册，其中非宗教类图书 238 种，共 692,856 册，所占比例均超过一半，涉及法律、政治、教育、实业、天文、历史、地理、理化等多个领域[①]。广学会历时 70 年，在不同时期的工作宗旨、活动特点、社会影响差别很大，其介绍西学最多，对中国社会影响最大的是 1900 年以前，尤其是戊戌变法时期。在广学会的译书中有许多有代表性和影响性的图书，如《泰西新史揽要》《列国变通兴盛记》《日本政变考》《中东战纪本末》《格物探原》《自西徂东》和《文学兴国策》等曾在当时中国知识分子中间广泛流传，对维新运动以及近代思想文化产生了重要影响。此外，期刊也是广学会出版的重要部分。广学会先后出版了《万国公报》《中西教会报》《孩提画报》《训蒙画报》《成童画报》《大同报》等 6 种期刊，其中以《万国公报》最有影响。广学会的影响、声誉、地位主要来自于《万国公报》，其出版量也占了广学会的半壁江山。1897—1907 年，《万国公报》共发行 406,700 册，平均每年约 36,000 册，超过广学会出版图书的一半以上。在内容选题上，《万国公报》结合中国实际，介绍世界历史、地理、国际交往常识、各国教育概况、近代文明发展状况；提出兴学、办报、游历、采煤、冶金、兴建铁路、开办银行、改进税收、奖励工商、开设议院等诸多变法建议，并从价值观、历史观、生活方式、伦理道德方面对中国文化问题进行讨论，深受中国读者的欢迎，在中国近代社会产生了广泛的影响。王韬、孙中山都是《万国公报》的作者，康有为曾参加过广学会的有奖征文，梁启超担任李提摩太秘书，光绪皇帝订购广学会书刊多种。在维新思想家的各类变法著作中，我们随处可见广学会出版物的影响。[②]

益智书会成立于光绪三年（1877 年）。其时，在华新教传教士第一届大会在上海召开，英国传教士韦廉臣建议成立一个组织，专门处理教科书出版

[①] 王树槐：《清季的广学会》，载台湾中央研究院《近代史研究所集刊》第 4 辑（上）。
[②] 熊月之、张敏：《上海通史·晚清文化》（第 6 卷），上海人民出版社 1999 年，第 163—165 页。

事宜。益智书会就是根据这一提议设立的。最初由丁韪良任委员会主席，韦廉臣为秘书，傅兰雅为总编辑兼管财务。至1890年在华新教传教士第二次大会，决定以益智书会为基础成立一个新的组织，并于1906年将其中文名称改为"中国基督教教育会"。益智书会的出版活动分为两种：一是自己出版图书，二是审定图书。从1877年成立到1890年间中，益智书会共出版书籍50种，审定书籍48种，分为算学、科学、历史、地理、宗教、读本等6类，以科学类图书为最多，共45种；其次是宗教类图书，共20种。益智书会出版的宗教图书几乎都是由韦廉臣及其夫人所编撰，而科学类图书能够占到近一半的比例，则主要归功于傅兰雅。傅兰雅从1879年起任益智书会总编辑，致力于科技类图书的编译，共有42种图书被益智书会出版和认定。[①]益智书会所出版的教科书中最有影响的也是科技类图书，其中最有代表性的是由傅兰雅编写的《格致须知》和《格物图说》两套丛书。《格致须知》计划出版10集，每集8种，共80种，到1890年实际出版了自然科学3集，其他几集后来只出版了一部分。《格物图说》是教学挂图的配套读物，到1890年共出版29种，包括天文地理图、百鸟图、百兽图、百鱼图、光学图、电学图等。

以上西方传教士们的出版活动，其目的是为传教服务的，但从客观效果来看，却成为了中国出版走向近代化的重要推动力。教会出版引发了中文出版印刷技术的巨大变革，为中国出版从传统向近代转型提供了坚实的物质技术基础；教会出版机构聘用一批学有所长的中国人担任译述和编辑工作，为中国出版业培养了近代化人才。而教会出版机构出版的一批反映西方科学文化知识的中文书刊，又拉开了近代出版物内容结构调整的序幕。

二、官书局及其出版活动

清朝前期，官办出版机构主要集中在中央政府，地方政府虽然也有一些出版机构，但出版的图书数量不多，影响不大。19世纪60年代洋务运动兴起后，清政府内部一些官员试图以传统文化为主，以西方先进科学技术为辅，

[①] 熊月之：《西学东渐与晚清社会》，上海人民出版社1994年，第580页。

在振兴传统文化的同时吸取西方先进的科学技术，通过振兴封建传统文教来达到自强的目的，推动宣传封建正统文化的地方官书局及介绍西方先进科技知识的译书馆纷纷建立，使得政府出版活动开始具备了一些近代因素。

同治二年（1863年），由曾国藩主持的金陵官书局开始在安庆设局，引得各省纷纷效仿，到20世纪初，共有官书局40余家。省一级的地方政府，大都设立了官书局，形成我国历史上前所未有的、遍布全国的政府出版印刷网。这些官书局以重兴文化为名，所刊刻的书籍称为"局本"，多是"御纂"、"钦定"的本子，其中以经史类居多，诗文类次之。为了迎合一般读者的需要，也刊刻一些普通读物，价格低廉，求之易得。官书局主要用传统印刷技术刊刻古籍图书，到后期也用机械化印刷术刊印西学新书，成为晚清地方官刻的重要代表。官书局中影响较大的有金陵书局、浙江书局、江苏官书局、广雅书局等。

1. 金陵书局

金陵书局又称江南官书局、江宁书局。同治二年（1863年）由两江总督曾国藩与其弟曾国荃在安庆设局，招募一些学者和刻工校刻《船山遗书》。这是晚清官方创办的第一个书局。次年，清军攻下太平天国的都城天京（今南京）后，将校刻班子移至此地，翌年开刻经史诸书并定名为金陵书局。

金陵书局初创时由曾国藩私人出资，旋即改由公款支付。初期由莫友芝主持，后相继由欧阳兆熊、韩弼元等主持。参加校勘的先后有汪士铎、刘毓崧、张文虎、李善兰、唐端甫、戴望、冯煦等，多为名噪一时的文人。金陵书局对字体、版式以及所取底本均非常讲究，规定字体必须兼"方、粗、精、匀"，底本一定要觅善本。由于参与校刻者均为当时的饱学之士，且有雄厚的经济实力作后盾，加之底本多为善本，又坚持"但求校雠之精审，不问成本之迟速"的原则，故刊本质量很高，所刻各书皆被视为善本。金陵书局也刊印了一些诸如《唐人万首绝句选》《楚辞》，以及《白喉治法》《蚕桑辑要》等普通读物和医学、农学方面的图书。其对西方科技著作也颇为重视，刊印了《几何原本》《重学》《圆曲线说》《则古昔斋算学》等书籍。前后刻印图书56种，计2776卷。

金陵书局创始初期，还用木活字排印过《三国志》《两汉刊误补遗》等一些书籍，并用雕版刻印过一些西学新书。光绪初年，改名为江南书局。光绪二十七年（1901年）并入江楚编译局。

2. 浙江书局

浙江书局由浙江巡抚马新贻于同治三年（1864年）在杭州创设。俞樾曾任该书局总办，先后担任过校勘的有薛时雨、孙依言、王诒寿、杨文莹、董慎行等。书局初创时，

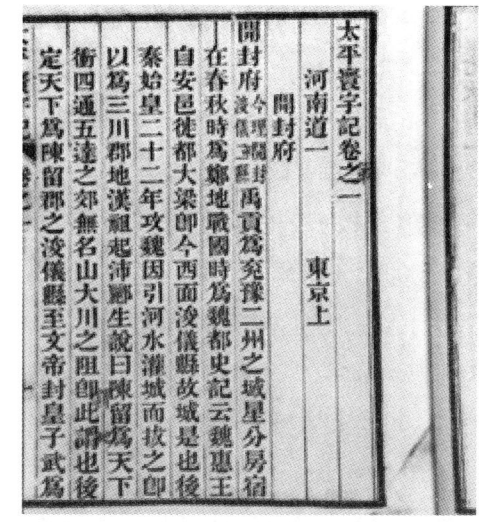

图 2.5　光绪八年金陵书局刻本《太平寰宇记》

曾得当时著名藏书家丁丙襄助，此后刊书也多以丁氏"八千卷楼"所藏善本进行校刊，因而所刻图书校勘精当，极少错讹，质量甚至超过"殿本"，在全国各官书局中堪称首位。其所刊刻的《二十二子》至今仍为学者所赞赏。浙江书局先后共刻书约140余种，还购存有不少别家所刻旧版用以刷印流存。用其名义出版刷印的书籍不下200种。

宣统元年（1909年），浙江书局交由浙江图书馆管理，改称浙江官书印售所。1913年正式并入浙江图书馆，易名为木印部。

3. 江苏官书局

江苏官书局由李鸿章创建于同治四年（1865年），地址在苏州燕家巷内杨家园。同治七年（1868年），江苏巡抚丁日昌奏准对该书局加以扩充。此后，江苏官书局的发展日盛一日，至光绪年间达于高潮。1914年经当时的江苏省政府批准，由江苏省立第二图书馆（现苏州图书馆的前身）接收，更名为"官书印行所"。计刻书206种，5000余卷。

江苏官书局除采用中国传统的雕版印刷大量刻印经史子集各类图书外，还曾采用泥盘活字排版工艺印书，并置备铅活字印刷机，用西方传入的近代

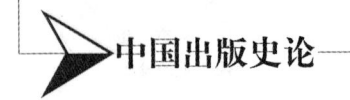

铅活字印刷术印刷，印有少量铅印本图书。

4. 广雅书局

光绪十二年（1886年），两广总督张之洞在广州创办广雅书局。其前身为前任两广总督阮元于清嘉庆年间在广州设立的学海堂、菊坡精舍的刻书处。曾刻印《十三经校勘记》《皇清经解》《石经考异》《三家诗异文疏证》等图书多种。张之洞调任两广总督后，继续前任阮元之业，又创办了广雅书院、粤华书院和粤秀书院，加上原来的学海堂和菊坡精舍，时称"五大书院"。这五大书院的选本均由广雅书局校勘、刻印。广雅书局提调王秉恩，校勘屠敬山、叶昌炽等皆当时著名学者，所刻《广雅丛书》于历史研究多有参考价值。广雅书局刻书300余种，版片多达十五六万片。除采用传统的雕版印刷外，还于宣统年间增添铅印设备，排印了《小学各科教授法》。1917年，广雅书局附设于广东图书馆。

光绪二十二年（1896年），康有为、文廷式等创办的维新派政治团体强学会被改为官书局，隶属总理衙门，出版各国关于律例、公法、商务、农务、制造、测算以及武备、工程等方面的图书，使得由地方到中央的官书局出版系统得以形成。根据《官书局书目汇编》统计，至清末，官书局所刻图书大约有千余种，大多由学者名家从事校勘，质量精良且定价低廉，体现了清政府以此教化民众的意图。此外，部分官书局也出版了一些西学新书和新式教科书，对传播西学作出了一定贡献，如江楚编译局，共出版书籍70余种，其中西学新书60多种，占编译局刊行书籍的85%以上[①]。

三、官办翻译出版机构及其译书活动

19世纪60年代洋务运动兴起之前，中国的新式出版机构几乎全部由外国人所创办。洋务运动兴起以后，受新式出版机构的影响，清政府也开始投入新式出版。在奕䜣、曾国藩为首的洋务派主持下，京师同文馆、江南制造总

---

① 吉少甫：《中国出版简史》，上海学林出版社1991年，第245页。

局等机构相继成立。自中央设馆译书后，沿海地方相继仿行。同治二年（1863年）李鸿章在上海设立上海同文馆（亦称广方言馆），后又有广州同文馆（亦称广州广方言馆）。仿照江南制造局又有北洋制造局（天津制造局）、福州船政学堂（求是堂）等相继建立。后起的张之洞也在武汉设立了自强学堂。这样，从中央到地方自上而下地形成了一个新式政府翻译出版系统，其中以京师同文馆（北京）和江南制造局翻译馆（上海）的影响为大。

1. 京师同文馆

京师同文馆是同治元年（1862年）在恭亲王奕䜣的奏议下设立的，附设于总理衙门，其目标是培养自己的翻译人才。最初仅设英文馆，学生有10名，全部是十三四岁的八旗子弟。次年添设法文馆和俄文馆，学生也是各10名。同治六年（1867年）又增添天文算学馆，开设一些自然科学课程，学生人数也逐渐增多，达到120多人。光绪十四年（1888年）增设了德文馆，甲午战争后又办起了东（日）文馆。美国传教士丁韪良（1827—1916年）于1863年到馆任教，1869年任总教习，总管教务近30年。京师同文馆还先后聘请傅兰雅、马士、李善兰、徐寿等中外学者担任各科教习。至1902年，京师同文馆并入京师大学堂，改名译学馆。京师同文馆在它存在的40年时间里，始终担负着双重的任务：一是培养翻译和科技人才，二是翻译出版西方图书。同治十二年（1873年），京师同文馆设立一所印刷局，用聚珍版印刷出版译著，并将这些译著分送各省当局，转发当地官员阅读。京师同文馆还专门添设纂修官两人，对译成的书稿删校、润色，然后再交印刷局出版。馆中从事教学和翻译较有成绩的有丁韪良、毕利干、汪凤藻、汪凤仪等，但译书数量不多，共有30余部著作[1]，包括未译完和未出版的在内，多为人文和自然科学书籍。作为清政府创办的第一个综合性外语学校和近代译书机构，京师同文馆在许多方面有开先河之功。该馆翻译出版的丁韪良所译《万国公法》，是我国第一部介绍国际关系方面问题的图书，对于中国法律思想的发展具有重要意义。

---

[1] 邹振环：《晚清西书中译及队中国文化的影响》《出版史研究》第二辑，中国书籍出版社1994年。

2. 江南制造局翻译馆

江南制造局是洋务运动时期第一个大型近代军事企业，由曾国藩、李鸿章创办于同治四年（1865年）。同治七年（1868年），制造局附设翻译馆，聘请傅兰雅专理译书事。次年，传教士林乐知、金楷理加入该馆，徐寿、华

图 2.6 江南制造总局翻译处

蘅芳、徐建寅、贾步纬、李凤苞等中国知识分子相继受聘担任笔译[①]，各项翻译工作迅速展开。由于外国学者不精通中文，中国学者不熟悉外文，两相结合，产生了那个时代特有的译书方法：西译中述。翻译馆所译书籍大部分用中国传统雕版刻印出版，地图与海道各图则用凹刻铜版印刷。进入20世纪初，中国人转向日本学习西学，留日学生成为传播西学的主力，翻译出版日文书籍成为新的热潮，翻译馆在译书活动中曾占据的重要地位丧失，至1913年，在上海兵工厂改组后被撤销。

---

① 据陈洙《江南制造局翻译馆译书提要》，至1909年，曾在翻译馆译员可考者有59人之多。见熊月之：《西学东渐与晚清社会》，第526页。

江南制造局翻译馆是晚清政府译书机构中历史最久、出书最多、影响最大的一家，在 40 余年的译书活动中，出版新引进的西学译著达 230 多部，其范围涉及到自然科学和应用技术的各个方面，还涉及到西方政治、历史和外交等方面。其中自然科学译著 47 部，包括傅兰雅和华蘅芳合译的《微积溯源》、傅兰雅和徐建寅合译的《声学》《化学分原》；伟烈亚力与李善兰合译的《谈天》等等。特别是傅兰雅和王季烈合译的《通物电光》，是一部探讨 X 射线在医学上应用的专著，不仅快速介绍了国外科技新成果，而且所选择的内容也是国外研究的热点。到 1879 年 6 月，翻译馆出版的 98 种译著售出 3111 部[①]，到 19 世纪 90 年代中期，售出 13000 部[②]。梁启超《西学书目表》收录出版的译著 341 种，待出版的译著 85 种，其中江南制造局翻译馆的分别有 119 种、55 种，占比分别为 34.7% 和 64.7%。甲午中日战争后，中国出现了研求西学的热潮，西学译著的读者需求猛增，江南制造局翻译馆出版的译著也被一再重刊，延续到 20 世纪初叶，终于汇成了浩浩荡荡的新学潮流，这其中，翻译馆在中国近代科技史、出版史和文化交流史上起到了不可忽视的作用。

以上两家出版机构的建立，是清朝政府在被动开放的形势下作出的顺乎时代潮流的举措。这种官书局类型的出版主体，既不同于此前及同期宗教团体组织的教会出版，也不同于戊戌维新时期逐渐兴起的民营出版，是近代新式出版的出版主体之一。

3. 南洋公学译书院

1884 年中法战争爆发，受西方资产阶级思想影响的上层知识分子，进一步提出了学习西方政治、经济、财政制度，采用西方保障工商业发展的资产阶级议会制度等主张，对于译书的需求范围开始扩大。社会科学的书籍，特别是关于西方资产阶级议会制度的书籍受到了重视。这种译书风气的转变，在中日甲午战争之后更加明显了。除原有政府翻译机构和教会的广学会外，以资产阶级为主体的民间译书活动发展起来。他们设立译书学会，编译西学

---

① 傅兰雅：《译书事略》，张静庐辑注：《中国近代出版史料初编》，上海书店出版社 2003 年，第 23 页。
② 翦伯赞等编：《戊戌变法》（二），上海人民出版社 1957 年，第 18 页。

丛书，创办新型书刊。翻译之书也从英、法文扩大到俄、日文。南洋公学译书院成为这一时期翻译出版机构的代表。

南洋公学译书院是作为南洋公学的附属机构而设立的。光绪二十四年（1898年）年四月盛宣怀上奏清政府，动议成立南洋公学译书院。光绪二十五年（1899年）春，聘请张元济为主任。直至1903年，因经费紧张而停办。南洋公学院译书院存在的时间并不长，但其影响却十分深远。参加南洋公学译书院工作的人员，先后约有十余人。其中张元济主持译书事务长达4年之久，他积极向院外通晓西学的翻译界人士严复、吴文聪、王鸿章、日本人山根虎之助等约稿，使著译选本的题材得到了拓宽及开掘，在一定程度上提高了译书院的著译水平。至1901年6月，南洋公学译书院译成并印行的书籍达到31种，涉及军事、政治、法律、教育、财经、商务等多种领域，最为著名的是严复翻译的英国政治经济学家亚当·斯密的名著《原富》。该书出版后既作为南洋公学学生的必读教材在校内使用，又作为一般的学术著作在校外发行，引起了社会的巨大反响，影响了中国一代学人的思想观念。

四、近代民营出版企业的崛起

在古代刻书系统中，私刻和坊刻都属于民间刻书范畴。民营出版作为一种古已有之的出版主体类型，在出版的近代转型中发挥了重要作用。

1870年，香港英华书院停办，长期在英华书院印字局工作的黄胜、王韬决定合资将印字局盘入，于1871年成立"中华印务总局"，是为中国最早的一家近代民办出版机构。

1872年，英国商人美查在上海开办《申报》，并利用申报馆的印刷设备从事书刊出版，先创办《瀛寰琐记》等刊物，后又成立点石斋书局石印书刊。其间为了扩大发行，又成立申昌书画室（后改名申昌书局）专事销售，并在北京、杭州、汉口、杭州等地设分号[①]。作为近代中国第一家通过商业手段把石印出

---

① 汪家熔编：《中国出版史料（近代部分）》第3卷，湖北教育出版社2004年，第207页。

版做大做强的出版企业,点石斋书局的成功引发了大规模石印图书的热潮。1884年5月创刊的《点石斋画报》,采用以人工绘画再石印的方式,广受读者欢迎,销行长达15年之久,堪称中国早期画报的杰出代表。点石斋石印的《康熙字典》等图书获利丰厚,引发了国内民间资本纷纷自设书局,并由此拉开了新式出版的序幕。1882年,由徐鸿复、徐润在上海创办的同文书局,有石印机12部,雇工500人,曾石印《殿版二十四史》《古今图书集成》《资治通鉴》《佩文韵府》等典籍。同文书局在印刷这些大部头时所采用的股印办法,即许以比定价优惠的价格招人预订,还开创了后来图书预约出版的先河[1],有学者因此把同文书局列为我国近代私营出版业诞生的承先启后者之一。此后,蜚英馆、鸿文书局、积石书局、鸿宝斋石印局等一批初具近代企业性质的民营出版机构纷纷成立。据《贩书偶记》《中国丛书综录》《中国通俗小说书目》等书著录,从清末到民国,全国各地采用石印技术印书者多达上百家之众[2]。

  1895年甲午中日战争的惨败,民族危机的刺激,直接引发了激荡全国的维新运动。维新志士以报纸、期刊、图书为宣传工具,输入西学,启蒙新知。翻译出版西学书籍、编写出版教科图书、著译出版小说书刊,构成了晚清时期最为主要的三大出版门类。特别是庚子事变以后,清廷废科举、兴学堂,出现了庞大的教科书市场。一些民营出版机构抓住机遇,编写了适应时代需要的新式教科书。如文明书局1902年出版成套蒙学教科书,商务印书馆1904年陆续出齐的囊括小学各科的成套《最新教科书》,都因销路广泛而使这两家书局雄起于出版界,商务印书馆更由此发展成为全国最大的出版机构。教科书丰厚利润的吸引,还催生了1906年张謇领衔招股的中国图书公司,出版的课本品种仅次于商务印书馆[3]。至辛亥革命前,上海的民营出版业达到110多家[4]。随着民营出版业的崛起,各书局之间有了加强行业联络的需求。1905

---

[1] 王余光、吴永贵:《中国出版通史·民国卷》,中国书籍出版社2008年,第14页。
[2] 曹之:《中国古籍版本学》,武汉大学出版社2002年,第456页。
[3] 汪家熔编:《中国出版史料(近代部分)》第3卷,湖北教育出版社2004年,第78页。
[4] 《书业公会档案》《出版史料》1987年第4期。

成立的上海书业公所和随后成立的上海书业商民协会，都是上海新式出版的行业协会组织。这也从一个侧面说明了民营出版业力量的增强和出版主体地位的确立。商务印书馆、广益书局、神州国光社、广智书局、文明书局、小说林社，都是这一时期涌现的代表。关于商务印书馆，后文有专述，这里仅就其他几家加以概要介绍。

1. 大同译书局与广智书局

甲午中日战争后，维新派掀起了近代译书的新高潮。自从被封的强学会改办官书局后，人们认识到译书的要求不能依靠"中央官书局"，转而寄希望于民间，由此开始了民间组织机构译书。光绪二十三年（1897年）秋冬间，主营译书、兼印康门著作的大同译书局在上海成立。该书局由梁启超主持集股创办，康广仁任经理。梁启超撰写的《大同译书局叙例》说明创办原由强调：以往官译"垂三十年，而译成之书，不过百种，近且悉辍业矣。然则以此事望之官局，再自今以往，越三十年，得书可二百种。一切所谓学书、农书、工书、商书、兵书、宪法书、章程书者，犹是万不备一"。因此，必须成立民间出版机构担当此任。该局制定的具体计划是："首译各国变法之事，及将变未变之际一切情形之书，以备今日取法。译学堂各种功课，以便诵读；译宪法书，以明立国之本；译章程书，以资办事之用；译商务书，以兴中国商学，挽回权利。"[①]虽然计划很大，但该局前后只经营了不到一年的时间，印出的书除《皇朝经世文新编》外，其余十余种均为小册子，译书仅《意大利侠士传》《俄土战记》两种，不久清政府命令将大同译书局改为官办，随即发生戊戌政变，大同译书局遭到查封。

成立于1902年初的广智书局，是一家以发行翻译著作为主的出版机构。虽然托名香港商人冯镜如在沪开办，实由流亡日本横滨的梁启超主持。康有为、梁启超流亡期间写成的大部分著作都由广智书局出版，维新派刊物《新民丛报》《新小说》杂志，也通过广智书局向内地发行。作为一家以营利为目的的商

---

① 梁启超：《大同译书局叙例》，汪家熔编：《中国出版史料（近代部分）》第3卷，湖北教育出版社2004年，第224页。

业企业，广智书局的经营状况始终乏善可陈，1927年被世界书局兼并[①]。但从翻译出版方面来看，广智书局的出版活动继承了上海大同译书局的出版宗旨和风格，翻译出版了大量介绍西方新学术、新思想的著作，成为晚清西学东渐的引领者。在书局开办的头两年里，广智书局的工作重心完全倾向于翻译发行政法、史传类书籍，以及对西方新学说、新思想的译介。到1903年，广智书局已发行各类图书167种，其中包括政法类书籍42种、史传类37种、地理类26种、教育类16种、教材10种，其余类别所出新书均不足10种。由此可见，广智书局的图书发行工作完全体现了《大同译书局叙例》里说的"政学为先，次以艺学"的顺序。除了经由日文大量译介西方新学著作之外，广智书局出版的国人自著书籍以康梁著作最为集中，在十数年间共发行梁启超著作26种、译作6种，另有其主编的期刊（合集）4种，康有为著作11种、主编期刊1种。作为一家以传播西方新思想、新学术为己任的文化出版机构，广智书局前后14年，以"翻译西书、刊印出售"为主要业务，共出版图书410种，在近代翻译出版史上占有重要的一席之地。

2. 广益书局与神州国光社

广益书局1900年由魏天生、杜鸣雁等在上海创办，初名广益书室，出版科举考场用书和童蒙读物，1904年改名广益书局。邀魏炳荣担任经理，聘胡寄尘（怀琛）、陆保璿为编辑部主任，出版古籍、医药和村塾用书。1917年受盘彪蒙书室，1925年与世界书局共同受盘广智书局。早期出版物中较有影响的有《天则百话》《神州光复志演义》《俗语典》等。1943年改组为股份有限公司，仍以出版通俗小说为主。新中国成立后并入四联出版社。

神州国光社1901年由黄宾虹、邓秋枚（邓实）创办于上海。最初以珂罗版影印书画、字帖、金石、印谱等。刊有黄宾虹主编的古今名画集《神州国光集》《神州大观》，精选古今名画、书法、印谱等200多种。1911年编辑出版黄宾虹、邓实合编的《美术丛书》，分30辑、120本，内容以书画为主。此外还兼营

[①] 叶再生：《中国近代现代出版通史》第1卷，华文出版社2002年，第950页。

印刻、装潢、琉璃、陶瓷、茶艺、文房四宝等。1928年陈铭枢出资盘下该社后，除了继续出版美术书刊外，把出版重点转向社会科学和文艺译著。1954年并入新知识出版社。

3. 文明书局与小说林社

文明书局1902年由廉泉（南湖）、俞复（仲还）、丁宝书等集股在上海创办，俞复任经理。开办之初即编辑出版《蒙学课本》七编，由丁宝书执笔，赵鸿雪绘图，杜嗣程缮写，有书画文三绝之称，是中国最早有插图的小学教科书，闻名一时。该局所出笔记小说丛书《说库》（60册）《清代笔记丛刊》（160册）《笔记小说大观》（500册）等亦颇具影响。其时国内尚无照相铜版技术，赵鸿雪在廉泉支持下试制成功，所印名人书画碑帖《百花图长卷》《潇湘八景图》《黄山胜迹图册》《兰亭序十二种》等印刷精美，颇为畅销。1915年，文明书局并入中华书局，牌号保留，加"新记"识别，仍由俞复任经理，继续印行新旧杂书小说及医药技艺等书。

小说林社是1904年由曾朴、徐念慈等合资创办的，曾朴任经理，徐念慈任编辑部主任。1907年7月增设宏文馆、美术馆，合称为"小说林宏文馆有限合资社"。此后，专以小说林社名义编辑出版文艺书刊，而以宏文馆、美术馆名义编辑出版学校参考用书、工具书，并兼售文具等。编辑出版有《风洞山传奇》《黄金世界》《海天啸传奇》《孤儿记》《苏格兰独立记》等文艺小说。1907年创刊《小说林》杂志。以宏文馆名义编辑出版有《物理大辞典》《博物大辞典》《法律大辞典》等工具书。辛亥革命前后，小说林社因销路不畅而停业，存书以3000元盘给有正书局。

以商务印书馆、文明书局等为代表的近代民营出版业的崛起，意味着由传教士引入国门的新式出版业再次经历了出版主体的变更，从当初教会出版机构的独步天下，到洋务运动时期教会与官办新式出版的并行，再到清末新政时期出版主体多元化格局下民营出版主导地位的确立，出版生产关系进行了新一轮调整，特别出版活力借助于民间文化力量的参与和民间资本的运作得到了释放。民营出版机构从商业经营的角度出发，积极利用新技术，密切关注市场需求动态，编辑出版大量推动时代变革的新学出版物；努力扩大生产规模，全面推进资本主义经营方式，推动出版业初步实现近代化转型，由此走上产业化的发展道路。

第三节　民国时期出版企业的竞争与发展

晚清实行"新政"后，民营出版业逐渐取代官方书局和教会出版机构，成为中国出版业的重心。上海作为当时中国的经济中心，依托其经济中心地位而成立的民办出版企业成了这个时代出版业的排头兵，产生了影响中国近现代出版业的商务印书馆和中华书局。紧随其后的有世界书局（其和商务印书馆、中华书局并立成为民国三大出版企业）、泰东图书局、亚东图书局、北新书局、光华书局、开明书局、现代书局等 100 多个大大小小的出版书局在上海注册成立；在北平也有将近 20 多家出版企业相继出现。到 20 世纪 30 年代，中国的出版业上了一个新的台阶。仅商务印书馆、中华书局、世界书局三家在 1927 年到 1936 年的新出版物的总和，就占当时出版业所有的新出版物总和的一半以上。1935 年全国新出版物数量为 9233 册，而这三家出版书局就占有 5762 册，达到 62%。[①] 资本主义经营方式的全面推进，使出版业的生产力和生产效率大幅提高，日益发展成为民国时期国民经济的重要门类。

一、商务印书馆

光绪二十六年正月（1897 年 2 月）商务印书馆在上海成立，标志着近代民营出版业开始进入一个新的发展阶段。因商务印书馆 7 位发起人中，夏瑞芳、鲍咸恩、鲍咸昌等均是从事印刷出身，商务印书馆最初开展的业务便是从事商业印件的印刷，故名为商务印书馆。1901 年，张元济加盟商务印书馆之后，大力促使编写适应时代的教科书，开创了商务印书馆出版发展的全新格局。

---

① 王建辉：《出版与近代文明》，河南大学出版社 2006 年，第 150 页。

进入民国以后,商务印书馆紧密配合新文化运动,创办新刊物,编辑出版了大量反映新思想、新文化内容的书籍。与此同时,商务印书馆继续编辑出版符合时代需求的教科书与工具书。除了引进西学、出版汉译世界名著以外,还整理国故,出版了大批古籍。

商务印书馆从初创时的一家小印刷厂,发展成为中国近现代史上最大的新式出版企业,是与张元济的主导作用分不开的。张元济(1867—1959年)字筱斋,号菊生,浙江海盐人。光绪十八年(1892年)中进士,授翰林院庶吉士,曾任总理各国事务衙门章京,戊戌变法时得到光绪帝破格召见,政变后被革职"永不叙用"。从此,他全身心投入到文化教育出版事业。1898年到南洋公学管理译书院事务兼总校,由着重翻译兵书转为翻译社会科学书籍。1901年,张元济"以辅助教育为己任",投资商务印书馆并主持编译工作,1926年任董事长直至逝世。在长达半个多世纪中,对近现代出版事业作出杰出贡献。

图 2.7 张元济

张元济主持商务印书馆编译所后,邀请高梦旦、杜亚泉、蒋维乔、庄俞、伍光建、孟森、夏曾佑等学识渊博之士加入进来。商务印书馆新式教科书一举成功,正是这批得风气之先的学人通力合作的结果。此外,张元济还创办了东方图书馆和涵芬楼,设立专职专业编辑,利用图书资料以保证出版物质量;重视汉译科技和社科名著的出版,编印了《汉译世界名著丛书》和《自然科学小丛书》;利用国内外50余家公私藏书影印出版了《四部丛刊》、百纳本《二十四史》《续古逸丛书》共610种2万卷,开创了古籍丛书翻刻影印的新阶段;他支持、倡导采用先进印刷技术,改进排印机,采用塔形轮转圆盘,减轻了排字工人的劳动强度。在编辑思想上,张元济注重社会效益,顺应社会发展,具有不断进取的创新意识,出版爱国、进步书刊,以出版扶助教育，以教育促进出版，先公而后私，轻利而敬业，注重人才的发现、培养、使用和管理等，给出版界留下了宝贵的精神财富。

　　1922年，王云五接替高梦旦为编辑所所长，1929年任总经理，主持馆务直到1946年。在这段时间，商务经历了发展期、鼎盛期和衰落期。20世纪20年代，王云五以文化人的特征主持商务编辑工作，首先改组编译所，添设了一些新的部门，增加了编辑人员，根据需要增添一些临时募集和馆外包件工作的编外编辑人员。对编辑人员尝试实行底薪制。在出版方面，他改变了商务印书馆一贯的稳健派姿态，出版了《世界文学名著丛书》《汉译世界名著丛书》《万有文库》《丛书集成》等一系列大型丛书，张元济主持编辑的《百纳本二十四史》《四部丛刊》初编、续编、三编也在这时出版。

　　张元济、王云五等带领的商务印书馆紧随时代步伐，把握出书方向，从编制成套的新式教科书，到大量翻译出版西方学术名著，广泛开展学术文化活动，多方面发挥文化教育职能，超越了狭隘的利润动机，形成了宏大的文化品格。正因如此，商务印书馆不仅出书，还集聚并培养了一大批杰出人才。其中有蔡元培、胡愈之、陈叔通、沈雁冰、陈云、郑振铎、叶圣陶、金仲华、

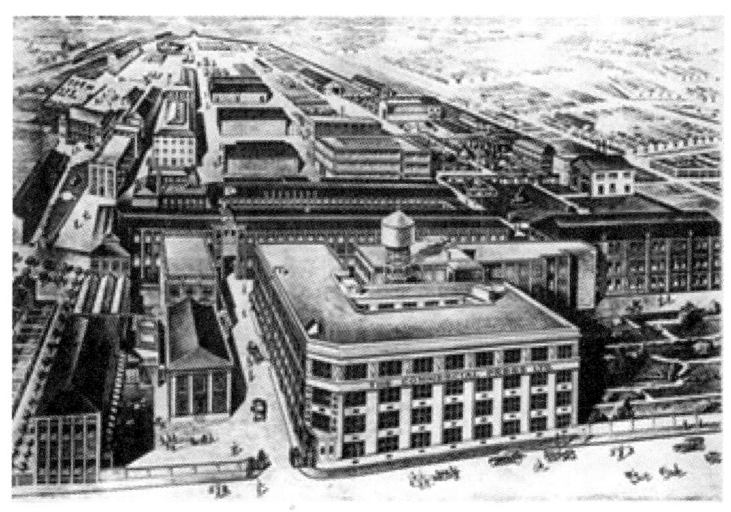

图 2.8　商务印书馆全盛时期

陈翰伯等，还包括中华书局创办人陆费逵、世界书局创办人沈知方、开明书局的创办人章锡琛、徐调孚等。可以说，商务印书馆为中国近现代文化发展立下了不朽功勋。

经过努力经营，商务印书馆发展速度十分惊人，从1897年成立时的3750元资金，到民元前的1911年，营业额达1676052元。①1914年商务印书馆收回日股，成为完全独立的出版企业。1930年王云五任总经理后增设研究所，形成一处（总务处）四所（编译所、印刷所、发行所、研究所）的组织系统。到1931年，商务印书馆已有分厂两处（北京、香港），分支馆36处（含新加坡分馆一处），东方图书馆和尚公小学两个附属机构，上海各处职工约4000多人（其中工人约3500余人），各省分支馆局职工约1000余人。此后，商务印书馆在全国出版业中始终处于遥遥领先的位置。1932年"一·二八"事变爆发，日本空军轰炸闸北，商务印书馆总管理处、总厂、编译所、东方图书馆、尚公小学被炸毁。然而难得的是，商务印书馆在劫难之后从废墟中东山再起，经过四年多的复兴，在没有加入新资本的情况下，至1936年实际资产接近1932年被毁前的水平，在1800万至2400万之间②。1936年全年共出新版重版书达4938种，占当年全国总量的一半以上。1937年"七七事变"爆发后，商务印书馆于年底将总管理处内迁至长沙，在上海、香港分设办事处。太平洋战争爆发后，王云五决定在重庆设立商务印书馆总管理处驻渝办事处及编审处，直到抗战胜利后回迁上海。1946年5月，担任总经理16年之久的王云五因从政辞职，商务印书馆由于经营不得法，加上通货膨胀，1948年基本上不再出版新书，《东方杂志》等期刊都宣布停刊③。1951年商务印书馆将编审部迁往北京。

商务印书馆作为当时全国最大的出版机构，在民国时期总计出版图书

---

① 《商务印书馆九十五年》，商务印书馆1992年，第752页。
② 汪家熔：《商务印书馆史及其他》，第131—132页。
③ 汪家熔：《商务印书馆史及其他》，第157—158，184页。

14885种，约占全国同期出版总量的12%。[1] 多种学科的第一部著作，许多作者的第一部作品，都是商务印书馆率先编辑出版的。商务印书馆旗下或编辑或发行的杂志种类，前后多达80余种，涵盖到教育、文化、历史、文学、科学、经济、时政、妇女、儿童等多个学科领域。《东方杂志》《教育杂志》《小说月报》《妇女杂志》《儿童世界》都堪称同期全国同类刊物的翘楚，刊印时间既长，历史影响亦大。

二、中华书局

中华书局是1912年由陆费逵等五人在上海创办的，1913年改组为股份有限公司，成立董事局，下设编辑、事务、营业、印刷四所，组织机构大致确立了下来。中华书局的崛起，打破了商务印书馆在出版物市场上，尤其是教科书编辑出版领域渐成垄断的势头，推动了近代出版业竞争机制的形成。

陆费逵（1886—1941年）字伯鸿，祖籍浙江桐乡，后移居嘉兴。1903年在武昌办新界书店，自任总经理。1905年接办《楚报》任主笔。该报被张之洞查封后，避走上海任昌明公司上海支店经理，又进文明书局当职员。1908年进商务印书馆任国文部编辑，第二年升任出版部部长。1909年创刊《教育杂志》，陆费逵任主编，经常撰文，宣传教育救国，倡议教育改革，并主张整理汉字，提倡白话文。辛亥革命之际，他抓住时机，抢先编出适时的

图2.9 陆费逵

教科书，脱离商务印书馆，于中华民国成立之初即创办中华书局，任经理，时年27岁。随着营业规模逐年扩大，陆费逵又聘请梁启超、马君武、范源濂等入局工作，编辑出版教科书以及社会科学、文学艺术书刊。从1919年起，

---

[1] 李家驹：《商务印书馆与近代知识文化的传播》，商务印书馆2005年，第156页。

他担任中华书局局长、总经理兼编辑所长及发行部所长，但在出版的图书中很少挂总编、主编等名义。在陆费逵主持工作的近30年中，中华书局共出版图书4000余种。1937年抗日战争爆发后，陆费逵移居香港，1941年7月因心脏病突发而去世。主要著述有《实业家之修养》《国民之修养》《妇女问题杂谈》《教育文存》等。

2.10 中华书局局址

在陆费逵的主持下，中华书局得以快速发展。1912年中华书局创办时，只有2.5万元的固定资金。到1916年，资本已经达到160万元，成为国内仅次于商务印书馆的第二大民营出版机构[1]。

民国时期，中华书局编辑出版的书籍和刊物种类齐全，数量众多，主要有：

教科书。共计编辑出版各科各级教科书400余种，在民国时期的出版界独占鳌头。据统计，民国期间中华书局一共编写了10套小学教科书，8套中学教科书，8套师范用书以及中等农业教科书、中等商科教科书、大学用书各一套[2]。在1932年之前，全国各学校使用的教科书中，十分之六出自商务印

---

[1] 汪家熔：《中华书局开创时纪事》，汪家熔编：《中国出版史料（近代部分）》第3卷，湖北教育出版社2004年，第203页。

[2] 吴永贵著：《中华书局与中国近代教育》，武汉大学2002年博士学位论文，第50—51页。

书馆,十分之三是中华书局供应的。①这些教科书以其与时俱进的精神风貌、严肃认真的编辑作风、一以贯之的服务宗旨,适应了不同时期不同教学对象的不同需要。除了教科书之外,还出版了教育理论和教学参考书、儿童读物、成人补习读物和语言学习读物等教育类图书。②

社会科学类书籍。总计编辑出版数千种,涉及学科门类既广,数量品种亦多,在编辑出版方式上多以丛书形式刊行,其中《新文化丛书》《社会科学丛书》《哲学丛书》《佛学丛书》《新中华丛书》《国际丛书》等都风靡一时。

工具书。中华书局编辑出版了数百种语文词典和专科词典,以及一些其他类型的工具书,是我国近现代辞书出版的生力军。其中尤以1915年编辑出版的《中华大字典》和20世纪30年代编辑出版的《辞海》最为有名,有的工具书至今依然具有参考价值。

古籍整理。20世纪二三十年代中华书局出版的聚珍仿宋版《二十四史》、聚珍仿宋版《四部备要》,堪称古籍出版的大手笔,对古籍文献的保存,和传

图2.11 《四部备要》广告

统文化的传播都有着重要意义。除了这两部大书外,中华书局还编辑出版了标点本《二十四史》《中国文学精华》《袖珍古书读本》等一些古籍,在当时的学术文化界也有相当大的影响。

杂志。民国时期,中华书局或由自己编印,或代他人发行的杂志种数约有40种左右。《中华教育界》《中华小说界》《中华实业界》《中华妇女界》《中

---

① 陆费逵:《六十年来中国之出版业与印刷业》,见张静庐辑注:《中国出版史料补编》,上海书店出版社2003年,第277页。
② 吴永贵著:《中华书局与中国近代教育》,武汉大学2002年博士学位论文,第59—85页。

华学生界》《中华童子界》《中华儿童画报》《大中华》等杂志，在当时号称为"八大杂志"。其中以《中华教育界》和《大中华》最为著名。1917年中华书局发生"民六危机"后，除《中华教育界》外，其他七份杂志都先后停刊。1919年4月《中华英文周报》创刊，相隔三年后《小朋友》创刊。这两份刊物的刊行时间都在20年以上，前者是英语学习者的良师益友，后者是十岁左右孩子们的知识乐园。两份刊物都因质量优良而拥有很高的发行量。中华书局在20世纪30年代创刊的杂志中，以《新中华》半月刊最为有名。《新中华》以"灌输时代知识，发扬民族精神"为宗旨，约请薛暮桥、胡乔木、千家驹、于光远、李石岑、钱亦石、何思敬、郁达夫、巴金、丰子恺等名家撰稿，是与《东方杂志》《申报月刊》齐名的三大综合性杂志之一。

中华书局自诞生之日起，就与商务印书馆形成竞争之势，各省凡商务有分馆的，中华也必有分局。所不同的是，商务的分馆由总馆派人经营，凡事要听总馆指挥；中华因资本有限，不能派员，故与当地士绅合资开设分局，反而易于在当地开展业务。凡是商务印书馆有一种杂志，中华书局就跟着办一个相应刊物。在辞书和古籍丛书的出版方面，竞争也十分明显、激烈。现据郑逸梅《书报话旧》中资料列表如下：

	商务印书馆	中华书局
教科书	《最新教科书》	《中华教科书》
	《共和国教科书》	《新制教科书》
	《实用教科书》	《新式教科书》
杂志	《东方杂志》	《大中华》
	《小说月报》	《中华小说界》
	《教育杂志》	《中华教育界》
	《少年杂志》	《中华童子界》
	《学生杂志》	《中华学生界》
	《妇女杂志》	《中华妇女界》
	《儿童世界》	《小朋友》

续表

	商务印书馆	中华书局
杂志	《儿童画报》	《中华儿童画报》
	《英文杂志》	《中华英文周报》
辞书	《新字典》	《中华大字典》
	《学生字典》	《新式学生字典》
	《国音字典》	《标准国音字典》
	《中国古今地名大字典》	《中外地名辞典》
	《辞源》	《辞海》
古籍丛书	《四部丛刊》	《四部备要》
	《百衲本二十四史》	《聚珍仿宋版二十四史》
	《万有文库》	《中华百科丛书》
	《丛书集成》	《古今图书集成》

中华书局并非单纯模仿商务印书馆，而是尽量避免雷同，努力做到别具匠心，开创新意，虽然同是一类辞书、丛书，也是两家各有特色。从整体上看，这种业界竞争对编辑出版工作的发展还是有促进作用的。中华书局还采取投靠官僚资本的方法，推举实业部长孔祥熙为董事长，得以大规模承印国民政府的有价证券及小额钞票。到1936年，中华书局的资本已扩充到400万元，全年出新版及重版书1548种，营业额达1000万元，在全国设有分局40余处，职工总数达300余人。其1933年在九龙设立的印刷分厂，设备之新号称远东第一。作为一家股份制企业，中华书局也同商务印书馆一样，在赚取商业利益的过程中彰显了编辑出版的文化价值。至新中国成立前，中华书局共出书5908种，12702册[1]，对我国的学术文化建设作出了重大贡献。

---

[1] 吴永贵：《民国出版史》，福建人民出版社2011年，第122页。

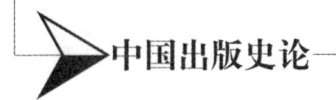

三、其他大书局

1. 世界书局

世界书局成立于1917年，创办人是沈知方（1883—1939年）。1921年，沈知方得友人之助，筹得股金25000元，把世界书局由一个独资企业改组成为股份有限公司。此后，世界书局发展很快，一跃而成为继商务印书馆、中华书局之后的全国第三大书局。

图2.12 世界书局总发行所

沈知方原名芝芳，浙江绍兴人，旧式书坊学徒出身，1900年进入商务印书馆，辛亥革命前夕和陆费逵一起脱离商务，合办中华书局，后任中华书局副经理，因挪用公款投机失败，于1921年脱离中华书局，将原来以3000元资本创建的广文书局，扩展为世界书局。沈知方利用赠送书券的办法，吸收"读者储蓄"，筹得资金110余万元，用以扩大营业。为了引人注目，特地将书局门面漆成红色，人称"红屋"，发行的杂志也称《红杂志》《红玫瑰》。其出版物以小说为主，其中向恺然的《红湖奇侠传》刊行后，明星影片公司将其改编成电影《火烧红莲寺》，轰动一时，书也随之畅销。世界书局还刊行了一些有价值的丛书如《生活丛书》《世界少年文库》《艺林名著丛刊》等。其作者队伍有陈望道、茅盾、夏丏尊、傅东华、徐调孚、陶行知等。

由于教科书利润丰厚，世界书局也加入了这一领域的市场竞争。1924 年，首先出版新学制初小读本数种。为争夺市场，世界书局除了给贩书同业优厚的手续费外，更降低批发折扣，所以销路很好。此外，世界书局还出版了《西游记》《三国演义》《水浒传》《封神演义》《岳飞传》等连环图画。而"连环图画"这个名称，也是世界书局 1921 年出版大批图画书时开始用的。①

作为当时与商务印书馆、中华书局并驾齐驱的第三大出版企业，世界书局在发展过程中先后并入了广智书局、俄商西伯利亚印书馆、东亚书局等。并在北京、广州、武汉、奉天（今沈阳）设有分局。在组织结构、经营管理与出书范围等方面，世界书局都对印书馆和中华书局有所模仿和继承。比如，股份制的企业组织，一处三所（总管理处及编辑所、印刷厂、发行所）的机构模式，集编印发于一身的出版格局，一业为主多种经营的产业发展路径，以及图书种类覆盖广泛的综合性风格等等。但世界书局也有与众不同的地方，比如曾设有信托部，专为顾客代购各种物品；又曾设读书储蓄部吸收社会游资，20 世纪 30 年代初还成立了专为书局融资的世界商业储蓄银行。世界书局利用这些存款，购买不动产，成立专门的房地产部，做房地产投机生意。在书业经营上，世界书局也比商务印书馆、中华书局更加注意走大众化道路。20 世纪 20 年代世界书局或是将旧说部小说加以整理，用新式标点排印后廉价发售；或是以高额稿酬特约张恨水、程小青等名流作家创作和翻译出版了一些影响面大，行销范围广的通俗性畅销书。另外，世界书局采用书刊互动的编辑出版策略，李涵秋和张云石主编的《快活》、严独鹤和施济群主编的《红杂志》、严独鹤和赵苕狂主编的《红玫瑰》、江红蕉主编的《家庭杂志》、施济群、程小青主编的《侦探世界》均在强大宣传攻势下风行海内外，世界书局也因此成为当时最为主要的鸳鸯蝴蝶派编辑出版阵地，获得了不少经济利益。据统计，世界书局先后出版图书 5500 余种，其中不乏文化精品②。如特约徐渭

---

① 张静庐辑注：《中国出版史料补编》，上海书店出版社 2003 年，第 289 页。
② 吴永贵：《民国出版史》，福建人民出版社 2011 年，第 130 页。本节有关近代出版企业的材料多取自该书，未及一一注释。

南主编的《ABC丛书》前后共150余种，于1928年6月陆续编辑出版。这套丛书出版时间比商务印书馆的《万有文库》早了一年，以其学科范围综合、内容通俗浅显、作者阵容强大、适合读者需要，获得巨大成功。

1934年，世界书局改组，沈知方退居二线，总经理一职由陆高谊接任。陆高谊一改过去该局只注重通俗小说的做法，出版了《英汉四用词典》等实用图书及文艺书刊。抗战爆发后，上海成为孤岛，陆高谊邀郑振铎、王任叔等主编《大时代文艺丛书》，宣传爱国主义。抗战结束后，李石曾接收世界书局，担任常务董事代理董事长和总经理职务，该局遂成为官僚资本。1949年8月被上海市人民政府军管，1950年2月办理结束。

2. 大东书局

大东书局成立于1916年，由吕子泉、王幼堂、王均卿、沈骏声合资3万元在上海创办。至1931年，大东书局已经在北平、天津、广州、杭州、重庆、哈尔滨等16个城市设立了分局或特约分局，设有总厂、总务处、编译所、印刷所和货栈五大机构，成为继商务印书馆、中华书局、世界书局之后，集编、印、发一体化的第四大综合性出版企业。

在编译方面，大东书局编译所下设教科、法制、国学、字典、英文、丛书、艺术、儿童等8个部，以及东方舆地学社、法律函授学社等两个附设机构。据统计，大东书局自创立到1930年，共编辑出版图书1245种[①]。大东书局重视期刊编印发行，早期有《游戏世界》《半月》《星期》《紫罗兰》《紫兰花片》等，1930年初有《现代学生》《学生文艺丛刊》《科学月刊》《社会科学杂志》《新家庭》《现代女学生》等。《游戏世界》《半月》《紫罗兰》《紫兰花片》均为周瘦鹃主编，《星期》则为包天笑主编，在当时的读者中很有市场。大东书局还选辑杂志作品结集出版，分门别类以侦探小说、社会小说、言情小说、家庭小说、武侠小说等名目号召读者，构成其早期出版物的一大特色。该书局较为人关注的还有各种儿童读物，如《儿童故事》《儿童诗歌》《儿童谜语》《新

---

① 吴永贵：《民国出版史》，福建人民出版社2011年，第132页。

剧本》之类，还常常登报征集学生文艺作品，请专家评点，并以"评点小学（中学）国文成绩精华"之名结集出版。另外，由于东方舆地学社和法律函授学社的关系，大东书局编辑出版的地图地理和法律法规方面的书也颇有特色。东方舆地学社编著的《最新中华形势一览图》《世界形势一览图》，每年重印10余次，行销达10万册以上。法律书刊中著名者有抗战期间在重庆编辑出版的《法学杂志》《法令周报》《司法判例》等。

20世纪30年代初，大东书局开始涉足教科书出版领域，先行编写的是一套初中教材，1931年开始编印高中教材，1932年又编印一套《新生活小学教科书》，到1933年8月学生暑期开学前，大东书局就打出了"小学中学大学各科用书全部出齐"[①]的广告。以表明自己的教科书编辑出版实力。抗战期间，大东书局成为国定本教科书"七联处"组织成员之一，享有8%的分配比例。抗战胜利后，大东书局复归上海，继续参加"十一联"组织，编印中小学教科书，并独家编辑出版《司法判例》《司法院解释要旨分类汇编》等法律书刊。1955年初，大东书局并入科技出版社。

3. 开明书店

开明书店成立于1926年，创办人为章锡琛、章锡珊兄弟，地址在上海宝山路。1928年，由夏丏尊、杜海生、丰子恺、吴仲盐、胡仲持等共同发起，将开明书店改组为股份有限公司，资本总额为5万元。此后，业务发展迅速，规模日益壮大。1934年，总公司参照商务印书馆、中华书局的组织体系，设有3个处所、1个室、18个部、33个课和4个委员会，员工100余人，规模仅次于商务印书馆、中华书局、世界书局和大东书局，在当时的综合性民营出版企业中排行第五。

开明书店在出版企业竞争激烈的情况下，注意发挥特长，凝练出版特色，把书刊编辑出版的重点集中在青少年读物、古籍图书和教科书等领域上。据统计，青少年读物数量约占开明出版物总数的3/4左右[②]。开明书店的中小学

---

① 《申报》广告，1933年8月21日。
② 王知伊：《开明书店纪事》《出版史料》1985年第4期。

中国出版史论

课本经久不衰,其中由林语堂编写、丰子恺绘图的《开明英文读本》畅销了20多年;《开明活页文选》因便于教师们使用而比商务、中华的课本还要受到国文教师的欢迎。[①] 出版的《开明文史丛书》《开明青少年丛书》,特别是夏丏尊译作《爱的教育》及《子夜》《家》《春》《秋》等新文学作品发行量也很大。古籍类图书中,《辞通》《六十种曲》《二十五史》《二十五史补编》《十三经索引》等十分引人注目。自然科学读物中,顾均正的《科学趣味》、郑贞文的《化学与我们》、周建人的《花鸟虫鱼》、陶秉珍的《植物的生活》、祝仲芳等的《昆虫的生活》、高士其的《细菌与人》等科普读物影响了整整一代人,还翻译出版伊林的《五年计划的故事》《十万个为什么》,法布尔的《化学奇谈》等等。创刊于1930年以中学生为对象的《中学生》杂志,发行量最大时达2万册之多。当时很多青少年是在《中学生》的陪伴下,度过他们的人生花季的。

开明书店的出版物在数量上无法与商务印书馆、中华书局相比,但因质量至上、作风严谨、倾向进步而深受赞誉。开明书店的装帧设计、校对和标点,在当时都很有特色。钱君匋、丰子恺等大家为开明所设计装帧的图书,新颖别致,大开风气之先。开明书店沿习已久、功效显著的"编校合一"工作制度,有利于出好书,快出书。在标点上,当时主持出版部的唐锡光建议把原来直排书排在文字中间的标点符号,改排在文字的右下角,使读者看起来更舒服,同行们称之为"开明标点"。[②] 开明书店朴实无华、兢兢业业的编辑作风和经营方式,在现代出版业中树立了良好的形象。

1937年抗日战争爆发,开明书店惨遭劫难。在极其困难的情况下,1939年《中学生》在桂林复刊,改名为《中学生战时半月刊》,由叶圣陶主编。1941年前后,范洗人、叶圣陶赴内地寻求发展,先将开明书店总管理处设在

[①] 唐锡光:《开明的历程》,中国出版工作者协会编:《我与开明》,中国青年出版社1985年,第294页。

[②] 吴世灯:《论"开明精神"》,中国出版科学研究所编:《近现代中国出版优良传统研究》,中国书籍出版社1994年,第416—424页。

桂林，然后立足于重庆分店，寻求复兴之路。抗战时期，在艰难的条件下，开明书店还编辑出版了朱东润的《张居正大传》、吴祖光的《风雪夜归人》、胡绳的《二千年间》等不少新书，维持了《中学生》和《开明少年》两种刊物的出版，参加了教科书"七联"，重版了开明教科书。抗战胜利后，在叶圣陶的率领下，开明书店迁回上海，并在台湾、开封、南昌、福州、沈阳设立分店、办事处，分店一度达到16个。1954年与青年出版社合并，正式成立中国青年出版社。

4. 正中书局

1912年中华民国成立以后，南京临时政府及后来的北洋政府都有一些官方的编辑出版活动，但影响不大。第一次国内革命战争时期，广州作为是全国革命运动的中心，不少政府机关、团体纷纷出书，形成当时广州出版业的一大特色。陆海军大元帅宣传委员会设置专门机构，负责出版业务活动。黄埔军校以其机构齐全、出书量大、发行网广，在当时的广州出版业中显得尤为突出。1927年国民党南京国民政府成立，南京的官办出版业快速发展。如创办于1931年的正中书局，成立于1932年由国民党复兴社控制的提拔书店，成立于1928年地址设于南京国府路大狮子巷的军用图书社，成立于1932年的国立编译馆等。南京国民政府中央党政机关的出版物亦复不少[①]。抗战开始后不久，原先南京的官办出版机构纷纷迁入重庆，在重庆形成新的官办出版系统，青年书店、独立出版社、中国文化服务社、国民出版社、中央文化驿站、中山文化教育馆、国立编译馆、国民图书出版社、黄埔出版社、军学编译社、军事图书社、中央陆军军官学校、中央训练团、中央组织部、中央教育部、军事委员会政治部、宪兵司令部等官办或政府出版机构，代表着抗战时期重庆的官办出版力量。正中书局就是其中的一个重要机构。

正中书局的前身是1929年11月创刊于南京的时事月报社，后改为正中书店，1931年10月10日正中书店又改名为正中书局。书局成立后，按公

---

① 张宪文、穆纬铭：《江苏民国时期出版史》，江苏人民出版社1993年，第199—203页。

方式组织，成立董事会，叶楚伧为董事长，陈立夫等为副董事长，董事会下设总管理处，吴大钧为总经理，叶楚伧为出版委员长。正中书局成立初期便自设印刷厂，由于有国民政府在财力和政治上的支持，因而发展迅速，相继在各大城市设立了分局。1937年机构调整，设经理室、编审处、业务处，编、印、发齐备，迅速发展成为全国六大书局之一。抗战开始后，正中书局随国民政府一起西迁，先汉口，后重庆。较之商务、中华、开明等民营出版企业在抗战时期业务的相对萎缩，正中书局的编辑出版业务不降反升，成为重庆最大的出版机构。抗战胜利后，正中书局复归南京，另在上海设分处，办理购纸及印销等工作，在全国的27家分支机构也先后恢复了营业。由于内战的爆发，国民政府日暮途穷，正中书局的复兴局面，也仅维持了很短一段时间。1949年以后，正中书局迁往台湾，其在大陆的资产作为官僚资本被没收。

　　作为官办出版机构，正中书局的出版物以政治读物，国定中、小学教科书及辅导读物，参考书为主，也出版一些文艺读物和一般书籍。蒋介石的《西安半月记》《中国之命运》，宋美龄著的《西安事变回忆录》均是由正中书局出版传播的。正中书局建立初期，以编辑出版中学教科书及课外读物为主。随着业务的发展，正中书局出书范围逐渐扩大，不少有关社会科学、教育与新生活运动等方面内容的丛书也先后问世。1943年国民政府教育部为推行国定本教科书，成立国定中小学教科书七家联合供应处，七家分配比例，正中书局与商务印书馆各占17.5%，高出中华书局的16%，在教科书出版市场上形成与商务印书馆、中华书局、世界书局、大东书局、开明书局等五大书局并立的格局。抗战初期，正中书局适应形势的需要，编印出版了《中等学校特种教材防空篇》《战时民众训练小丛书》《战时国民义务》等大量战时读物，同时编辑出版《大学国文选》《大学英文选》《欧美经济学史》《相对论》《国际私法纲要》《书学》《宋元学案》等教科书以及自然科学、三民主义及国民党党政要人著作。根据《正中书局抗战后出版图书总目》统计，截至1944

年9月10日止，正中书局抗战期间编辑出版各类图书636种[①]。战后几年，正中书局出书达千种，除大学用书、中小学教科书外，主要还有《思想与时代丛刊》《社会科学丛刊》等，在普及文化，传播文化方面起到过一定的作用，但也有不少出版物是维护、美化国民党统治的。它靠政治特权而获得大发展，是现代出版史上一个值得深入研究的个案。

四、中小出版企业

民国时期实行出版登记制度，出版业的进入门槛较低，由此形成了出版主体多元化和出版机构复杂化的特点。据有学者统计，在1912—1949年民国38年时间里，总共出现过的图书编辑出版机构和个人数量多达1万家[②]。这其中的不少中小型民营出版企业，也在发展中形成自己的特色。北新书局、光华书局、现代书局、泰东图书局等所出的文学书刊，在文艺读物市场上占有重要位置。广益书局、大达图书供应社、中央书店、新文化书社等大量出版的标点本一折八扣书，由于定价低廉，销行很广，在文化普及方面起到了一定的作用。中华自然科学社、中国科学图书印刷公司、龙门联合书局、新亚书店、中华地学会等在自然科学书籍和地图的出版上也有一定的影响。

1. 北新书局

北新书局1925年创办于北京，1927年张作霖进驻北京城后，北新书局南迁，将原来在上海的分店改为总店，而原来在北京的总店改为分店。南迁后的北新书局以出版文艺书刊为主要方向，其中包括鲁迅、周作人、郁达夫、冰心、林语堂、柳亚子、章衣萍等作家的新作。原来在北京被查封的《语丝》杂志也由北新书局发行，此外还有孙福熙主编的《北新》周刊，鲁迅与郁达夫合编的《奔流》月刊等，都是以文学为主的刊物，周围聚集了大批作家队伍。1930年前后，北新书局的出版重心转向儿童读物和教科图书，编辑出版的教科书涵盖小学、初中、高中、大学等多个层次。《民国时期总书目·中小学

---

① 吴永贵：《民国出版史》，福建人民出版社2011年，第141页。
② 汪家熔：《商务印书馆史及其他》，第334页。

教材卷》中收录北新书局编印或发行的教科书和教辅图书共62种。北新书局的儿童读物,在赵景深、陈伯吹两位儿童文学创作家和研究者的主持和擘画下,也走向规模化和系列化。其适合低年级学生阅读的《连续图画故事》60册、适合中年级学生翻看的《常识丛书》100册以及为中高年级学生准备的《小朋友丛书》100册等三套丛书,在当时十分畅销。① 此外,北新书局还把从各地来稿中征集到的民间传说故事近千篇,加以整理后连续推出近40种系列图书。1955年,北新书局与其他几家书局公私合营为上海文化出版社。

2. 亚东图书馆

亚东图书馆是汪孟邹1913年在上海创办的。汪孟邹曾在安徽芜湖经营以贩卖新书为主的书店——芜湖科学图书社。辛亥革命时期著名的白话刊物——《安徽俗话报》,就是由芜湖科学图书社发行的。辛亥革命以后,汪孟邹在好友陈独秀的鼓动与促成之下,在上海惠福里(四马路)租下房屋,挂起亚东图书馆的招牌②,正式开始了他近40年的出版生涯。从1919年到1928年这10年,既是亚东图书馆经营最为蓬勃兴旺的10年,也是它对中国现代文化建设贡献最大的10年。特别是在新文化运动高歌猛进的年代,亚东图书馆率先出编辑出版的新诗集、白话文存以及标点旧小说等,可视为新文化运动成果的直接反映。在新诗编辑出版方面,亚东图书馆出版了胡适的《尝试集》、康白情的《草儿》、汪静之的《蕙的风》、俞平伯的《冬夜》等,均是我国新诗的早期代表作;在文存编辑出版方面,胡适、陈独秀等人的《文存》,被青年人奉为"白话文的模范,新知识的源泉";在翻印白话小说方面,亚东图书馆对《水浒传》《红楼梦》《西游记》《三国演义》等古典白话小说进行标点分段,首次把新式标点用于古籍整理,对当时标点符号的普及和国语教育的推行起到积极作用。这三类作品因为顺应时代潮流而吸引了大批读者,亚东图书馆也凭借这些著作的印行,在竞争激烈的上海出版业赢得了重要的一席之地。

---

① 车锡伦:《"林兰"与赵景深》,《新文学史料》2002年第1期。
② 汪原放:《亚东图书馆简史》,《出版史料》1988年第3、4合期。

亚东图书馆不仅在出版选题方面引领时代潮流，在出版作风方面更是严谨以待。亚东版图书校对严格，错别字少，为当时出版界所公认。胡适在亚东图书馆出版的作品或文集的自序中，多次对汪原放、章希吕、汪乃刚、余昌之等亚东图书馆编辑们的精细作风致以敬意。标点本古典白话小说是亚东图书馆多年的出版品牌，其校勘之仔细，标点之认真，既被鲁迅这样的文人学者所赞赏[1]，也被张静庐这样的书业同行誉称为"铅粒的亚东版"[2]。

3. 泰东图书局

泰东图书局成立于1914年，起初为政学系的出版机构。袁世凯复辟失败以后，泰东图书局由赵南公全面主持。当时，鸳鸯蝴蝶派小说流行一时，泰东图书局也出了几种"礼拜六派"的消遣作品。五四新文化运动时期，泰东图书局编辑了两份杂志——《新的小说》和《新人》，承担了《民铎》《评论之评论》《家庭研究》《国民》等期刊的发行，开发了《新人丛书》《新潮丛书》《小本小说》三个系列的图书选题，编辑出版了胡怀琛编的《〈尝试集〉批评与讨论》，陶乐勤译的《政治经济学》，邵飘萍著的《失业者问题》，覃寿公译述的《近世社会学》以及杜威的三个演讲集《教育哲学》《哲学史》和《实验论理学》等单本图书。泰东图书局编辑出版的这些新书刊学术性较强，销路不是很理想。赵南公乃于1921年初改组泰东编辑部，聘请李风亭、成仿吾加入。其后，郭沫若也加盟进来，编定自己的新诗集《女神》，改译德国小说《茵湖梦》，标点元代著名杂剧《西厢记》。仅一年时间，《女神》便印了3版，《茵湖梦》印了6版，《西厢记》也印了3版。[3]郭沫若富有成效的的工作，赢得了赵南公的信任，同意为创造社出版同名刊物。以此为基础，1921年6月，"五四"新文学时期最为著名的社团之一——创造社宣告成立。作为"创造社的摇篮"，泰东图书局编辑出版的创造社书刊主要有《创造》季刊、《创造周报》《创造社丛书》《世界名家小说》《世界少年文学选集》

---

[1] 鲁迅：《鲁迅全集》第12卷，人民文学出版社1981年，第85页。
[2] 张静庐：《在出版界二十年》，上海书店1984年，第103页。
[3] 刘纳：《创造社与泰东图书局》，广西教育出版社1999年，第97页。

《辛夷小丛书》等。凭借这些书刊，郭沫若、郁达夫、成仿吾等创造社同人掀起了中国新文学运动的波涛，泰东图书局凭借这些书刊实现了质的飞跃。文学因出版而兴盛，出版借文学而繁荣，泰东图书局和创造社为近代出版史提供了文学和出版结合与共赢的典型范例。

4. 良友图书印刷公司

图 2.13　良友图书印刷公司

良友图书印刷公司是一家以图像出版为主业的民营出版企业，由余汉生、伍联德等在上海创办，梁得所、马国亮、郑伯奇等担任编辑。除编辑部外，设有中型规模的印刷厂和门市部。良友图书印刷公司起初开展的业务是印刷。1926年2月，在印刷所开办了7个月之后，中国第一本大型综合性新闻画报《良友画报》面世[①]，以别具匠心的开本，图文并茂的形式，包罗万象、丰富多彩的内容，吸引了广大读者，出版后风行一时，取得莫大的成功，使当时的读者熟悉了良友图书印刷公司的名字，也使良友图书印刷公司的经营重点从印刷向编辑出版转移。以《良友画报》为基础，良友图书印刷公司又推出

---

① 马国亮：《良友忆旧：一家画报与一个时代》，三联书店2002年，第14页。

《艺术界》《现代妇女》《体育世界》和《良友银星》《中国学生》《健美月刊》《小世界》等定期刊物。这些杂志，除了《美术杂志》和《音乐杂志》专业性强，读者面相对狭窄以外，绝大多数走的是雅俗共赏的大众期刊路线。尤其是《良友画报》，作为一种以反映都市休闲生活为主要内容取向的刊物，非常注意对新潮生活方式的介绍。1929 年每期销量 3 万册，1933 年更是达到每期 4 万册的销量，成为全国少有几个上万册销量的月刊之一。出于编辑画报的需要，良友公司收集了许多中外电影明星们的彩色图片，并将这些图片印制出来大量出售。随着有声电影的兴起，一些好莱坞影片中的歌曲和国产电影中的插曲风靡一时，良友公司抓住时机，预先收集到这些歌曲并予以翻印，与电影放映同步推出。良友公司前后印行的图片 100 多种，各种歌曲 600 多种，构成了良友出版物的第二大特色。良友出版物的第三大方向，是各种文艺书籍的编辑出版。1932 年赵家璧担任良友文艺书籍出版部主任以后，大胆开拓丛书的配套选题，先后编辑出版包括有鲁迅、老舍、巴金、徐志摩等名人作品在内的《一角丛书》《良友文学丛书》《良友文库》《中国新文学大系》等。尤其是《中国新文学大系》收集了中国新文学运动第一个十年（1917—1927）的主要资料，全书由蔡元培作总序，胡适、郑振铎、茅盾、鲁迅、郑伯奇、周作人、郁达夫、朱自清、洪深、阿英等在文艺界各个领域具有权威性的人物担任各集的编选。半个多世纪以后的今天，这套丛书以它不可替代的史料价值，依然被现今的出版社所重印[①]。1937 年良友图书印刷公司改组为良友复兴图书公司，赵家璧任总编辑。1946 年因股东们对出书方针意见不一，遂告停业。

5. 文化生活出版社

文化生活出版社于 1935 年 5 月由吴朗西和伍禅发起创办。同年 8 月巴金归国后，在上海正式成立编辑部，业务由巴金负责，出版社正式改名为"文化生活出版社"。该社早期编辑出版《文化生活丛刊》《文学丛刊》《译文

[①] 吴永贵：《民国出版史》，福建人民出版社 2011 年，第 165—168 页。

丛刊》等3套系列丛书和一个文学刊物——《文丛》月刊。[①]1937年新增《新时代小说丛刊》《战时经济丛书》《综合史地丛书》《现代日本文学丛刊》《新艺术丛书》等5套丛书。抗战胜利后改为股份有限公司，生物学家朱洗被推为董事长。1954年并入公私合营的新文艺出版社。从1935年创办到1954年公私合营的近20年间，文化生活出版社编辑出版了28种丛刊、专集、选集，计有226部作品，出版物的数量与大书局相比不算多，但对当时及后世的影响却很大。该社在巴金的主持下，坚持唯文学艺术是举、包容百家的出版宗旨，以图书质量高、定价低、装帧好而在读者中享有盛誉，在中国近代出版史上树立了一种类型典范。

6. 上海杂志公司

上海杂志公司于1934年5月由张静庐创办。它既是上海第一家也是中国出版史上第一家专门经销杂志的书店，主要承接杂志的代理发行业务。当时的《大陆画报》《大上海画报》《健美》《印象》《电影世界》《健康生活》《现代文艺》等，均在上海杂志公司的名义下经销到全国。该公司也从事编辑出版业务，曾刊行《读书生活》《文艺画报》《青青电影》《译文》《作家》《中流》等刊物。其中许多刊物由名家主编，在当时产生了较大影响。在上海杂志公司编辑出版的图书中，以《中国文学珍本丛书》较受时人关注。该丛书的出版运作，运用了杂志公司所固有的"杂志"优势，以"珍本大众化"——即在价格上一如杂志的低廉，和"丛书杂志化"——即在编辑出版方式上一如杂志的定期连续，抗战爆发后，上海杂志公司从上海迁往汉口，后又辗转于长沙、桂林、重庆，并先后在广州、金华等地设立了12处分支机构，编辑出版的各种书刊数量在百种以上，其中舒群主编的《战地》半月刊、胡风主编的《七月》半月刊、中国作家协会主编的《抗战文艺》、刘白羽著的《八路军七将领》《游击中间》、舒群著的《西线随征记》、姚雪垠著的《战

---

① 《文丛》月刊，是由《文季月刊》而来。《文季月刊》创刊于1935年，巴金、靳以主编，由良友图书印刷公司发行，遭禁后，另创新刊《文丛》以替代，仍请靳以为主编。转引自吴永贵：《民国出版史》，福建人民出版社2011年，第169页。

地书简》等，对鼓动和宣扬民族抗战起到了积极作用。抗战胜利后，迁回上海。1955年，与几家书店一起并入新文艺出版社。

第四节　中国共产党领导的出版事业

　　1919年爆发的"五四"运动，是中国新民主主义革命的开始，也是中国出版事业的重要转折点。新民主主义革命时期，中国共产党在领导中国革命走向胜利的过程中，结合不同历史现实、因时应势、因地制宜开展的形式多样的出版工作，推出了数千种革命书刊，在凝聚力量、团结人心、振作士气、引导舆论等方面发挥了重要作用。虽然与整个民国出版物10余万种的巨大数量相比，革命出版物所占比例并不算大，但其中氤氲而成的出版传统，成为新中国出版的真正源头，为中华人民共和国出版新格局奠定了坚实的基础[①]。

一、中国共产党成立初期的出版活动

　　五四运动时期，中国共产党的创始人相继创办了一系列有影响的刊物，传播马克思主义，为中国共产党的成立做了舆论准备。其中包括1915年陈独秀创办的《新青年》、1918年李大钊创办的《每周评论》、1919年7月主办的《少年中国》，毛泽东1919年在长沙创办的《湘江评论》，1920年1月周恩来、邓颖超、马骏、郭隆真等在天津创办的《觉悟》等等。

　　《新青年》是"五四"时期最著名的刊物，也是中国近代出版史、文化史、思想史和革命史上最重要、影响最大的杂志之一。1915年9月15日创刊于上海，初名《青年杂志》，第2卷起改名为《新青年》，陈独秀主编，群益书社发行，初为月刊。1917年1月改在北京编辑。编辑部成员有陈独秀、钱玄同、高一涵、胡适、李大钊、沈尹默、鲁迅等。在编辑业务上有不少改革和创新，如开展自由讨论，实行百家争鸣，设立"通讯"和"读者论坛"等专栏，和读者共

[①] 吴永贵、左军：《红色出版的历史考察与启示》，《光明日报》2011年6月14日。

同探讨问题，采用白话文写作和使用新式标点也是其重大特点之一。《新青年》的历程大致可分四个阶段：从1915至1918年，以宣传科学与民主，反对封建专制为宗旨，发起批孔运动和文学革命运动，是新文化运动的倡导者和主要宣传阵地；从1919至1920年9月，由民主主义的刊物转变为宣传社会主义的刊物。1918年10月第5卷第5号发表李大钊《庶民的胜利》和《布尔什维主义的胜利》，是该刊宣传俄国十月革命和社会主义的开始。自1919年第6卷起，实行编辑部轮流编辑的办法。后来刊物迁回上海，重新改组，成员有陈独秀、陈望道、沈雁冰、李达、李汉俊等；从1920年9月第8卷第1期起，《新青年》成为中国共产党上海发起组的刊物，1921年7月成为中国共产党的机关刊物，1922年7月休刊。1923年6月，中国共产党第三次代表大会的决议提出继续出版《新青年》杂志并作为共产党中央的理论性机关刊物，由瞿秋白担任主编。1926年7月停刊。这一时期的《新青年》，为宣传党的民主革命纲领和策略、宣传马克思主义作出新的贡献。

作为一种具有划时代意义的出版物，《新青年》对于中国近代民众思想乃至社会进程的影响十分深远。在它创办之时，正处于旧民主主义革命向新民主主义革命过渡的阶段，《新青年》的问世"为中国的社会思想放出有史以来绝未曾有的奇采"，并触发了新文化运动，为马克思主义学说的传入和中国共产党的建立创造了条件，印证了出版在唤起民众觉醒、促进文化发展中的关键作用。

《每周评论》是"五四"时期与《新青年》双峰并峙的一份宣传新思想的时事政治周刊。1918年12月22日在北京创刊。初由陈独秀、李大钊主编，每期出4开4版，辟有"国外大事评述"、"国内大事评述"、"社论"、"随感录"、"新文艺"、"国内劳动状况"等栏目，大力批判封建文化和专制政治，注意反映国内劳工问题，广泛报道欧洲无产阶级革命运动和十月革命后苏俄状况。"五四"运动中，连续以全部篇幅报道与支持爱国学生运动。第26期后，因陈独秀被捕和李大钊避难离京，由胡适主编，改变了刊物的方向。在该刊第31期上，胡适发表《多研究些问题，少谈些主义》一文，引起"问题与主义"

的论战。1919 年 8 月 30 日出至第 37 期，被北洋政府查禁。

图 2.14 《新青年》

在中国共产党成立前后，《新青年》和《每周评论》在马克思主义的传播方面发挥了重要作用。"五四"运动前夕，1919 年 4 月 6 日出版的《每周评论》的"名著"专栏里刊登《共产党宣言》的一节。1919 年 5 月，也就是"五四"运动的高潮中，李大钊主编了《新青年》月刊第六卷第五号"马克思主义研究号"。在这个"专号"中，发表了他的《我的马克思主义观》一文，系统地宣传马克思主义。

在传播马克思主义的活动中，各地创立的书社也发挥了一定作用。1919 年秋，恽代英等在武昌创办利群书社，团结了一大批青年工人、学生和知识分子。出版发行了《互助》和《武汉星期评论》等刊物，董必武、陈潭秋等都在刊物上发表过文章。1921 年底，由于大部分社员参加了中国共产党和社会主义青年团，利群书社遂告结束。1920 年 7 月，毛泽东等在湖南创办文化书社，文化书社是一个公开发行马克思主义书刊的机构。该社成立不到一年，就与60多家书局、书报社建立业务联系，并在衡阳、宁乡、岳阳等地开设9个分社，经销了《社会主义史》《马克思资本论入门》等161种革命书籍和54种杂志和报纸[①]。中国共产党成立后，文化书社经销党的机关刊物《向导》周刊，以及《中国青年》《先驱》和新青年社出版的《马列主义丛书》等书刊，发行量都很大。文化书社还编印了《工友们》《农友们》《一个士兵的生活》等书，也深受工人、农民欢迎。在各地的书社中，还有方志敏创办的南昌文化书社、重庆的唯一书社、开封的文化书社、云南的新亚书社、太原的普华书社等。这些书社在传播马克思主义、发行国内外进步书刊、普及文化知识等方面都起了很大作用。

在中国共产党成立以前，上海共产主义研究小组于1920年创办了《共产党》月刊和《劳动者》《劳动音》《劳动声》等指导工人运动的刊物。瞿秋白也在北京创办了《人道月刊》。中国共产党成立以后，又创办了《劳动周刊》《工人周刊》等刊物。1922年9月中国共产党在上海开始发行的机关刊物《向导》，1923年7月在广州创办的由平民出版社发行的《前锋》都是中国共产党宣传反帝反封建，传播马列主义的重要阵地。1922年，中国社会主义青年团创办了《先驱》半月刊。1923年8月被迫停刊。不久，中国社会主义青年团中央决定出版对青年进行宣传教育的刊物《中国青年》。此后，中国共产党还公开或秘密地继续编印了《共产党宣言》《俄国共产党党纲》等许多宣传马克思主义的书籍，编印了《劳动周刊》《工人周刊》《中国工人》《政治周刊》《中国农民》等一些指导工农运动的刊物。

为了更好地出版发行革命书刊和宣传马克思主义，从1921年至1927年，中国共产党先后建立了新青年社、人民出版社、上海书店和长江书店四个出版发行机构。这些机构是在极其艰苦的条件下发展壮大的。新青年社是由出版《新青年》杂志而得名的。杂志原由上海群益书社出版发行，自1920年9

---

① 叶再生：《中国近代现代出版通史》第2卷，第481—482页。

月成立新青年社起开始独立出版发行,在办杂志的同时,还出版了《新青年丛书》。人民出版社成立于1921年9月,是根据中国共产党"一大"决定建立的。由中国共产党的宣传主任李达负责,分别在上海、广州编印书刊,主要出版马克思、列宁的理论著作和其他理论性书籍。在一年多时间里,出版了《马克思全书》《列宁全书》《康明尼斯特丛书》(即共产主义丛书)等三种丛书以及通俗宣传册子共近50种。上海书店成立于1923年11月,由毛泽民、徐白民负责出版发行党内所有对外宣传的书刊。在3年左右时间内,共出版30多种书籍,包括瞿秋白的《社会科学讲义》、恽代英的《反帝国主义运动》等,1926年2月被军阀孙传芳封闭。此后,中国共产党又将出版发行工作转入地下,设立了宝山书店。长江书店于1926年11月在武汉成立,由瞿秋白负责,在半年时间里新出和重印书刊近50种,其中包括毛泽东著《湖南农民革命》,即著名的《湖南农民运动考察报告》。

为了避免北洋政府的迫害,便于印刷自己的刊物,中国共产党曾于1925年6月在上海创办第一个地下印刷厂"崇文堂印务局",同年10月改名为"文明印务局"。所印的书刊以《向导》《中国青年》和上海总工会的宣传小册子、传单为主,大约于1933年停办。1927年2月,在北伐军胜利进军的大好形势下,中国共产党决定在上海恢复公开的出版发行机构,成立《向导》《新青年》《中国青年》的总发行所,后改为上海长江书店。4月,蒋介石发动"四·一二"政变,对共产党人和广大革命群众进行血腥屠杀,新成立不久的上海长江书店遭到扼杀。不久,汪精卫、唐生智发动了"七·一五"政变,汉口的长江书店也遭封闭。长江书店的夭折,使马列主义的传播和革命的宣传工作受到很大损失。

在十月革命的影响和中国共产党的帮助下,孙中山于1924年改组国民党,提出联俄、联共、扶助农工三大政策,实现国共两党的合作。因此,这个时期国民党在共产党的影响下,也出版了一些比较进步的书刊,如《民国日报》《建设》月刊、《星期评论》等等。农民运动讲习所、国民革命军总政治部也出版了一些有进步倾向的刊物。在革命统一战线中,中国共产党通过印行书刊，宣传和推动工农革命。毛泽东等主持的广州农民运动讲习所曾编印了《农民运动丛刊》等书刊，其中包括肖楚女著《社会主义教授大纲》、毛泽东著《中国佃农生活举例》，以及《列宁与农民》《俄国农民与革命》《苏俄之农业政策》等。省港罢工委员会编印出版了邓中夏著《省港罢工概观》、恽代英著《中国民族革命运动史》，肖楚女著《社会科学概论》等。国民党民智书局在成立的最初几年间也出版过几种关于社会主义的书籍。

早期的革命出版物，大致具有以下几个特点：一是宗旨明确。早期革命出版物的宗旨，就是宣传马克思主义，宣传党的方针政策和思想。在宣传马克思主义、共产主义方面，除出版《马克思全书》《列宁全书》和《康明尼斯特丛书》外，还出版了《马克思主义浅说》《唯物史观浅释》《社会进化简史》等。为配合如火如荼的五卅运动，就出版了《不平等条约》《中国关税问题》《反对基督教运动》和《向导丛书》《中国青年社丛书》等。农民问题是我国革命中的一个十分重要的问题，为此，出版了《湖南农民革命》《俄国资产阶级革命与运动》《农民问题》等图书。供应各地平民夜校作教材的《青年平民读本》，就是针对特定的读者对象，选择生动通俗的方式向人民进行宣传教育的。二是形式多样。在图书类形上出现了多样化，面向不同的读者对象。当时既出版各种刊物和单行本书籍，也出版歌集、课本、照像明信片和日历；既出版普及读物，也出版理论性专著；既介绍外国的情况，又专门阐述我国自己的情况；既出版政治、经济著作，又出版艺术读物，类型、品种繁多，丰富多彩。另一方面，在排印和装帧上也创造了多种风格。有的印十六开（理论性的），有的印三十二开（通俗性的）；有的用白报纸，有的用道林纸；有的平装，有的精装，有些图书甚至采用了传统的蝴蝶式散页装和彩色丝线穿钉等形式。有些丛书中的各种书的封面、版式都采用同一格式。有的通俗读物，为了突出宣传效果，就在封面上印"要目"或"内容提要"，让读者一目了然。1927年1月长江书店出版的《革命日历》，就是十分精致的宣传品。在日历的每一页上，上半部分印月、日，左边是阳历，右边是阴历、节气，下半部分则印关于这一天的国际或国内的大事，并有简短的评介，因而受到了广大工农群众的热烈欢迎。三是发行广泛。在宣传和发行方面，革命书刊也采取了多种方法。如：在报上登载广告，甚至连续多天登载大幅广告，以壮大声势，加深影响；在有关的书刊白页上刊载介绍文字，相互推荐；多处设立分销处或流动分销处，以利读者购买革命书刊；办理函购、办理直接发行或通过各地书店辗转发行，并尽量降低书价，等等。

二、第二次国内革命战争时期的革命出版事业

1927年南京国民政府成立后，面对国民党的文化"围剿"，中国共产党领导各方面进步人士在极其困难的条件下，为革命出版事业做出了艰苦卓绝的努力。

在国统区，中国共产党建立了许多地下出版机构，秘密从事出版发行工作。继长江书店以后，1929年曾以浦江书店、中华书店及无产阶级书店等名义，出版马列主义著作和党的重要文献。后又在上海成立了华兴书局。1931年，华兴书局被查封，又改称启阳书店（又称春阳书店）继续营业。同年9月，北方人民出版社成立，社址分设于保定、北京等地。由王辛民主持，继承或吸收人民出版社、新青年社、上海书店、华兴书店等出版机构的优良出版物，加以重新校订和编排，另外也出版一些新的书刊。该社在严重的白色恐怖下，以秘密的变形或伪装的方式，出版发行包括内容较通俗、易为人民大众接受、能半公开发行的《人民文化丛书》《大众文化丛书》和包括经典著作、党的文件、决议等内容的《左翼文化丛书》。1932年7月，国民党当局镇压保定师范学生，通缉人民出版社负责人，该社在保定的出版活动被迫停止。

在报刊出版方面，自中国共产党的机关刊物《向导》周刊于1927年被查封之后，党的其他理论刊物继续出版发行。1927年出版《布尔什维克》周刊，1928年出版《红旗》周刊。以后又陆续出版了《红旗日报》（1930年）、《共产国际》月刊中文版（1930年）、《红色中华》（1931年）、《青年实话》（1931年）、《新华日报》（1938年）和《共产党人》（1939年）等。在这一时期，中国共产党还组织进步文化团体同国民党进行斗争。这些进步文化团体中最

有影响的是中国左翼作家联盟，简称"左联"。"左联"成立于1930年，是第二次国内革命战争时期中国共产党领导的革命文学界组织。左联内有党团，先后担任过党团书记的有冯乃超、冯雪峰、阳翰笙、丁玲、周扬等。鲁迅是"左联"的主要负责人之一。"左联"团结大量进步作家，翻译、创作出版了大量的优秀作品，取得了丰硕的成果。"左联"的机关刊物有《萌芽》《拓荒者》《文学月报》《北斗》等等。这些书刊在宣传进步文化和革命思想方面产生过很大影响。"左联"成立之后，社会科学作家同盟、社会科学研究会、新闻记者联盟等团体亦相继成立。

　　第一次大革命失败后，革命由城市转向在广大农村建立根据地。1931年在瑞金建立中央苏区，成立了中华苏维埃共和国临时中央政府。中央苏区的发展和稳固，为发展苏区出版事业提供了条件。但是，由于苏区范围较小，缺乏经费，加之战争环境的影响，图书的出版只能是小规模、小批量的。

　　苏区中央设有出版局发行部，统筹图书报刊的出版发行工作。中央政府还办起了中央印刷厂，中央军委也开办了军委印刷所。中共中央局、中央军委、教育部，都有自己的出版机构和发行网。当时出版的图书，内容大多是紧密配合革命斗争的。印制较多的是党和政府文件及小部头的马列主义著作，并出版了一些比较通俗的教育材料。由于物质条件的限制，出版物比较粗糙。据《红色中华》等报刊的报道，当年中央苏区出版了200余种图书。叶再生编制的《苏维埃区出版物通览（1927—1937）》辑录了书籍小册子695种，报刊290种[1]。其中中共苏区出版的报刊计有70余种。中央工农民主政府成立之初，曾创办了机关报《红色中华》。此外，还有中共中央局机关报《斗争》、军委总政机关报《红星报》、少共中央机关报《青年实话》、少先队中央总队部机关报《少年先锋》、中华全国总工会报《苏区工人报》，以及军团和地方省级报纸杂志等等。这些报刊杂志，很受干部群众欢迎，如《红色中华》发行量就高达四五万份，《斗争》在江西苏区每期至少销售2.7万多份，《红

---

[1] 叶再生：《中国近代现代出版通史》第2卷，第966—1027页。

星》发行 1.7 万多份,《青年实话》发行 2.8 万份。

由于国民党对苏区的"围剿"和封锁,上海等地出版的进步读物运送到苏区的数量很少,而苏区的印刷条件又很有限,在书籍供应比较困难的情况下,苏区干部群众为了学习革命理论,常常是靠一字一句地抄写来获得图书,有的则是在战争环境中多方搜求的。毛泽东经常阅读的上海出版的《反杜林论》译本,就是 1931 年红军攻克漳州时,在县城寻找到的。

1927 年至 1949 年新中国成立前这一历史时期,中国共产党创建的革命政权,不论是苏维埃政府,还是以延安为中心的各抗日根据地和解放区,一直以相对独立的政权而存在。教材的编写与出版,是中国共产党领导的出版事业和教育事业的一个重要组成部分,表现出自身的特点。苏区政府明文规定,摒弃帝国主义、封建主义和国民党政府的教材,使用苏区自编的教材。苏区初期的教材,是由各县苏维埃政府文化部(或教育部)编辑,由省苏维埃政府文化部(或教育部)审定印发。中华苏维埃共和国临时中央政府成立后,在中央教育人民委员部内设立编审委员会,负责组织编写苏区通用教材及审查地方苏区的自编教材。1933 年下半年,由中央教育人民委员部编写的列宁小学通用国语教材《共产儿童读本》先后出版,共有 6 册。次年又根据形势发展及教材使用情况,重编出版第二部列宁小学国语通用教材《国语教科书》。抗战期间,中国共产党在敌后开辟战场,各个边区的各类学校在党的领导下,克服重重困难编写或采用了适合的教材,适应了抗战教育的需要。以延安为中心的陕甘宁边区教材建设的范围十分广泛,是其他抗日根据地教材建设的楷模。1938 年陕甘宁边区教育厅编审科编审的第一套小学课本陆续出版发行。这套课本包括初小国语 6 册,初小算术 6 册,初小政治常识 1 册,高小历史 2 册,高小地理 1 册。另有图画 1 册,劳作 1 册,唱歌 1 册。1941 年,又完成了该套教科书的改编工作,1942 年陆续发行。针对战时条件艰苦、印刷力量薄弱的现状,各边区政府在教材编印和发行上采取了多种方法,以适应战争环境。如晋察冀边区政府教育厅行政部门编写的教科书,只印样本分发到各县,再由各县自行翻印,铅印、石印、油印、木板印,甚至是手抄,因陋就简,解决教科书严重不足的问题。不少地方、学校、教师自编了一些教材或补充读本。抗战胜利以后，各解放区根据当时的形势和学校教育的目的、任务，重新拟定学校教学计划，调整课程体系，编写或修订教科书。这些教科书密切联系革命战争和阶级斗争实际，贯彻教育与生产劳动相结合的方针，有着鲜明的革命特点，不少在新中国建立初期还在使用。

三、抗日战争和解放战争时期的革命出版事业

1. 抗日战争时期根据地的出版发行事业

在抗日战争中，中国共产党在大江南北建立了许多根据地。以延安为中心的陕北根据地，不仅是抗日战争时期最大的根据地，而且是中共中央和中央军委的所在地。这里既是党中央领导全国进行抗战的中心，也是马列著作的编译出版中心。这一时期，不仅印制了马恩列斯著作的完整译本，而且还组织出版了《毛泽东选集》和许多关于科学共产主义方面的丛书。

根据地的出版事业，是从办报开始的。1937年1月党中央组成了以总书记张闻天及秦邦宪等人负责的中央党报委员会，下设出版科和发行科。1931年底在瑞金创刊的《红色中华报》改名为《新中华报》，作为党中央机关报，至1941年5月与《今日新闻》合并，改出《解放日报》。1937年4月出版了《解放周刊》，改为半月刊，署名"陕西延安新华书局"发行，同年10月改称新华书店。

1938年5月，马列学院在延安正式成立，院长为张闻天，他还亲自兼任该院编译部主任。这是中国共产党历史上第一个编译马列主义经典著作的专门机构。为了加强出版发行工作，1938年党中央在延安设立解放社，这是中共中央在抗日战争时期设立的第一个大型出版机构，以大量编辑出版马列主义经典著作和党的政策、文件而著称，成立不久就印行了《列宁选集》初版本、《斯大林选集》《马克思恩格斯论中国》《列宁斯大林论中国》等。出版的书籍流传甚广，在解放区、抗日根据地和国统区都曾引起过强烈反响。

为了加强党的出版工作，1939年5月，中共中央在关于宣传教育工作的

指示中要求各中央局、中央分局、区党委、省委应用各种方法建立自己的印刷厂（区党委与省委力求设立铅印机），以出版地方报纸、翻印中央党报及书籍小册。这个指示，对党的出版事业的发展起了很大的推动作用。同年6月，党中央在延安建立了中共中央出版发行部，由李富春任部长，王林任副部长，与原党报委员会出版科、发行科合并统一领导党的出版发行工作。它既是一个出版发行领导机关，又是一个出版发行的工作部门，担负着出版、印刷、发行的具体工作任务。同年9月，新华书店单独建制，由中共中央出版发行部直接领导。马恩列斯著作和毛泽东著作用解放社的名义，一般的社会科学读物则用新华书店的名义出版。此外，它还担负着《新中华报》《解放》《中国工人》等报刊的出版发行任务。新华书店单独出来以后，健全了机构，充实了干部，并沟通了与晋绥、晋察冀、晋冀鲁豫等根据地发行网点的联系。

党中央还派专人赴上海、西安等地购买印刷器材，邀请技术工人，成立了中央印刷厂。后来，八路军印刷所扩大为印刷厂，陕甘宁边区印刷厂也由一个扩大为几个，大大加强了边区的印刷力量。从1937到1947年3月中央机关离开陕北前，仅中央印刷厂印刷、由解放社及新华书店发行的书籍就有300种，大约100万册。同时，还出版了大量的报纸杂志。边区印刷厂的生产量也不断增加，据《新中华报》1940年8月23日报道，边区印刷厂每月能印出190万字的书刊来。

随着革命形势的发展，根据地日益巩固，各根据地陆续建立起自己的印刷出版机构，图书报刊出版不断得

图 2.15 解放社编，晋察冀日报社翻印的《整风文献》

到发展。毛泽东在抗日军政大学讲课的讲稿《辩证唯物论》就是最先在晋察冀边区刊行的。陕甘宁边区出版的报纸到1940年已发展到20多种，如《抗敌报》《救国报》《战斗报》《火线》等；主要的杂志有《新长城》《群众杂志》《边区文化》等。晋绥边区、山东抗日根据地、华中抗日根据地等也都在艰苦的条件下，采取各种方式出版图书、报纸、期刊、教科书和宣传品。这些抗日根据地出版的书籍，少则几十种，多则一二百种，发行量达几万至几十万册。

2. 战斗在国民党统治区的三家进步书店

1931年"九一八"事变爆发，日本侵占东北，中华民族内忧外患，灾难深重。为了救亡图存的急迫需要，中国共产党努力推进抗日民族统一战线的建立。当时的新华日报社既是中国共产党在国统区公开合法的新闻机构，也是大后方出版发行书刊的重要阵地。生活书店、读书出版社、新知书店三家由共产党领导的民营出版企业，在国统区一度获得了发展。

生活书店1932年7月成立于上海，前身是邹韬奋主编的《生活》周刊。以《生活》书报代办部为基础，由一些知识分子集资创立了合作社性质的生活书店，推举邹韬奋为理事长、徐伯昕为总经理。先后主持编辑工作的有胡愈之、张仲实、张友渔、胡绳等。生活书店从成立到全面抗战爆发前的5年中，出版期刊10余种（如《新生》《世界知识》《译文》等），图书400种[1]，其中有马克思主义经典著作如吴黎平译的《反杜林论》，哲学社会科学论著如胡绳的《新哲学人生观》、沈志远的《新经济学大纲》以及《青年自学丛书》《世界文库》等丛书。这些书刊以其鲜明的政治进步性，在读者中赢得很高声誉。抗日战争初期，生活书店总店先后迁到武汉、重庆，直接接受中国共产党的领导，先后在重庆、成都、桂林、西安、昆明等50多处设立分店，还设立香港、新加坡两处海外分店。在邹韬奋的主持下，成为当时中国革命出版事业的一支中坚力量，因而特别遭到国民党政府忌恨。1941年皖南事变爆

---

[1] 吴永贵：《民国出版史》，福建人民出版社2011年，第548页。

发，生活书店国内分店除重庆外全都被查封或被勒令停业。1945年抗日战争胜利后，生活总店迁回上海。1947年底又被迫迁到香港。1948年10月与读书出版社新知书店合并成立三联书店。生活书店从成立到合并，先后出版发行期刊30多种，出版各类图书1000种左右。

与生活书店并肩战斗的另外两家书店中，新知书店成立于1935年，读书生活出版社成立于1936年。诞生在民族危机、生死存亡关头的这三家书店有许多相似之处，也有共

图2.16　生活书店社址

同的战斗历程：其一，他们都是由办杂志而艰苦创业的：生活书店由《生活》周刊发展而起，读书生活出版社的前身是《读书生活》杂志，新知书店由《中国农村经济》杂志发展而来。其二，他们都有一批先进的文化人筹划并担任主要领导者，生活书店有邹韬奋、胡愈之、徐伯昕，读书出版社由黄洛峰任经理，艾思奇任编辑部主任，李公朴主编《读书生活》半月刊；新知的领导人有钱俊瑞、徐雪寒，他们还团结培养了一大批优秀的出版工作者。其三，从创办之日起，他们就在中国共产党的领导之下，为革命事业服务。书店的负责人中，不少是党的得力干部。他们以私人事业的名义出版了大量革命的和进步的书籍，并从事掩护革命同志的工作，完成了党交给的许多重要任务。其四，他们屡屡遭受查封迫害，却百折不挠，在斗争中不断发展壮大出版队伍和机构，为党的出版事业的创建与发展做出不可磨灭的贡献。

1943年，以三家书店为核心，联系了20多家政治态度比较进步的书店，发表了一个争取出版自由的紧急呼吁，并于同年12月成立了一个新出版业联合总处。1944年5月，又在重庆设立了第一个联营书店，要求保障小书店的

利益，取消新闻、图书杂志和戏剧演出的审查制度。抗日胜利后，重庆的三家书店率先将各自的门市部加以合并，人事方面也组成一个领导班子，开始使用"生活书店"、"读书生活出版社"、"新知书店"、"三联书店"的名称。在解放战争时期，三家书店在上海办了华夏书店、骆驼书店，在北平办了朝华书店，在广州办了兄弟图书公司，在烟台办了光华书店。东北解放后，在大连、哈尔滨、长春、沈阳等城市设立了光华书店。在石家庄成立了新中国书局。1947年秋，三联书店为保存力量，争取海外广大读者，便于和解放区联系，其领导中心转移到香港。1948年秋，在香港成立三联书店总管理处，黄洛峰为临时管理委员会主席，徐伯昕为总经理。1949年4—5月间，总管理处由香港迁往已经解放了的北平。根据党的指示，三店实行全面联合，取消光华书店、新中国书局等名义，统一称为"生活·读书·新知三联书店"。

　　三家书店之所以并肩战斗，并最后联合，最根本的是因为他们有一个共同的目标，就是"为谋求广大人民的利益，为推动中国社会的进步，为宣传马克思列宁主义、毛泽东思想和党在各个历史时期的主张"，这是他们最根本的共同性。在竭诚为读者服务方面，生活书店创始人邹韬奋堪称楷模。邹韬奋（1895—1944年）原名恩润，笔名韬奋，是新闻记者、报刊编辑、政论家、出版家。祖籍江西余江，自1926年10月任《生活》周刊主编，从此毕生从事新闻出版工作。他把"为读者服务"视为生活书店最主要的几种传统精神之一；在书刊编辑思想上，他认识到"真有生命力的刊物，和当前时代的进步运动是不能脱节的"。为此，《生活》周刊用大量篇幅讨论抗日救亡问题，斥责日寇的法西斯暴行。由于国民党迫害，邹韬奋于1933年7月出国流亡，深刻认识到资本主义本质，完全赞成中国共产党的政治主张。1935年回国后即创办《大众生活》周刊，更加积极地宣传团结抗战，实现民主。周恩来谈到邹韬奋时说过："我们党的抗日民族统一战线政策，主要是通过韬奋主编的刊物传播到国民党统治区广大知识分子中去的。"1936年2月底，《大众生活》被封。同年11月邹韬奋与沈钧儒等六位救国会负责人同时被捕，这就是闻名全国的"七君子事件"。"七七"事变后，邹韬奋获释，随即投入抗日宣传行列。皖南事变后，又被迫流亡香港。日军攻陷香港后，辗转至广东东江游击根据地，1942年奔赴苏北抗日根据地，1944年7月，因癌症医治无效在上海去世，被追认为中共正式党员。毛泽东在亲笔书写的挽辞中高度评价了邹韬奋的一生："热爱人民，真诚地为人民服务，鞠躬尽瘁，死而后已，这就是邹韬奋先生的精神，这就是他之所以感人的地方。"邹韬奋创办生活书店，也创造了优良的"生活精神"，他将其概括为：一、坚定，二、虚心，三、公正，四、负责，五、刻苦，六、耐劳，七、服务精神，

图 2.17　邹韬奋

八、同志爱。其中最强调的是服务精神，韬奋把它比做"生活书店"的奠基石。邹韬奋给我们留下了几百万字的著作，也留下了做好出版工作的宝贵精神财富。

3. 解放战争时期解放区的图书事业

日本帝国主义投降后，解放区的图书出版事业得到迅速发展。自1945年8月至1946年7月，华北、华中、华南19个解放区的图书出版事业都获得了很大的发展。每个区都成立了编辑出版机构，有的附设于报社，有的由新华书店等发行机构领导。

1945年建立的东北解放区，在图书出版方面曾作出卓越贡献。除翻印延安和各解放区的出版物外，还出版了反映东北解放区斗争生活的《暴风骤雨》《政治委员》《无敌三勇士》《动荡十年》《翻身农村风光好》等书籍，并且出版了影响遍及全国的东北版《毛泽东选集》。东北解放区仅新华书店的出版发行系统在1947—1948两年里就出版了592种书刊，发行量达1400万册；出版了总数达600余万册的中小学教科书。东北光华书店的出版发行系统还影印出版了《鲁迅全集》和《资本论》等大部头著作。

1946年6月内战爆发，各解放区的新华书店坚持在恶劣环境下出版发行

书刊，为解放区人民和解放军官兵提供精神食粮。此时，还出现了许多随军书店。例如在解放富平的战役中，前线还在打枪，书店的同志就用三匹骡子驮着图书来到富平县附近一个村镇，向新区群众宣传和发行革命图书，受到彭德怀的赞扬。除了及时发售革命图书之外，随军书店的另一重要任务是在新区建立新华书店。据1949年10月全国新华书店第一届工作会议统计，到解放前夕，全国已有分支店735个，基本形成了全国统一的发行系统。据华东、华北、华中、西北、东北五大解放区的不完全统计，1945年至1949年共出版了5291种图书，发行了4474万册；有印刷厂29处，职工8100多人。加上三联书店13处分店职工，为解放后图书出版事业的发展打下了坚实的基础。

1949年2月，中共中央宣传部成立出版委员会，作为党中央领导全国出版发行工作的办事机构，黄洛峰任主任委员，下设出版处、厂务处、秘书室、会计室4个部门。4月为新中国第一个大型国营书刊印刷厂——新华印刷厂举行开工典礼。5月华北人民政府成立教科书编审委员会。9月新华书店聘请胡愈之任总编辑、叶圣陶为副总编辑，着手筹备统一新华书店的工作[1]。在解放战争的节节胜利中，各地军管会陆续接管了国民党政府的出版机构，废除了国民党政府钳制出版事业发展的法令，1949年10月1日，中华人民共和国宣告成立，出版业进入新的历史时期。

第五节 社会主义出版业的繁荣

一、社会主义出版事业的建立和曲折发展

新中国成立前夕，随着革命形势的不断发展，北京、天津、南京、上海等大城市相继解放，在这些城市的原国民党及国民党政府的出版机关，包括出版社、印刷厂、报社、书店等被相继接管，国民党政府制订的相关出版法规法令同时被废除，以原来在解放区建立的新华书店和国民党统治区以生活

---

[1] 方厚枢：《中国当代出版史料文丛》，中国书籍出版社2007年，第8—9页。

读书新知三联书店为代表的进步出版事业为基本力量，建立起新型的、人民的社会主义的出版事业。其中，北平新华印刷厂就是在接管国民党掌管的正中书局北平印刷厂、独立出版社印刷厂基础上，加上华北新华书店印刷厂等组建而成；上海新华印刷厂则是在接管正中书局、世界书局等10家印刷厂基础上，组建形成的新型国营印刷企业。

中华人民共和国成立后，我国出版业存在多种经济成分。1949年11月出版总署成立后，采取一系列措施，不断壮大国营出版、印刷、发行业的建设，并依照党对资本主义工商业利用、限制、改造的政策，着手对私营出版业进行改造。到1956年，全国新成立一大批国营出版机构，并基本完成了对私营出版业、私营图书发行业、私营印刷业的社会主义改造工作。对私营出版业的社会主义改造，改变了我国出版事业经济成分的构成，使国营经济居于绝对的领导地位。至1956年，国营、公私合营出版社和私营出版社在整个出版事业中所占的比重发生了重大变化。国营出版社逐渐壮大，在整个出版业中所占比重从1950年占11.9%发展到占82.5%。公私合营出版从0.9%增加到17.5%，私营出版社从87.2%，到1955年下降为19.8%，1956年全部完成社会主义改造。而对私营图书发行业、印刷业的社会主义改造，使零散在全国各地5000多家大大小小的书店，在新华书店的领导和帮助下，转变成为社会主义书刊发行网的组成部分；使数千家私营印刷厂实现了民主改革，发挥了职工积极性，逐步提高了产量和质量，在社会主义文化事业和出版事业的建设中发挥了作用。在这一时期，逐步建立起统一的发行体制，即图书由新华书店统一发行，报刊由邮局统一发行，这对图书出版事业的发展起了很大的推动作用。这一时期，出版物品种与印数成倍增长，图书内容丰富多彩，质量也不断提高。至1957年，年出书品种从8000种增至2.87万种，印数从1.05亿册（张）增至17.84亿册（张），一跃跨入世界出版大国行列。

我国对私营出版业、图书发行业、印刷业进行的社会主义改造工作，对社会主义出版事业的建立和发展具有重要意义。在实行全行业公私合营的过程中，也同其他行业一样存在要求过急、工作过粗、改变过快、形式过于简单划一等等问题,并因为这些失误造成一定的损失,但在一个几亿人口的大国比较顺利地实现了如此复杂、困难和深刻的社会变革,确也实属不易。

中国是一个多民族的国家,许多民族有自己的文字。新中国成立以后,党和政府十分重视少数民族出版事业。为了宣传党的民族政策,扶助少数民族发展自己的民族文化,一方面在国家层面上设立了民族出版社,用少数民族的语言文字出版各类图书和报刊。另一方面在少数民族群众聚集区也纷纷成立出版社和杂志社、报社,编辑出版少数民族出版物。如1951年3月,新疆人民出版社成立,时任新疆省党委常委、宣传部部长的邓力群同志,兼任新疆人民出版社第一任社长,标志着新疆出版业腾飞的起始。

1957年到1966年期间,中国出版业历经了"反右派"、"大跃进"、"反右倾"等政治运动的冲击,起伏不断。在"大跃进"运动中,全国出版系统也掀起了一场声势浩大的大跃进高潮,提出了"大跃进"的目标。如人民出版社提出苦战两年,改变面貌,争取成为世界上宣传共产主义思想的最好的政治书籍出版社之一;中华书局提出要在10年内从5万种古籍中选出5000种汇编成100套丛书等等。全国不少地方还办起了专县一级的出版机构,其中浙江、江苏、河北、广东等地有些县还挂了出版社的牌子。有的文化领导部门甚至建议每个专县设立一个综合性出版社,以其作为"开展文化大普及运动的有力工具"。为了追求图书产量,一些实行多年的工作制度被搁置,甚至把保障出书质量的三审制也废除了。由于盲目追求数字指标,许多书籍粗制滥造,质量低劣。全国图书发行系统也大搞群众运动,在广西、山西、浙江等地出现了建民办书店的高潮。1958年中共中央政治局北戴河扩大会议通过《关于在农村建立人民公社问题的决议》以后,各地的民办书店统一改为公社书店,并很快发展到2万多处。① 由于摊子铺的过快过多,给出版事业的发展造成严重的比例失调,正常的生产秩序被打乱,出版物质量下降,图书大量积压。

---

① 方厚枢:《"大跃进"年代的出版工作》,《出版史料》2004年第4期。

第二章
出版行业的发展

对于这些问题，中共中央高度重视。自1961年至1963年，根据中央指示精神，对中央一级出版社和期刊社进行了整顿和精简。经过裁撤和合并，中央一级出版社从原有的42家减少到24家，数量减少了将近一半；通过检查整顿，中央一级机关104家单位的1254种刊物减少至307种，仅占原有刊物种数的五分之一。通过整顿，普遍调整和精简了编辑队伍，检查和批判了刊物出版工作的官僚主义作风，纠正了一些不良做法。图书出版数量扩大，内容质量提高，基本扭转了出版物匮乏局面；杂志出版不断创新，基本达到门类齐全的目标；书刊印刷和发行能力大大增强，网点遍布全国；出版对外交流有所突破，出版物的出口和引进稳步发展。与1950年相比，1965年的图书品种数是1950年的1.66倍，印数是1950年的7.89倍，人均图书册数是1950年的6倍；杂志品种是1950年的2.68倍，印数是1950年的12.6倍，人均杂志份数是1950年的6倍；报纸品种是1950年的0.89倍，印数是1950年的5.94倍，人均报纸份数是1950年的4.48倍。这些数据表明，尽管全国的出版事业出现了困难，经历曲折反复，但经过出版界十几年的发展建设，出版物匮乏的局面基本得到扭转，人民群众阅读出版物的需求进一步得到满足，具体出版业务仍然取得了具有那个时代特征的工作成就。尤其是马列和毛泽东经典著作的出版，以及《红日》《红岩》《红旗谱》《烈火金刚》《创业史》等红色文学作品的出版，代表了这一阶段的出版辉煌。这一时期杂志出版也发展很快。据统计，1949年全国有杂志257种，1965年达790种。杂志出版的门类更加齐全，出现了一批著名的杂志。如综合类的《新华月报》、通俗类的《时事手册》、政治类的《学习》和《红旗》以及青年读物类的《中国青年》《农村青年》《中国妇女》等，都拥有大量的忠实读者。在哲学社会科学杂志中，《哲学研究》《历史研究》《经济研究》等很有代表性；自然科学技术类杂志中，《中国科学》《科学通报》《土壤学报》《地理学报》《动物学报》等反映出我国在这些领域中的研究水平。

1966年至1976的"文化大革命"，使经过17年艰苦创建起来的我国社会主义出版事业遭到严重挫折。这场长达10年之久的浩劫，是从文化领域开始的。出版事业作为文化建设的重要组成部分，受到的摧残和破坏也更为严重。许多出版社、杂志社被撤销，编辑人员被遣散，全国出版工作几乎陷入了停滞状态。

1967年1月，在出版行政管理权被造反派篡取的同时，各出版单位的领导权也落入了造反派的手中，有的被合并或撤销，有的出版业务完全停顿。到1970年，全国出版社从"文革"前的87家减少到53家，职工从10149人减少到4694人。1971年，全国出版社仅剩46家，职工4693人，其中编辑人员仅有1355人，职工总数约为"文革"前的一半，编辑人员却不及"文革"前的三分之一。"文革"开始后，出版界上自出版行政管理部门的领导，下至各级新华书店经理，几乎都受到冲击。中华书局从事古籍整理出版工作的主要党员干部和业务骨干被揪出来审查和批斗的就有近70人，占全局总人数的1/3以上。1968年5月，中共中央转发《北京新华印刷厂军管会发动群众开展对敌斗争的经验》（1979年9月中共中央撤销了这个文件），要求各单位"有步骤地有领导地把清理阶级队伍这项工作做好"，"清队"运动随之在全国展开，大批的编辑出版人员或是被下放到"五七干校"进行劳动改造，或是被赶出了出版系统。

"文革"开始以后，书刊出版受到极大破坏，书报刊品种锐减，而图书印数上升，主要是出版了大量的毛泽东著作和政治学习材料，致使出版物市场结构严重失衡。据统计，"文化大革命"开始的第一年1966年，图书出版就从1965年的20143种骤降至11055钟，减少近一半；而第二年又猛降到2925种，只有1965年的14.5%，成为新中国成立以来出版数量最少的一年。其后几年，全国每年只有出版物三四千种，造成了我国历史上罕见的"书荒"现象。从1966到1975年，10年间共出版图书79027种，还不及图书事业发展不快的1957到1965年的三分之一。由于图书品种单一、质量下降，导致图书购买减少、图书库存增加。从图书品种来看，1970年新出版2773种图书，80%左右是汇编报刊上发表的文章；从印数来看，数量较大的是《红灯记》等革命样板戏剧本普及本和主旋律读本，仅北京一地就印了1260万册；从库存来看，1965年全国库存图书13.9亿册，1966年增加到17.1亿册，1967年猛增到35.7亿册，1969年更高达41.3亿册。从1967年到1969年，每年的图书库存数远远大于当年图书销售数。

"文革"期间的报刊发行也受到了严重冲击。如杂志出版1965年全国有杂志790种，1966年骤降到191种，1967年锐减为27种，1969年全国杂志仅存《红旗》《新华月报》《人民画报》和外文版的《人民中国》等20种，是当代中国期刊历史的谷底。作为政治需要，当时被称之为"两报一刊"的《人民日报》《解放军报》《红旗》杂志红极一时，成为发行量最大，阅读人数最多的"文革"标志性"畅销"出版物。

这一时期作为国家最高领导人的毛泽东、周恩来，对出版工作给予了特别关怀，使词典、古籍等出版工作取得了一定成绩，编辑出版队伍也得以重整。在周恩来的关心和指示下，1970年中华书局和商务印书馆逐步恢复业务，承担了"二十四史"、《清史稿》和外国历史地理等书籍的出版任务。荣宝斋也于次年恢复业务。人民教育出版社陆续从"五七干校"调回干部，逐步恢复教材的编辑出版工作。1973年，文物出版社由人民美术出版社分出来恢复单独建制，音乐出版社也从人民文学出版社分出来，更名为人民音乐出版社。与此同时，"文革"开始时被停办的大批期刊也相继恢复出版发行。至1976年，全国期刊种数从1969年的20种上升至542种[①]。在邓小平的支持下，停刊近10年的《人民文学》月刊得以复刊。

1976年10月，这场长达十年之久的文化浩劫终于结束，中国出版事业也从绝境中复苏过来，进入复兴、繁荣、蓬勃发展的新时期。

二、改革开放初期出版业的市场化探索

从1978年实行改革开放，到1992年邓小平南巡，我国出版业走过了恢复生产、初步走向市场的探索之路。

---

① 方厚枢：《"文革"十年的期刊》，《编辑学刊》1998年第3期。

1978年7月，国务院批转了国家出版局《关于加强和改进出版工作的报告》，提出"加强出版事业，尽快改变目前书刊品种少、出版周期长，印刷技术落后的情况"。同年12月，党的十一届三中全会召开。为贯彻十一届三中全会精神，国家出版局党组在陈翰伯的主持下，于1979年3月至5月连续召开10多次党组扩大会议，经过充分讨论，明确了全党工作重点转移后，我国出版工作的主要任务是：坚持"百花齐放、百家争鸣"的方针，通过不断提高出版物的质量和增加新书的品种，完整地、准确地宣传马克思列宁主义、毛泽东思想的科学体系，广泛的传播科学文化知识，为提高整个中华民族的科学文化水平，为社会主义现代化服务。为此，从1977年开始，一批出版社恢复了"文革"前的建制，一批新的出版社建立起来。至1979年，全国出版社从1976年75家增加到129家；图书总印数和总印张数均超过历史最高水平；期刊出版达到1470种，比建国以来期刊种数最高的1964年增加71.7%。

1992年邓小平同志的南巡讲话和党的十四大召开，确立了建立社会主义市场经济体制的改革目标，文化体制改革也开始启动，中国出版业也开始了市场化的探索。此时，经过十几年改革开放的中国社会经济和人民生活都发生了巨大变化，融入国际的步伐也在慢慢加快，新的观念和生活方式接连不断地呈现在国人面前。在商业文化爆炸的时代，大众文化显示出强劲的生命力，成为社会的主导。而出版业经过10多年的积累与发展之后，生产力有了很大的发展，出版的管理理念、经营理念发生了深刻变化，逐步从依赖国家转向市场，以适应改革开放和社会发展的要求。

20世纪90年代，图书作为出版社的产品，越来越遵循市场规律、按照市场需求而生产。为了更好的发展，畅销书的打造成为诸多出版社生产业务的重中之重。一本畅销书的打造不仅需要前期的策划、组稿，也需要后期的宣传。在这个过程中，营销工作就显得尤为重要。这也是很多出版社把之前的发行部改名为营销部的重要原因，因为现代意义上的发行已经不单单指把图书发售给批发商，还包括前期的市场调查以及后期的图书宣传等等。出版社的编辑们不再整天待在办公室里构思新书的选题，而是面向市场，寻求一手的资料，他们分散在各大书店,一方面向书店的员工介绍自己出版社图书的特点和优势,希望能有更好的销售业绩;同时他们长期观察图书销售状况,做出详细的市场调查,然后才进行有价值的选题策划。

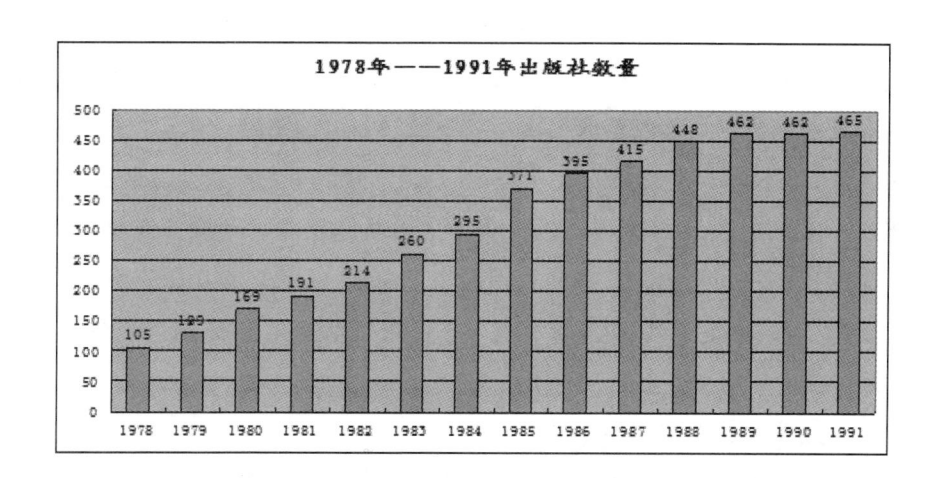

1978年——1991年出版社数量

年份	数量
1978	105
1979	129
1980	169
1981	191
1982	214
1983	260
1984	295
1985	371
1986	395
1987	415
1988	448
1989	462
1990	462
1991	465

随着政策的开放,民营出版日趋活跃,成为出版业重要的创意和内容来源之一,为出版业注入了新鲜血液,形成具有活力的一支出版生力军。20世纪90年代来,出版工作室或独立、或与出版社合作推出了不少畅销作品和品牌图书,业绩不俗。比如以出版经济金融类图书脱颖而出的"梁晶工作室",其出版的图书荣获国家级、省部级大奖的达20多项。除了出版图书之外,"梁晶工作室"还利用自身影响和国内各高校、学者的大力支持,频频邀请经济学各领域的顶尖人物来华讲学。出版工作室的存在,对国有出版进行有益补充,丰富了出版物市场的品种结构,也为出版业引入了竞争机制。

与此同时,从1990年代中期开始,图书发行业也开始了以"三建二转一加强"为主要内容的改革。所谓三建就是重视批发市场建设、推行多种购销形式建立新型购销关系,建立和完善市场规则;所谓二转就是转换出版社自办发行的观念和机制,转换国有书店的经营机制;所谓一加强就是加强农村发行。

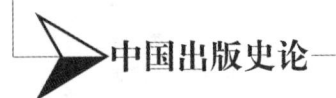

三、21世纪的出版产业体系

2001年我国加入WTO，对世界做出开放市场的承诺，从此走向更大规模的国际化分工。2002年11月中国共产党十六大召开，作出了发展文化产业的战略部署，以深化文化体制改革和发展文化产业集团为突破口，提出了"全面建设小康社会，大力发展社会主义文化"的一系列文化政策。由此，中国出版业进入了新时期，改革成为这一阶段最为突出的主题。在知识经济、全球化以及信息技术日新月异的大背景下，通过深化改革，解放了出版生产力，迎来了产业的大发展大跨越。2010年，全国新闻出版、印刷和发行复制业实现总产出12698.1亿元，占同期国内生产总值（GDP）的0.9%；营业收入12375.2亿元；利润总额1075.9亿元[①]，形成包括新闻出版、印刷复制、数字出版等在内的门类齐全的产业体系。

1. 出版产业体系日益完善

编辑出版系统即出版物生产系统，它位于整个出版系统的核心，其主体是出版单位，目前包括图书、报纸、期刊、音像、电子和互联网六大媒体。截至2010年，全国共有新闻出版单位35.4万家。出版社的数量由改革开放初期的105家增加到580家（包括副牌社35家），其中中央级出版社221家（包括副牌15家），地方出版社359家（包括副牌20家）。形成了包括人民社、教育社、科技社、少儿社、大学社等几大专业出版格局。全国共有音像制品出版单位380家，电子出版物出版单位250家。图书出版种数、总印数等硬性指标都有大幅度提升，出版界用自己的努力为读者提供了越来越多的精神食粮。1978年全国出版的图书种类仅为1.5万种，到2010年增加到27.57万种，其中新出版的图书由1978年的1.19万种增加到13.08万种。图书总印张数从1978年的135.4亿增加到2604.7亿；定价总金额也达930.9亿元。

---

① 新闻出版总署出版产业发展司：《2010年新闻出版产业分析报告》。

中国图书出版种数变化（单位：万种）

2. 报业结构不断优化

改革开放 30 年来，我国报纸品种、数量日益丰富，呈现出以党报为主体、晚报都市报、行业专业报、生活服务类报纸等多门类报纸共同发展的出版格局。报纸出版的种数在新世纪初期经历了一个攀升期之后，经过调整，逐渐稳定。

从 1978 年到 1991 年间，报纸数量和种类增长迅速，并开始自办发行。十一届三中全会以来，人们对各类型的报纸需求相当迫切，报纸不仅数量增长迅速，而且在类型上从文革前较为单调的状态发展到各类型报纸并存。报纸品种从 1978 年的 186 种，猛增到 1991 年的 1524 种，增长了 8.2 倍；报纸总印数由 1978 年的 127.76 亿份增加到 1992 年的 257.85 亿份；少数民族地区取得国内统一刊号公开发行的各类报纸也由 1978 年的 44 种发展到 1991 年的 245 种，另外少数民族地区还有 600 多种内部刊号报纸。同期，广告营业额也从 1983 年的 2.34 亿元猛增到 1991 年的 35.09 亿元，增长了近 15 倍。除去各级党委机关报外，还形成了晚报类、经济类、文化类、生活类、文摘类、青年类、妇女类等各类型报纸。以晚报为例，20 世纪 80 年代可以称得上晚报的"星火燎原"，它以寓教于乐的"软新闻"为特色赢得了读者的喜爱。到

1988年底全国已有41家晚报。[①]报纸的发行模式也由过去单一的"邮发合一"变为邮政发行和自办发行并存。到1990年，已有500家报纸开始自办发行。

从1992年至2002年党的十六大召开，报业由迅猛发展的态势转入稳健发展阶段。其间报纸数量继续增长，1992年为1657种，到2001年为2111种，10年间增长454种。但从1996年报纸数量达到2163种后，逐年开始下降；报纸总印数由1992年的257.85亿份增加到2001年的351.06亿份，10年间呈持续增长态势；广告营业额从1992年的67.87亿元猛增到2001年的794.89亿元，增长了近12倍。从以上三方面的数据可以看出，在报纸数量有所减少的情况下，总印数和广告营业额增加，说明报业结构得到了优化，总体实力得到了增强。20世纪90年代末，随着经济的快速发展、人民生活水平的提高和渴求了解国内外发展状况的愿望日趋强烈，都市报、财经类报纸及时事新闻类报纸等异军突起。同时，报业改制如火如荼地开展起来，并朝着规模化方向大踏步迈进。1996年成立了第一家报业集团——"广州日报报业集团"。报业集团的发展推动广告收入，集团资产增值、多元化经营等各方面均较以往有相当大的提升，初步具备了现代化报业集团的运作机制和经济实力。

2002年以来，报业经过20年的高速发展后，进入了战略调整期，更加注重发展质量和效率。其间报纸品种稳步下降，从2002年的2137种降到2006年的1938种；报纸总印数则从2002年的367.83亿份增加到2006年的424.52亿份；广告营业额在经过2004年的短期调整外，继续呈现增长势头，但增速有所趋缓。随着市场细分和市场竞争进一步加剧，产业化运作、跨媒体经营成为主流。报业在深化体制机制改革的同时，开始整合自身相关产业，通过成立跨媒体经营、上市融资，建立数字化平台运作等方式实现产业化运作，尽快壮大自己，以应对业外资本和国内外同行的挑战。如2007年，温州

---

① 方汉奇、陈业劭：《中国当代新闻事业史》，新华出版社1992年，第263页。

日报报业集团发行系统全面升级，实现了数字化、网络化、信息化的运营和数字报纸的网上销售，建立了生产、审核、销售、支付和售后服务的完整体系，使传统媒体这一网络时代的"弱势媒体"转型成为"强势媒体"。

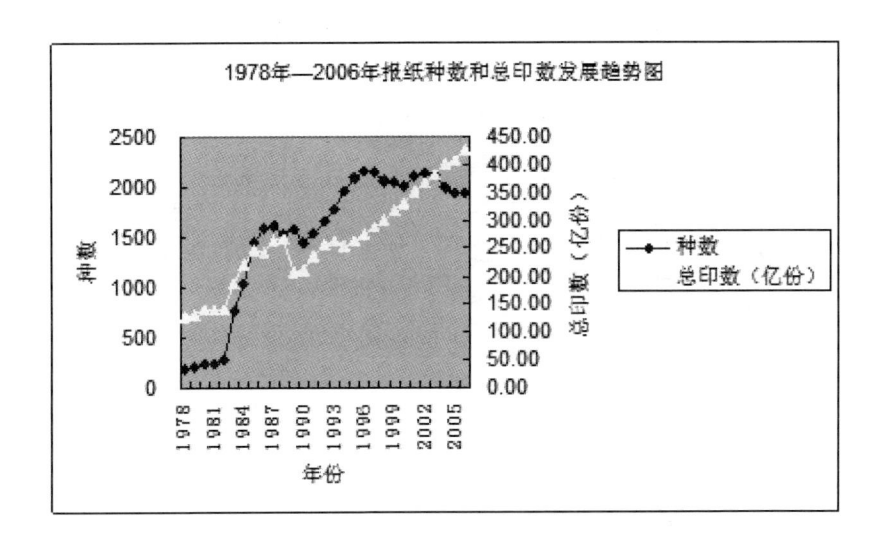

1978年—2006年报纸种数和总印数发展趋势图

2010年，全国共出版报纸1939种，总印数452.1亿份，总印张2148.0亿印张，定价总金额367.7亿元。报纸出版实现总产出734.9亿元，增加值317.2亿元，营业收入729.4亿元，利润总额100.8亿元。根据世界报业协会公布的数据显示：中国的日报期发行总量居世界首位。

综上所述，改革开放以来我国的报业结构不断进行调整和优化，从改革开放初期的全国性、省级党报独大，结构比较单一的局面到20世纪80年代的晚报、行业报和地县级党报兴起，20世纪90年代都市报的崛起，再到新世纪报业集团间的竞争，推动了报业结构的重大变革。目前我国报业已经走出数量扩张性增长的阶段，逐渐向质量效益型增长方式转变。报纸种类数量基本保持稳定，省级报纸和地市级报纸构成了报纸产业的主要部分，这两种报纸总数和占到了报纸总种数的90%。出现了一批实力雄厚、具有较强影响力和竞争力的党报集团，也有一些服务于国民经济支柱产业的行业类报刊以及满足重要细分市场受众需求的专业类报刊，正在向专业化传媒企业集团迈进。

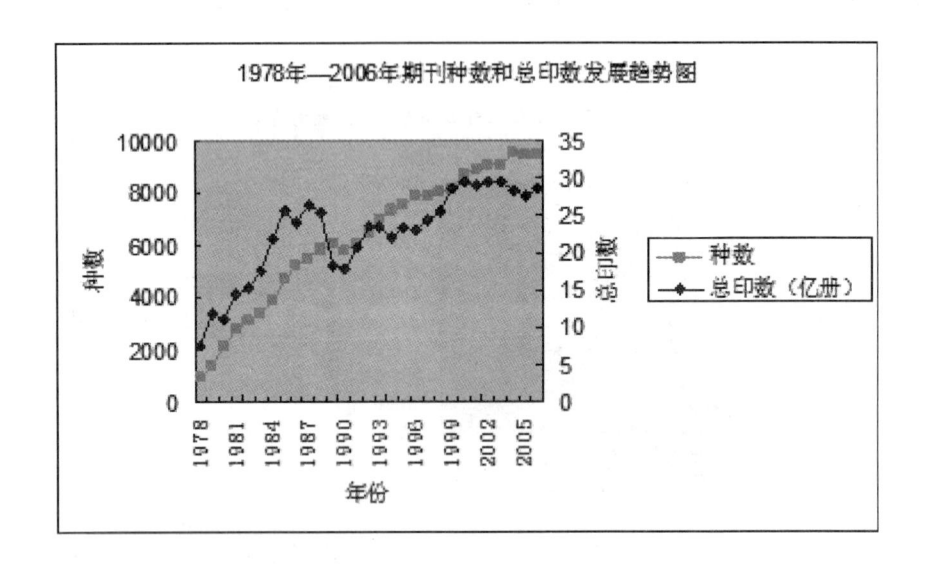

1978年—2006年期刊种数和总印数发展趋势图

3. 期刊产业稳健发展

改革开放之初，我国只有期刊 930 种，随着经济和社会的深刻变化和不断发展，我国期刊业取得了长足进步和稳健增长，日益成为一个拥有较强思想舆论引导力、文化信息传播能力、社会资源聚合能力和文化市场开拓能力的出版产业形态。

从 1978 年到 1991 年，是中国期刊发展最为迅猛的时期，期刊品种从 1978 年的 930 种，猛增到 1991 年的 6056 种，增长了 6.5 倍；期刊发行量也由 1978 年的年总发行约 7 亿册增加到 1988 年 25 亿册。1984 年全国正式出版的 3907 种期刊中，平均期印数在 100 万以上的就有 29 种，有的期刊如上海的《青年一代》《故事会》等突破了 500 万大关。[①]

1992 年党的十四大召开以后，期刊由迅猛发展的态势转入稳步发展阶段。

---

① 许清茂：《杂志学》，厦门大学出版社 2002 年，第 62—64 页。

其间期刊品种继续增长，2001年期刊种数为8889种，与1992年的6484种相比，增长37％。与此相对应的是，期刊发行数量呈现稳定状态，自1988年达到期刊年总发行量25亿册后，长期维持在这一水平线，1998年仍为25亿册。在发行规模总体上趋于稳定的同时，期刊市场化程度不断提高，市场细分和市场竞争开始加剧，个别优质期刊发行量急剧增大，期刊市场呈现"贫富分化"之势。据1999年初的统计，超100万册发行量的已达25种，最高期发量至400万册。一支上百万期刊队伍出现于中国刊坛的壮观景象，为国内外人士所瞩目。[①]

　　进入新世纪以来，中国期刊产业进入新的盘整期，整体走势趋于平稳，产业结构趋于优化。其间期刊品种继续增长，2002年期刊总数为9029种，2007年期刊总数增长到9468种。一些传统期刊进行了改刊、改版，期刊市场出现了许多新面孔；通过不断的优胜劣汰和结构调整，消费类期刊、商业类期刊和学术类期刊所占比例日趋合理，除一些学术刊物外，市场型刊物仍然是最受关注的；与此同时，期刊的数字化程度越来越高，国际化势头十分强劲，集团化战略初露端倪。一些期刊如《读者》《女友》《今日中国》等相继在国外开设期刊发行点、设立海外分社，内容质量和运作模式逐渐与国际接轨。一些大型期刊集团如《知音》《家庭》等吸纳国内外其他行业资本，开展跨领域、跨媒体、跨行业的合作，取得了很大成效。随着计算机网络和数字技术的不断成熟，传统期刊利用新媒体技术，使得杂志呈现"多媒体"发展的新格局，如《经理人》杂志实施"期刊新媒体产品战略"，形成了"《经理人》杂志＋中国经理人网＋《经理人》电子互动杂志＋经理人手机杂志"的新媒体模式，其中国经理人网（www.sino-manager.com）日均浏览量达15万人次，电子互动杂志单期网上发行量突破120万册，手机杂志《经理人掌中宝》也快速进入市场。纸媒和数字媒体交相辉映，为传统期刊的数字化转型打下了坚实基础。

---

① 张伯海：《新中国期刊五十年》，《传媒》1999年第10期。

4. 出版集团发展迅猛

出版集团化是国际出版业发展的主流趋势。在经济发达、出版业发达的国家，一批大的出版集团往往支撑起该国的出版市场，发挥中流砥柱的作用。

1988年，由全国多数地方文艺出版社联合成立"地方文艺出版社联合发行集团"；1989年，华东6省1市（山东、江苏、浙江、安徽、福建、江西、上海）新华书店，也联合成立"华东省级新华书店发行集团"。在经过早期探索之后，全国出版集团的大规模组建和取得实质性进展的历程，是从1999年上海世纪出版集团的组建开始的，这也是中国出版业大规模走向集团化的发端。1999年2月，上海世纪出版集团作为全国第一家试点出版集团宣告成立。同年12月，广东出版集团挂牌。这两家集团均是在1998年12月由新闻出版署批准成立的。2003年以来，全国各地掀起了出版集团化的高潮，以省域为基础的地方出版集团成为生力军与主力军，包括河北、四川、江苏、浙江、湖北、河南、安徽、山西、云南等省的出版集团，多数集编、印、发于一体，形成了完整的出版产业链。经过几年的探索，出版集团化建设的成效进一步显现。至2010年，经批准的中央和各省（自治区、直辖市）以及副省级城市各类新闻出版集团共有120家，其中出版集团31家、报刊集团47家、发行集团29家、印刷集团13家，拥有资产总额3234.2亿元、实现主营业务收入1785.8亿元。出版集团、报刊集团和发行集团拥有的资产总额和实现的营业收入在书报刊出版和出版物发行领域所占比重分别为73.5%和53.8%，"行业龙头"的地位与作用初步显现。

2007年12月，中国出版传媒第一股——辽宁出版传媒股份有限公司挂牌上市交易，为中国出版传媒企业突破行业的限制，进入资本市场，打造综合能力强的大型出版传媒集团创造了条件，也为证券市场增添了新的活力。2006年和2008年，中国出版集团公司先后与河南出版集团和山东出版集团签署战略合作协议，在资本、资源、数字出版、人力等方面开展合作，合作中双方互为股东单位，互相控股参股。此后几年，新闻出版企业上市融资取得新进展。至2010年，皖新传媒、中南传媒、中文天地、天舟文化、当当网多家新闻出版企业相继通过 IPO 或"借壳"方式在国内外上市,使新闻出版业上市公司达到 44 家,其中在上海证券交易所挂牌交易的 12 家、深圳证券交易所 11 家、香港联合证券交易所 8 家、美国纽约证券交易所 1 家、美国纳斯达克 12 家,以当日收盘价计算,44 家新闻出版业上市公司总市值达到 5010.9 亿元人民币。

本章小结

雕版印刷术的发明,直接推动了中国刻书事业的兴起,形成了官刻、私刻、坊刻、寺院刻书、书院刻书五大出版系统。五大出版系统互相影响、互相促进,构成了中国古代出版事业的基本格局。在长期的发展过程中,这五大出版体系都为中国古代图书事业做出了不同的贡献,在古代文化典籍的传播和保存、文化知识的普及和延续方面起到了不容低估的作用。19 世纪以来,受外国人在华创办的新式出版机构影响,晚清政府也创办了译书馆和官书局,与传统的官刻事业有了明显的不同。特别是 19 世纪末 20 世纪初,中国社会风气日渐开化,国人对新文化和科学知识的需求日渐增加,这些都为出版机构的繁荣提供了市场条件。新生的民族资本家看到出版业有利可图,便在这一方面大力投资,陆续开设新式印刷厂,采用新式印刷技术,创立出版和发行机构。一批初具近代企业性质的民营出版机构便如雨后春笋一般,纷纷成立。进入民国以后,在资本主义经济背景下,民营出版业的主体地位更加突出,出版业市场化程度更加提高,产业化经营更加明显,书报刊出版的数量更是逐年攀升,不少出版物质量上乘,在当时及以后产生了巨大社会影响。其间,中国共产党领导的出版事业逐步发展壮大,为新民主主义革命的胜利发挥了重要作用。新中国成立后,社会主义出版事业走过了曲折的道路,随着改革开放的不断深化走向繁荣,形成了门类齐全的现代出版产业体系。

参考文献

[1] 叶德辉著：《书林清话》，北京：国家图书馆出版社，2009年。

[2] 李致忠著：《历代刻书考述》，成都：巴蜀书社，1990年。

[3] 缪咏禾著：《明代出版史稿》，南京：江苏人民出版社，2000年。

[4] 徐雁著：《中国旧书业百年》，北京：科学出版社，2005年。

[5] 叶树声、余敏辉著：《明清江南私人刻书史略》，合肥：安徽大学出版社，2000年。

[6] 黄镇伟著：《坊刻本》，南京：江苏古籍出版社，2002年。

[7] 徐学林著：《徽州刻书》，合肥：安徽人民出版社，2005年。

[8] 王澄著：《扬州刻书考》，扬州：广陵书社，2003年。

[9] 吴永贵著：《民国出版史》，福州：福建人民出版社，2011年。

[10] 方厚枢著：《中国当代出版史料文丛》，北京：中国书籍出版社，2007年。

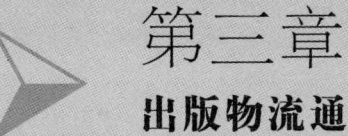

第三章
出版物流通与出版市场

第一节 古代的图书流通
第二节 近代的出版流通及市场营销
第三节 新中国出版物发行业的发展

本章梳理出版流通发展的基本线索，分析不同历史时期出版流通和出版市场的时代特点，以及当代出版发行业的发展趋势。

第一节　古代的图书流通

先秦时期，很少有图书买卖的记载，图书的商品性也无从体现。秦始皇焚书和长期的战乱，使国家与民间藏书遭受了严重的破坏。西汉政权建立以后，非常重视图书的收集和编校工作。尤其是自汉惠帝解除挟书律之后，朝廷和地方藩王的征书活动逐渐展开，图书贸易也在征书活动中渐露萌芽。

一、书肆与槐市

两汉时期出现图书贸易的标志是产生了书肆。西汉汉武帝时，广开献书之路，献书者由朝廷赐赠金帛。东汉光武帝也曾大规模地搜求天下遗书。通过这种征求，民间流通的图书汇集成国家藏书，政府在此基础上进行整理校正，然后再以各种方式流传民间。这种图书流通的模式在促进文化知识传播的同时，也促进了图书商品贸易的发展。

1. 书肆出现与发展

西汉扬雄在他所著的《法言·吾子》中写道："好书而不要诸仲尼，书肆也"。这是我国现存文献中关于书肆的最早记载。可见西汉时期已经有了书肆。书肆的出现并非是偶然的，而是经历了一个从无到有、从小到大、从少到多的发展过程。它的出现是有一定的历史因缘的。

从社会文化层面来看，汉武帝时期兴办太学，置五经博士，向太学生传授儒家经典。到西汉后期，太学生增加到万人以上，从中央到地方建立起一套完整的官学教育系统，教育事业逐渐繁盛。太学生的学习内容以五经为主，到了一定年限，经考核可以在郡国任文学职务，成绩优秀者可在朝廷或地方上做官。影响所及，社会上购求五经者蔚然成风。在这种浓厚的文化氛围中，私学获得了长足发展，许多儒学大师开办私学，讲学授徒。据《汉书·儒林传》

记载，至汉代末年，出现了"传业者浸盛，枝叶蕃滋"、"大师众至千余人"的局面。教育事业的发展刺激了官方和民间对图书的需求，培养而且拓展了图书市场，客观上促进了书肆的产生。

从经济发展状况来看，书肆是商业中的一个行业，商品生产发展到一定程度，才能带来商业的繁荣。西汉初期实行重农抑商的政策，限制商人。汉武帝时期，开始重视商业，认识到商品流通的重要性："商不出则宝货绝，宝货绝则财用乏"。于是"开关梁，弛山泽之禁，是以富商大贾周流天下，交易之物莫不通，得其所欲"。[①] 当时全国已形成若干经济区域，每个区域都有大的商业都市。长安是全国的政治、经济、文化中心，也是全国最繁华的商业城市，有居民40多万，周围65里，有9市、16桥、12门。其中，9市是专门从事商业经营的场所，均在长安城北部，以杜门大道为界，道东设3市，为东市；道西设6市，为西市，凡4里为一市。在每个市中，商人列肆经营，还有专人管理、监督商品的交易活动[②]。在这种商业发达的背景下，我国最早的书肆就出现在长安。除了长安以外，全国著名的大城市还有洛阳、邯郸、临淄、宛、成都、番禺等。这些城市的经济、文化、教育事业都很发达，都是区域性的中心城市，继长安之后，也有可能出现书肆。

从出版活动自身来看，书籍数量的增多为图书交易提供了现实的基础。西汉初期以来，国家多次征集图书并组织人员整理国家藏书。经过百余年努力，国家藏书"堆积如丘山"，无论是数量还是质量都非常可观。此外，西汉时期的很多学者也从事著述，使得图书编纂领域不断扩大，著述数量迅速增多。流行于西汉时期的图书数量，仅《汉书·艺文志》就著录596家，13269卷。这些图书通过抄写复制流传到民间，进入流通领域，为图书贸易的产生创造了一个重要的条件，那就是货源。社会上对图书的需求量巨大，且图书的货源充足，二者的结合便产生出以图书交易为业的书肆。

---

① 司马迁：《史记·货殖列传》，中华书局2013年修订本，第3930页。
② 肖东发：《中国出版通史·先秦两汉卷》，中国书籍出版社2008年，第188—190页。本部分材料多取自该书，以下未及一一注释。

在上述因素的共同促进下，书肆便在西汉后期的长安城中出现了。历史文献中关于西汉末年书肆的记载并不多，这也说明，书肆虽然已经产生，但尚处于零星分布状态，还不是很普遍。

进入东汉以后，情况发生了很大的改观。汉光武帝中兴不久，商业逐步繁荣，尤以都城洛阳最为发达，文教事业也随之蓬勃兴起，据班固《东都赋》描绘："四海之内，学校如林，庠序盈门"，一定程度上反映出当时文教事业的兴盛。东汉孝质帝本初元年（146年），仅游太学者便有"三万余生"。民间教育事业已较普及，一个书馆"小童百人以上"。至于民间经师"著录"的生徒，少者数百，多者数千，有的达万人。商业的繁荣和文化教育的发展，催生了书肆的大量出现。而书肆的大量出现，反过来也进一步推动了图书的流通和利用。据《后汉书·王充传》载，王充"少孤，乡里称孝。后到京师，受业太学，师事扶风班彪。好博览而不守章句。家贫无书，常游洛阳市肆，阅所卖书，一见辄能诵忆，遂博通众流百家之言"。这段记载，反映出东汉前期书肆在图书流通和利用方面的作用。《后汉书》关于这方面的记载还有很多，如《后汉书·荀悦传》谓东汉末年秘书监、史学家荀悦年轻时"家贫无书，每之市间，所见篇牍，一览多能诵记。性沉静，美姿容，尤好著述"；《后汉书·刘梁传》载汉桓帝时期任尚书郎的刘梁虽为"宗室子弟，而少孤贫，卖书于市以自资"。从以上几段故事可以看出，两汉时期的书肆是适应民间教育事业普及和文化学术思想发展的产物，也是商品生产和交换不断发展的必然结果。这些书肆多出现在商业比较繁荣、文教事业比较发达的城市中，西汉如长安，东汉如洛阳都是书肆的聚集地。书肆的经营者多是民间书贩，以谋取利润为目的，具备了一定的商品经营色彩，且其经营方法灵活，敞开售书，允许自由阅览，既可招揽读者，又利于贫困知识分子求知自学的需要，客观上起着当时还不存在的公共图书馆的作用，因而受到社会上各类读者的欢迎。书肆的产生和发展，标志着我国图书贸易的正式开展，在出版史上具有重要的意义。

魏晋南北朝时期，北周庾信在《答移市教》中说："希风慕义之士，举袂成帷；卧辙反车之人，摩肩相接。遂使王充阅书之处，远出荒郊；石苞贩铁之所，翻临涯岸，圣德谦虚，未安喧湫。欲令吹箫舞鹤，还返旧鄽。卖卜屠羊，请辞新阓，而交贸之党好留，豳岐之众难遣。"[1] 这段话写作的背景是，当时的市场按照旧规必须集中在城里，然而随着工商业的发展，商户们为了经营方便、招揽顾客，希望政府突破陈规，把市场迁到市外交通要道等商旅往来频繁的地方，朝廷官员对此意见不一，往往发生辩论。庾信的《答移市教》便是陈述自己反对移市的理由，其中"遂使王充阅书之处，远处荒郊"一句，非常清楚地说明当时市场上已有书肆，而且庾信将"阅书之处"和"贩铁之所"、"卖卜屠羊"并列说出，表明书肆十分常见。庾信在北周为官，文中所说的"阅书之处"指的是北周都城长安的书肆，而当时长安的商业比起洛阳、建康尚有差距，与长安发展水平相近的都市还有不少，由此可以推断魏晋南北朝时期书肆在城市已相当普及，到书肆购书已成为市民生活方式的一部分。

2. 槐市

西汉末期和王莽新朝时期，在长安太学附近，还出现了我国最早的书籍集市——槐市。

西汉平帝幼年登基，由大司马王莽辅政。出于夺取政权的需要，为了网络知识分子，王莽下令，在各郡县普遍设立学官，将博士名额扩大5倍，并征召通古文今文经学及天文、历算、兵法、文字、医学等各方面的人才来京师讲学，"前后至者千数"[2]。随着太学生的急剧增多，王莽于汉平帝元始四年（公元4年）在长安城东南郊大兴土木，扩建太学，能容太学生万人以上，可见其规模宏大。这是我国历史上大规模建设最高学府的开始。众多士人和太学生的聚集，扩大了对书籍的需求。于是，在太学附近的槐树林里，形成了包括买卖书籍在内的综合性贸易集市——"槐市"。

成书于东汉末年的《三辅黄图·明堂》对槐市有较为详细的记载：

王莽作宰衡时，建弟子舍万区，……为博士舍三十区。东为常满仓，仓

---

[1] 徐坚：《初学记》卷24，中华书局2004年。
[2] 司马光：《资治通鉴》卷36，中华书局2005年点校本。

之北为槐市，列槐树数百行为队（隧），无墙屋，诸生朔望会此市，各持其郡所出货物及经传书记、笙磬乐器，相与买卖，雍容揖让，侃侃訚訚，或论议槐下。

另据《艺文类聚》卷88云："（槐市）其东为太学宫门寺。南出，治令丞吏诘奸究理讼词，五博士弟子员三百六十六，经三十，博士弟子万八百人……。学生同舍，行无远近皆随檐，雨不涂足，暑不暴首。……学中有市有狱，光武东迁，学乃废。"可见，设立槐市既是王莽文教政策的措施之一，也是太学事业发展的直接结果。槐市的经营与民间贩卖者经营的书肆有鲜明的差异：首先是定期举行，每半个月举行一次；其次是参与主体身份比较集中，都是长安太学生；其三是买卖物品并不局限于图书，还包括"笙磬乐器"以及各地特产等；其四是兼具交往论学的功能，所谓"雍容揖让，侃侃訚訚，或论议槐下"；其五是受到政府的直接影响和监督，政府设有专门的机构来管理槐市。也就是说，槐市并非纯粹的商业交易市场，还保有浓郁的文化气息，读书人云集在一起，进行学术思想交流，购求"经传书记"等物品，对于图书流通贸易的发展起到了积极作用。更始元年（公元23年），刘玄所部攻陷长安，王莽政权崩溃，长安太学在战乱中解散，槐市随之消失。槐市的存在虽然只有短短的20多年，但在历史上的影响十分深远。南朝梁文学家萧统的《讲学碑》曾有"啐玉容而经槐市"之语，北周文学家庾信有"壁池寒水落，学市旧槐疏"的诗句，而唐代骆宾王、刘禹锡等人也在诗作中多次提到槐市，将其作为一种文化的象征加以吟颂。

除了上述商品性较强的图书流通方式以外，两汉时期的图书流通方式还有口耳相传、师徒授受、征召天下、皇帝赐赠、颁行天下、宣示公众、互相借阅等方式。与书肆、槐市买卖相比，这些流通途径基本没有商品色彩，但在图书的传播和知识的普及方面也功不可没。

二、佣书与经生

两汉以后，随着书籍开始以商品的形式进入社会流通领域，不仅产生了专门进行书籍买卖活动的场所，而且出现了依靠传抄复制图书谋生的专门职业。

佣书是图书事业发展过程中的重要阶段，对图书出版业的发展具有不可忽视的作用。因为在雕版印刷术发明以前，书籍的复制是由人工抄写来实现的，抄写复制的过程既是书籍生产的过程，也是书籍传播和流通的重要方式。汉武帝时期曾置写书之官，专门负责抄录复制图书。汉成帝时，诏刘向大规模整理图书，更需要佣书人替他们抄写复制。在对图书的社会需求逐渐增长的情况下，很有可能出现以传抄复制图书为职业的人。不过，现有文献对西汉时期的佣书人少有记载。到了东汉，由于读书人的购书需求日增，从事抄书行业的人也逐渐增多，抄录图书成为一种专门的职业，史称"佣书"。

东汉以来的佣书有两种情况，一是为官府抄写书籍，每抄写一部书可获取一定的佣金，成为当时文化人藉以谋生的一种手段；另一种是自己在市场上代人抄写书籍，或选择具有市场需求的书抄写复制，直接在市场上销售。佣书人一般都是家境贫寒的读书人，以佣书为业，维持生活，收入还比较可观。有的人还因佣书积累了渊博的学识，为以后的人生选择打下了基础。东汉名将班超年轻时曾经以佣书为业，成语"投笔从戎"即出自班超的佣书故事。班超，字仲升，陕西扶风平陵人。父班彪，作《史记后传》，早亡。兄班固因整理父亲的遗稿，以"私改国史"罪入狱，从此家道中落。少年班超因"家贫，常为官佣书以供养"。他上书为其兄编史辩护，使得班固终于获释，诏为兰台令史，迁校书郎。据《后汉书·班超传》记载，汉明帝有一次到东观藏书阁视察，召见班固，询问班超从事何职。班固说："为官写书，受值以养老母。"这里所讲的为官佣书，即为东观藏书阁抄写书籍，计件取薪。班超"久劳苦，尝辍业投笔叹曰：'大丈夫无他志略，犹当效傅介子、张骞立功异域，以取封侯，安能久事笔砚间乎？'左右皆笑之。超曰：'小子安知壮士志哉？'"后来，他果然丢掉佣书之笔，跟随窦固击败北匈奴，为巩固东汉在西域的统治作出了贡献，被封为定远侯，任西域都护。

除了像班超这样依靠为官府抄书而谋生的"书佣"以外,还有专门以"佣书"为业、自抄自卖的例子。据东晋时人王嘉所撰的小说集《拾遗记》卷6记述,汉安帝时期的琅琊人王溥年轻时家贫,"乃挟竹简插笔于洛阳市肆佣书。美于形貌,又多于文辞。来儭其书者,丈夫赠其衣冠,妇人遗其珠玉。一日之中,衣宝盈车而归。积粟于廪,九族宗亲,莫不仰其衣食,洛阳称为善笔而得富……后以一亿钱输官,得中垒校尉。"这一记载固然属于文学描写,但从中我们可以了解洛阳市肆的佣书状况。随着社会对书籍需求的日益增加,书籍的商品流通不断扩大,以"佣书"为业的人数也不断增加,为市场提供的书籍也越来越多。他们的经营方式灵活多样,抄好的图书可以租赁给读者,也可以提前预订,待抄写完成后再通知读者来取。而当时的书贩受到商业利润的刺激,还经常携带图书,"远出荒郊",前往儒生聚集的地方销售,以致成为书市。

两汉时期的"佣书"活动,提高了当时图书的再生产能力,促进了图书流通和图书贸易,为文化知识的传播做出了贡献。此外,"佣书"活动是手写复制图书,写书不是为了自己研习,而是为了获利,这与后来的出版者在性质上是相同的。因此,佣书人的出现,对古代图书出版业的发展有着不可忽视的作用。

魏晋南北朝时期,纸张逐步流行开来。由于纸轻薄便宜,进一步刺激了图书的社会需求,但是当时可以高效批量复制图书的雕版印刷技术尚未发明,大量的图书复制工作还得靠人工抄写完成,书写材料的改进和复制技术落后之间的矛盾日益突出。在这种情况下,图书抄写迅速发展成为一个需求量很大的行业,为不少出身贫穷、掌握书法和具有学识的读书人带来了就业机会。随着文化的融合和发展,自东汉以来被称为佣书人的群体当中,分化出一批专门抄写佛经的人员,被称为"写经生",在古代文化典籍的传播保存方面起到了很大作用。

佛教传播的重要渠道是佛经的翻译和复制,这项工作起初主要靠佛教徒来完成。到了南北朝时期,佛教的影响深入民间,人们开始尝试以功德主的身份花钱写经,以表达自己的虔诚,把向佛祖请求的种种愿望巧妙的放在抄写佛经的题记中。信徒之间互相效仿，很快蔚为风气。一般认为信徒表达虔诚的最好方式是亲自抄写佛经，经卷抄成之日，便是愿望实现之时。但是由于那时教育不普及，文盲很多，还有大家世族和整日劳碌的商贾之人，不愿或者没有时间来抄写经书，只有找人代笔，再把写好的经卷舍入寺庙。最初，代人写经的是寺庙的和尚，之后一般读书人也参与进来，一部分抄写普通图书谋生的"佣书人"也转而受雇写经，使得写经逐步成为一种职业，造就了一批职业的写经人。写经人习惯在抄好的经卷上落款"经生"，后人便称其为"写经生"。雇主经常把发愿的灵验与否归责于写经生心境的虔诚程度、书写态度、书写水平等方面，对写经生要求苛刻。寺庙对供奉的经卷要经过严格审查才予以接受，加上写经生本人也有佛教信仰，因此他们在写经时承担的宗教、技能等各方面的压力比一般佣书人要大得多，抄写过程严谨，须一丝不苟才能完成职责。由于写经的专指性较强，人们一般不把写经生视为佣书人，二者是分工不同的两种人。写经生的"经"特指宗教经典，佛教兴起时指佛经，后来道教兴盛时又包括道经，但不包含儒家经典。

这一时期，佣书人和写经生数量众多，绝大多数人地位低下，默默无闻的抄写了一辈子书。但也有少数幸运者从佣书发迹，后来成为著名学者或者朝廷重臣，青史留名。据《三国志·吴书·阚泽传》载，吴国的阚泽"家世农夫，至泽好学，居贫无资，常为人佣书，以供纸笔，所写既毕，诵读亦遍。追师论讲，究览群籍，兼通历数，由是显名。"这里所说的"常为人佣书"，主要是为经营书肆的人抄书，或为私人藏书家抄书。因为这一时期出现了私人藏书家，如建安七子的王粲就有藏书万卷。藏书家藏书的主要来源之一，就是请佣书人来抄写。阚泽人非常聪明，抄写一本书，也把内容背诵下来了。由于他勤奋好学，精明能干，被孙权任命为吴国尚书，后来又升任为中书令、加侍中、太子太傅，"每朝廷大议，经典所疑，辄谘访之。以儒学勤劳，封都乡侯。"另据《魏书·崔亮传》载，崔亮"居家贫，佣书自业"，其堂兄看他夜以继日抄书出售，十分辛苦，收入微薄，就劝他投奔在朝廷做官的亲戚。崔亮回复说："弟妹饥寒，岂可独饱？自可观书于市，安能看人眉睫乎！"

后来他终于佣书成才，被北魏高祖聘为中书博士，"俄为太子中书舍人，迁中书侍郎，兼尚书左丞"，去世后被诏赠散骑常侍、车骑大将军。至于写经生群体，以南朝刘宋的陶贞宝较具代表性。南朝时期由于统治者的崇奉和提倡，佛教势力进入鼎盛时期。南朝建有佛寺2000余处，仅都城建康就有500余处，大量的佛教之经、论、律，需要抄写复制。陶贞宝"善隶书，家贫，以写经为业，一纸直价四十，书体以羊欣、萧思话为法"。刘宋时期，一匹麻布值500多钱，"一纸直价四十"，那么写经12张纸可以赚到一匹麻布[①]；羊欣、萧思话都是东晋著名书法家，陶贞宝写经仿照著名书法家的笔体，可见这是一项对书法有较高要求的工作。上述佣书人有个共同特点，就是青少年时家贫，以佣书自给。他们常年抄写各类书籍，辛勤笔耕，终于成才，官居要职，名列青史。这也是魏晋南北朝书业史上的一种独特现象，到了隋唐时期，实行科举制度，以佣书为业的人就难以入仕了。

三、图书市场与书业中心的形成

魏晋南北朝时期，由于政权割据，朝代更替频繁，都城的兴废和迁移节奏也比较快，南方和北方都巩固或新兴了许多政治中心和商业都会。这些数量众多的大都会物资丰富，商贾云集，市场星布，书籍流通形成相当的规模。

1. 洛阳图书行业的繁荣

书业中心的形成，既是图书生产繁荣的标志，也是图书流通发达的标志。东汉时洛阳作为全国的政治、经济、文化中心长达160年，在各个方面都无可争议地处于独占鳌头的地位，也是当时世界著名的经济文化中心之一。然而从董卓之乱起，洛阳为战争所累，屡经劫难。自曹丕称帝到西晋统一，洛阳复为首都，久无战事，繁华再现，"其民异方杂居，多豪门大族，商贾胡貊，天下四会，利之所聚"。西晋完成统一大业后，洛阳更是"纳百万而罄三吴之资，

---

① 周少川等著：《中国出版通史·魏晋南北朝卷》，中国书籍出版社2008年，第307页。本部分材料多取自该书，以下未及一一注释。

接千年而总西蜀之用"，"八方翼翼，公私满路，近畿辐辏，客舍亦稠"。[①]从北魏孝文帝太和十九年（公元495年）迁都洛阳起，到东魏孝静帝天平元年（公元534年）移都至邺止，洛阳又一次崛起为北国名都。据北魏杨衒之撰《洛阳伽蓝记》所载，北魏洛阳城"东西二十里，南北十五里"，居民多达10.9万户，共有22个里坊，不仅有马市、金市、阳市，还新设了大市、小市和四通市。四通市位于城南宣阳门外，靠近洛水上的永桥，因而民间又叫永桥市。当时洛阳有金陵、燕然、扶桑、崦嵫四馆与归正、归德、慕化、慕义四里，专门供给外国使臣、客商及四方归附之人居住，"附化之民，万有余家"，"天下难得之货，咸悉在焉"。四通市恰在此四馆四里之侧，因而是一个国际贸易市场，奇珍异宝，纷然杂陈。

　　洛阳的图书发行业萌芽很早，在东汉时就有书肆和佣书。如前所述，学者王充"常游洛阳书肆，阅所卖书，一见辄能诵忆，遂博通众流百家之言"；王溥佣书的事迹也是发生在洛阳。魏晋南北朝时期，洛阳的图书发行业得到了进一步发展，图书贸易十分活跃。这可以从几个方面反映出来：

　　一是广采博收充实国家藏书。西晋代魏，定都洛阳后，承继了曹魏的国家藏书。又通过灭蜀得到了蜀国所藏典籍。公元280年，晋军灭吴。晋将王濬自蜀率水军沿长江东下，势如破竹，很快攻入建康，吴帝孙皓投降。王濬是一位儒将，入城后首先"收其图籍，封其府库，军无私焉。帝遣使犒濬军"。当西晋六路大军在建康会师后，晋军把吴宫藏书全部运往洛阳，受到晋武帝的嘉奖。在晋武帝的倡导下，各地政府也纷纷向中央呈献典籍，并沿习成风。晋惠帝曾接受裴頠建议，刻石写经，所写经书藏于三阁。另外，西晋初年，中国图书史上还发生了一件大事，那就是汲冢竹书的出土和整理。咸宁五年（公元279年），"汲郡人不準掘魏襄王冢，得竹简小篆古书十余万言，藏于秘府"。由于他发现竹简后焚烧了不少，只剩余数十车，被抢救到洛阳，在那里进行整理和重抄。这样，西晋王朝通过承袭曹魏官藏，收蜀吴图籍，从地

[①] 转引自周少川等著：《中国出版通史·魏晋南北朝卷》，第418—419页。

方搜集图书，以及组织抄书、意外得书等方式奠定了皇家藏书的基础，藏书达到29945卷，超过了三国的藏书量之和。以后定都洛阳的王朝也多数实行广集图书的政策，如北魏孝文帝迁都洛阳后，下诏"求天下遗书，秘阁所无，有裨益时用者，加以优赏"。又派人编制《魏阙书目录》，向南齐借书抄录，充实秘阁藏书。北魏宣武帝于永平三年（公元510年），也曾"诏重求遗书于天下"。由于历朝对图书事业的重视，洛阳的藏书在和平时期一般都能保持较大的规模，成为开发不尽的出版资源，为旧书的复制、流通和新书的创作、编撰创造了条件。

二是产生了许多传世之作。洛阳作为历史名都、政治中心和文化中心，吸引众多时贤荟萃于此，图书创作者的阵容十分强大，他们的名作自然也多由洛阳传抄而流布天下。例如陈寿在这里写成《三国志》，司马彪在这里写成《后汉书》；文学领域，"建安七子"在这里刮起"建安诗风"，嵇康和阮籍在这里推行"正始文学"。尤其是在晋武帝太康年间，洛阳的人才密集令人赞叹。据钟嵘《诗品》论及，当时"三张（张载、张协、张亢）、二陆（陆机、陆云）、两潘（潘岳、潘尼）、一左（左思）勃尔复兴，踵武前王，风流未沫，亦文章之中兴也"。文章之中兴势必带来图书出版发行业的中兴。除了上述名流，"竹林七贤"、"金谷二十四友"也都聚居于洛阳，经常往来切磋，吟诗作赋。洛阳的文化底蕴深厚，豪门密集，王公贵族无不追慕风雅，文坛佳作甫一问世便竞相传抄，一睹为快。西晋左思的《三都赋》和北齐邢邵的美文都是先被炒得洛阳纸贵，然后才风靡全国。

三是私人藏书带动市场繁荣。定都洛阳的各朝，都出现了不少藏书家，有的藏书家终生清贫，将绝大部分的薪俸都用来购买典籍，藏书往往在万卷以上，仍有搜求未尽之憾。这表明作为全国文化中心的洛阳的图书发行业相当发达，不仅有书可买，而且质量较高，品种很多，纵是倾其终生资财，也难以将所有的图书一网打尽。如西晋官至司空的张华，所得几乎都用于搜购图书。他搬家的时候"载书三十乘"，藏书规模为全国私藏之冠。张华一生雅爱书籍，"身死之日，家无余财，惟有文史溢于机箧"。北魏末期的秘书监常景也常在洛阳倾资购书，史载他"清俭自守，不营产业，至于衣食，取济而已。耽好经史，爱玩文词，若遇新异之书，殷勤求访，或复质买，不问价之贵贱，必以得为期"。

四是书籍设计形式多种多样。西晋的秘书监荀勖对图书的保管和设计十分重视，曾提出用浅黄色的丝织品来书写，书成后放入淡青色的丝织品袋中。这个时期，纸已经开始在社会生活中广泛应用，也是抄书的主要材料，荀勖提出的图书设计方案，抄写和装帧的材料不用纸而用丝织品，这不是针对一般图书而是针对秘书监收藏的图书而言的，按照这个要求生产的图书可以称为豪华书、精装书，通行的纸本书则可称为平装书。其中晋朝的葛洪发明的巾箱本曾广泛流传，巾箱是当时人们放置头巾或其他零碎杂物的小箱子，能装在这种箱子中的书开本很小。所以，巾箱本实际上是一种微型书，是袖珍书、口袋书的滥觞，后世刻印的小开本图书习惯上也称为巾箱本。由以上两个例子，可见当时洛阳市场上的图书形式丰富多样，既有豪华书，又有微型书。此外，洛阳的书肆上还有许多珍本。北魏的散骑常侍崔鸿为撰写《十六国春秋》，经常到书肆"搜集诸国旧史"作为参考资料，历时 7 年成 95 卷，"唯常璩所撰李雄父子据蜀时书，寻访不获，未及缮成"。20 年后，崔鸿之子崔子元终于在洛阳书肆"访购始得"李翊《蜀书》，以之为参考，对父亲未完成的著作加以补充改写，最终以 102 卷的篇幅完成了《十六国春秋》。

2. 建康图书发行业的兴盛

秦汉时期，我国的政治中心和经济中心都在北方。魏晋南北朝以后，南方的开发速度加快，一些商业都会迅速发展起来，有的后来居上。如建康（又名建业、建邺，即今南京）是东吴、东晋以及宋、齐、梁、陈六朝的首都，也是南方新兴的最大的商业都会。自孙权于建安十六年在这里建都，改名建邺后，民户渐实，商业繁盛，揭开了建康"六代繁华"的历史篇章。建康不仅成为江南的政治文化中心，也发展成为重要的商业贸易中心。东晋南朝时，建康的经济得到进一步发展，市场更为繁荣，形成了众多的商业区，大市、小市星落棋布，列肆、店铺鳞次栉比，书肆比较集中，尤其是城东市场的朱

雀航附近，史书多次提到。另外六个朝代的国家文化机关都设在这里，包括主管国家图书事业的机构秘书监、开展高等教育的国学馆等，这些机关都是用书和著书的大户，它们既是最大的图书消费者，又是活跃的图书的创造者。这样，商业中心和文化中心相结合，使得建康的图书生产和流通形成了良性循环，成为名副其实的书业中心。其突出表现有三点：一是公私藏书充实。定都建康的历代统治者重视图书的收集和复制。东晋开国之初，晋元帝在宰相王导的建议下，采取"鸠集遗书"的政策，多方搜集图书。萧衍称帝后，下诏向民间收集图书。宋文帝时，曾召集人员抄写图籍，以补秘阁遗阙。政府组织的征书、抄书，对社会上图书复制和发行业的崛起具有鼓励和推动作用，抄书、卖书风气因之日盛。由于政府的大力征集和组织抄写，建康的图书数量增长很快。梁朝政府分类典藏图书，以文德殿列藏众书，以华林园集中佛典。除了官方收藏，私藏也非常殷实。据统计，南朝文献确切记载的藏书家有46人，超过北朝的34人和魏晋的22人。藏书万卷的藏书家多集中在建康，如梁朝的太子萧统、大臣沈约的藏书都在3万卷以上。[①] 私藏图书大部分得于市上，其数量的增加，直观地反映了当时书肆图书发行的规模之大。另一方面，私藏的图书若有书肆所无的品种，还会成为大量复制的对象，孤本和新作一样是图书生产、发行的源头。

　　二是书肆生产的图书品种丰富。南朝齐江夏王萧锋自幼练习书法和绘画，热爱读书，兴趣广泛，于是便暗悖"诸王不得读异书"的旨意，偷偷派人到市里街巷搜集购买书籍，几个月就购得一大批。由此可见，即便在当时南北战争气氛紧张的时候，建康的书肆仍然遍及市里街巷，且品种丰富，有图有籍。建康书肆上所售图书品种甚多，东晋初，藏书家梅颐卖给秘府一部《古文尚书》，唯缺《舜典》一篇。180年后，南齐建武三年（496年），名儒姚方兴于建康朱雀桥"市得其书，后列为国学必修之书"。失传近两个世纪的书竟能在建康的书市上再次找到，建康书市上图书品种丰富的程度可见一斑。另据《梁

---

① 周少川等著：《中国出版通史·魏晋南北朝卷》，第423—426页。

书·傅昭传》载，傅昭少时曾"随外祖于朱雀航卖历日"。朱雀航就在建康，可见日历等俗杂实用的生活用书曾充斥于当时建康的图书市场。以此推见，史书、佛经、道经、类书、地理书、总集、别集等这些具有时代特点的图书，当是建康图书市场上具有号召力的重要图书品种。建康图书品种的丰富不仅反映在内容上，还反映在形式上。据《南史·萧钧传》载，齐高帝之子萧钧"常手自细书写《五经》，部为一卷，置于巾箱中，以备遗忘。侍读贺玠问曰：'殿下家自有坟素，复何须蝇头细书，别藏巾箱中。'答曰：'巾箱中有《五经》，于检阅既易，且一更手写，则永不忘。'诸王闻而争效为巾箱《五经》。"另据梁元帝《金楼子·聚书篇》自述，他也有收藏巾箱本的习惯，曾"聚得细书《周易》《尚书》《周官》《仪礼》《礼记》《毛诗》《春秋》各一部。……合六百三十四卷，悉在一巾箱中，书极精细。"巾箱本既然在皇室贵族中那么流行，上行下效，在建康书市上可能也热销一时。

三是教育的发展促进了图书发行。开展教育和学术活动需要一定数量的图书，图书事业的繁荣又必然会促进教育和学术的发展，二者互为促进，使得建康的图书事业走向繁荣。由于以建康为代表的南方城市的图书生产和发行能力日趋强大，南朝的教育和学术创作活动大有起色。宋文帝元嘉年间，开始在建康兴办国学，分设玄、儒、文、史四个学馆，打破两汉魏晋以来中央高等官学仅以儒家经典为内容的局限性，扩大了学科设置的范围，某种程度上可以说是开创了分科大学之先例。梁天监四年（公元505年），梁武帝又下诏开设五馆，学生人数多达500人。如果没有种类繁多、基础雄厚的官府藏书作为后盾，如果没有稳定强大的图书复制和发行队伍源源不断地提供各种教材和参考资料，政府是没有能力开设四馆、五馆这样大规模的国学的，即便勉强开设，也很难维持下去。不少学馆出身的学生后来都接下了文化传承的薪火，创作出了新的著作，如协撰《宋书》和撰写南京最早地记《丹阳记》的山谦之就是史学馆培养的学生。

由于建康图书行业兴盛，文献充足，在建康优越的读书环境中，士人们通过讲学、听讲大量接触图书，见闻日广，自然会引发创作的冲动，以《文心雕龙》《文选》《华林遍略》为代表的诸多名篇巨著纷纷问世。这一方面是作者潜心钻研的结果,另一方面应归功于建康图书发行业的繁荣,可以说图书发行业对教育和学术文化的促进作用在建康得到了充分体现。

图 3.1 《文心雕龙》书影

除了洛阳和建康,其他城市的图书贸易也比较活跃。在北朝,曾是北魏的大城市和东魏、北齐都城的邺城,其书肆也具有相当的规模,销售的品种较多,不仅有儒家经典和诸子百家书,而且不乏通俗读物,如东魏的阳俊之写的内容庸俗的六言歌辞《阳五伴侣》就颇为畅销。北魏时期的长安和晋阳是一方都会,图书贸易也较活跃。平城是北魏的旧都,随着鲜卑族的日益汉化,那里也出现了书肆。从平城至怀朔镇(今内蒙古包头市境内)这一东西古道上也开始出现图书买卖活动。在南朝,荆州的图书事业繁荣,梁元帝在这里担任刺史时,广采博收,得书甚多。成都的书业也很有名,西晋文学家左思在《三都赋》中描述成都:"市廛所会,万商之渊,列隧百重,罗肆巨千,贿货山积,纤丽繁星"。在"罗肆巨千"中就包括书肆,北朝人往往通过成都购买南朝的书籍。寿春和襄阳位于南朝北部边境,是南北互市的枢纽。南朝撰注、复制的大批图书（包括佛经）经常通过这两个城市的书肆流通到北朝境内。北魏的辛术就在寿春买去大批图书。梁代邵陵王萧纶长期驻守寿春，聚书两万卷，有不少书籍也是在寿春购买的[①]。

3. 图书流通的主要渠道

魏晋南北朝时期，随着都市的快速发展，市场规模不断扩大，书肆逐步发展成为图书生产和销售的主要渠道。鉴于书肆上图书的存量和藏书家的藏书数量有一定关系，有学者对魏晋南北朝时期文献确切记载的藏书家进行了统计，得魏晋22人，北朝34人，南朝46人，共计102人。这一数字，是两汉时期藏书家人数的四至五倍，藏书万卷的藏书家屡见不鲜，沈约、萧统等人的藏书的最高记录突破三万，梁元帝萧绎号称藏书八万卷之多。如此多的藏书从何而来，购于书肆无疑是重要的途径。晋朝的司空张华、北魏的秘书监常景等都是朝中名臣，俸禄不薄，以毕生之资尽数购书，仍不尽兴，可见当时书肆中图书存量大、品种繁，书价也较高。

除了设肆售书之外，流动贩卖也是魏晋南北朝图书流通的一种重要渠道。这一时期虽然政权割据，但商品流通依旧保持着相当活跃的态势，水陆交通事业比较发达。特别是以长江和丝绸之路为主干构成的覆盖全国的交通网，流通着各类商品，活跃着各色商人，其中也包括书商书贩。据《北齐书·祖珽传》载，祖珽"事文襄（高澄）。州客至，请卖《华林遍略》"。这里的"州"指的是扬州，扬州的书商把图书运到北朝东魏的邺城来贩卖，足见当时的书贩行踪之远。由于流动贩卖付出的劳动多，成本高，风险大，常见的一般的图书长途贩运无利可图，所以行商多选择珍贵的、有价值的、有代表性的大型图书来贩运，如上面提到的《华林遍略》就是由梁武帝亲自监修的代表南朝文化繁盛的当时最完备的大型类书。卷帙众多的《梁武帝集》也被贩卖到北方，在北朝北周的宫廷能够见到，梁武帝的后人萧大圜被北周明帝召为学士，入长安麟趾殿，见其先人所著《梁武帝集》40卷、《简文集》90卷，"乃

[①] 郑士德：《中国图书发行史》（增订本），中国时代经济出版社2009年，第115页。

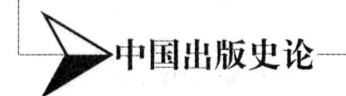

手写二集，一年并毕，识者称叹之"。不仅南朝的书通过行商贩卖到北朝，北朝的《修文殿御览》和《齐民要术》《颜氏家训》等名著也被贩运到南朝。这些图书的南贩北运对文化交流、民族融合和增强中华民族的凝聚力发挥了重要作用。

四、隋唐五代时期的图书流通

隋朝统一全国，结束了分裂的局面，使南方与北方的文化合流，扩大了图书流通范围。唐朝建立以后，开启了我国封建社会经济文化最繁荣的时期，图书贸易出现了繁荣的局面。

1. 官方和市场推动下的图书流通

隋开皇三年（583年），时任秘书监的牛弘上表隋文帝，提出"猥发明诏，兼开购赏"，"勒之以天威，引之以微利"，以广开献书之路的主张。隋文帝采纳了牛弘的建议，"分遣使人，搜访异本"，形成了大规模的图书流通活动。进入唐朝以后，以京师长安为中心，形成辐射全国的交通网络，为图书的流通创造了有利条件。这一时期除了皇帝颁赐图书、自下而上的献书和借阅图书等流通方式之外，图书作为商品进入市场流通的规模尤其可观。依据购买主体，又形成了官方购书和私人购书。根据文献记载，唐朝官方曾多次进行大规模的购书活动。如唐高祖武德年间，令狐德棻首先提倡购置图书的主张，被唐高祖所采纳。唐太宗贞观年间，魏征、虞世南、颜师古等相继为秘书监，提出"购天下书，选五品以上子孙工书者为书手，缮写藏于内库"。安史之乱以后，唐肃宗、唐代宗也曾多次诏令购书，并专门制定了书价，委派特使到书业发达的江淮地区和各府县搜访购置[①]。

至于唐代私人购书，有历史记载的事例更是不胜枚举。甚至可以说，文人学者无不参与书市贸易活动。据有学者统计，《全唐诗》涉及图书市场交易的诗句颇多，杜甫的《陪郑广文游何将军山林》就有"尽捻书籍卖，来向

---

① 曹之：《中国出版通史·隋唐五代卷》，中国书籍出版社2008年，第331—333页。

尔东家"的记述。当时的售书渠道，有行商也有坐贾。唐玄宗曾有《禁坊市铸佛写经诏》，其中提到"开铺写经"，也就是在固定地点开设店铺，抄写、售卖佛经。许多书铺继承魏晋以来书肆开架售书的传统，允许读者就市阅览。许多人也像汉代的王充一样，靠着到书铺借读而成才。

五代十国时期，战乱频繁，但图书流通活动并未因战争而中断。这一时期，图书市场依然十分活跃。据司马光《资治通鉴·后唐纪六》载，后唐宰相冯道主持刊刻监本《九经》完成以后，即请求"刻板印卖，朝廷从之"。正是因为采取了这种方式，《九经》在五代十国的乱世之中才得以"传而甚广"。据吴任臣《十国春秋》载，庐陵人彭玕曾搜购汉代的《熹平石经》，"十金易一笔，百金易一篇"，可谓天价。此外，颁赐、借阅等传统的图书流通形式在这一时期也多有记载。

2. 长安图书贸易的繁盛

隋唐时期的长安（今西安）作为都城，既是全国的政治、经济、文化中心，也是全国的书业中心。这里既是图书出版中心，也是图书贸易中心，聚集了众多书商。在唐代，长安逐步发展成为国际大都市，城区由十四条东西大街和十一条南北大街纵横交错，分成若干方块，这些方块被称为"坊"。长安城的东西两面各有一个大型集贸市场，分别叫做"东市"和"西市"，市内同卖一种商品的店铺集中在一起，称为"行"，同行店铺多者可达数十家。东市有相当于两"坊"大的面积，有220个行业、数千个店铺，各类商品应有尽有。唐代中期出现了"飞钱"，与后来的汇票相似，商人把钱存在高级军官设在长安的办事处，或者其他官僚富豪家里，让他们开个收据，商人凭此收据到异地如数取钱。在长安城内，包括书业在内的各行各业管理有序，呈现出一片繁荣景象。

长安图书贸易的繁荣，与当时文化教育事业的发达密不可分。唐代长安是当时世界上少有的国际教育中心和文化中心。唐太宗时，国子学、太学、四门学的规模不断扩大，学生人数多达260人。四方儒士不远千里，负笈长安，虞世南、欧阳询、刘知几、阎立本、颜真卿等众多文化名人汇聚于此，甚至高丽、百济等周边国家的国王也纷纷把子弟送到长安求学。长安作为京师之地，不仅继承了民族文化的优良传统，而且吸收了印度、波斯、中亚文化的精华。文化的发达推动了长安书业的发展。在这里，史馆、集贤院等政府图书机构开展大规模的图书编纂和抄书活动。作为书业贸易中心，这里的书籍交易场所又所在皆是，交易量也十分可观。据《太平广记·李娃传》载，常州刺史、荥阳公子与名妓李娃相识，坐车出游，"至旗亭南偏门鬻坟典之肆，令生拣而市之，计费百金，尽载以归"。一次买书就花费"百金"，可见买书之多。

长安图书市场的活跃，与隋唐五代时期私人藏书之风的兴起也有着密切的关系。这一时期，藏书家人数较之南北朝时期大幅增多，藏书卷数也随着增多，这些藏书家是书肆的主要服务对象，也是书肆补充货源、增加经营品种的主要渠道。随着经济文化的发展，图书流通范围的扩大，藏书家一代多于一代。载入史籍的藏书家，隋代有5人，唐代有28人。唐代藏书超过万卷的有10余人。初唐的李元嘉是唐太宗的异母兄弟，封韩王，"少好学，聚书至万卷，又采碑文、古迹，多得异本"。中唐时期藏书家李泌，官至宰相，封邺侯，家藏书3万余卷。韩愈作《送诸葛觉往随州读书》诗形容其藏书："邺侯家多书，插架三万轴。一一皆牙签，新若手未触。"李泌的藏书按经史子集分类，用不同颜色的牙签加以区别，后人把邺侯作为古代藏书家的代称。藏书家的图书来源，大部分都是日积月累，通过各种途径买来的。藏书家是书肆的大买主，书肆是藏书家的主要书源，二者相辅相成，推动了图书事业的发展。

除长安外，洛阳、成都、扬州、敦煌等地也是唐代书业中心，这些地方的书市已初具规模，书商之间的竞争相当激烈。

五、宋元时期的图书流通

宋元时期是中国历史上第一次出版业的大勃兴。这一时期的出版业之所以空前发达，与广阔的文化市场紧密相关。归纳起来，宋元出版物的流通方式，主要有朝廷宣赐、书贾经销和外贸出口等几种形式，书业中心也因时事变化而迁移。

1. 官方宣赐价卖促进出版流通

如前所述，中国古代图书的流通，尤其是官刻书籍大多以资治、训导、劝戒、恤民等为目的，所以其流向多是进览、颁赐或庋藏。这是官刻特别是中央官署刻书出版书籍的主要流通方式。

国子监刻印出版经史群书，其用途渊源可上溯到东汉的熹平石经，意在为天下读经之人提供范本。五代后唐长兴三年（932年）二月中书门下奏"请依石经文字刻《九经》印版"。后唐明宗李亶批示"令国子监集博士儒徒，将西京石经本各以所业本经，广为抄写，仔细看读"。然后雇召能雕字匠人各部随帙刻印版，广颁天下。作为敕本广颁天下，也是旨在提供范本，不使经义舛误。宋代尊经崇儒有过于前，国子监校刻经史群书甚多。宋真宗咸平四年（1001年）六月"丁卯，诏州县学校及聚徒讲诵之所，并赐《九经》"①。这样一来发行数量也就很可观了。北宋前后有过三次兴学运动：第一次是范仲淹为相时的庆历兴学，第二次是王安石为相时的熙宁兴学，第三次是蔡京为相时的崇宁兴学。真宗下诏凡"州县学校及聚徒讲诵之所，并赐《九经》"，这非但是得风气之先，也为国子监所刻经书的发行打开了广阔的市场。

此外，"宋时国子监板，例许士人纳纸墨钱自印。凡官刻书，亦有定价出售。今北宋本《说文解字》后，有雍熙三年中书门下牒徐铉等新校定《说文解字》。牒文有"宜付史馆，仍令国子监雕为印板，依九经书例，许人纳纸墨钱收赎"等语②。其实"收赎"并不意味着自印，当是依纸墨成本价花钱自买。因为书板繁重，不可能谁花了纸墨钱，就能立刻为谁清板刷印。必是先期印好，装帧完毕；或是凑多少人要买，再行刷印。所以"许人纳纸墨钱收赎"，实际就是定价出售。当时的判国子监李至曾言，国子监书库官"掌印经史群书，以备朝廷宣索赐予之用，及出鬻而收其直以上于官"，也证明了宋代国子监所刻之书是发卖的。只不过是收钱的方式比较灵活，收钱的目的也只是归于公，看来实行的是收支两条线政策。国子监出版的图籍既然可以发行价卖，则各

---

① 脱脱等：《宋史》卷六《真宗本纪一》。
② 叶德辉：《书林清话》，国家图书馆出版社2009年，第99页。

级各类公署单位出版的图书，也上行下效，照此施行。这表明宋元时期刻书包括各级各类官刻之书，已作为文化产品而进入了商业流通领域。

叶德辉《书林清话·宋监重刻医书》称："吾所藏明仿宋本王叔和《脉经》十卷，前有公牒，略云：'国子监准监关准尚书礼部符，准绍圣元年六月二十五日敕，中书省尚书省送到礼部状，据国子监状，据翰林医学本监三学看治任仲言状。伏睹本监先准朝旨，开雕小字《圣惠方》等共五部出卖，并每节镇各十部，余州各五部，本处出卖。今有《千金翼方》《金匮要略方》《王氏脉经》《补注本草》《图经本草》等五件医书，日用而不可缺。本监虽见出卖，皆是大字，医人往往无钱请买，兼外州军尤不可得。欲乞开作小字，重行校对出卖，及降外州军施行。本部看详，欲依国子监申请事理施行，伏候指挥。六月二十六日奉圣旨，依。钞如右，牒刊奉行'云云。盖当时朝廷本重医学，故请乞必得依行。"[1]这段牒文表明，因朝廷重视医药，期得州郡遍传，大字本劳师费材，成本高，售价昂，医人买不起，不能普救苍生，发行也不普遍，于是改为小字重新镌板印行，这在经销上也是一种新思路。降低成本，降低售价，扩大发行，扩大受众面，既取得了良好的社会效益，也取得了更好的经济效益，是值得借鉴的出版经营之道。

元朝时期，自世祖起，几乎每朝每帝对书籍典章都有宣赐、颁行。据《元史·仁宗本纪》载，元仁宗延祐二年（1315年）八月，"诏江浙行省印《农桑辑要》万部，颁降有司遵守劝课"。那时一次就能印行万部，在今天看来也是不小的印数。显然是国家出钱印刷发行，否则也不易达到这个数字。封建社会向来承认民为国本，食为民天。元朝专设大司农司，主管全国农桑。《农桑辑要》就是大司农司组织孟祺、畅师文、苗好谦等共同编纂的农书。全书七卷，成书于至元十年（1273年），曾经刻印颁行，这是又一次刻印颁行。延祐五年（1317年）九月，"以江浙省所印《大学衍义》五十部赐朝臣"。元仁宗"通达儒术，妙悟释典"，因此这一朝颁赐版印的图籍次数最多，数量也最大。

---

[1] 叶德辉：《书林清话》，国家图书馆出版社2009年，第102页。

颁赐作为一种政府行为，目的是为了政治，并不是要推动书籍的出版发行。但历朝帝命宣赐和颁行的书籍很多，却也成了官板书籍发行流通的重要渠道，客观上促进了书籍的出版发行。这种由皇帝根据各种需要不时宣赐颁行典籍的方式，为历代王朝常行的惯例，宋元时期刻书业的勃兴，官方有了更便利的颁赐条件，因而这一流通方式也就显得更加多见。

2. 坊肆书贾经销

宋代的东京汴梁、杭州、婺州、成都、眉山、广都，建阳的崇化、麻沙等市镇，多是商贾云集，书坊林立，书籍出版流通十分红火之地，这跟宋代"崇文抑武"的基本国策紧密相关。读书应考，考中得第，得第为官，成为社会时尚。文化人一多，藏书、买书者就多。据《宋史·赵安仁传》记载，御史中丞赵安仁"尤嗜读书，所得禄赐多以购书。……三馆旧阙虞世南《北堂书钞》，惟安仁家有本，真宗命内侍取之。嘉其好古，手诏褒美。"另据《宋史·刘仪凤传》记载，刘仪凤于绍兴二年（1132年）登进士第，在朝十年，"俸入，半以储书，凡万余卷，国史录无遗者"。这种为官而又肯买书的事例在宋代举不胜举。正是这一社会群体构成了宋代书籍出版流通的广阔市场，吸引私宅、坊肆竞相刻书，大大繁荣了宋代的出版事业。

进入元代以后，书肆遍布全国各地，往往集选题、出版、发行于一身，实行综合经营。这些书肆熟悉出版的各个环节，每个环节的成本高低、工料多少、售价多寡全能谙熟于心，操作起来得心应手，成为出版物市场营销的主体。而出版物的消费主体，既有有识的官员，有学问家、藏书家，也有平民百姓，蒙童士子。例如朱熹所注《四书》，因适应考试的士子所用，得以频繁刊刻发售。其他类书及帖括经义的书籍也随之不断出版，如《程朱二先生周易传义》《诗传通释大成》《事文类聚》《翰墨全书》《排韵增广事类氏族大全》《联新事备诗学大成》等等，都跟考试用书有关。建阳书坊还刻印出版过一部《群书会元截江网》，不署编纂人姓氏，所收内容都是宋理宗时的程式策论之文，是应付科场的参考书。在这类书中，以建阳书坊刻印出版的《类编皇朝大事记讲义》最为典型。是书23卷，附《中兴讲义》1卷，为元蔡柄编校的，首署黄甲省元等名。目录前镌告白："吕府教授，旧游庠序，惯熟国史，因作监本《资治通鉴》摘其切于大纲者，分为门类，集为讲义，场屋用之，如庖丁解牛，不劳余刃。昨已刊行，取信天下学者有年矣。今旧板漫灭，有妨披览，重加绣梓，视原本大有径庭，幸鉴观。"这纸告白，生动地反映了书坊推销的手段。

元代图书购买的另一大主体也是公私藏书。根据傅璇琮、谢灼华主编的《中国藏书通史》统计，元代的私人藏书家有事迹可考者约有 127 人，分布集中在江浙的有 60 家，占 47.7%，构成了元代藏书家中的骨干，收藏都极为宏富。而各类型的藏书家搜购群书，都离不开书肆作为中介桥梁。据郑元祐《张子昭墓志》载，藏书家张雯"家临市衢，构楼蓄书，自经传子史，下逮稗官百家之言，无不备"。他之所以能"无不备"，就是因为他"家临市衢"，靠近市场，又住通衢，自己亲莅市场选购群书，或书肆掌柜、高徒登门送书供选，都极为方便。明陆深《俨山外集·豫章漫抄》卷二谓："元至正初，史官遣属官驰驿求书，东南异书颇出。时有蜀帅纽璘之孙，尽出其家资，遍游江南，四五年间，得书三十万卷，溯峡归蜀，可谓富矣。""东南异书颇出"，表明浙、闽出版家云集，刻书多，异书当然也就不少，吸引大户之家专程采购。可证藏书家的确是书籍的营销对象，是书籍出版发行的一大流向。

3. 宋元时期的书业中心

宋代是我国出版事业发展兴盛的时代，出版规模宏大，图书数量繁多，刊印精良，流通广泛，前所未有。特别是雕版印刷技术有了大幅度提高，作为一项新的生产力发挥了巨大作用。印刷术的普及有利于宋朝的"以文为治"，以文为治又促进了书坊业的发展。开封、临安、婺州、衢州、建宁、福州等经济比较发达的城市，书坊业比较兴旺。

北宋都城开封即东京汴梁，是全国的政治、经济、文化中心，也是全国的书业中心，相国寺书市是开封图书市场的重要组成部分。汴梁原为五代梁、晋、汉、周四代旧都，北宋也定都于此，称为东京开封府。宋太宗时，开封已经成为全国最大的城市，居民达百万，官府多，学校多，人文学者荟萃，经济繁荣，商店林立，有利于书坊业的发展。唐代城市的坊、市界限分明，各种商品只能在四周有围墙的"市"内列肆出售，营业时间有严格规定。随着生产力的发展，这种封闭型的"市"阻碍了商品流通。从五代到宋初，坊市围墙被拆除，包括书坊在内的各种商店均面街营业，营业时间和营业地址不受官府限制，自由贸易有利于图书商品的流通。开封的书坊多在相国寺东门大街，那时的书坊又称为书籍铺、经籍铺、书铺、书肆，多集编、印、发于一体，刻版印书，设肆出售。宋代名画张择端的《清明上河图》，生动地描绘了北宋开封城的各种景观，其中绘有一家名为集贤堂的书铺，门面上方高挂"兑客书坊"的红边白布店招。从画面看，这家书铺坐落在繁华的街市上，门面全部敞开，店内书架上摆满各种书册。书铺主人站在柜台后边接待读者。这个画面告诉我们，北宋时期书店行业已经有了店名招牌，门面敞开，开架售书。

除了固定的书肆书铺之外，相国寺庙会书市、夜市和民俗节日的图书市场也十分活跃。开封寺院林立，庙会繁多，是销售各种商品的重要市场。书商利用庙会售书，以相国寺庙会最为著名。该寺濒临汴河，寺前门是市内的一个重要码头。寺内场地宽阔，中庭两庑可容万人，每逢庙会，热闹非凡。相国寺庙会每月多达八次：朔（初一）、望（十五）、三（初三、十三、二十三）、八（初八、十八、二十八）。每逢这几个日子，"技巧百工列肆，罔有不集"。《东京梦华录》对相国寺庙会各类商品的销售场所一一做了介绍，其中提到"殿后资圣门前，皆书籍、玩好、图画及诸路罢任官员土物、香药之类"。这表明，资圣门前是以图书为主的文化市场。相国寺书市除出售官刻本和坊刻本外，也出售私刻本。私刻本又称家刻本，是由一些文人自行出资刊印的书籍，出于爱好，不求盈利，也有拿到市上出售的。穆修在相国寺出售自己刻印的书籍就是一例。宋朱弁《曲洧旧闻》载，宋初文学家穆修曾精心收集唐代著名文学家韩愈、柳宗元的散文，倾尽家财刊刻了《昌黎先生集》《柳宗元集》，并亲自到相国寺书市推销甚至赠送，有士人来买但议价不相当，穆修便说："但读得成句，便以一部相赠。"由于态度生硬，经营乏术，一时引为笑谈。不过，穆修是雕版印卖韩、柳文集的先驱，引起了刊印二者文集的热潮。此外，北宋时期的开封，商品交易没有时间限制，繁华商业区的夜市直至三更尽，在夜市上也有书籍出售。《东京梦华录》记载："每日自五更市合，买卖衣物、书画、珍玩、犀玉。"

北宋时期开封书业的繁荣，还催生了流动书商与团行等新的流通渠道。这一时期，开封出现了挑着书担流动售书者，有的还因售书而发迹。如毕良史，字少董，蔡州人。金兵灭北宋，一些文人逃到京师附近的郊县避难，毕良史利用这个机会，搜求京师乱后遗弃的古器和图书，买而藏之。后来，他又把这些古器、图书献给了刚刚成立的南宋朝廷，以此发迹。流动书商对抢救散失多年的古逸书具有重要作用。据《宋人轶事汇编》载，"杨大年，因奏对，偶及《比红儿诗》，大年不能对，甚以为恨。访《比红儿诗》，终不可得。忽一日鬻书者至，有小编，视之乃《比红儿诗》也。自此，士大夫始传之。"杨大年即真宗时两度任秘书监的杨亿，字大年，与王钦若主编《册府元龟》，博览群书，却找不到《比红儿诗》，而流动书商向他提供了这本逸书。

此外，在开封、临安、建宁等书业发达的城市，还出现了行会组织——书业团行，凡是从事书籍刊刻、贩卖的书坊、书肆经营者，都被纳入书商的行业组织。行业的首领称行头或者行老，多由有声望的书坊大户担当。书行的主要任务是维护行业利益，防止不正当竞争，共同占有图书市场，同时还替官府向本行的行户收取捐税，摊派各种劳役。到南宋时期，包括书行在内的各种行业组织仍然存在。

"靖康之变"使北宋国子监等官署辛苦经营百余年的书版，被金兵作为战利品掠去。南宋王朝偏安一隅，国子监等官办书业失去了前朝的辉煌，但地方民间书坊业有了进一步发展，浙江杭州、福建建宁、四川成都成为三大书坊业中心。

杭州在五代时便是吴越的王城。建炎三年（1129年）宋高宗升杭州为临安府。绍兴八年（1138年）正式定都于此。一时北方的官僚、地主、商贾、僧侣和广大黎民百姓，纷纷避地南来，使杭州人口陡增。在此后百余年间，人口增长二三倍，咸淳《临安志》统计有124万多人，成为十二三世纪人口众多、屈指可数的大都市。南宋政府在扩建都城、皇宫的同时，还拓展了临安城郭，最终形成了南跨吴山，北抵武林门，左接钱塘江，右接西子湖的宏伟大城。杭州的文教事业本来就很发达，每个里巷都有一两所家塾、舍馆，"弦诵之声，往往相闻"。绍兴十三年（1143年）复建太学于此，学生最多时达2000余人，为发展书坊业提供了十分有利的条件。

南宋时期杭州书坊业大多设在繁华的街区，前肆后坊，印书和出售一体化经营。迄今有文献可考的20多家。据《咸淳临安志·京城图》，临安城内有个御河，上有棚桥，这一带街道皆以棚名，如南棚、中棚、棚北等。在棚北大街睦亲坊有一家陈宅书籍铺，又称睦亲坊陈解元书籍铺，刊刻的书板秀丽精湛，刻书行款、版式规格有定制。印行的书籍远近闻名，极受后世藏书家珍视，刻书可考者有32种，被称为书棚本。陈氏书籍铺主人陈起，字宗之，号芸居，自称陈道人，又称武林陈学士。陈起经营的书籍铺特色鲜明，讲究经营之道，考虑方便读者。书籍铺的地址选择在棚北睦亲坊巷口，附近多塾学，又是文人聚居之处。师生常来光顾，生意兴隆。陈氏刻书书质量高，价格却较

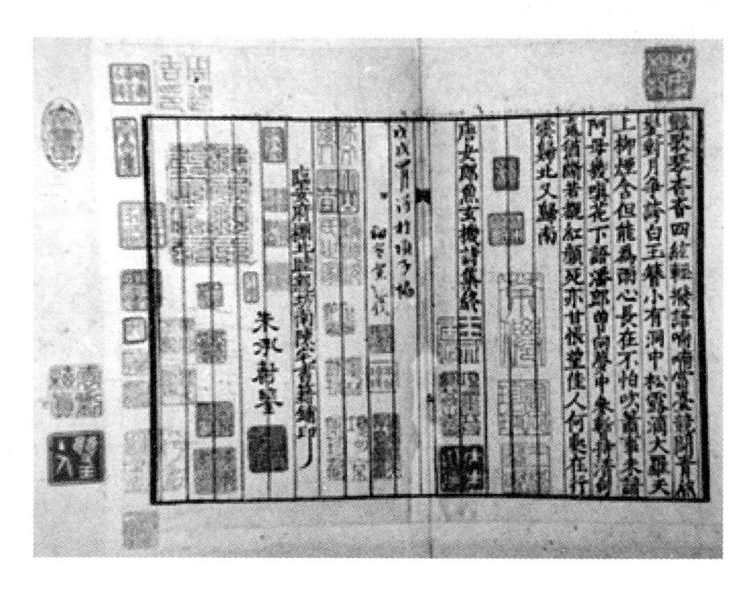

图 3.2　宋临安陈宅书籍铺刻本《唐女郎鱼玄机诗》

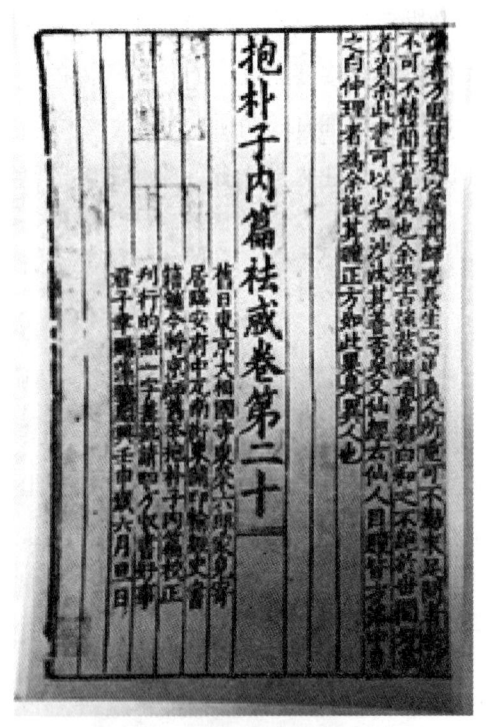

图 3.3　宋临安荣六郎刻本
《抱朴子内篇》

其他书铺低廉。如果读者买书的钱不够，陈起可以赊销，诗人黄元易赠诗说"独愧陈征士，赊书不问金。"如果一些老顾客一时买不起书，陈起可以把书借给他读。诗人杜子野赠诗："往年曾见赵天乐，数说君家书满床，成卷好诗人借看，盈壶名酒母先尝。"书铺不仅印卖新书，还经营旧书。古代的书坊多是新、旧书同时经营，不仅可以丰富品种，吸引更多的读者前来选购，还可以抢救古书。有诗人形容陈宅书籍铺"四围皆古今，永日坐中心"，这家书铺的店堂四周设有书架，陈列古今各种书籍。读者来到这里，好比置身于万卷书丛之中，其乐无穷。

此外，还有一家荣六郎书籍铺，为避"靖康之祸"，历经千辛万苦从开封迁来的，曾重印《抱朴子内篇》。

南宋杭州的书籍铺不但十分兴盛，而且铺面地点多开在学校附近和文化机关周围，有销售对象和购买市场。嘉泰三年（1203年）来杭州投考太学的就有3.7万多人，这些应试的各路生员也是书籍销售的重要人群。另外，绍兴十三年（1143年）在杭州修建的国子监，其实就在钱塘县岳飞的旧宅（今昭庆寺东）上更建。监设之初，书少板缺，于是乃取临安府、湖州、台州、泉州、四川等地所刻书板归于监中，就算是监板。国子监书板库设在中门之内。印书的地方称为"印文字所"或"印书作"。据李心传《建炎以来系年要录》卷十六记载，早在绍兴五年闰二月，"尚书兵部侍郎兼史馆修撰王居正言：'四库书籍多阙，乞下诸州县将已刊到书板，不拘经史子集小说异书，各印三帙，赴本省。系民间者,官给纸墨工价之值。'从之。"这也促进了私宅坊肆出版书籍的流通。

元朝建立以后,国家的统一和经济的逐渐复苏,使书坊业在南宋和金代的基础上恢复和发展起来的。这一时期,官办书业和民间书坊业都比宋、辽、金繁荣。"元时书坊所刻之书,较之宋刻尤多。盖世愈近则传本多,利愈厚则业者众,理固然也。"[1]可考的书坊有40余家。大都、平阳、杭州、建安是元代的书坊业中心,其中以大都(今北京)最为兴旺。大都作为元朝的首都,是当时世界上最繁华的城市之一,元初人口约50万,到元后期接近百万。各国使节、商人、传教士以及各方学者纷纷来到大都,中央各官僚集团集聚于此地,科学家郭守敬、文学家关汉卿、王实甫等在此生活。大都的教育发达,仅国学就分为国子学、蒙古国子学、回回国子学等3处。高丽、暹罗、安南、日本派来大批留学生在这里学习,私学、塾学较多,众多的文人、学生带来了大都图书市场的繁荣。元代大都城是在原金朝燕京城东北郊另行兴建的,为鼓励旧城商肆迁入新的大都城,元朝采取减税政策。原定商税为三十取一,迁入新城者商税减为四十取一。商税降低,促进了商业包括书坊业的发展。"京师民物,日以阜繁。"同一行业一般均集中在一市。如米市、果市、牛市、马市等,同时出现了以销售图书为主的文籍市。在大都,书肆经营的图书品种十分丰富,多种多样。大都的书坊还接受官员的委托,印卖书籍。如元太宗和乃真后时期,中书令杨惟中为宣扬儒学,曾委托大都的书坊刊行《大学》《论语》等四书。大都的文籍市出售的书籍,除了读书人必备的正经、正史外,还适应科举考试的需要,大量提供纂图互注本的经书、子书、字书、韵书以及各种应试参考书、范文选本等。金代平阳书坊热销的平话小说,在元大都的文籍市同样有销路。文籍市还销售书画,一些书法家和画家常在文籍市出售自己的作品。如赵孟頫,字子昂,湖州人,在书画方面都造诣深厚。仕元以后,因为是"故宋宗室"出身,遭到排挤,家境难以为继,常以卖字

---

[1] 叶德辉:《书林清话》,第71页。

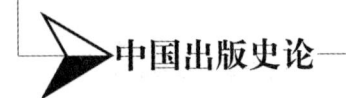

画为生。他曾用唐人褚遂良笔法写了一卷《千字文》，被友人在文籍市上买到，以为真是唐人作品，特意请他写跋语。

六、明清时期的图书市场

相对元朝而言，明代的社会生产力有了巨大发展，造纸术和印刷术有了长足进步。随着土地兼并的加剧，城市居民逐渐增多，书业在一些城市发展迅速。明代的书业沿袭宋元传统，有官办书业和民办书坊业。其中明朝的首都北京，是全国最大的图书集散地，书坊业和图书零售业十分繁荣。明代出版市场的一大变化是聚书与刻书逐步分离，即图书的产销从重合走向疏离，呈现出书之所出与书之所聚的交叉分布格局，标志着我国书业开始出现图书商品的产、供、销专业分工，反映了出版商业化和产业化发展的新走势。

1. 图书生产与销售的分化

作为图书生产和流通的基本形式和初步形态，自唐宋以来刻书与售书多是一体的，书坊主兼经销商，既是出版者，又是经营者。例如，传统的商业出版中心建阳同时也是图书贸易的中心，即所谓书坊街，又称书坊、书林、书铺，是指刻书与销售合一的图书贸易地。嘉靖《建阳县志》卷三："建邑两坊，昔称图书之府，今麻沙虽毁，崇化愈蕃。……书市在崇化里，比屋皆鬻书籍。天下客商贩者如织，每月以一、六日集。"[①]沿袭至康熙年间，依然"惟书坊书籍比屋为之，天下书商皆集"。然而，随着商业中心与政治、文化中心的重合与疏离，从明代开始出现图书生产地与集散地分离的趋势。如福建建阳虽为出版和贸易中心，却非图书集散地，因为这里地处闽北，交通不便，图书贸易是以本地生产的图书向外批发流播为主的，几乎没有外地刻书的流入；金陵、苏州两地则是书之所出与书之所聚高度重合的地方，是江南和福建生产的书籍的流通中心；杭州本身也是刻书重镇，但其集散功用似乎更为突出，这里是福建和江南图书的积聚中心，也是向海内外传播的基地；至于

---

① 嘉靖《建阳县志》卷三，天一阁藏明代方志选刊本。

北京，虽然可考的书坊为数不多，却是全国最为重要的图书集散地，图书贸易"特盛于他处"。这种现象，也是出版业内部生产与销售分工日益精细的结果，是现代密切联系而又相对独立的图书出版业与图书发行业的渊源[①]。约成书于崇祯间、刊于清代的《流通古书约》谓："近来雕版盛行，烟煤塞眼。挟资入贾肆，可立致数万卷。"另据沈德符《万历野获编》记载，《金瓶梅》之类的书"必遂有人板行，但一刻则家传户到"。由此可见，这一时期图书发行的渠道已初步完善，从事图书贸易的坐贾与行商非常活跃，经营规模也相当可观。

作为图书流通的直接渠道，明代的书肆直销方式既有坊肆合一的前店后坊模式，也有图书集散地的书店街模式，如前文所引述的建阳、北京、金陵、苏州、杭州等地的市肆，也包括临时的展销店、书摊子，负贩的货郎以及"闯学堂的书客"也不在少数。据《扬州画舫录》载："郡中剞劂匠多刻诗词戏曲为利。近日是曲翻板数十家，远及荒村僻巷之星货铺，所在皆有。"[②]

除了书肆的直接销售之外，行商批发运销的长程贸易在当时的书籍流通和传播中占有越来越重要的地位。作为一种间接的传播渠道，行商贸易的方式，一为批发经营，一为营销推广，他们是图书商品"不胫而走天下"的主要推动力量，可以称为图书贸易的拓展形态。据记载，毛氏汲古阁刊布之广"至今尚遍布天下"，"至滇南官长万里遣币以购毛氏书，一时载籍之盛，近古未有也"[③]。远处西南边陲的云南等地长官派人定期到江南等地采购图书，即是一种批发业务。而营销推广主要是指书贩有针对性地向藏书家和学者推销图书，并接受他们的委托为其访求奇书秘籍。如曹溶《绛云楼书目题词》记钱谦益购书，"虞山宗伯更不惜重赀购古本，书贾奔赴捆载无虚日"。此外，还有一些书坊接受官方或私人委托刻印书籍。据统计，建阳书坊接受官府委

---

① 郭孟良:《晚明商业出版》，中国书籍出版社2011年，第144页。
② 李斗:《扬州画舫录》，中华书局1960年，第266页。
③ 叶德辉:《书林清话》，国家图书馆出版社2009年，第130页。

托刻书的明代有 17 例，接受私人委托刻书的明代有 5 例。① 这也反映了当时出版传播事业发展过程中出版者、印刷者、发行者逐步分离、分工协作的趋向。

在行商当中，明清时期还盛行一种特有的形式，就是书船贸易。书船之名在唐代已经出现，有记载的书船贸易活动开始于南宋时期，兴盛于明清时期，一直持续到民国时期。在江南一带，"书客"（又称书贾、书估、书船友）以书船装载书籍，利用便利的水网交通，往来各地进行交易，堪称流动的图书市场，以致形成江南乃至全国的图书贸易中心之一。据同治《湖州府志》引康熙年间郑元庆《湖录》记载："书船出乌程织里及郑港、谈港诸村落。吾湖藏书之富，起于宋南渡后，直斋陈氏著《书录解题》，所蓄书至五万二千余卷，舟阳周氏书种、志雅二堂藏书，亦称极富。……于是织里诸村民以此网利，购书于船，南至钱塘，东抵松江，北达京口，走士大夫之门，出书目袖中，低昂其价。所至每以礼接之，客之末座，号为书客。二十年来，间有奇僻之书，收藏家往往资其搜访，今则旧本日希，书目所列，但有传奇演义、制举时文而已。"② 这是有关湖州书船贸易的一条较为完整的文献。另外，清《淮安关志》卷七《则例》中也有"南来书船，不纳分单"的专门规定。书船的主要交易对象是藏书家，他们往往结交士人，殷勤服务，编好书目，送货上门，并受托搜访所需书籍，提供聚散信息，成为江南藏书家藏品的主要渠道。叶德辉《书林清话》卷七引荥阳悔道人《汲古阁主人小传》说，毛晋"性嗜卷轴。榜于门曰：'有以宋椠本至者，门内主人计叶酬钱，每叶出二佰；有以旧钞本至者，每叶出四十；有以时下善本至者，别家出一千，主人出一千二百。'于是湖州书舫云集于七星桥毛氏之门矣。邑中为之谚曰：'三百六十行生意，不如鬻书于毛氏。'前后积至八万四千册，构汲古阁、目耕楼以庋之。"③ 清代著名版本学家黄丕烈《士礼居藏书题跋记》中提到的书船友曹锦荣、吴步云、郑辅义、邵宝镛等，都是清代中叶活跃于苏州的书船贸易商。书船活动前后

---

① 方彦寿：《建阳书坊接受官私方委托刊印之书》，《文献》2002 年第 3 期。
② 同治《湖州府志》卷三十三，上海书店出版社 1993 年。
③ 叶德辉：《书林清话》，第 131 页。

持续七八百年，兴盛近四百年，从流通上支撑了出版印刷的发展，完善了书籍生产传播的链条，堪称中国传统出版业大众化、商业化的重要标志④。同时，书船书客还为书坊提供底本，沟通信息，甚至直接参与出版过程。如凌濛初的《初刻拍案惊奇》和《二刻拍案惊奇》，就是"为书贾所侦，因以梓传请"的结果。尤其值得指出的是，书船贸易不仅是国内书籍流通的重要渠道，而且将传播延伸到了海外，推进了中国与朝鲜、日本等亚洲各国的文化交流。

2. 北京书坊业的繁荣

据明朝胡应麟《经籍会通》载："今海内书，凡聚之地有四，燕市也，金陵也，阊阖也，临安也。"。在北京、南京、苏州、杭州等这些全国性的政治和商业中心城市，都形成了书籍商品集散地——书店街，又称书肆、书市，它们往往位于城市的交通便利之地、名胜之地，临近书坊和贡院、太学等教育文化中心的地区，形成了颇具个性的特色文化社区，有时一个城市多达数处；而且往往因时令节日的变化而流动设点展销，或者针对举子、游客、僧侣举办定期定点的书市活动。其中以北京最为集中。

元朝灭亡后，大都改称为北平府。明成祖登基后，升北平为北京，北平府改称顺天府，北京之名从此开始。从永乐五年（1407年）起，经过10多年的建设，北京城的规模超过了元大都。永乐十九年（1421年），北京成为明朝的都城，中央官府众多，人文荟萃于此。至明中叶，北京人口超过100万，城内商店林立，百货充塞于市。明朝重科举取士，每隔三年，全国的举人都要到京城会试，为北京的书坊业发展创造了有利条件。

明代北京的书坊多集中在正阳门一带，在宣武门、崇文门、隆福寺、护国寺一带也有书坊。明代北京的坊刻本流传下来的较少，书坊的变迁也较大。其中比较著名的有：汪氏书铺、岳家书坊、永顺书堂。汪氏书铺设于正阳门内西第一巡更铺对门，主人汪谅。这家书铺以宋元旧版翻刻、重刻了不少书籍，而且善于利用自己刊行的书籍进行广告宣传。嘉靖元年汪谅刻《文选注》，

---

④ 郭孟良：《晚明商业出版》，中国书籍出版社2011年，第168页。

在目录后附印汪氏书铺刊行的书目广告:"今将所刻古书目录列于左,及家藏古今书籍,不能悉载,愿市者览焉。"后列翻刻《正义注解史记》等宋元版书7种,《名贤丛话诗林广记》等古版书7种,共14种。其中有的宋元版书并非汪氏所刻,如《史记》是辗转购自元末明初建安余氏广勤堂旧版,只是在旧版上消去旧名,换上"汪谅翻刻"而已,但从这一广告语可以看出,明代的书坊已经有了较强的市场意识,在本坊刊行的书籍中连带介绍其他书目,可以起到促销作用。北京的书籍零售业和书市都非常繁荣。据明胡应麟《少室山房笔丛·经籍会通》载:"燕中刻本自希,然海内舟车辐辏,筐篚走趋,巨贾所携,故家之蓄,错出其间,故特盛于他处。"北京是全国的政治、文化中心,中央的各官府公费购书多,高官大吏和文人学者藏书者多,国子监的学生多,赴京会试的举子多,对各种图书的需求大,图书贸易"特盛于他处"。市场需求牵动书价的升降。北京当地刻书不多,市场出售的大量图书多为苏州等地的刻本,经长途贩运,运费高,所以北京的书价比苏州高一倍。北京各书坊印书的纸张需从南方买进,其书价比纸张产地杭州的书价高两倍。北京是大型消费城市,各种商品主要靠外地运来,图书商品尤其如此。北京的书价高,但帝王之都的购买力强,图书销路广,这就促使各地书商特别是南方书商贩书到京。书商的长途贩运丰富了北京的图书市场。读者"挟资入贾肆,可立致数万卷"。[①]隋唐时期的藏书家,尽毕生之力也不过藏书数万卷,明代北京的藏书家,只要有钱,"可立致数万卷"。此外,皇亲贵族尽管不读书,也不惜高价购书,以示风雅,这也是北京书价被抬高的原因之一。

北京的零售书业一般都集中在繁华的商业街区。有些前店后坊的书坊业掺杂其间。万历年间,"凡燕中书肆,多在大明门之右(今天安门广场上),及礼部之外(今天安门广场东侧),及拱辰门之西(今西长安街上)。"大明门以北是明朝中央官署集中之地。在大明门之右,书肆杂处于各种店铺之间。以刻书为主的岳家书坊、汪家书铺、鲁氏书铺均设在这个街区。明万历

[①] 曹溶:《流通古书约》,《知不足斋丛书》第五集,中华书局1999年。

年间绘制的《皇都积胜图》绘有大明门一带的街市店铺，其中就有卖书籍、字画的。北京的各种集市也有书籍出售。胡应麟《少室山房笔丛》说："每会试举子，则书肆列于场前。每岁朝后三日则移于灯市。每朔、望并下瀚五月则徙于城隍庙中。灯市极东，城隍庙极西，皆日中贸易所也。灯市岁三日，城隍庙月三日，至期百货萃焉，书其一也。"这表明，售书的集市可分为考市、灯市和庙市。考市，明朝每三年举行一次会试。各省举人赴京会试，由各地方官府提供食宿费和交通费用。会试的考场设在京师礼部，称贡院。每次应试举人达4000余人。这么多举人汇集贡院，必然需要各种图书，这是京城书坊、书肆扩大销售的极好机会。另外，明代北京的灯节活动从正月初八开始，至十三日进入高潮，十七日结束。这一活动因与节日商品交易相结合，故称灯市。其间，包括书籍在内的日用商品列肆于街道的两边，并有各种民间歌舞杂耍表演。入夜则烟火灯影，异彩纷呈，吸引成千上万的市民来逛灯。这正是图书销售的旺季，全城的书坊、书肆都要来灯市摆摊。庙市，北京的城隍庙、隆福寺、护国寺每月都有庙会，列肆成市，均有图书出售。最著名的是城隍庙集市，每月初一、十五、二十五，包括图书在内的各种商品集中于此。这个集市的规模很大，西至城隍庙，东至刑部街，长达三华里。有些外国商人也在这里出售从本国运来的商品。城隍庙是读书人"淘书"的好去处。宋元古本、内府秘籍不时在书市上出现，文学家胡应麟常偕同友人来这里购书。他在《少室山房笔丛》记载："里中友人祝鸣皋束发与余同志，书无弗窥。每燕中朔、望日，拉余往书市，竟录所无，卖文钱悉输贾人。"

　　明代的北京书商除在考市、灯市、庙市流动设摊售书外，也有从事长途贩运图书的。据《柳南随笔》卷一载："有周子肇者，以鬻书为业，而喜交士大夫，又时时载书出游，足迹几半天下。年甫六十，即制一椑（棺），极其精美，所至辄载以自随，谓逆旅旦夕不测，身后可无虑也。"这位书商事业心很强，在花甲之年仍从事长途贩书。"足迹几半天下"说明他从事流动售书已经多年。"喜交士大夫"是古代书商经营之道，士大夫既是书商的服务对象，又是书商收购珍本秘籍的对象。明代仍有抄本书在市场上流通。一些书法工整的抄本书受到藏书家重视。有些大部头宋版书如《册府元龟》《太平御览》等，市上奇缺，而书坊又无力刊行，以佣书为业的人就把这些书工工整整的抄写出来，售给藏书家。书法家黄道周（1585—1646年），天启年间任翰林院编修，因事被廷杖下狱，家人买通狱吏，允许他在牢房中抄书。他的书法非常好，仅《孝经解》就抄写了100本，受到人们的抢购。明代走街串巷的货担郎也兼售少量图书，主要是启蒙读物，如《三字经》《百家姓》以及戏曲唱本等。一些书香人家散出的善本、稿本偶尔也会落到货担郎手中。万历年间，文坛领袖王世贞有部分诗文书稿未及刊行而去世。这批书稿不知去向，其子士骐寻找多年未见。到了崇祯年间，竟被复社文人陈继儒从货担郎的手中买到了。当年的货担郎兼卖图书，又以便宜的价格收购图书，这对抢救古籍、传播文化发挥了一定的作用。

清朝初年，各地的抗清斗争持续了近20年。由于清廷采取民族高压政策，使得经济文化发达的南方各省工商业急剧衰落。康熙二十年（1681年），清军平定三藩之乱后，采取与民休息政策，社会生产力逐渐恢复，包括书业在内的文化教育事业得以逐步振兴。北京成为全国书业中心，琉璃厂书店街闻名海内；苏州成为南方书业中心，浙、闽、赣、川等省的书坊业有了发展。

北京为清代中央政府所在地，全国的政治文化中心，图书文化事业繁荣发达，书铺林立。顺治初期，几十万旗人包括军队占领北京内城，大批汉族人被迁居外城。因此，明代设在大明门内的书坊书肆，清军入关后不复存在。清初，城隍庙发生火灾，庙会书市迁至广安门内的慈仁寺，新年灯市移至正阳门外的琉璃厂。从乾隆年间起，琉璃厂一带书店云集，逐渐成为书店街。

明代成化年间，明宪宗为其出家为僧的舅舅在元代报国寺旧地修建了一座规模宏大的寺院，称大报国慈仁寺。当时有几百名僧人，几百顷庄田。清初，这里每月朔、望及二十五日为庙会，百货陈列，书摊罗列，游人如织。即便在平日，这里也有书摊营业。慈仁寺书市可与北宋开封的大相国寺书市媲美，书摊设在山门内的两庑廊内，排列成行，主要出售古旧书，规模很大，需要花很长时间才能浏览完毕。在慈仁寺书市有不少故家藏书失而复得的故事。

康熙年间，翰林编修万九沙在慈仁寺购得其八世祖兰窗公手卷。藏书家周蓉湖在这里购回散失多年的藏书。慈仁寺书市是清初京城的图书聚散地，对古今图书流通发挥了重要作用。康熙十八年（1679年），北京发生地震，慈仁寺在地震中被毁，盛极一时的慈仁寺书市衰落。与此同时，距离内城较近的琉璃厂书市兴盛起来。

北京琉璃厂位于正阳门外西二里许，元、明至康熙中期为烧造琉璃瓦的官办窑厂。康熙三十三年（1694年）窑厂废除，这一带形成小街市，乾隆年间成为书店云集之街。乾隆三十四年（1769年），在这条街上有30多家书店，也有古董店、书画店、文具店等，从而构成以文人为服务对象，以售书为主要行业的书店街。琉璃厂从临时书市发展为书店街有其独特的市场条件。一是地理条件优越。各省会馆多建于正阳门外至宣武门外这一带，而琉璃厂恰恰位于这两地之间。会馆里住有来京办事的官员、赶考的举子和外地商人，为书店街带来大批流动读者群。二是这里邻近汉官文人聚居之地。清代的汉族官员，一般都居住在外城，多在宣武门外。有些著名文人如程晋芳、朱彝尊、孙承泽等都住在琉璃厂附近。三是琉璃厂成为翰林院编书、访书必至之地。乾隆三十八年（1773年），朝廷从各地调集2000多文人学者来京参与《四库全书》的编修、校订、抄写和搜访古书，琉璃厂书店街一时至为繁荣。李静山《增补都门杂咏》形容当年的盛况："画舫书林列市齐，游人到此眼都迷。"[①]清前期著名书坊设于琉璃厂的30多家，均各有特色，其中著名的有五柳居、文萃堂、鉴古堂等。文萃堂主人金氏，苏州人，以贩运苏州刊行的书籍为主业，也刻书出售。鉴古堂主人韦氏，浙江湖州人，精通版本，善于促销。韦氏的经营策略与五柳居陶氏的薄利多销截然不同，采取"持高价，投所好，得重值"的方针，注重销售的主动性和灵活性，熟悉各类读者需求，尽管抬高书价，读者也只好忍痛买下。以上各家书肆主人，文化修养很高，知书识字，精通版本、目录、校勘等学，这也是经营成功的秘诀。

---

① 杨米人等著、路工编选：《清代北京竹枝词》，北京古籍出版社1982年，第101页。

第二节　近代的出版流通及市场营销

19世纪以后，新式出版业发展起来，全国出版业分布区域发生重大变化。由于传统出版的衰落，出版中心从苏州、南京、杭州等地开始向近代新兴工商业大都市转移。大都市的经济、商业、交通和文化环境，为新式出版提供了发展所需要的新式出版技术、书稿资源等。

一、近代新型出版中心的形成

1842年鸦片战争之后，清政府被迫开放五口通商，使上海以其得天独厚的优势，逐渐成为中国近代出版业的中心。在长达数十年的时间里，上海成为集中了中国最大多数报刊与图书出版机构的城市，其出版机构数目之多，出版图书品种之多，几占中国出版半壁江山。

上海位于东亚大陆海岸线的中点，是中国沿海航运的枢纽，其地理位置优越，是最富饶的长江流域的海上门户。1843年上海开埠，从一个三等小城市迅速崛起为近代中国第一大都市。西方各国对华贸易主要选择东亚海岸线作为运输路线，上海自此有了海洋经济的优势。第二次鸦片战争后，长江可以自由航行，上海具有长江经济的优势。海洋经济与长江经济的结合，使得上海迅速成为全国最大的内外贸易中心。随着国内外商业和金融资本的集中，上海逐步发展成为中国和远东的商品集散地和金融中心，也是中国发展现代工业最早的城市之一。上海近代新式出版业，就是在这样的经济文化环境下迅速发展起来的。

1. 新型出版企业在上海崛起

从总体上说，近代出版业是一种资本主义的生产方式，是近代机器文明的产物。它的产生需要以资本主义的发达为条件。上海是近代中国最早向世界敞开门户的五个通商口岸之一，也是五个城市中发展最快的。特别是近代资本主义在上海这座大都市产生，近代产业工人也在上海成长，为近代出版业准备了产业基础。上海地处江南，明清社会经济与文化最发达之区正在这里，资本主义在上海的发展，更使上海把江南本已拥有的经济优势放大，具备了中心城市资本主义经济对全国市场的巨大辐射能力。由经济发达带来工商业的繁荣，上海的金融与工商业更冠于全国。与之相适应的是，作为东南交通大枢纽的上海与全国交通条件对接良好，能够将上海的出版物较为便捷地送到全国各地。这些优势和便利，使上海成为了近代出版业的温床。如前所述，近代出版业是由西方传教士引进来的。上海最早的一家出版机构墨海书馆便是由传教士创办的。王韬、郭嵩焘等人曾记载了这家书馆以牛力拉动印刷机器等方面的情形："忙煞老牛浑未解，不耕禾陇耕书田"。[①] 中国是牛耕文化的故乡，传教士的出版机构却以牛力拉动印刷机器，并由中国文化人记录下来，这显然预示着一种新的出版生产力与生产关系的诞生。到19世纪末20世纪初，一批民营出版企业在上海崛起，逐渐取代教会出版机构和官办书局，成为出版业的主力军，揭开中国近代出版业的新篇章。

2. 知识分子与出版职业化

近代出版是一种文化事业。知识分子在近代中国的历史作用，一多半便在包括出版在内的文化事业上。而上海可称得上是近代知识分子的大本营。在近代，知识分子涌入上海大概有三次高潮，第一次是太平军占领江南后，第二次是戊戌变法失败后，第三次是五四新文化运动时期。而知识分子的每一次涌入，都使上海出版业得到一次充实和发展。在上海最早的教会出版机构墨海书馆，就有王韬等中国知识分子供职其中。但那还只是少数几个人，远不成其为一种事业。19世纪60年代，江南制造局译书馆的中国译员多达50人，也还难说是一种知识分子的自觉投入。只有当民营出版企业出现的时候，中国知识分子才成为出版业的主体。当商务印书馆还只是几个排字工人的组合的时候，它还不是一种近代出版的业态。戊戌变法失败之后，知识分子在北方待不下去，纷纷南下，上海便成为他们的聚集之地。维新派原本在全国创办了近40种报刊，其中有27种在上海编辑发行，以《时务报》最放

[①] 王韬：《瀛壖杂志》，上海古籍出版社1989年，第119页。

光芒。以张元济进入商务印馆为标志,中国的知识分子开始自觉地进入出版业。20世纪初科举制度被废除后,知识分子没有了功名进身的途径,向往并投身于出版便不失为一种安身立命与安心立命的途径。1915年兴起的新文化运动,进一步扩大了知识分子的视野,办报刊办出版以展示自己的才华,成了知识分子新的价值取向。这就开始了中国知识分子出版职业化的进程。近代上海出版业造就的"商务人"和"开明人"这样的称谓,反映出从事出版业的知识分子群体的一种自我界定、自我认同乃至自誉。正是在近代出版业这样的文化产业中,知识人完成了由传统文人向近代知识分子的转变,一些知识分子更在文化与商业的融合中转化为文化商人与文化企业家。所谓传统知识分子与近代知识分子的分野之一,就是后者具有商业精神。近代知识分子具有较开阔的眼界,具有对于市场之类的新事物的敏锐性。这是时势所赋予的一种历史的进步。

3. 市民阶层形成与出版业的社会基础

从出版业的受众群体看,上海具有近代出版的社会土壤。各种资料表明,开埠后的上海这个当时中国现代化程度最高的城市,社会的消费主体曾经是买办商人、本地的地产出售人、携资来沪的寓公、纨绔子弟。到20世纪30年代后,中小商人和一般市民阶层壮大,工人阶级、小资产阶级知识分子构成城市大众群体。在上世纪初以后,上海成为东方最大的都市,由都市产生出来并成长起来的市民阶层,成为近代出版业的最初的和最基本的社会基础和土壤。市民阶层中的店员职员人数较多,知识程度亦较高,他们具有强大的社会需求,成为近代出版业的重要受众,也就是出版行为的一个终端,同时也就是一个中心市场。世界书局曾被称为上海六大出版企业之一,就是靠在创办之初准确地捕捉住市民这个大市场的需求,为市民提供大量通俗文学读物而夯实生存之基的。在上海这个大都市里,一方面,阅读成为一种现代文明的生活方式,不论是从求知还是从消闲的角度,都市市民都接受了阅读与出版这种现代文明方式,并成为他们日常生活的一部分。另一方面,市民接受出版文化潜移默化的影响,使出版成为构建近代上海的文化母体之一。而上海作为一个数百万人口的移民城市,具有人口的集聚优势,各种移民迅速消融到市民社会中,而通过移民对于全国的影响也是可想而知的。有学者因此认为,中国人民从近代上海看到了,享受到了比在全国其他地方要多一些的近代文明的利益。[①]这个利益其实也包括出版业这种近代文明方式给他们带来的实惠。反过来,近代新教育和新文化在全国的发展,受教育人数增多,又为上海出版业提供了一个更为巨大的消费平台和文化市场。

4. 相对宽松的政治环境与出版业的生长

近代上海有全国最大的租界,公共租界和法租界总面积是中国其他23个租界总面积之和的1.5倍。由于一市三治,存在着政治控制和文化管理的缝隙,思想和言论的控制相对较弱。由于这种特殊的环境,租界一度成为革命人士反清活动的重要基地,也是民营报纸、杂志和出版机构等文化事业的理想场所。一些反对政府的书刊借助租界的庇护得以出版和传播。这种国内其他城市难以具备的相对宽松的政治和文化土壤,为上海出版业提供了极佳的生长环境。

近代以来,上海出版的图书品种占全国90%以上,出版的报刊占80%左右,1935年,上海市教育局调查,全市共有书店260家。其中资金在5000元以下的小书店有164家,5000元至1万元的29家,1.1万元至5万元的28家,5万以上的39家。其中最为知名、规模较大的有商务印书馆,其资金达400万元;中华书局,其资金为200万元。

上海作为全国出版中心的形成在出版史上意义重大。首先,上海作为出版中心,依靠现代大都市发达的文化产业,能够吸引更多的知识分子参与到出版行业中来,有利于出版业的进一步发展。其次,上海作为出版中心,是市场自发作用和文化自主选择的产物,体现了出版与经济、出版与文化在近代文明环境的互动。最后,上海作为出版中心,比古代的出版发行业更为集中,与思想文化界的联系更为紧密,与时代政治的关系更为密切,因而能积聚更多的知识分子,吸引更多的出版能量,从而更好地发挥出版在近代文化传播上的巨大作用。

---

① 《当代学者自选文库·唐振常卷》,安徽教育出版社1999年,第562页。

图 3.4　上海书店街

二、近代图书发行业的兴起

中国近代图书发行业肇始于 19 世纪初期，西方传教士马礼逊及中国人梁发等以马六甲为中心，向东南亚及广东等地发行了不少宗教书籍。此后，随着传教士出版机构移入大陆及近代商业出版机构的大量建立，近代图书发行业逐渐得以确立。

西方传教士的图书发行，最初主要是依靠委托他人携带及邮寄等方式，如 1815 年创刊于马六甲的《察世俗每月统记传》，即是通过"友人通信游历船舶之便利"发行于东南亚及中国大陆地区的。随着西方传教士向大陆的渗透，他们开始把注意力投向了考市这一渠道。西方传教士对考市的利用首先是受梁发的启发，梁发曾组织几个人去广东高州的考场附近，将基督教书籍分送给各地来城参加考试的生童，在短短的几天里便送出去 700 多本。他的这一举动得到了西方传教士的一致嘉许，认识到中国未来的各级统治者将从各地的考生中产生，影响他们的思想会起到事半功倍的效果。

西方传教士在认识到考市的重要性后,开始用自己的方法在各省寻找考市的图书发行代理人,希望建立一个考市的图书发行网。在《同文书会年报(第四号)》"计划采取的方法"中即有这样一项内容:"希望在每一个考试中心设立一个代销处,以便出售我们的出版物。"这一计划在19世纪末基本得以实现,据广学会(前身即同文书会)在第十次《年报》中统计,到1897年各省举行乡试时,广学会已在12个省的考市中设立了经销点,仅赠书便赠出了12万多本。

由国人创办的新型民营出版机构最初对考市也很重视。据陆费逵在《六十年来中国之出版业与印刷业》中回忆,在当时的条件下,"平时生意不多,大家都注意'赶考',即某省乡试,某府院考时,各书贾赶去做临时商店,做两三个月生意。应考的人不必说了,当然多少要买点书;就是不应考的人,因为平时买书不易,也趁此时买点书。"[1]1905年,清政府宣布废除科举,考市也就自然消失了。当时有一大批近代商业出版机构因之而倒闭,这固然与其所印书籍多为科举类有关,但在很大程度上也反映了当时不少近代民营出版机构对考市这一发行渠道形成了依赖。

在清政府废除科举之前,不少人已看到了考市的局限,即其阶段性太强,因而着手建立一些经常性的固定发行点,并使之逐渐联成一个发行网,在这方面,由于西方教会的资金雄厚,因而发展的也较健全。如前面提到的广学会,在其最初的《组织章程》第三条"经营方式"中就有这样一条设想:"在上海设立一个发行中心,并在十八省省会和主要城市,以及其他商业中心,如香港、横滨、星加坡、槟榔屿、巴达维亚等地,尽量设立一些代销机构。"到1898年,广学会已基本实现了这一设想,不但在上海设立了发行中心,而且还在中国内地的14个省及朝鲜设立了31个经销站。

除了广设发行网外,邮寄仍然是一个重要的发行渠道,特别是清末国家邮政系统的设立以及邮寄图书免抽厘金等优惠政策,为这一渠道的发展提供

---

[1] 张静庐辑注:《中国出版史料补编》,上海书店出版社2003年,第275页。

了很大便利。这样，以广设发行网点为主，以邮寄为辅，基本构成了近代图书发行的基本格局。

　　清末以来，商务印书馆发展成为全国最大的出版机构，实行在上海总部设立发行所和门市，在全国其他各大城市普设分支机构的图书发行模式，为其他各大出版企业效仿，如中华书局、世界书局、大东书局、开明书店等，都纷纷设立分支机构。分支机构相当于一个个发行网点，对开拓地方图书市场，推销本版图书起到了重要作用。民国时期，书刊流通基本上延续了清末形成的销售格局。这种书局设立分支机构自办发行渠道的模式，对于出版机构调查读者信息、与相关教育界的联络以及大型图书的预定和发放，有着非常便利之处。但是，设立分局需要房屋和人员，需要大量的资金，对一些实力较小的书局不太适合。如现代书局之类的中型出版机构，一般是在全国中心城市设立三五个不等的分店。沈知方在为世界书局建立发行渠道时，采取了设立特约经销处的方式，是出版流通渠道的一种创新。其做法是：总部不派人员，不用花钱装修，只将一定数量的书籍赊销给经销处，这种图书的发行方式后来为许多中小书局所采用。一般是外地书店预先向出版者交纳部分保证金，然后可以挂起"某某书局某地特约经销处"或者"某某书局某地分店"的招牌，享受着某一特定区域内该社所有图书的营业独占，出版者在给予特约经销店特权的同时，也对其每年的本版图书销售额，有着数量上的规定和硬性要求。如此协议，双方互惠互利，又彼此牵制。

　　由于出版流通渠道不完整，机制不健全，缺乏专门从事图书批发的中间机构，这对于有众多分支机构的大型出版商来说，不成问题，但是对于中小出版商而言，则成了制约发展的瓶颈。开明书店负责人夏丏尊曾经写过《中国书业的新途径》，专门探讨这个问题：

　　"书店所制成的书籍，原可与别种商品一样，除门售外，批发给贩卖商销行到外埠去，不一定要在外埠自设分店。但书店为了要防止放账上的危险及其他种种原因，皆于总店以外在重要都市另设分店。……总店以外，还要具有许多分店才算骨骼完整，规模初具。书店的机构庞大如是，非有巨大资本不能应付。可是按之实际，书店的资本薄弱得很……于是只要缩短阵线，大家把眼光集中于销路比较可靠，而成本不大的书籍上。第一是中小学的教本，次之是不要稿费或版税的旧书翻印。行有余力，然后轮到别的新书。各家所出版之书籍，既互相重复，发行人竞争自然激烈，或用巨幅广告来号召，或违背同业定章抑低折扣、滥放客账来倾销，结果发行费用非常浩大，利润随而减少。"①

1935年，中国书业联合市场成立，专门从事专业书刊批发销售，经营效果惨淡。抗战后期，重庆的10余家中小出版机构成立"新出版业联合处"，各书店之间展开合作，在重庆与成都分别设立第一联营书店和第二联营书店，联合销售图书，联合刊登广告，编印联合书目等。联营书店提出了"出版分工，发行统一"的方针，为中小出版商的发行增添了活力。1949年9月，联营书店在上海召开股东大会，扩大股东出版社55家，成为中国历史上第一家发行专业机构，后来于1951年与三联、中华、商务、开明联合成立中国图书发行公司。

三、近代书业营销

我国古代的出版商，很早就懂得设法利用书中的牌记、题识、刻书目录等营销方式来吸引读者。这是我国出版业初期的营销方式。近代以来，随着教育活动的普及，铅排技术的引进，以及现代物流的进步，我国的出版业进入了大市场销售的模式，大的市场带来出版业的大流通。作为发布、沟通书业信息的书业营销活动，开始借助一些新型的大众传媒，成为近现代书业活动的重要组成部分。1912年中华民国成立以来，带有浓厚商业特征的民营出版企业登上了书业活动的中心舞台，并逐渐取代原来的官办书局和教会出版机构，成为我国出版业的主体。民营出版企业"在商言商"的特质，加快了我国书业营销活动的近代化进程。当时的营销宣传措施，有许多值得借鉴和学习的地方。

---

① 夏丏尊：《中国书业的新途径》，上海《大公报》1945年12月27日。

1. 设立专门营销机构

近代以来，比较大型的出版机构，如商务印书馆、中华书局、开明书店等，都曾经在各自的机构组织中，设立了专门的营销推广部门。商务印书馆的推广科不仅人数多、分工细，将帅也很强。其推广科原名交通科，初期属于编译所，1915年改为总务处管辖，1930年总管理处成立后，改称为推广科。在全盛时期，推广科人数达到30余人，下设调查、宣传和设计三个股室。各股室分工明确，各司其职：调查股负责营销前期的读者调查工作，为营销宣传制定方向路线，增强营销的针对性；宣传股负责制作宣传广告；设计股制定改进营业计划，为营销宣传提供计划方案。从交通科到推广科，先后担任科长一职的有汪仲阁、庄伯俞和张叔良，这三位都是商务印书馆高级雇员中的骨干，熟悉国内外出版业形势，由此可见商务印书馆对营销推广工作的重视。营销机构的设置，为推广宣传提供了强有力的组织基础和人员保障。从一些大型出版机构所做的诸多有特色宣传活动中，可以看出组织者在营销过程中的用心。

2. 细分目标读者群

出版业营销推广的主要目的，是通过各种手段，使潜在的读者群变成现实的实际购买者。因而在宣传推广中，需要细分目标读者群，选定读者对象，开展有针对性的营销宣传。有些目标明确的出版物，方便调查，易于掌握，如教科书和教辅图书，其使用群体主要是在校学生，出版业开展的营销活动，便带有一些共性的特征。在推广方式上，除了一般的宣传，主要采取上门推销和直接向学校及有关教育部门寄送目录和样书的手段；在推广时间上，选择春、秋开学前两个月集中登报宣传。每年的1、2月份和7、8月份，是各学校选购教材的时间，也是《申报》《新闻报》等各大报纸上教科书广告大战最为激烈的季节。各种教科书的宣传广告纷纷推出，争相介绍内容，显示实力。此类教科书宣传，读者定位非常明确。

一般出版物的目标读者，比较分散，出版商使用的宣传方式多呈现出较强的个性化，但宗旨始终围绕目标读者，并细分读者群，注重宣传定位。以

《二十四史》为例,商务印书馆、中华书局和开明书店都出版了《二十四史》,各家对历史书籍的读者进行细分,在宣传时中华书局的聚珍仿宋版排印本,以字体优美、墨色古雅号召;商务印书馆百衲本,以宋元旧刻、版本精善为旗帜;开明书店九开缩印本,以价格低廉、便利实用为噱头。各家宣传都针对不同喜好的读者对象,各得其所,取得了理想的营销效果。

3. 注重企业形象宣传

晚清民国时期的出版商,都比较注重企业形象宣传,重视自家的出版声誉。如商务印书馆、中华书局、开明书店等,在宣传中保持着严肃的风格和实事求是的宣传作风,以维护自己为文化和教育服务的良好形象。世界书局成立之初,走的是通俗书刊的出版路线,在书刊宣传中充斥着大量的迎合小市民趣味的说辞。1923年,世界书局发行《红》杂志,为了扩大影响,将发行的房屋染成了夸张的红色,在《申报》的广告词中写道:"我们红屋里发行红杂志,好像红日初升,红光满地。红杂志的式样和红蔷薇、红玫瑰一样的美丽。红杂志的作品和《红楼梦》一样的百读不厌。红杂志的内容,好像红尘十里一样的繁华。一般红运亨通的红顾客读了,自然更加红光满面。"1924年以后,世界书局跻身于教科书的出版,便更改了自身形象的宣传定位,放弃了那种如《红》杂志格调的广告用语,力求稳重和平实的宣传基调。世界书局后来发展成为全国第三大书局,与其出版策略的调整和形象宣传的重新定位有很大关系。

此外,出版商进行形象宣传的方式也灵活多样,在一般的宣传中,尽力表现出服务于读者、贡献于文化的形象。在一些特殊时期,注重表现自己。例如,每逢五周年十周年的书局庆典,大书局都要举行声势浩大的纪念活动,以显示其历史悠久;名流题词留言,对读者有很大的号召力,出版者邀约墨宝,汇登真迹于报端,以表现声誉之良好。通过这些宣传,都有助于扩大出版者影响,提升自身在读者心目中的形象。

4. 讲究媒体的选择和组合

晚清民国时期的出版商在广告营销媒体的选择上非常讲究,又懂得组合利用。选择媒体，首先考虑成本和效果，通常来说，日报媒体读者面广，影响力大，任何类别的书刊在上面刊登广告，均有可能收到宣传效果，但是费用较高。据《申报》20世纪30年代发布的广告刊例，每一英方寸的报纸广告面积，要收大洋一元五角。而期刊媒体有综合和专业之分。综合性期刊读者面同报纸一样广泛，上面所刊登的图书广告的类别，也同报纸一样分散。专业型期刊因为阅读人群的差异，在上面发布书刊广告，就要有所选择。文学类杂志刊登文学书刊广告，教育类杂志刊登教育书刊广告，经济类杂志刊登经济书刊广告等。

媒体组合，指在一个广告方案中，综合选用两种或者更多的不同类别的媒体来做广告宣传。其目的是为了取得最佳的广告效果。民国时期的出版商做广告，基本都采用组合媒体的方式。一般来说，越是出版方重点推出的图书，媒体的组合面越广。如商务印书馆营销《万有文库》，首先选择大型报纸媒体《申报》《新闻报》发布广告，同时也选在《教育杂志》《东方杂志》等多种杂志上发布。不仅刊刻专门的图书目录，发送到全国各地的图书馆和书店，也编印专门的图书样本，以备读者需要。采用这样的立体营销，营造出强大的声势，出版讯息传播的范围自然广泛。[①]

第三节 新中国出版物发行业的发展

新中国的图书发行业是以新华书店为基础，通过公私合营、发展代销逐步建立起来的。1937年4月，新华书店诞生于延安的清凉山，那时还叫党报委员会发行科，只有7个人。1939年独立建制，在随后的10年里，迅速发展，至新中国成立前夕，已有分店、支店735处，职工8100多人，发行图书近5亿册。新中国成立以后，在党中央的支持下，通过对私营书店改造和发展供销社代销业务，新华书店进一步发展壮大，建立了遍布全国的发行网络。1956年销售图书15亿册，销售码洋达到3亿多元。1957年以后到1976年"文

---

① 吴永贵：《民国时期书业广告的组织与运作》，《编辑之友》2009年第5期。

化大革命"期间，出版物发行业遭受严重挫折。上世纪 70 年代末，出版物发行网点只有 5 万多个，不仅业态单一，而且大多数网点设施落后，发行能力极低，从业人员不过 6 万人，年发行图书仅 30 多亿册。

改革开放以来，新观点、新思想、新科技、新理念的不断涌入和经济体制的转变，推动文化市场空前繁荣，出版物发行也逐渐成长为一个独立的行业。

一、出版物发行体制改革的深化

自 20 世纪 80 年代初期开始，出版物发行业进入了改革开放的崭新的发展时期。以 1982 年开始的发行体制改革为线索，我国出版物发行业大体可分为五个阶段。

1. 拓宽发行渠道

1982 年，文化部出版管理局召开了全国图书发行体制改革座谈会，发出《关于图书发行体制改革工作的通知》，提出了发行业"一主三多一少"的发展思路，即：以新华书店为主，多种经济成分、多种购销形式、多条流通渠道，减少流通环节。并提出在改革过程中将适当改变现行购销形式；大力支持出版社自办发行；积极发展集体书店，适当发展个体书店。这一阶段的改革对国内长期僵化的发行体制作出了谨慎而重要的突破，拓宽了发行渠道，打破了新华书店独家发行的局面，社办发行开始从无到有、从小到大，集体、个体书店开始迅速发展。

2. 实行开放搞活

1988 年 4 月，中宣部、新闻出版署联合印发《关于当前图书发行体制改革的若干意见》，将改革的基本目标确定为建立和发展开放式的、效益高的、充满活力的图书发行体制。提出了"三放一联"的改革思路，即放权承包，搞活国有书店；放开批发渠道，搞活图书市场；放开购销形式和发行折扣，搞活购销机制；推行横向联合，发展各种出版发行主体和企业集团。从这个时候起，戴"红帽子"的民营批发公司开始大量出现。"三放一联"的思路，是在国家改革开放的大背景下，顺应发行事业的发展而提出来的，也是"一主三多一少"政策的延伸和发展。这个阶段的改革以开放搞活为中心，对活跃图书市场起了积极作用，并对以后发行业的体制改革有着重要的启示意义。

3. 明确大市场发展目标

1996年6月，新闻出版署印发了《关于培育和规范图书市场的若干意见》，提出深化图书发行体制改革，以培育和规范图书市场为中心环节，建立全国统一、开放、竞争、有序的大市场。此后，我国图书发行业有了较大发展，1998年，全国图书发行网点达8万个，其中新华书店网点1万多个；发行从业人员24万人，其中新华书店14万人。所有这些为促进产业升级，实行彻底的平等准入、平等竞争作了充分准备。而1999年新闻出版署出台的《出版物市场管理暂行规定》，对规范市场经营行为和依法行政起到了重要作用，为推动改革进程提供了较好的市场环境。

4. 平等准入，转企改制

2001年8月，中办、国办以中办发（2001）17号文件转发了《中央宣传部、国家广电总局、新闻出版总署关于深化新闻出版广播影视业改革的若干意见》，揭开了第四个阶段发行体制改革的序幕，2003年7月份出台的《出版物市场管理规定》成为这次改革的标志性文件。这是一次对整个发行体制进行的深刻改革，意义重大，影响深远。不仅对国有新华书店系统进行了伤筋动骨的改造，而且为非公有资本进入发行领域铺平了道路。在这一阶段，民营批发企业摘掉了"红帽子"、第一家民营总发行企业宣布成立、中小学教材发行招投标新一轮试点开始进行等等。这一系列突破意味着在出版物发行领域已实现了准入上的平等，出版物发行业开始进入各种所有制形式企业充分竞争的时代。

2003年新一轮文化体制改革全面开展，六家发行集团被列入首批转企改制试点单位。通过转企改制，新华书店系统焕发出了蓬勃生机。到目前，新华书店系统转企改制工作已基本完成。除西藏、天津外，各地省级新华书店均已完成企业注册，绝大部分地市及县级店也已成功转企。陕西、河南在完成了省级店的转企后，开始着手进行所辖近200个地市和县级店的转企工作。浙江、江苏、四川等地集团完成了职工身份置换，劳动生产率水平大大提高。

5. 上市融资，兼并重组，做大做强

2006年底，上海新华传媒股份有限公司在内地借壳上市。2007年5月30日，四川新华发行集团投资控股的四川新华文轩连锁股份有限公司首家通过IPO方式，在香港联交所主板挂牌上市，发行3.694亿股H股，顺利筹资20多亿港元。这是港股中首支纯书店股，新华文轩也成为国内首家进入国际资本市场的图书发行企业。2007年4月，上海新华传媒股份有限公司又向解放日报报业集团和上海中润广告有限公司定向增发股票，发行的股票价格为每股16.29元，资产价值逾20亿元。目前，上海新华传媒已在现有以图书及音像制品发行业务为主业的基础上，增加报纸发行、媒体广告、投递业务和媒体展示基地等业务，开始打造完整的文化传媒产业链。

做大做强是新时期出版物发行业主要的任务。通过上市融资、兼并重组，发行集团和企业不断壮大。江苏发行集团与海南新华书店系统共同组建海南新华发行有限责任公司，江苏发行集团控股51%。2007年，海天出版社并入深圳发行集团，深圳出版发行集团正式组建。安徽新华发行集团兼并安徽文化音像出版社。浙江、四川、辽宁等发行集团的跨地区经营业务也颇具规模并不断拓展出新的业务空间。

二、出版物发行产业体系的形成

改革开放以来尤其是党的十六大以来，随着社会的进步，经济的发展、体制改革的深入和对外开放的不断扩大，出版物发行业不断创新体制机制，增强实力和活力，形成了结构合理、业态先进、具有活力和竞争力的产业体系。

1. 具备了强大的发行能力

经过30年的发展，出版物发行业形成了强大的发行能力。2006年，我国有出版物发行网点近16万个，从业人员约73万人，全国出版物发行业发行总量在200亿册（盒张）以上，销售额在2000亿元以上，其中，新华书店系统及出版社自办发行单位的发行总量157亿册（盒张）、发行总金额1300亿元。

1980年以前，报刊发行主要由邮政局所及其所办的零售网点承担，1980

年以后，随着改革开放的不断深入，报刊出版单位自办的发行网点和其他力量所办的报刊发行网点开始出现。但邮政系统由于历史的原因，一直是报刊发行的主渠道。全国报刊发行网点数量没有完整的统计数字，仅全国邮政系统的邮政局所就有近10万家。报刊发行的数量，据邮政系统的统计，1980年全国邮发报纸159.8亿份，邮发行网点期刊13.1亿册，1986年全国邮发报纸222.4亿份，邮发行网点期刊19.8亿册[1]。此后邮发报刊受到自办发行和其他发行力量的冲击，开始出现下降的趋势，到2002年，全国邮发报刊6172种，208.4亿份（册），占全国出版报刊种数的60%，发行数量的40%[2]。音像制品的发行数量也逐年增长，特别是随着扫黄打非的持续开展，市场秩序不断优化，正版音像制品的销售增长很快。

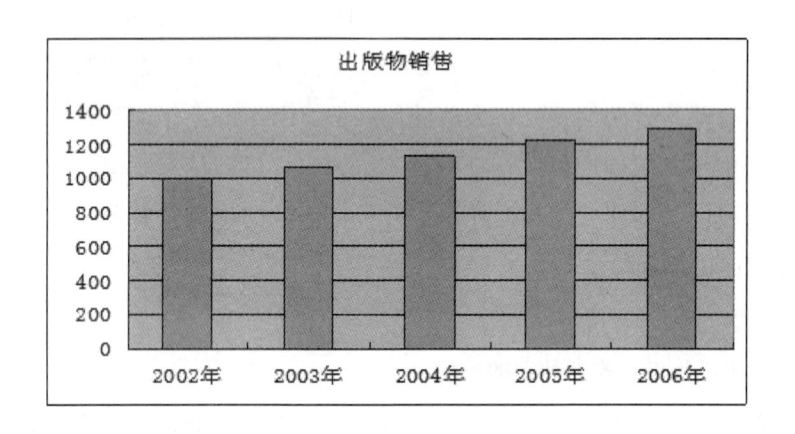

出版物销售

强大的出版物发行能力不仅体现在发行总量上，而且体现在发行效率上。全国大多数省以新华书店为核心建立了发行集团，建立了健全的发行网络。民营发行网点遍布全国城乡。这些发行集团和民营发行企业通过机制创新，不断提高发行效率。改革开放初期，由于发行单位效率低下，发行环节多，一本书从出版到与读者见面，一般需要半年的时间。到21世纪初，一本书出版后，只需要几天的时间就可以跟读者见面。不仅满足了广大人民群众不断

---

[1] 《中国报刊发行史料》第一辑，光明日报出版社1987年，第421—422页。
[2] 朱学东等：《分销之痛》，《传媒》2003年第8期。

增长的文化需求，而且有力地促进了出版业的发展。

2002年党的十六大召开以来，出版物发行业体制改革实现了实质性突破，转企改制取得了重大成绩，体制机制创新激发出巨大的发行生产力。2006年，全国出版物发行额比2002年增长了29.88%。

2. 建立与市场经济体制相适应的体制机制

经过30年来不断推进的体制改革，特别是2003年以来以转企改制为重点的发行体制改革，基本形成了中国特色社会主义的出版物发行体制，激发了蓬勃的发展潜力，形成了巨大的发行生产力。

新华书店系统通过改革，逐步建立了与市场经济体制相适应的体制机制，市场主体地位不断巩固。在深化改革的过程中，新华书店以体制机制创新为重点，逐步实行公司制改造和集团化经营，目前新华书店系统已经全部完成了转企改制，有些已经完成了股份制改造，成为独立的法人实体。大部分省、自治区和直辖市成立了新华发行集团，实行规模化经营。2007年，出版物全国连锁经营企业达29家，23个省级新华书店实现了省内或跨省连锁经营。大多数发行集团以建立现代企业制度、建立新型市场竞争主体为目标，积极完善法人治理结构，拓展渠道、上市融资，不断强化市场主体地位。2007年，新华书店系统的总销售额占全国总量的62%以上，总资产也占绝对优势。在11个省的中小学教材发行招投标中，新华书店通过竞争保留了绝大部分市场份额。

通过创新体制机制和现代企业制度建设，一批具有先进的组织形式和富有效率的经营业态的市场主体实力不断壮大。2007年，江苏新华发行集团总资产近49亿元，销售额达到83亿元。浙江发行集团总资产近57亿元，销售额60亿元。这些新型市场主体已经成为推动出版物发行业发展的重要的市场力量。与此同时，出版物发行业的集体经济、个体经济、私营经济和外资经济不断发展，特别是2003年以来，民营发行业已经成为我国发行业重要的组成部分，发挥着重要的作用。民营企业在发展过程中，引进先进的管理理念，摆脱家族企业的管理模式，建立灵活有效的管理机制，规模和实力不断壮大。至2007年，全国共有民营或民营控股的出版物发行网点近11万个，占出版物发行网点总数的78%以上。全国57家总发行单位中,民营或民营控股的单位有12家,约占21%。经新闻出版总署批准设立的25家全国连锁经营单位中,民营或民营控股单位有8家,占32%。民营发行已经成为一支生命力旺盛的发行力量。

3. 形成结构合理的产业体系

这一产业体系的基本特征是:第一,以图书发行为主,多种出版物发行并行发展;第二,以传统发行业态为基础,广泛应用新技术,多种新型业态不断发展;第三,以出版物发行集团为中心,以大型发行企业为骨干,以中小型发行企业为群落的充满活力和竞争力的企业结构不断完善;第四,以出版物发行为主,跨行业发展的开放格局不断形成。

改革开放以来,出版发行业基础设施和服务能力大大提高。全国大多数大中城市,大型图书城等出版物大卖场已经成为城市的重要标志性文化设施。现代信息技术的应用不断催生新业态,出版物连锁经营、物流配送、电子商务等先进的经营模式获得长足发展。经批准的全国连锁经营单位已达25家,四川文轩连锁、博库书城、深圳书城、大众书局等连锁经营企业发展迅速。电子商务也已初具规模,具一定规模的网上书店达60多家,当当网、卓越网等成为网上售书的著名品牌,利用其先进的经营管理技术占据着越来越多的市场份额。

新华书店凭借其传统优势,充分利用现代技术资源,积极开拓新的发行业态。潮州市新华书店与潮州市移动通信公司联手开发利用移动短信系统进行查、购图书的网络系统——移动新华书城,浙江新华发行集团2004年开通了浙江邮政183图书网购、浙江邮政185图书话购业务,又于2006年开通了博库书城网,意在打造成一个国内品种最全、价格最低、速度最快、服务最好的互联网购书平台;四川、辽宁的现代化物流配送中心开始发挥区域性作用,北京、上海开始建设年配送能力在80亿元以上的大型现代化物流中心。所有这些表明,现代化的经营管理在发行业发挥着越来越重要的作用。

我国出版物发行体制几经变化,从新华书店独占市场到多种经济成分共同发展;从新华书店全国统一的体制到各省、甚至各市县分权体制;后来又收权组建集团。贯穿这一进程的有两条线，一是强化微观主体的活力、竞争力和实力；二是推动统一、开放、竞争、有序的出版物市场体系的形成。

通过新华书店集团化建设、连锁经营以及跨省经营的发展，随着民营书业全国市场的开拓，以及出版单位自办发行体系的构建，统一、开放、竞争、有序的出版物市场体系基本形成。一方面，改革开放以来出版物市场的基础设施不断完善，物流配送和服务不断改进，市场规则和法制建设也取得了重大进展，非法发行活动得到有效遏制，初步形成了以大中城市为中心，辐射全国的大市场网络。市场体系的不断完善，有效满足了广大人民群众的精神文化需求以及产业发展的需要。2007年，座落在全国各大中城市的营业面积在万米以上的大型书城已有20多家，5000平方米以上的有70多家，这些大型书城大都成为当地的文化景观和文化消费中心，为地方的经济发展和文化建设作出了自己的贡献。而周边地区的中小书店作为大型书城的补充，活跃了市场，方便了群众，构成走专、精、特、新之路的优势文化产业群中一道亮丽的风景线。农村地区的发行网点也呈增长态势，平均1.3个乡就有1个网点，缓解了农民买书难、看书难的问题。

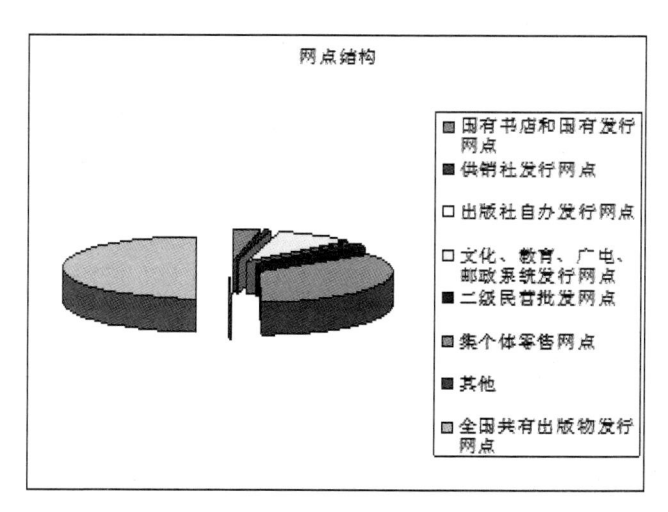

2007年出版物发行网点结构

（资料来源：2007年新闻出版总署计划财务司《中国新闻出版统计资料汇编》）

三、出版物发行系统的逐步开放

1. 民营发行业蓬勃发展

20世纪80年代，为分解新华书店的压力，作为新华书店发行渠道的补充，在优胜劣汰的市场竞争中，以集体、个体为主的民营书店迅猛发展。1982年3月，《国家出版局关于图书发行体制改革问题的报告》第一次提出了"积极发展集体书店，适当发展个体书店"，拉开了民营书店正式跻身于发行领域的帷幕，它分解了新华书店为解决"文化大革命"造成的"书荒"的巨大压力。1986年，提出要"逐步形成以新华书店为主体的，多种流通渠道、多种经济成分、多种购销形式，减少流通环节的图书发行网"，进一步推动了民营发行业的发展。

如果说把1989年前作为民营书业的第一个阶段，那么进入20世纪90年代，民营书业经历了一段时间的调整后，开始了又一次崛起，进入发展的新阶段。1988年5月，中共中央宣传部、新闻出版署颁布了《关于当前图书发行体制改革的若干意见》，"三放一联"的改革思路为民营书店的迅速成长壮大提供了充足的发展空间，引发了图书流通领域的激烈竞争，尤其是所谓的"主渠道"与"二渠道"之间的激烈竞争，推动一批民营书店乘势脱颖而出。

2002年党的十六大明确提出了文化体制改革和文化产业发展的问题，把文化体制改革作为完善社会主义市场经济体制若干问题加以规定，从党和国家的决策层面，鼓励、支持、引导民营资本投资出版业，推动民营书店朝连锁经营方向发展。北京席殊书屋、北京世纪锦绣、北京儒仕源、广东学而优、贵州西西弗、海南创新、湖南弘道、内蒙古通辽环哲、厦门光合作用等民营书店都拓展了连锁店。

2003年7月，新闻出版总署颁布《出版物市场管理规定》，对从事出版物总发行业务的企业，不再规定必须是"具有法人资格的国有出版物发行单位或国家核准的国有资本控股的出版物发行公司"；对从事出版物批发业务的单位不再限定必须是"国有、集体所有制企事业单位，依法设立的公司"。民营书业规模和实力开始壮大。2003年9月，文德广运发行集团在北京宣布组建成立，这是自《出版物市场管理规定》正式实施以来第一家挂牌的拥有报刊总发行权的民营企业。该公司的成立，标志着民营资本顺利进入了报刊批发领域，在我国出版物分销市场的进一步开放和市场化改造进程中发挥了不可取代的作用。在这之后，越来越多的民营书业企业获得了出版物总发权。对于民营书业自身发展来说，得到总发"牌照"意味着可以对自身的产业链向上下游延伸，并可以参与到中小学教材招投标工作中来。更重要的是，这个举措加速了出版物分销市场的市场化改造速度，通过吸引更多的优良资产和负责任的经营主体参与出版物市场的竞争，尽快形成有实力的新型市场主体，形成统一开放、竞争有序的国内市场，发展中国的出版物发行产业，提高其国际竞争能力，以降低国外资本进入后对我国发行业的冲击。

截至2007年底，中国已有17家民营和民营控股的出版物发行单位，全国连锁经营单位9家，民营发行网点数量达到11万个。一些有特色也有一定规模的民营书店，如北京的风入松、国林风、万圣书园，广州的学而优，上海的季风书园等书店已经树立了鲜明的品牌形象，并成为所在城市的文化地标。一批大型民营资本在图书发行业内涌现，在国内各大城市修建了面积广大的图书城，如当今世界单店经营面积最大的书城——深圳书城中心城总建筑面积81064.8平方米，占地面积43908.8平方米，经营面积35125.8平方米，成为深圳21世纪的标志性文化景观。

2. 外资进入我国分销领域

随着我国对外开放的不断深入，外资进入新闻出版领域的要求越来越强烈，20世纪80年代外资主要是通过合作出版的形式投向中国的出版业，合作出版的主要形式是单项合作，一般不能建立企业。进入90年代后，外资不满足项目合作而要求建立三资企业。1991年12月，新闻出版署发出通知，规定新闻出版行业禁止设立外资企业，原则上也不搞在华的中外合资、中外合作企业，如个别确需设立的要报新闻出版署等审核。

1993年6月，新闻出版署批准云南省新华书店与新加坡泛太平洋出版有限公司合资兴办云南新华有限公司，经营图书、音像出版物的零售业务，此后发行领域的对外开放有限度试点，并试办了一些合资发行企业，其中影响最大的是1997年建立的上海贝塔斯曼文化实业有限公司。

2001年12月中国加入世界贸易组织，并承诺在三年的时间内逐步开放出版物分销市场，外资可以通过各种方式逐步进入书报刊的零售、批发等发行领域。印刷、发行等领域也逐渐有非产业资本、外资注入，据新闻出版总署统计，到2003年8月，我国已批准了11家外商投资的出版物零售企业，批准外商投资印刷企业84家，投资总额是4.69亿美元，注册资本总额是2.49亿美元。2003年末，贝塔斯曼向21世纪锦绣注资，中国首家中外合资图书连锁企业宣布诞生。2004年是入世承诺对出版物市场保护过渡期的最后一年，到2004年12月，对外商进入出版物分销的限制全部取消，对民营书业进入出版物分销领域的限制也基本取消。至2006年3月经新闻出版总署批准的外商独资或中外合资、合作图书、报纸、期刊分销企业已有33家，引进外资上亿美元。外资的进入，同时也带来了先进的经营管理理念，带动了行业水平的提高。

对出版发行业准入限制的逐步放开，使出版业市场结构更复杂，资本形式更多元，出版发行业竞争更激烈，也更有利于市场的优胜劣汰和出版的产业化发展。而民营书店的发展壮大以及外资的进入，也为促进出版物发行业的繁荣和发展作出了贡献。

四、出版物网络发行的迅猛发展

新时期以来，信息、网络、数字技术的迅猛发展和广泛应用，使文化产品的生产和传播面临巨大的变革。在出版物发行行业，充分利用网络信息技术，通过网上书店进行出版物发行已经成为大势所趋。

一是由国有新华书店投资建设的网上书店，如北京西单图书大厦网上书店、上海书城网上书店、广州购书中心网上书店等。它们主要依托传统的图书大厦的图书储存进行网络售书，没有进行单独的公司运作。严格说来，大多数新华书店的网站还不能胜任电子商务的任务，只能说是新华书店上网或上网的书店。

二是由出版社建立的网上书店。出版社在建立网站的同时，试图涉足网络售书业务。如人民时空网络公司、人民教育出版社网上书店等。它们依托原有的业内资源进行网络出版和发行业务的尝试，对网络的理解较前瞻、深入。

三是外贸出版公司投资建设的网上书店。这一类网上书店如中国现代书店网上书店、中国现代书店朝晖网络等。其特点是立足公司主营业务，主要对海外进行图书销售，销售量逐渐增加。

四是非业内资本投资建设的网上书店。据有关统计数据显示，卓越、亚马逊、当当、京东等企业凭借早"触网"的优势，占据了整个网上书店市场的大部分份额。

本章小结

两汉以来，书籍开始以商品的形式进入社会流通领域。不仅出现了书籍买卖的专门场所书肆和槐市，而且出现了依靠传抄复制图书来谋生的专门职业：佣书和写经生。在雕版印刷术发明以前，书籍全是由人工抄写，抄写复制是两汉图书传播和流通中采用的方式。交易形式则以实物交换与直接售卖为主。后者既有设肆出售，也有流动贩卖。魏晋南北朝时期，开始出现书业中心，特别到隋唐时期，除了长安外，洛阳、成都、扬州、敦煌等地的书市颇具规模，书商之间的竞争也相当激烈。这些书业中心的形成，既是图书出版繁荣的标志，也是图书流通发达的标志。以后的宋、元、明、清各朝，书业中心多有迁移，且各自形成了独有的地方特色。到了晚清民国时期，随着近代出版企业的诞生，近代出版发行业也发展起来，以广设发行网点为主，以邮寄为辅，构成了近代图书发行的基本格局。新中国成立后，出版发行由全国各新华书店系统的建设，到改革开放以后形成主渠道和多种形式的出版发行渠道共同发展的格局，特别是近年来网络书店的崛起，出版发行业逐步走向主体多元化、经营形式和盈利模式多样化。

参考文献

[1] 李瑞良著：《中国古代图书流通史》，上海：上海人民出版社，2000年。

[2] 肖东发、于文主编：《中外出版史》，北京：中国人民出版社，2010年。

[3] 高信成著：《中国图书发行史》，上海：复旦大学出版社，2005年。

[4] 郑士德著：《中国图书发行史》（增订本），北京：中国时代经济出版社，2009年。

[5] 陈焕仁著：《当代出版业研究》，成都：四川人民出版社，2009年。

[6] 李文藻著：《琉璃厂书肆记》，北京：中国文史出版社，2001年。

第四章

中外出版交流

第一节 古代中外图书交流
第二节 近代中外图书交流
第三节 当代出版业对外开放

本章梳理中外出版交流发生发展的基本脉络，分析不同历史时期对外出版交流的时代特点和主要成就，以及对外出版交流与社会文化变迁的内在联系。

第一节　古代中外图书交流

出版物对外交流的出现，一个基本的前提条件是古代中国对外贸易通道的形成。一是陆地丝绸之路。又称"西北丝绸之路"，指西汉时由张骞出使西域开辟的以长安（今西安）为起点，经甘肃、新疆，到中亚、西亚，并连接地中海各国的陆上通道。经由这条通道西运的货物，以丝绸制品的影响最大，故得此名。其基本走向定于两汉时期，包括南道、中道、北道三条路线。二是海上丝绸之路，是古代中国与外国交通贸易和文化交往的海上通道，主要以南海为中心，起点主要是广州、泉州，所以又称南海丝绸之路。海上丝绸之路形成于秦汉时期，发展于三国隋朝时期，繁荣于唐宋时期，转变于明清时期，是已知的最为古老的海上航线。在陆地丝绸之路之前，已有了海上丝绸之路，它是古代海道交通的大动脉。自汉朝开始，中国与马来半岛就已有接触，尤其是唐代之后，来往更加密切，作为往来的途径，最方便的当然是航海，而中西贸易也利用这个航道做交易之道，因而被称为海上丝绸之路。到了宋元时期，瓷器的出口渐渐成为经过海上贸易的主要货物，因此，人们又把它称为"海上陶瓷之路"。同时，由于经海道输入的商品历来主要是香料，也有人把它称作"海上香料之路"。三是在元朝时期取代西北丝绸之路成为陆上交通通道的南方丝绸之路。历史上，南方古丝绸之路由蜀道进云南，经印度再到波斯，也是中国最早的贸易通道之一。

至于出版物的对外贸易，中国封建社会初期，社会生产力低下，人们对世界缺乏完整的认识，视野相当有限，自足保守的封建王朝采取相对封闭的对外政策，没有探索世界的动力。加上中国本身地理状况复杂，东临大海，内陆地形多样，幅员辽阔，人们凭借当时的交通条件很难克服重重障碍远赴异邦,再加上先秦两汉时期我国通行典籍载体是简策,携带困难,用船舶载运大量典籍相当不易,主要依靠个人携带实物流传,所以中外图书交流极少,发展的速度相当缓慢。从秦到西汉,中外图书交流在历史文献中只留下点滴记录。一般认为,中外图书稍有规模的交流始于东汉,以佛经的传入为其开端。①

一、东汉及魏晋南北朝时期的中外书籍交流

自东汉以来,佛教在中原地区被广泛接纳,佛经源源不断地由国外输入,其中既有国外僧侣带入中国的,也有中国僧人出国求取的。佛经的传入、整理、翻译、流通成为当时一大文化现象。由于中国是佛教传播的接受者,是吸收的一方,以佛经为代表的图书的跨国流通是单向的,中国在很长一段时间只输入图书而不输出。大约在西晋以后,少数中国人就近移民朝鲜和日本,中国图书才开始向朝鲜和日本输出,兼有了输入和输出两种形式。

魏晋南北朝时期,图书输入的类型比较单调,基本上都是佛经。在佛教传入中国的初期,佛经多由域外僧人主动携来,当佛教在中国立足,有一定信众的时候,诵念佛经就不仅仅是通晓多种语言的个别高僧的事。为了满足僧众诵经,佛经翻译变得甚为迫切,中国僧人也开始跨国取经,以供翻译之需。历史上有关这一时期佛经输入的记载屡见不鲜。据《高僧传》载,天竺僧竺佛朔携《道行经》来洛阳;昙果于迦维罗国得梵本,由康孟祥、竺大力译为汉文。据《隋书·经籍志》载,法显与慧景等从长安出发,经30余国到达北天竺、中天竺,取得《摩诃僧祇律》《萨婆多律抄》《杂阿毗昙心论》等,到师子国(今斯里兰卡)取得《弥沙塞律》《长阿含经》《杂阿含经》及《杂藏经》等译本;智猛自天竺携归《泥洹经》《僧祇律》等,于凉州自译《泥洹经》20卷。据《开元释教录》载,昙无竭在印度得《观音受记经》后译出。据《续高僧传》载,曼托罗自扶南至建业,携来大批梵本后译出。真谛携经至中国,

---

① 彭斐章:《中外图书交流史》,湖南教育出版社1998年,第21页。本节内容材料多取自该书,以下未及一一注释。

多罗树叶凡有240夹[①]。另外还有大量佛经是从西域输入的,西域是我国的少数民族地区,西域佛经转移到中原可以看作是图书在国内的流通,特别是那些已译成少数民族语言的佛经的东传更是如此。但应该注意的是,有些自西域传入的佛经,乃国外的原版书,这些书实际上是先到西域再到中原,既可以理解为是在国内流通,也可以理解为是自国外输入。

魏晋南北朝时期,佛经输入的速度和规模都十分可观。据《大唐内典录》统计,三国时魏国参与译经的有6人,译经律等13部24卷,吴国参与译经的有4人,译经传等148部185卷。据《历代三宝纪》统计,西晋参与译经的有13人,译出经籍450部717卷;东晋参与译经的有27人,译出经籍268部578卷。据《大唐内典录》统计,南朝译经最多的是梁朝,参与译经的有21人,译出经论等90部780卷。据《魏书·释老志》记载:"魏有天下,至于禅让,佛经流通,大集中国,凡有415部,合1919卷。"这反映了北朝收集佛经的情况。佛经流入中国后,中国学者和僧侣还用汉籍的图书形式对其进行加工整理,创造出了一些新的佛教图书类型,出现了将同本异译的佛经合编,经注集于一书的合本;出现了汇集大量佛教文章的总集,如陆澄编的《法论》;出现了以类相从、排比众经的类书,如《三宝记》《法宝联璧》等;还出现了揭示众经的佛经目录,如西晋竺法护编撰的《众经目录》、东晋释道安编撰的《综理众经目录》、梁释僧祐编撰的《出三藏记集》等。以上统计数据和佛经目录所记载的传入中土的佛教文献,反映了魏晋南北朝时期域外图书向中国输入的盛况。

至于图书的输出,受当时社会环境和交通条件局限,主要的流向是东亚。中国东邻太平洋,唯有东北陆上与朝鲜相接,与日本列岛一衣带水。中国人不仅在陆路上有到达朝鲜的地理之便,而且早在秦汉时期,一条自渤海、黄海通往朝鲜半岛南部的海上航线就已开辟,一些中国人曾沿此线移居朝鲜。传说秦始皇时,中国人徐福就曾携书东渡日本,所以有人认为徐福东渡乃是

[①] 彭斐章:《中外图书交流史》,湖南教育出版社1999年,第19页。

中国典籍外传之始。但因为既无实证又无明确的记载，徐福东渡的故事通常被认为是好事者的幻化敷衍之说。三国时期，地处江南的孙吴政权，出于经济、政治等多方面考虑，曾多次派万人大船队远航辽东，又开辟了东南至东北亚的海上航线。随着第二条航线的贯通，东晋南朝时朝鲜半岛的三个国家，北边的高句丽、西边的百济、东南的新罗都与中国建立了密切联系，图书东传的节奏也加快了。据《北史》记载，高句丽流行的书籍就是中国儒家经典之中的"五经""三史"即《易经》《尚书》《诗经》《仪礼》《春秋》和《史记》《汉书》《后汉书》等。而至晚在公元3世纪，《山海经》就传入了百济。六世纪前半期，百济曾4次派遣使节到北朝，派往东晋南朝的使节则有11次之多。南朝宋文帝元嘉二十七年（公元450年），百济王余毗"上书献方物，私假台使冯野夫、西河太守表求《易林》《式占》，腰弩，太祖并与之。"梁武帝也曾数次赐予百济经籍，并应百济王之请，派出讲授《诗经》的毛诗博士和讲授《礼记》的讲礼博士去百济授经。与此同时，并有医学、百工等专业人才相继去百济。百济人非常喜欢中国文化典籍，其文化深受中国文化及佛教的影响，曾"用宋《元嘉历》，以建寅月为岁首"。位于朝鲜半岛东南部的新罗在刘宋时或称斯罗，在朝鲜半岛三国中势力最弱，也是三国之中接受儒学最晚的国家，也曾经多次遣使来中国。据文献记载，西晋武帝时，新罗国王曾三次遣使到洛阳访问并贡献方物。梁武帝普通二年（521年），新罗曾附于百济使者和梁通好，贡献方物。南朝陈天嘉六年（565年），陈文帝遣使到新罗，送去佛经1700多卷。由上述情况可见，这个时期中朝文化交流相当频繁，交流的层面也比较丰富，中国的经史典籍、汉译佛经和书画等广泛流通到朝鲜。

日本列岛诸国早在两汉时期就与中国有所交往，魏晋南北朝时期也经常友好往来。日本使臣来华的路线，多是从九州经海路到朝鲜，再从朝鲜经陆路到中国。由于中日交流需要借道朝鲜，所以朝鲜自然就成了中日交流的中介。据成书于712年的日本第一部书面文献《古事记》记载："天皇命令百济国说，如有贤人，则贡上。按照命令贡上来的人，名叫和迩吉师，随同这个人一起贡上《论语》十卷，《千字文》一卷，共十一卷。"① 公元 720 年，第一部日本史《日本书纪》的"应神天皇十六年"条也有与《古事记》相类似的记载："王仁来之，则太子菟道稚郎之师之，习诸典籍于王仁，莫不通达。所谓王仁者，是书首等之始祖也。"② 另据《日本开国五千年史》记载："应神帝之朝，百济王遣阿直岐至日本。阿直岐善谈经典，尚言其国有王仁者，胜于己。帝即征王仁。翌岁，王仁来朝，献《论语》十卷，《千字文》一卷。在践阼 16 年之时，太子菟道稚郎师事王仁，而得通晓于典籍。"③ 后两书提到的"王仁"就是《古事记》中的"和迩吉师"。公元 751 年，日本第一部书面文学集《怀风藻》在谈日本开化历程的《序》中说："至于神后征坎，品帝乘乾，百济入朝，启龙编于马厩；高丽上表，图鸟册于鸟文。王仁始导蒙于轻岛，辰尔终敷教于译田。遂使俗渐洙泗之风，人趋齐鲁之学。"④ 王仁再一次被提及。从姓名与文化教养上可以推知，这位被日本最早的书面文献称为汉籍东传的始祖、日本开化的启蒙者的王仁，很可能是移民朝鲜的汉人，或者是朝鲜汉族移民的后裔。即便不论王仁的身份，上述材料也可以表明在日本应神天皇时代，中国的《论语》等典籍已传到日本。按照日本史家的观点，应神时代约为四世纪后半期，此时正值中国的晋武帝太康年间。也就是说，大约在东晋时，我国的儒家经典《论语》等从百济传入日本。中国文献中虽然未见图书东传日本的明确记载，但不乏百济学者到日本讲学的记录。日本继体天皇七年（公元 513 年，梁武帝天监年间），百济五经博士段扬尔至日本传授儒学。一直到继体天皇十年（公元 516 年），段扬尔的讲学任务又由新来的五经博士汉高安茂接替，日本从此才有五经之名。日本钦明天皇十五年（公元 554 年），百济五经博士王柳贵，易博士王道良又至日本，讲授经学。既然不断有博士

---

① 陈尚胜：《中韩交流三千年》，中华书局 1997 年，第 132 页。
② 严绍璗：《中国古代典籍东传日本考略》，载《北京大学百年国学文萃·语言文献卷》，北京大学出版社 1998 年，第 505 页。
③ 彭斐章：《中外图书交流史》，湖南教育出版社 1999 年，第 21 页。
④ 严绍璗：《中国古代典籍东传日本考略》，载《北京大学百年国学文萃·语言文献卷》，北京大学出版社 1998 年，第 505 页。

到日本讲授经学，至少表明全套的五经已经流通到了日本，中国图书向日本的传播实际上已经上升到了一个新的阶段。

从以上记载可见，魏晋南北朝时期中国图书的国际间流通基本上可以说是单向的，一方面中国从国外主要是天竺输入佛经，另一方面中国向国外主要是朝鲜和日本输出儒家经典和佛教文献，国与国之间图书的双向传播尚未展开，与中国在图书流通方面发生关系的国家还十分有限。然而这个结论只是根据文献明确记载的情况得出的，实际上中国与域外很多国家都有政治和商贸方面的交往，如中国与中亚的大宛国、大月氏、粟特、康居、忸密以及西亚的波斯（今伊朗）、大秦（东罗马帝国）等国都有外交、商贸关系；中国与东南亚的天竺（今印度）、师子国（今斯里兰卡）、扶南（今柬埔寨）、林邑（今越南南方）、南洋群岛诸国（今印度尼西亚）等国都建立了海上贸易关系。诸多物资的流通都是双向的而且是频繁的，中国典籍流通到这些国家和地区，虽未发现明确的文献记载，但也应存在较大的可能性。

二、隋唐五代时期的汉籍外传

隋唐两代上承汉魏六朝文化传统，开创了中世纪堪称世界文化大国的局面，吸引了东方诸国的学者、文人、僧侣等留学、进修和讲学，加以海上交通的发展，我国的写本书与印本书得以陆续向日本、高丽、百济、新罗等国出口。出口的主要途径，一是各国派使节来朝，求写各类书籍或佛经；二是各国派来的留学生和学问僧从长安等地购买经籍带回本国；三是私人及商贸往来，包括唐人的赠与及赴日本所携带的典籍，也包括通过商贸往来的流通。

外来使臣来华求购图书。隋朝时期，日本四次遣使到隋。隋开皇二十年（600年），日本推古天皇首次"派遣使诣阙"。遣隋使多为著名的学者或文人，有的从留学生中选任，每次随员达百余人，多时更达500余人，主要任务是进行文化交流。隋大业三年（607年）派来的遣隋使，明确把"买求书籍"作为主要任务，因为学习中国文化，首要的是得到中国的典籍。《千字文》等书就是这时由遣隋使购得后带回日本的。进入唐朝以后，中日交流更加密切。据日本学者木宫泰彦《日中文化交流史》统计，终唐一代，日本先后派出的遣唐使有 19 次之多。这些遣唐使主要为朝廷大臣或文人学者。吉备真备曾随第九次遣唐使赴中国，与阿倍仲麻吕一起在华学习长达 10 余年，回国后于 751 年再任第十一次遣唐使团副使来华，搜罗经、史、子、集各类书籍，归国后写成专门书目《将来目录》。至于朝鲜半岛的三国，与唐朝的交流也颇为频繁。唐武德四年（621 年），百济国王"遣使来献果下马，七年又遣大臣奉表朝贡"。这些使臣从长安等地购得《五经》和子部、史部等类图书，在百济广为流传；新罗同唐朝的关系最为密切，不时派专使来求书。唐垂拱二年（686 年），新罗王政明"遣使来朝，因上表请《唐礼》一部并杂文章，则天令所司写《吉凶要礼》，并于《文馆词林》采其词涉规诫者，勒成五十卷以赐之"①。

外国留学生、学问僧采购图书。在唐代，日本先后派到中国学习的学生和学问僧有 1000 多人次。他们临行前，日本朝廷都赐给布、棉和黄金，作为入唐后的生活费用和购书费用。来唐的日本留学生、学问僧把节省下来的钱物，主要用于购买书籍、经卷、佛像、佛画等。学问僧玄昉带回经论 5000 余卷，慈觉大师圆仁带回经论章疏、传记等 584 部 800 余卷。新罗、百济等国亦有学生和僧侣入唐学习。据《旧唐书·东夷列传》"新罗"条记载，唐开成五年（840 年），新罗来唐学习期满的归国学生一次就有 105 人。这些留学生均购有各类图书、经卷带回国。隋唐时期汉籍在周边国家的传播，还对新罗、日本的学校教育产生了直接影响。新罗统一三国以后，仿照唐制，在中央设置国学机构，"教授之法，以《周易》《尚书》《毛诗》《礼记》《春秋左氏传》《文选》，分而为之业"；其科举考试的内容也以儒家经典为主，"若能通五经三史、诸子百家书，超擢用之"。日本也效仿唐制，在中央设立大学（唐为国子监），在地方设国学，学习的课程同唐朝一样，《孝经》《论语》等为必读之书。

私人及商贸往来购书。隋初，由朝廷特许的商船开始对日本、新罗等国的港口贸易。到唐代，商船贸易进一步发展，图书成为出口的重要品种。至

---

① 刘昫：《旧唐书·东夷列传》卷 199，中华书局 1975 年。

唐中后期，随着遣唐使贸易的渐趋衰落乃至中止，商人的活动日趋活跃，成为汉籍传播的主要媒介。据考证，从839年至907年，往来于中日之间的商船，见于各种文字记载的就达37次之多。当时商船运往日本的货物，主要有经卷、佛像、佛画、书籍和药品等。①商船一般航至日本的博多港，由日本的主管官府太宰府驰驿报告日皇，并按敕令把中国商人一行安置在鸿胪馆，供应食宿。日本朝廷设有"交易唐物使"管理交易。据日本文献《文德天皇实录》记载，承和五年（838年），"交易唐物使"藤原岳守在检校大唐商船的货物时，偶尔得到一部《元白诗笔》，非常高兴，花重金买下后献给仁明天皇。天皇喜之，便授予他从五位上的品级。中和元年（881年），婺州人李达曾受日本僧侣圆珍之托，携带黄金及日方书信去长安大兴善寺，购求阙经共120卷，交张蒙的商船运送到日本。除了商人商船将中国典籍携带到日本，私人之间的赠送也是唐朝时期中外书籍交流重要的渠道。据记载，礼泉寺般若曾送给日僧空海600多卷梵汉经典，鉴真大师在742年至754年间曾6次东渡，最终抵达日本。为了传播中国的文化，在他的随行物品中带有大量的文献典籍和文物。

唐末期至后梁初，日本学者藤原佐世仿《隋书·经籍志》编撰《日本国见在书目录》（原称《本朝见在书目录》），收录从唐朝进口的图书1579部、17345卷。如果把这个数字与《隋书·经籍志》《旧唐书·经籍志》作比较，那么九世纪时代在日本流传的汉籍，已分别为隋代的50%及唐代的51.2%，即当时中国文献典籍的一半，已经东传日本。②

五代时期，中原战乱不断，日本来华学习的留学生和僧侣大为减少，对日出口图书的贸易也处于低潮，但仍有商船往来，也有一些书籍行销日本。

三、宋元时期的图书出口贸易

两宋时期的图书出口主要通过各国使者来京进行贡赐贸易，宋廷把书籍作为回赐品而流传到国外，也有一些通过民间市场经销；日本、高丽等国的

---

① 木宫泰彦著、胡锡年译：《日中文化交流史》，商务印书馆1980年，第109—123页。
② 严绍璗：《汉籍东传日本的轨迹与形式》《文史知识》1996年第8期。

僧人不断来华访求佛经和各类图书，也是一个出口的途径。在和平时期，宋与辽、西夏、金之间还在边境设榷场互市。另外，福建泉州、四明港口与东南亚海上往来等，都是图书随同其他商品销往境外的渠道。

北宋时期，日本僧人来华的人数较唐代大为减少，但也有奝然、寂昭、成寻等20多人较为出名。宋太宗雍熙元年（984年），日本僧人奝然与其徒五六人浮海而至，"献铜器十余事，并本国《职员令》《王年代纪》各一卷"，太宗召见奝然，垂问日本国的风土文化。奝然善隶书，而不通华言，问起风土，但书以对云"国中有五经书及佛经、《白居易集》七十卷，并得自中国"。太宗待他十分优厚，赐予新雕不久的北宋敕版大藏经及新译经典280多卷并御制回文偈颂等。这部《大藏经》是奉敕命作为北宋的国家事业，由开封太平兴国寺印经院自开宝四年（971年）至太平兴国八年（983年）历时12年印制而成的。除日本之外，还赠给了东女真、西夏、高丽、交趾诸国。奝然等一行回国时，除了这些经典之外，还购买了十六罗汉画和其他图书。他带回的这部大藏经，成为僧侣抄经的蓝本和校勘经藏的底本，为当时日本佛经研究提供了有利的条件，并直接或间接地促进了日本的出版事业。奝然带回的画，也是宋代罗汉画输出日本的先驱。

南宋时期，日本僧人来华的人数增多，许多人单身搭乘商船往来，不带使者色彩。有文献可考的入宋僧达100多人。据日本史学家估计，不可考者远远超过此数。入宋僧或多或少都携带一批佛经及其他图书回国。据木宫泰彦统计，至今尚存于日本京都、奈良等地大寺院的宋版《大藏经》至少有十藏以上，其中有福州版、湖州思溪版等。日僧还在临安、苏州、明州等地购买一大批经论章疏、禅籍、儒书、诗文集和医书运回日本，有的购书超过千卷。还有些日本僧俗将自己的著作带到中国刊印，然后运回日本。根据日本《泉涌寺不可弃法师传》记载，南宋庆元五年（1199年）入宋的日本僧人俊芿，于嘉定四年（1211年）归国时带回各类典籍2100多卷，其中除了佛教典籍外，还有朱熹的《四书集注》。俊芿后来创建泉涌寺，弘扬佛法，并积极宣扬宋代新儒学①。南宋端平二年（1235年）乘商船入宋学禅的日本僧人圆尔辩圆（谥号圣一国师），回国时带有典籍数千卷，除佛典外，还包括外典汉籍102种，其中就有《晦庵大学或问》《晦庵中庸或问》《吕氏家塾读书记》等朱子学书籍②。这反映了宋学新著在日本的流传。另外，从这一时期日本的公卿日记中，也有关于宋版书广受欢迎的记载。例如，在藤原道长的《御堂关日记》中，有宋朝商人曾令文赠给他《五臣注文选》和《白氏文集》的记载；南宋商人刘文冲东渡日本，携去《东坡先生指掌图》《五代史记》《新唐书》赠给日本左大臣藤原赖长，赖长以三十两沙金作为谢礼赠与刘文冲，并将他所需的书目交与刘文冲，请刘代为购入③。

  两宋时期，朝鲜半岛的新罗、百济、高句丽统一，建立高丽王朝后，与中国来往密切，主要是通过贡赐贸易求购宋朝书籍。从宋太祖建隆三年（962年）到南宋孝宗隆兴二年（1164年），高丽遣使送来土特产品达30多次，带来的贡品有铜、银、人参、药材和农产品，用以换取中国的茶叶、丝织品、瓷器和书籍等。据《宋史·高丽传》载，端拱二年（989年），高丽"遣僧如可赍表来觐，请《大藏经》，至是赐之"。淳化二年（991年），"遣使韩彦恭来贡。彦恭表述治意，求印佛经。诏以藏经并御制《秘藏诠》《逍遥咏》《莲花心轮》赐之"。高丽很快又派使者"贡方物并谢赐经及御制"。这种有求有赐的出版物流通，《宋史》中还多有记载。从表面看是礼尚往来，实际上是通过贡赐形式进行的图书贸易。宋哲宗即位后，高丽特派两位使臣前来祝贺，并请市刑法之书、《太平御览》《开宝通礼》《文苑精华》，哲宗惟赐《文苑精华》一书。这是因为此时高丽国已向辽称臣，宋朝没有全部满足他们的购书要求。高丽求书，宋廷除赐予之外，还开放书籍市场，让高丽使节自购书籍。宋神宗熙宁七年（1074年），诏国子监许卖《九经》、子、史诸书与高丽国使节。宋哲宗元祐七年（1092年），高丽遣使来献《黄帝针经》，请

---

① 定源：《日僧俊芿与南宋文人士大夫的交往》，载《台大佛学研究》第22期，2011年12月。
② 周一良：《中外文化交流史》，河南人民出版社1987版，第334页。
③ 朱绍侯：《中国古代史》（下），福建人民出版社2001年，第149页。

市书甚众。当时的礼部尚书苏轼上奏，坚持反对卖书给高丽。为此，国子监婉言拒绝了高丽使臣的购书要求，但使臣仍然在市上购到《册府元龟》这部著名的大型类书[①]。此后多年，宋朝中断了以贡赐形式对高丽的图书出口。但是高丽与中国海陆之间的商贸往来从未间断。南宋很多书肆知道高丽人喜欢中国书籍，常用船载书去高丽销售，或献给高丽国王，反映出南宋中国出版物，特别是坊刻出版物，以盈利为第一要义，并不完全按照朝廷的意志去办，而自办外销，售往日本、高丽等国。宋仁宗天圣五年（1027年），江南人李文通等去高丽献书册（即卖书）597卷。宋哲宗元祐二年（1087年），泉州商人徐戬等28人至高丽献《新注华严经》板。宋光宗绍熙三年（1192年），宋商又献《太平御览》，高丽王朝厚奖给白金60斤。朱熹的三传弟子熊禾在替朱熹家翻盖书肆——同文书院时，写《同文书院上梁文》，曾引当时民谣写道："儿郎伟，抛梁东，书籍高丽日本通。"形象地描述了宋商贩书销往高丽、日本的情况[②]。受到宋代刻书事业的影响，不少高丽刻本是直接以宋本和辽本镂刻的，即所谓高丽覆刻宋本或覆刻辽本。据记载，宋理宗端平元年（1234年），崔怡用铸字印成《详定礼文》50卷28本。这是世界上最早之金属活字本。宋理宗嘉熙三年（1239年）又重雕铸字本《南明证道歌》。近年新发现高丽忠烈王二十四年（元成宗大德二年，1298年）印造的《清凉答顺宗心要法门》，则被认为是现存世界最古的金属活字本。[③]

交趾，是旧时对安南、越南的别称。自10世纪末独立并成为中国的藩属国后，经常派使节来华，购买佛藏、道藏和儒家经典。宋朝国子监一般都满足他们的要求。交趾使节不仅从官方途径获得大量的汉文经典，还千方百计在民间书坊购买书籍。宋真宗景德四年（1007年），越南前黎国王遣其弟明昶及掌书记之官黄成雅至宋，进献白犀，并乞大藏经及《九经》；天禧二年（1018年），又遣使阮道清、范鹤向宋真宗求《大藏经》及《道藏经》。北宋后期，

---

① 脱脱等：《宋史·哲宗本纪》，中华书局1965年点校本。
② 杨渭生：《宋丽关系史研究》，杭州大学出版社1997年，第286—299页。
③ 张秀民著、韩琦增订：《中国印刷史》，浙江古籍出版社2006年，第768、772页。

对外国使节的购书意愿存有疑虑，所以虽然许诺可以出售书籍，但明确限定了许可范围。例如宋徽宗大观元年（1107年），交趾"贡使至京，乞市书籍，有司言法不许。诏嘉其慕义，除禁书、卜筮、阴阳、历算、术数、兵书、敕令、时务、边机地理外，余书许买。"① 由此可证宋代的出版物也出口至越南。

文化交流总是双向的，自宋代以来，国外的典籍也通过中外贸易通道，经由商船不断地输入到中国。北宋时期，日僧奝然将本国的《职员令》和《王年代纪》各一卷献给宋太宗②；宽建于927年入华巡礼，携有本国名流诗集9卷、小野道风书法2卷。987年，源信将其著作《往生要集》及先师良源的《观音赞》等托宋商朱仁聪带往中国③。根据成寻旅行日记《参天台五台山记》所载，他在入宋时随身携带了600余卷典籍。与此同时，高丽使臣又先后来献《黄帝针经》、京氏《周易占》以及足本《说苑》等。另外，宋朝官员或有关专业人员往使高丽返国时，也把在高丽的一些书籍带回来，如宋医官马世安曾带回《东观汉记》等。高丽僧统义天编刻的《续藏经》、金富轼所撰《三国史记》等书籍也先后传入中国。宋廷对这些异本图书十分重视，命有关人员誊写存档，或校对刊印。如《黄帝针经》即令精通医书三两员详加校定出版，颁于天下。宋哲宗元祐五年（1090年），高丽户部尚书李资义等入宋，次年回到高丽，奏明宋哲宗想要"好本书"，并将当时宋方"馆伴"开列的一张"求书目录"呈上，共有128种，近5000卷。这一方面表明宋与高丽书籍文化交流之密切，另一方面也反映出高丽在保存中国文化方面作出的贡献。

此外，宋朝与辽、西夏、金、大理等也有宣赐和互市中的书籍流通，但不属于出口性质。宋代出版的图书，在国内外广阔的市场上，以多种形式广泛流通。它不但作为朝廷的宣赐恩典、回赠礼物在海内外流通，更作为商品在市场销售。这些书籍以传播知识，介绍经验，宣扬思想，阐述主张，表明

---

① 脱脱等：《宋史·交阯传》，中华书局1965年点校本。
② 王勇、大庭修：《中日文化交流史大系（典籍卷）》，浙江人民出版社1996年，第239页。
③ 王勇：《唐宋时代日本汉籍西渐史考》，载《中日关系史考》，中央编译出版社1995年，第104页—108页。

观点，承传文明等特殊商品功能，推动着两宋社会的进步，也为邻邦传输了治国经验、中土文化，大大促进了人类社会的文明与进步。

蒙古贵族以金戈铁马建立了横跨欧亚的元帝国，在沿路设立了许多驿道、驿站，对中西经济文化交流、商队往来起过便利作用，不过其图书对外贸易的对象，主要还是高丽、日本、安南（越南）及东南亚的周边国家。

高丽是元朝的纳贡国，经常派使臣来朝。元世祖忽必烈至元二十六年（1289年），高丽儒学提举安珦随高丽忠烈王及世子王璋（忠宣）赴元，第一次见到朱熹的著作，即全部抄录回国传播，这是程朱理学正式传入高丽之始。安珦又遍求《六经》、诸子、史等书带回高丽[①]。为了兴学立教，在元成宗、武宗时期，高丽的成钧馆（类似中国古代的国子监，专掌儒学教诲之任）提举司曾派遣博士柳衍、学谕俞迪前往中国东南沿海购买书籍，回去的时候船翻物落，空手而归。虽然如此，他们专门派人到中国东南出版业最繁荣地区采购过书则是事实。此行失败后，洪沦又"遗衍宝钞一百五十锭，使购得经籍一万八百卷而还"。这是又一次大规模的购书活动。元仁宗延祐元年（1314年），高丽忠肃王派使来朝，索要图书。元仁宗一次宣赐给高丽书籍4371册，共17000卷，均为原宋朝珍藏于秘阁的典籍[②]。有了这些书籍，高丽大臣安于器等才有可能于成钧馆"考阅新购书籍，且试经学"。高丽使臣不仅获得元仁宗的大批赐书，还专门派人到江南购书，虽因船破未达，仍在南京购得经籍18000卷而还。此外，元与高丽还在两国边界集镇开设榷场，进行互市贸易，中国出版的图书也通过榷场传入高丽。有关通过民间贸易把书籍运往高丽或传入中国的记载，也不胜枚举。这些情况皆表明，高丽是元朝图书行销海外的重要市场。

元世祖忽必烈时，曾两次派大军征伐日本，因而终世祖之世，元日关系未实现正常化，但两国民间商船往来从未间断。元朝时期正值日本的镰仓幕府时代，镰仓幕府注重文教事业。元朝的庆元（今宁波）港，日本的博多港，

---

① 郑麟趾：《高丽史》卷30《世家》忠烈王十五年十一月壬子条，影印本上册。
② 郑麟趾：《高丽史》卷34《世家》忠肃王元年七月甲寅条，影印本上册。

是元、日之间的贸易港。两港之间，航海时间一般10天即可到达。当时中国商人向日本出口的商品以铜钱、香药、经卷、书籍、文具、唐画、什器以及金丝织品、金纱、唐锦、唐绫、毛毡等商品为主，其中书籍是中国输入日本的大宗商品之一。木宫泰彦在《日中文化交流史》中说，日本出版业发达的五山，刻印禅僧语录和诗文集，儒、道诸子百家的书、历史书以及其他杂书，"似乎都是从元朝输入的"。可证从元朝输入日本的书，其数量是不小的。当年日本学者写的《导制庭训往来》载有劝学书目，上列《毛诗》《尚书》《周易》《礼记》《左传》《周礼》《仪礼》《公羊传》《穀梁传》《论语》《孝经》《史记》《前汉书》《后汉书》等书。这些书都是由元代江南书坊刊行，通过商船贩运到日本的。[1] 除了商船以外，中国书籍流入日本的另一个渠道，就是日本的求法僧。他们不论政府间关系如何，照常来华。在日本史册上留名的入元僧就有220余人，当他们回国时都会带回佛经和其他书籍。泰定三年（1326年），镰仓净妙寺太平妙准的徒弟安禅携带黄金百镒入元，搜求福州版《大藏经》。《大通禅师语录》也记载有"遣商船求藏经于元国"之语，说明当时有寺院曾委托商船赴元购买藏经。日向大慈寺的刚中玄柔曾派十禅客到中国去求《大藏经》，历经三年得到二部，一部收藏在大慈寺，另一部赠给东福寺。东福寺《大藏经》依然存世，为北宋福州开元寺版。日本流传最广的元版《大藏经》为杭州路余杭县南山大普宁寺版。

元世祖初年，安南与元建立正式的官方往来。至元二年（1265年）安南来使还，"复优诏答之，仍赐历及颁改元诏书。"[2] 至元二十五年（1288年），安南陈圣宗派使臣求去一部《大藏经》。大德五年（1301）二月，"太傅完泽等奏安南来使邓汝霖窃画宫苑图本，私买舆地图及禁书等物，又抄写陈言征收交趾文书，及私记北边军情及山陵等事宜，遣使持诏责以大义。三月，遣礼部尚书马合马、礼部侍郎乔宗亮持诏谕日熩。"[3] 可以证明安南来华使臣

---

[1] 郑士德：《中国图书发行史》，中国时代经济出版社2009年，第233页。
[2] 宋濂：《元史》卷二〇九《外夷传二·安南》。
[3] 宋濂：《元史》卷二〇九《外夷传二·安南》。

中有注意购买图书的。不过，由于安南与元的关系时好时坏，互相防范，图书贸易的规模远不如元与高丽的贸易量大。

另外，元代福建的福州、泉州都是对外贸易的商港。尤其是泉州，为"七闽之都会也。番货远物、异宝珍玩之所渊薮；殊方别域、富商巨贾之所窟宅，号为天下最"①。许多中外使节、教士和旅行家都由这里出海或登岸。马可波罗奉忽必烈之命出使伊儿汗国，就是从泉州登船出海的。至于中国出版的图书在这种频繁的商贸、文化往来中是如何运营的，尤其是向东南亚各国是怎么经销的，目前尚缺乏有关的文字材料。

四、明清时期的图书出口贸易

明代对外图书交流的主要对象是朝鲜、日本，对安南也有少量输出。交流的主要形式仍是贡赐和贸易。外国使臣向明廷献上贡品，同时也提出需要的书籍。明廷一般都会诏准，从国子监或经厂提取一定数量的书籍，以赏赐的名义颁给使臣，这也是一种在朝贡关系掩盖下的商品交换。外来使臣来华常常带领一批随行人员，有时多达百人，其中有商人、学者或者专门来华购买书籍的官员。他们朝贡完毕，被允许到各地书坊、书肆购买书籍，运回本国。由于明廷在隆庆年间开始实行"海禁政策"以防止日本海盗在东南沿海掠夺，所以明代的对日图书贸易远不及唐宋时活跃。

明代朝鲜采用汉文字，奉行中国正朔，经常遣使来华，购买大量汉文图书。明洪武二年（1369年），高丽国王派使臣前来送贺表，贡方物，且请封。明太祖赐历书百本以上。秋天，高丽使臣又来，"赐六经、四书、《通鉴》。自是贡献数至，元旦及圣节皆遣使朝贡，岁以为常。"明太祖洪武三年（1370年），又赐高丽《六经》《四书》《通鉴》《汉书》等。高丽把通过官方渠道所得的这一批典籍珍藏于国家图书馆秘阁、御书阁，以备参阅。洪武五年（1372年），高丽派贵族子弟百余人来南京入太学学习。这些留学生学习期满，

---

① 吴澄：《吴文正集》卷二十八《送姜曼卿赴泉州路录事序》。

又购买大批图书带回国。李朝取代高丽王朝之后,与明王朝之间的书籍交流更为密切。永乐元年(1403年),朝鲜国王李芳远遣使朝贡,带来布匹,用以交换贵重药品和书籍,明成祖诏准。永乐二年(1404年),礼部授命印行《列女传》1万本,以贡赐贸易形式输出朝鲜及其他诸番国。明宣宗宣德元年(1426年),赐给朝鲜"《五经》、《四书》及性理大全一部,共一百二十册;《通鉴纲目》一部,计十四册。"[1]据朝鲜末期的《增补文献备考》记载,从明太祖洪武年间开始,一直到明神宗万历年间,明代官方曾陆续应朝鲜政府之请,颁《六经》《四书》以及《大统历》《资治通鉴》《汉书》《文献通考》《元史》《诸臣奏议》《春秋会通》《朱子全书》《四书衍义》《性理大全》《宋史》《大明会典》以及御制诗、法帖等书。这些书籍的数量虽然不多,但是它的重大意义在于明代已突破了以往的赠书禁例。宋代政府的赠书是有其选择性的,而明政府可以直接把各种史书和臣僚的奏议颁赠给朝鲜,而不用再担心泄漏军机和朝政得失的问题。至明代中期以后,日本攻略朝鲜并扩及中国沿海各地,明廷把朝鲜视为共御外国的盟国,和朝鲜在书籍的交流上也突破往例,甚至一向被中国官方视为禁区的兵书,也列入赠送之列。《增补文献备考·兵考》之"演机新编"条载:"金得臣序曰:我国素不娴阵法,龙蛇丧乱之余,本朝请于明朝,始学戚继光方营阵。"同书《行军须知》条载:"金锡胄序曰:我国再遭倭难,明天子为之发兵东救。而其时,……我之将士亦得以扣质疑难,仍取戚氏《新书》,撮其操练之要,名之曰《兵学指南》。"[2]另外,朝鲜使臣及随行人员来华,一般都承担着学术交流和购书的任务,经常到京城的书坊、书肆购买书籍。购书的内容,除了经史子集外,还大量采进当时流行的笔记小说等文学书籍。陈继儒《太平清话》中说:"朝鲜人最好书,凡使臣入贡限五六十人,或旧典新书、稗官小说,在彼所缺者,日出市书,各写书目,逢人遍问,不惜重值购回,故彼国反有异书藏本也。"明末清初学者王士祯

---

[1] 吴晗辑:《朝鲜李朝实录中的中国史料》,中华书局1980年,第333页。
[2] 张璉:《宋明政府之域外赐书与书禁探研》,收录于《第三届中国域外汉籍国际学术会议论文集》,台北联合报文化基金会、国学文献馆1990年编印。

也说:"近朝鲜入贡使臣至京,亦多购宋元文集,往往不惜重价,秘本渐出,亦风会使然。"①

明永乐二年(1404年),中日两国订立勘合贸易条约,规定日本每10年向中国进贡一次,每次3条船、船员300人。两国的贸易往来得以恢复,书籍也是贸易商品的一种。这种勘合贸易实际上远远超过规定的年限和船只数,私贩们也参加到勘合船中进行贸易。在倭寇侵扰中国沿海期间,双方的商品贸易(包括图书交易)也没有完全停止。所以,明代日本引进中国书籍的途径既有有官方渠道,也有民间渠道。赠予是官方渠道之一。据记载,洪武四年(1371年)"赐怀良(日本亲王)《大统历》";永乐五年(1407年)日本使臣"请赐仁孝皇后所制《劝善》《内训》二书,即命各给百本";成化十三年(1477年),日本使臣"求《佛祖统纪》,诏以《法苑珠林》赐之"。中日两国在官方的使臣往来时,常派遣有学问的僧人参加或由高僧担任正使。据日本学者木宫泰彦统计,明代来华的日本僧人,共有110多人②。官方向奉命访华的日本僧侣赠送儒书外典,以示友好,成为明廷外事礼宾的惯例。天顺八年(1464年),日本建仁寺住持天与清启奉命访华,在写给明朝官方的表文中说:"书籍铜钱,仰之上国,由来久矣。今求二物,伏希上达,以满所欲。书目见于左方:《教乘法数》全部,《三宝感应录》全部,《宾退录》全部,《北堂书钞》全部,《兔园策》全部,《史韵》全部,《歌诗押韵》全部,《遽斋集》全部,《张浮休画墁集》全部,《遯斋闲览》全部,《石湖集》全部,《挥麈录》全部附《后录》十一卷并三卷并《余录》一卷,《百川学海》全部,《老学庵笔记》全部。"明政府依单照送,充分体现了中日之间书籍交流的友好气氛。③

明朝时期,民间商贸图书交流更为可观,通过贸易渠道输入日本的汉籍比前一阶段更多。明政府开设明州、泉州、广州三个市舶司作为通商口岸,

---

① 王士禛:《池北偶谈》卷十六,中华书局1982年。
② 木宫泰彦著、胡锡年译:《日中文化交流史》,商务印书馆1980年,第613页。
③ 严绍璗:《汉籍东传日本的轨迹与形式》,《文史知识》1996年第8期。

日本开设长崎为通商口岸，图书交易是口岸贸易的重要品种。整个江户时代（1603—1867 年），从长崎港传入的汉籍共计 7893 种。传入日本的汉籍，内容极为广泛，有经论章节疏、僧传僧史如《法苑珠林》《佛祖统纪》等；诗文笔记如《石湖集》《老学庵笔记》等；政书类书如《文献通考》《百川学海》等；儒学典籍如《周易注疏》《大学衍义》等；医学书籍如《本草》《奇效良方》等。李时珍的《本草纲目》在万历十八年（1590 年）出版后很快传到日本，从日本宽文十二年（1672 年）到宽政三年（1791 年）有三种校正翻印本出版。日本政府还委托从中国各地启碇的船只收购该地的地方志，并参考中国地方志体例，编纂了日本各地的地方志。

值得一提的是，随着中西交流和耶稣会士来华，明朝中后期对外图书交流开始逐步扩展到欧洲，进入双向交流的新时期。一方面有关中国的著述和中文书籍被大量运往欧洲，另一方面西文图书大批涌入进来。明万历年间，意大利人利玛窦始将天主教传入内地，他用拉丁文翻译《四书》的部分内容，于 1593 年寄至意大利，成为中国儒家文化西传欧洲之始。此后来华传教的耶稣会士，有艾儒略、金尼阁等 20 多人。据记载，金尼阁曾将 7000 部西方书籍由欧洲运到澳门，其目的是建立图书馆，并把这些书翻译成中文，以传播天主教。这些图书以有关科学和宗教的书籍为主。1938 年北平天主教堂整理藏书楼时发现了 7000 部西书中的数百册，内容包括神学、哲学、数学、天文学、物理学、法学等，其中有哥白尼的《天体运行论》和开普勒的《哥白尼天文学概要》[1]。另据 20 世纪中期美国学者 Donald E Lach 著《欧洲形成时期的亚洲》一书，万历初年来华的传教士马丁·德·拉达曾把大量汉籍带回欧洲，包括嘉靖十年刻本《徐氏针灸》、嘉靖二十年刻本《资治通鉴节要》20 卷、《新刊按鉴汉谱三国志传绘像大全》等等，其中多出自书坊，为购买所得。[2]

清代前期，随着海禁的逐渐放松，中外图书交流继续沿着双向流动的轨

---

[1] 彭斐章：《中外图书交流史》，第 97—102 页。
[2] Donald E Lach, Asia in the Making of Europe, Voll, The University of Chicago Press, 1968, pp.779—780；转引自郭孟良《晚明商业出版》，中国书籍出版社 2011 年，第 156 页。

迹发展。图书出口仍以日本为主要贸易对象，朝鲜次之。贸易形式从官方的"贡赐贸易"转化为民间的商贸往来，既有出口，也有进口。

明末清初，日本开放长崎为唯一的对外通商口岸。清朝前期，中国去往长崎贸易的商船日益频繁，书籍成为重要的出口货物。日本在长崎设置了管理图书进口的检查官名叫"书物改役"和"书物目利"，其任务是检查中国商船载运的图书，鉴定图书品种，议定价格。然后由主管贸易的长崎会所公布投标日期，允许日本书商看样书投标，谁出的价格高就卖给谁。中国商船运去的珍贵图书则不实行投标，而是按照议定的价格由日本官府购买，"收藏在枫山文库中，称为天皇文库御用，不久便翻刻官版"。[1]对于禁书如兵书、天主教类书籍等，则不允许进口。据长崎第五代图书检查官"书物改役"向井富氏编纂的《商船舶来书目》记载，自康熙三十二年（1693年）至嘉庆八年（1803年）110年间，共有43艘中国商船运输图书至长崎，出口图书品种达4781种。[2]仅从品种来看，已经远远超过明代。另据日本学者大庭修统计，从康熙五十三年（1714年）到咸丰五年（1855年）141年间，中国商船到达长崎港，共售出图书6630种，56844部。当时通过商船出口图书的主要地区是江苏和福建。江苏出口商品达80余种，其中书籍出口列为第1位；福建出口商品61种，书籍出口也列第1位。通过商业贸易渠道，大量汉籍源源不断地传入日本。在输往日本的汉籍中，不仅有新出的明清刻本，也有我国藏书家收藏的古本秘籍，而且数量庞大，内容丰富，形成了日本汉籍藏书系统和汉籍书目体系，对于日本文化的发展起了很大作用。

除了进出口贸易，中日之间的人员往来就便购书也是图书交流的重要方式。随着去往长崎的中国商船增多，中国名僧应邀赴日的越来越多，他们去日本的时候也带去了大量的图书。日本人来华顺便购买图书或者专门购买图书的也为数不少。此外，尚有一些走私船的图书贸易难以统计。据日本永积洋子《唐船输入品数量一览1637—1833年》一书统计，在这近200间，从乍

---

[1] 木宫泰彦著、胡锡年译：《日中文化交流史》，商务印书馆1980年，第678页。
[2] 严绍璗：《汉籍在日本的流布研究》，江苏古籍出版社1992年，第59—60页。

浦港运往日本的书籍有 742 箱、151,229 册[①]。书商在把中国书籍运往日本的同时，也贩运日本学者编著或翻译的汉籍以及日本所藏而中国早已失传的汉籍，受到当时中国知识界的欢迎。而中国历经战乱，大量的典籍被焚毁失传，其中却有相当数量的书籍，在日本仍然部分或全部保存着。以著名的志人小说《世说新语》来说，现存最早的抄本和刻本都藏在日本。在一定意义上，国外汉籍的流传，对于保存和发展中华文化，起了补缺拾遗的作用。黎庶昌于光绪七年（1881 年）和十三年（1887 年）两次出访日本，常到日本古旧书店访购中国的佚书，曾购回佚书，积成巨轶，命名《古逸丛书》翻刻行世。黎氏出使随员杨守敬，遍访日本书店，以交换或购买方式广泛搜求国内罕见古籍，历经 4 年，从日本买回 10 万多卷古籍，写成《日本访书志》16 卷。

朝鲜是清朝的属国，朝贡来华的使臣在"贡赐贸易"之外，还有购买图书的任务。朝鲜的一些书商还常来往北京琉璃厂购书。乾嘉时期朝鲜使臣柳得恭经常到琉璃厂购书，结交了不少书友。他在《燕台再游录》中描述琉璃厂书店的情况，为我国出版界留下了绘声绘色的史料。另据王钟翰《北京书肆记》："又据朝鲜人记载，知韩人岁岁来厂（琉璃厂）买书以去，意者展转输入日本以谋利乎！"[②] 清政府在对朝鲜图书贸易中，对于贡使的购书是有限制的。据《清史稿》记载：康熙三十年（1691）七月，礼臣奏朝鲜国贡使违禁购买《一统志》，内通官张灿应革职发边界充军，正使李沈、副使徐文重等失于觉察，应革职。帝命从宽，免其职。[③] 但除此之外，当时朝鲜向清朝民间购书的自由程度还是比较高的。康熙十五年（1676 年）十一月，朝鲜国王奏言："前《明十六朝纪》一书中载本国癸亥年废光海君李珲，立庄穆王李倧事，诬以篡逆。今闻纂修《明史》，特陈奏始末，乞删改以昭信史。"乾隆三十六年（1771 年），以康熙间朱璘所撰之《明纪辑略》中对朝鲜有不实的记载，朝鲜派遣使臣往中国，要求改刊；同治二年（1863 年）又以康熙间郑

---

① 严绍璗：《汉籍在日本的流布研究》，江苏古籍出版社 1992 年，第 38 页。
② 张静庐：《中国现代出版史料（甲编）》，上海书店出版社 2003 年，第 380 页。
③ 赵尔巽：《清史稿》卷 526，中华书局 1976 年。

元庆所撰之《廿一史约编》中对朝鲜有不实之事,朝鲜再派使臣往中国,要求改刊。清廷在受理这两个案子时,发现朝鲜政府所提的这两部书,在中国竟都是禁书,立刻以此为由驳回所请,并再重申该书的禁令。这两件事在相隔近百年后会重复发生,可见民间交流和贸易的管道始终是畅通的[①]。

清代是华侨开发南洋的高潮时期,许多商人往返于南洋各国之间。佛山的书肆抓住这个契机开拓了东南亚华文图书的市场,通过华侨商人、商船把图书销往东南亚,成为清前期图书出口的又一个热点地区。

五、中外图书翻译出版与传播

在古代中外图书出版交流活动中,翻译出版始终是一个重要的组成部分。前期主要以佛经翻译为大宗,直到明朝末期,西方传教士来华后才开始西式书籍的汉译出版。

1. 持续不断的佛经翻译出版活动

通常认为,佛教于西汉末年传入中国,而佛教的大规模传入始于东汉明帝时期。随着佛教在中国的广泛传播,佛经的翻译也逐渐被传教者重视起来。所以说,佛教传入的一个直接结果就是佛经数量的增多和佛经翻译事业的逐步繁荣。东汉初期,佛经汉译大概只有口授的《浮屠经》与《四十二章经》。其中以后者最为有名。一般认为,《四十二章经》是迦叶摩腾或与竺法兰合译。对此书的翻译时间,则一致认为是东汉时期。由于这是第一部正式汉译的佛经,具有不可比拟的影响,因而颇受后世重视。东汉后期,尤其是桓帝、灵帝时期,许多印度及西域僧人相继来到中国,以洛阳为中心,从事佛教传播与佛经的翻译工作,译出了大量的佛教典籍,开启了中外图书文化的交往,促进了我国图书事业的发展。

东汉以讫魏晋南北朝时期,翻译和出版佛经逐渐形成风气,数量日益增多。《隋书·经籍志》记载,这一时期的佛教典籍共计"一千九百五十部,

---

① 周彦文:《宋代以来中国书籍的外传与禁令》,《韩国学论文集》1994年2月。

六千一百九十八卷",其中有"大乘经六百一十七部,二千七十六卷。小乘经四百八十七部,八百五十二卷。杂经三百八十部,七百一十六卷。"正如范文澜所说:"没有东汉以后大量佛经的输入,就不会有隋唐以后内容革新的中国文化。"[1] 大抵东汉以迄南北朝是佛教的吸收时期,在这一时期里,佛教徒的贡献,主要是翻译经典,其次才是阐发义理。这一时期的佛经翻译活动及佛教著作的编辑出版,可以分为三个阶段。

第一个阶段从公元 1 世纪中期到 3 世纪初。据《大唐内典录》,从东汉孝明帝,至汉献帝时,经 152 年,华戎道俗 12 人,合出经律 334 部、416 卷,记载失译经咒 125 部 148 卷。据此,可以把公元 1 世纪中至 3 世纪初的译经,称为我国佛典翻译的初始发展时期。[2] 被称为翻译佛经的最早者,是安世高。安世高为安息太子,聪明好学,专研佛典,"尤精阿毗昙学,讽持禅经,略尽其妙"。到中国后,20 余年译出 30 余部经(一说 45 部)。其中有禅观如《安般守意经》《阴持入经》《禅行法想经》《修行道地经》等;阿含如《人本欲生经》《十报经》《普法义经》《四谛经》《七处三观经》《八正道经》《转法轮经》等,以及阿毗昙学等经。安世高译经被认为"义理明晰,文字允正,辩而不华,质而不野","出经为群译之首"。三国时期,许多西域僧人东来,从事佛经翻译。曹魏都城洛阳、孙吴都城建业都有著名的佛学大师主持佛教典籍的翻译整理工作。洛阳有昙摩迦罗及昙谛等人,先后将梵文佛典《无量寿经》《瑜伽长者所问经》等译成汉文。孙吴翻译佛经者,则以支谦最为著名。支谦祖籍西域月支,其祖父法度在汉灵帝时率数百人归汉,官拜中郎将。支谦出生于中土,天资聪颖,学识渊博,通六国语言,从师支谶门人支亮学大乘理论。后因中原丧乱,迁居吴国,孙权闻其才学,拜为博士。在吴居住 30 余年,致力于翻译佛经事业,先后译出大小佛经 36 部 48 卷。有《大明度无极经》《维摩诘经》《大阿弥陀经》《首楞严经》等。支谦主要阐扬佛教般若学,所翻译经典辞旨文雅华丽,开中国佛教玄学化之先河。此时,不仅

---

[1] 范文澜:《中国通史简编》,商务印书馆 2010 年,第 794 页。
[2] 彭斐章:《中外图书交流史》,湖南教育出版社 1998 年,第 6—7 页。

西域僧人来中土翻译佛经，还有中土僧人西行求法，收集佛经，朱士行就是其中去西域取经的第一人。朱士行于曹魏甘露五年（260年）从雍州（陕西长安西北）出发，至佛教盛行的于阗（今新疆和田），得梵文本《放光般若经》，凡90章，60余万字，后派弟子弗如檀等人送回洛阳，由竺叔兰译出。三国时期翻译的佛经，据《开元释教录》载，共201部435卷，其中魏12部18卷，吴189部417卷。

第二个阶段是两晋十六国时期，佛经翻译进入迅速发展时期。在立志弘扬佛法的高僧的带动下，发扬教义及注释佛经蔚然成风。这一时期不仅翻译出版了大量佛经，也涌现出许多大师。如东晋时中国佛学大师释道安，常山扶柳人（今河北冀州），12岁出家，师事佛图澄十余年，主持翻译了《道行品经》《安般守意经》《人本欲生经》等佛经计10部187卷，百余万言。道安在主持译经工作中，深知译经的艰难，他主张直译，认为译笔应该力求质朴，并据所见佛经编写出《综理众经目录》，这是我国第一部佛经目录，对当时佛教由北向南传播起了很大作用。这一时期译经成就最大者是鸠摩罗什。鸠摩罗什是中国佛教四大译经家之首。他祖籍天竺，生于西域龟兹国，初学小乘，后改学大乘。后秦弘始三年（401年），后秦王姚兴派人迎鸠摩罗什到长安，以国师之礼待之。在姚兴的主持下，开始了规模宏大的译经事业，参加助译的有三五千人，经过13年的努力，共翻译佛经74部384卷。有《大品般若经》《法华经》《金刚经》等经典和《中论》《百论》《十二门论》等论著。这些经、论后来成为大乘佛教的基本理论，也是大乘各教派的主要依据。鸠摩罗什主持翻译的佛经，符合原经的旨意，又与中国固有的思想、语言相应，做到意义圆通，对于佛教和佛学在中国的传播产生了极其深远的影响。如"三论"（《中论》《十二门论》《百论》）为三论宗主要依据，《成实论》为成实学派主要依据；《法华经》为天台宗主要依据；《阿弥陀经》为净土宗主要依据。

第三个阶段是南北朝时期。佛学逐渐摆脱了对玄学的依附，走上独立发展的道路，为隋唐佛教鼎盛时期的到来奠定了基础。在南朝，佛教广泛流传，南朝宋明帝、梁武帝、陈后主等都崇信佛法，寺院遍布南方各地，佛经宣讲、经律翻译和著述事业也因之得到发展。据统计,南朝共译各种佛经563部1080余卷。南朝佛教在梁武帝当政的几十年间达到全盛时期。据《华林佛殿众经目录》和《梁世众经目录》二书,共著录佛教典籍1400余部3700余卷。这一时期翻译佛经成就最大者,是被称为中国佛教四大译经家位列第二的真谛。真谛是天竺人,大同元年(公元546年)应梁武帝邀请到达南海,两年后辗转游历今苏、浙、赣、闽各地,沿途从事译经。共翻译佛经64部278卷,包括经、律、论《三藏》等唯识论的重要译著。"其出经时,行翻行讲,弟子记其师义,号为义疏,或号为注记,或称为本记,或称为文义",[①] 注重把佛典的注释解说等内容译出或说明,这种翻译特色对于佛典的研究与流传具有积极意义。北朝佛经的翻译及佛教著作的撰述不及南朝,但出版流行的佛教典籍也非常多。北魏孝武帝时整理北方流传的佛教典籍,编订《魏世众经目录》,共收入佛教典籍400余部2000余卷。由此可以看出北魏佛教典籍流传之盛况。

魏晋南北朝时期,除了西方僧人东来外,也有中国僧徒不畏艰险西行取经求法,对于中外书籍交流起过重要的作用。史传记载的有89人,法显是其中杰出的代表。法显俗姓龚,平阳郡武阳(今山西襄丘县)人,后秦弘始元年(399年)从长安出发,西渡流沙,越葱岭,经过6年的跋涉,到达中天竺夏多王朝的都城巴连弗邑(今印度巴特那)并在那里住了3年,"学梵书、梵语、写律"。法显西行历时15年,游历30余国,带回《摩诃僧祇律》《萨婆多律抄》《大般泥洹经》等经、律、论6部。回到建康后,法显专门从事译经和写作,翻译了带回的部分经典,还写了著名的《佛国记》(一称《法显传》),记叙旅行见闻,是研究古代中亚、印度和南海各地的地理风俗和宗教情况的重要资料,后被译成英、法等国文字。

隋唐时期,经济发展,国力强盛,文化上的成就和对外影响尤其深远,佛经的翻译和流传进入一个新的历史阶段。其突出特点是中国僧侣对佛教典籍的重新翻译,佛学研究著作的多样,以及中国的佛教典籍输出至高句丽、

---

① 汤用彤:《汉魏两晋南北朝佛教史》,昆仑出版社2006年,第743页。

百济（以后是新罗）和日本，并直接影响着这些周边国家的宗教和社会生活。从魏晋以讫隋唐五六百年间，翻译了大量佛教典籍，但因大多数佛经由过往于中亚和中土西部的僧侣携来，并不是直接从印度当地取回的经典，因而存在一个数量全缺和内容正误的问题。玄奘等高僧乃从印度取来原本经典，并直接翻译成汉文，加之朝廷的重视和外国僧侣的参与，文化氛围和佛学研究的加强，译经组织的严密，推动唐代译经活动达到高峰，译经质量也大为提高。

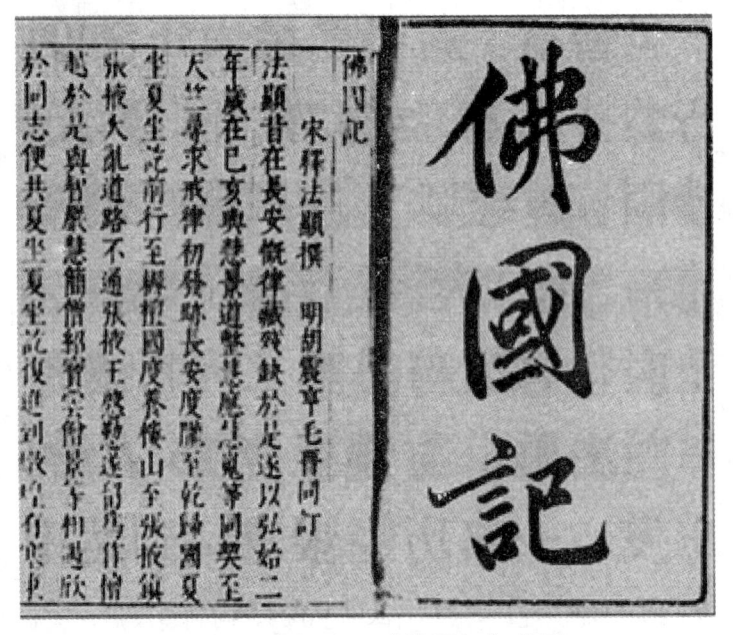

图4.1 东晋法显《佛国记》书影

隋唐时期继承了汉以来所译各种佛教经典，并新译出一批佛教经典和其他佛教书籍。新译包括玄奘等的译本，影响较大，成为朝廷颁赐各地和国外僧侣携回其本国的主要佛教典籍。根据《大唐内典录》和《续大唐内典录》，隋代共译出经论170部700卷。至于唐代佛教典籍翻译整理的成果，有学者根据《隋书·经籍志》和公元730年智昇撰《开元释教录》、公元800年圆照撰《贞元新定释教目录》所统计的数量对比，析出唐代共译经428部，合2412卷。唐代佛教与道教等均甚流行，佛经翻译和整理事业更是达到前所未

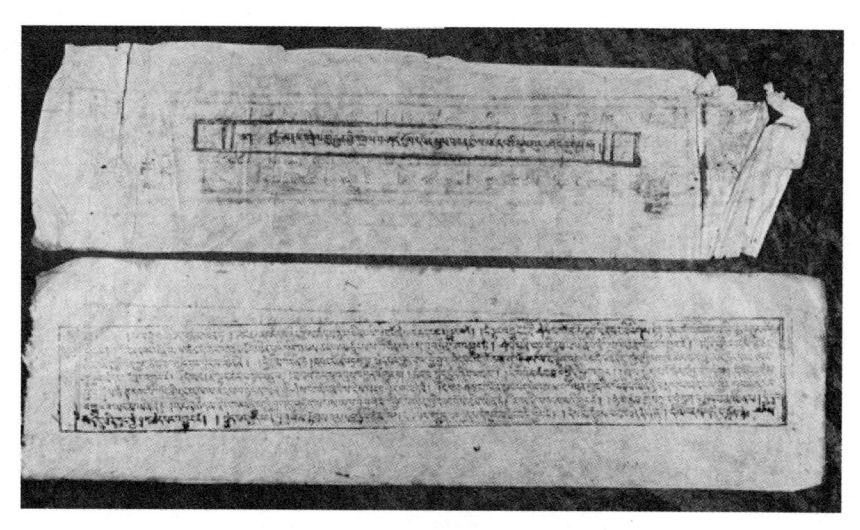

图 4.2　纳塘板藏文大藏经

有的发展阶段。在中国佛教史上，被后世称为佛教经典四大译经家中（鸠摩罗什、真谛、玄奘、不空），唐代就有二位，其所译经典，更有其与前代不同的特点。玄奘（602—664年）本姓陈，名祎，洛州缑氏（今河南偃师缑氏镇）人。从贞观三年（629年）西行天竺（古印度别称）求法，至贞观十九年（645年）正月抵长安。归国时抄得佛经657部，不久即着手翻译工作。他汲取前人经验，首先组织规模较大的译场，尽管唐太宗不信佛，但还是支持玄奘译经。玄奘译经极为审慎，译前及译中必广罗各本，校勘异同，择善而从。如发现旧本阙略过甚或译文过于舛讹，便重译订正，使之成为善本。他不赞同鸠摩罗什那种删繁去重、饰文害义的做法，而主张忠实地翻译全文。中外学者曾将玄奘译经与梵文原本对勘，发现玄奘在翻译时，并不拘泥于直译和意译，在不损原意的前提下，他常常在一节之后加上一个结语，使译文含有注释性的增益；有时在译文中加上一些字，使文义更为显明晓畅；有时用另一种译名来代替某些专门术语，以便于读者理解。这种既不拘一格又严谨忠实，既不失原意又文采兼备的译风，使得玄奘译经与前此各代的翻译有了根本性的区别，因之被称为"新译"。在玄奘诗翻译的70多部1300多卷的译籍中，重译本达1000余卷。而据《大唐内典录·历代众经见入藏录》、唐释静泰《大唐东京大敬爱寺一切经论目序》和智昇《开元释教录》卷10所载,当时见存入藏的历代译经仅3000卷左右。也就是说,玄奘通过重译的形式,对以前汉译三藏的三分之一进行了整理。这部分经过反复校勘对比和众多僧徒、儒士的润色加工而后成为定本的译经,其质量之高,在历史上罕有伦比。从玄奘的译籍中,人们可以了解到印度佛学的全貌。

唐代另一位著名译师不空(705～774年),全称不空金刚,是狮子国(今斯里兰卡)人,自幼随其叔来住东海,14岁时在阇婆国(今印度尼西亚)遇见密宗大师金刚智,随侍受学并同来中国,20岁时在洛阳广福寺受戒。此后广学唐梵经论和密法,在金刚智译场充当译语,尽得其学。天宝元年(742年)率领僧俗37人,周游印度半岛,广事搜求密藏和各种经论,于天宝五年(746年)到达长安,奉敕在净影寺从事翻译。唐肃宗乾元元年(758年),不空上表请搜访梵文经夹加以修补,并翻译传授,获得批准。这是唐代对梵文佛典的一次大规模的集中翻译活动,其中绝大部分为密宗典籍,为密教的建立作出了贡献。

佛经的传入和佛经翻译事业的开展,一直持续到清末。它使中国古代出版物中形成了佛经这一大门类,开启了中外图书出版交流活动的大门,促进了我国图书出版事业的发展。

2. 各类书籍的翻译出版活动

隋唐时期除了佛教典籍外,人们还翻译与保存了一批有关国外科学知识的读本和著述。《隋书·经籍志》子部天文一类,即著录有印度的多种天文书籍。据《旧唐书·历志》载,印度天文学家瞿昙悉达于开元六年(718年)奉旨翻译印度历法《九执历》。《新唐书·艺文志》天文类载有《大唐开元占经》111卷,也为瞿昙悉达所编撰。《隋书·经籍志》《旧唐书·经籍志》所载医方类书籍,一个重要特点就是通过翻译而汇编成集的,也就是作为医学上参考使用的。此外,我国的一些重要医药书籍,也汇集有外国的药方,如《千金翼方》有波斯方悖散汤,即用牛奶和荜麦末煮成汤,并注明"波斯国及大秦甚重此法"。唐代《新修本草》《本草拾遗》等国家药典,也收录外国药物,从这些都可看出唐朝时期对于国外医学知识的吸收和消化，并从一个侧面反映出当时国外科技书籍传入的一些情况。

宋元时期，译书文种之繁、数量之多、范围之广，都超越前代。特别是翻译汉文书籍较辽、金、西夏为多。元朝的耶律楚材曾召名儒直译《九经》，察罕曾译《贞观政要》，并受命译《帝苑》。元世祖又命以汉语译《脱必赤颜》名曰《圣武开天纪》，及《纪年纂要》《太宗平金始末》等书。可见翻译工作受到政府重视。

明朝中后期，西文图书的传入与翻译随着基督教的三次东进逐步开始，形成了我国历史上继佛经翻译之后的又一次大规模翻译活动。而基督教传教士在传播西方科学文化知识，促进中西文化交流方面起过极为重要的作用。万历十二年（1584年），耶稣会士意大利人罗明坚在广州出版《天主实录》，后改名《天主圣教实录》，这是耶稣会士在中国出版的第一本书。明代后期来华耶稣会士中影响最大的是利玛窦，与之合作译书最为著名的中国知识分子则数徐光启。利玛窦别字西泰，万历十年（1582年）始至中国澳门，万历二十八年（1600年）后一直住在北京，继续翻译书籍，奠定了天主教在中国进一步传播的基础。利玛窦译书约20种，其中编入《明史·艺文志》的有6种，被《四库全书》收录或存目的有13种，著名的有《测量法义》和《几何原本》等。这些译著特别是西方科技方面的著作，对中西文化交流产生了深远的影响。如《几何原本》，由利玛窦口译，徐光启撰文，是中西数学成就交流的代表作。原书15卷，但万历三十五年（1607年）译完前6卷后，利玛窦就不肯再译下去，因而最早的刊本只此6卷，剩余部分直到清代后期方才译出。利、徐译本虽非全本，但毕竟介绍了系统的欧洲平面几何学知识，明清时期的许多数学工作者都学习过这部书，并在论证方法等方面受到影响。徐光启字子先，上海人，万历三十二年进士，官至礼部尚书。为了学习西方科学知识，他与耶稣会士合作，把许多西文图书译成中文。除《几何原本》外，还有《测量法义》《勾股义》《泰西水法》（与耶稣会士熊三拨合作）、《灵言蠡勺》（与耶稣会士毕方济合作）及《崇祯历书》等。据统计，1561—1664年，耶稣会士共印天主教书籍131种、算书100种，学术、伦理、物理书55种，另有中国教徒所刊教义书14种，共计300种。另据钱存训统计，这一时期耶稣会士共翻译西书437部，其中宗教书251部，人文科学55部，自然科学131部。在哲学方面，傅汎际与李之藻合译的《名理探》于崇祯四年（1631年）出版，内容为亚里士多德的逻辑学。约崇祯六年（1633年），意大利人高一志出版《空际格致》，论述了火、气、水、土为宇宙四大元素的说法。在天文历算方面，有利玛窦与李之藻译的《乾坤体义》《天问略》《圜容较义》《同文算指》等。在物理学方面，《远镜说》为德国传教士汤若望于天启六年（1626年）翻译出版，是西方光学输入中国的第一部书；《泰西水法》为熊三拔、徐光启、李之藻所译，是第一部介绍西洋农田水利技术的专著；《远西奇器图说》为德国传教士邓玉函与王征所译，刻于天启七年（1627年），讲述重心、比重、杠杆、滑轮、轮盘、斜面等机械工程原理以及应用这些原理的机械。在地理学方面，《职方外纪》为意大利人艾儒略等于天启三年（1623年）译成，是第一部系统介绍世界地理学知识的中文著作。在枪炮铸造技术方面，《火攻挈要》（又名《则克录》），由汤若望与焦勖译，刻于崇祯十六年（1643年），介绍各种火攻武器的制造、使用方法和效果等，对于明末军事技术的革新颇有裨益。在人体学方面，《泰西人身说概》为邓玉函所译，约译成于崇祯八年（1635年），这是西方人体学传入中国的开始。

  与明代相比，清前期的西学传播被局限于宫廷，所译图书内容多出于皇帝自己的学科兴趣，就译书范围的广泛全面而言也无法与明末相比。1688年，康熙皇帝亲政之始，便遇到了中西历法之争。康熙皇帝的科学启蒙老师、来自比利时的耶稣会士南怀仁"劾奏钦天监监副吴明烜所造康熙八年七政民历内，闰十二月应是九年正月，又一年两春分两秋分，种种差误"。康熙皇帝令议政王开会议决，议政王等"前命大臣二十员赴观象台测验，南怀仁逐款符合，吴明烜逐款皆错"。通过新旧历法之争，使康熙皇帝首次接触到西方科学，了解到其确有先进之处，从此开始钻研西学，使得西学图书的满译和汉译发展起来。为了给康熙帝讲解西方的算术方法，南怀仁将《几何原本》

译成满文。康熙皇帝在初学西学时，就十分重视翻译和编纂西学书籍，在他的倡导和鼓励下，传教士与中国学者一起译述了大量的西方科技书籍。据统计，从明末刻印《几何原本》（1607年）至清雍正帝驱逐传教士止（1723年），共译述天文学、数学、地理学等自然科学书籍132种，其中有32种是在康熙时期翻译的，有的还被翻译成满文，并由内府刻印出版，如《故宫殿本书库现存清文书目》中载的《几何原本》《钦定星历考原》《日食图》《月食图》等。宗教图书方面，有沈氏怀安堂于道光十六年（1836年）刊印的伊斯兰教书籍《修真蒙引》。天主教书籍则主要是由北京各教堂及传教士刻印的，据李致忠《清代北京图书出版杂俎》一文统计，自顺治至乾隆二十三年以前，共刻印有70余种。如顺治十二年（1655年）刻印的葡萄牙何大化的《天主教引蒙要览》，康熙八年（1669年）刻印的南怀仁《妄占辩》，康熙十五年（1669年）刻印的意大利利类思《司铎典要》，康熙三十七年（1698年）刻西班牙庞迪我的《七克》等。雍正皇帝即位后，由于传教士中发生关于传教的名词与礼仪之争，于1724年2月发布禁教令，使得在华传教士的数量大减，西学书籍的译著也大为减少，所译图书仅有戴进贤所译《黄道总星图》《仪说》《仪象考成》等几部自然科学图书。

值得一提的是，中国的重要典籍，特别是儒家经典，在清前期的欧洲基本都有了拉丁文译本、法译本。如耶稣会士宋君荣1739年研究翻译并注释《书经》（《尚书》），1770年出版法译本，获得汉学家的高度评价。[1] 这些中国文化典籍的西传和西译，在欧洲产生了极大影响。

此外，用民族文字对汉文儒家经典、史学、医学、地理、文学艺术等图书的译刻也是清前期翻译出版的重要组成部分。清入关后的翻译出版工作，也是从满文与汉文字的翻译开始的。康熙皇帝亲政后，令将《大学衍义》翻译成满文，作为满蒙官学生必读之书。到乾隆朝时，清政府还专门设立翻书房，并由内府译刻了不少经学图书。据清昭梿《啸亭杂录》卷一载："清朝定鼎

---

[1] 彭斐章：《中外图书交流史》，湖南教育出版社1998年，第122—183页。

后设翻书房于太和门西廊下，拣择旗员中谙习清文者充之，无定员。凡《资治通鉴》《性理精义》《古文渊鉴》诸书，皆翻译清文以行。"出于民族团结的政策，清廷还大量进行了汉文与其他少数民族文字或多种民族文字合一的图书译刻工作。除官方的翻译出版外，民间翻译者也很多。故宫博物院现存有清乾隆六十一年内府泥金写本《筋吹番部合奏乐章满洲、蒙古、汉文合谱》一部，这是仅有的辑录清代少数民族和外国乐曲的音乐书籍，内有满、蒙、汉、西番、安南、缅甸等6种文字。据《全国满文图书资料联合目录》辑录可知，清代北京的许多书坊都刻有满文（或满汉合璧、满蒙汉合璧）图书，仅《四书》一种，就有老二酉堂、三槐堂（乾隆二十年刻本）、聚珍堂（乾隆年间刻本、光绪十四年重刻本）、宝名堂、名贵堂、文光堂、圣经博古堂等7家刻版。坊间还刻有用于学习各族语言的《三合便览》12册，为满、汉、蒙对照。

汉籍名或译名	译者	所译语种	翻译或出版时间
《脉经》（《中国诊脉秘法》）	卜弥格	拉丁文	1680年
《大学》（《中国的智慧》）	郭纳爵 殷铎泽	拉丁文	1662年江西建昌刻本
《中庸》（《中国的政治伦理学》）	殷铎泽	拉丁文	1667年广州刻本
（《资治通鉴纲目前编》）		法文	1730年北京刊本
《本草纲目》（节录）（《中医泽要》）	巴多明 汤执中	法文	1735年刊
《步天歌》		法文	1734年刊行
《礼记》	孙璋	拉丁文	1752年刊行

六、古代中外图书交流的渠道和特点

综观我国古代中外图书交流史，可以发现，各国使者、宗教人士和商人是中外图书交流的重要参与者。

首先，各朝各国的使者是文化传播的重要媒介。他们在文化交流方面的作用，往往侧重于文化的接受和引进。日本通过连续的遣隋使、遣唐使，系统引进唐朝文化。至明代，遣明使搜集的典籍大部分是宋元椠本，少数是明初版本，内容囊括经论僧传、经史子集。由于明代大量汉籍东传，中国文化对日本各方面都产生了影响，特别是在儒学、文学、医学及艺术等方面影响深远。其次，在中外图书交流史上，宗教人士发挥了重要作用。自东汉时期包括印度、大月氏、安息、康居等西域高僧的东来，一直到宋代天竺僧侣的来华，他们在佛教经典的汉译方面曾取得很大的成就；而从曹魏时期开始的中国僧人西行求法，搜寻佛典，更是为输入印度佛教典籍作出了巨大贡献。西文图书的传入与输出主要也得益于基督教传教士往来之功。再次，在中外文化交流过程中，商人一直发挥着无可替代的作用。因为商人在国际贸易中所贩运的商品，就已凝聚了各个民族、各个国家的文化成份，书籍作为人类的精神产品，也是从事国际贸易的商人贩运的对象。唐宋元时期中国与东亚邻国之间的图书交流，很多是通过商人来完成的。日本自江户时代起，汉籍东传主要由商业贸易渠道输入，有着鲜明的商业贸易特征。其规模之大，数量之多，速度之快，超越了前代。

从流向来看，我国古代中外图书交流带有明显的周邻性特征，汉籍往往是先传播到周边地区和近邻国家，然后再由周边和近邻国家向外传播。域外图书在中国的传播也呈现出由近及远的特点，即中国先后受到波斯文化、印度文化、阿拉伯文化以至欧洲基督教文化的影响。从总体上看，古代文献的交流基本是在亚欧旧大陆范围内进行的。从传播形式看，以明代为分水岭，明代之前主要是单向性辐射传播，这种书籍的单向传播除了受交通阻塞外，还有来自接受者的障碍。主要表现为中国文化对于东亚邻国的传播和影响，而东亚邻国文化对中国的传播和影响并不显著。[1] 由于当时东亚邻国在文化发展水平上与中国存在着巨大差距，所以他们利用邻近的地理条件积极搜罗引

---

[1] 张广达、王小甫：《天涯若比邻：中外文化交流史略》，中华书局香港有限公司1988年，第85页。

进中国典籍。明末之后,中外图书开始了互传,一方面西方文化随传教士不断传入中国;另一方面中国文化也由传教士带回欧洲,在欧洲思想界学术界引起了巨大反响。尽管这次图书交流持续的时间非常短暂,但它毕竟是中国与西方国家之间图书双向交流的开始。从流通路径看,基本表现由陆路向海路的转移。唐前期以西北地区的陆路为主,而唐后期之后则以海路为主。这是由于汉唐时期的中外文化交往,在相当程度上是与北方地区的边防问题密切相关的。而随着唐代后期中国的经济重心从黄河流域向长江流域的移动,东南沿海地区的商业发展也突飞猛进,从而刺激了海外交通的发展,因此海路就成为中外图书交流的主要路径,东南沿海港口城市在图书交流中发挥了主要窗口的作用。从传播内容看,外来宗教经典的传播是个突出的现象。但除了佛教以外,其他诸种外来宗教并没有真正被中国社会所接受。佛教之所以在中国社会长期流传,除了大量融合中国固有文化的因素外,还由于它并没有自身确定的权威中心,在古代中国这样一个封建集权的国家容易接受皇权的支配。而其他几种宗教,则一直都存在着自身的权威中心,使中国封建政权感到难以进行有效地控制,因此难以得到中国封建政权的认同。[①]

第二节 近代中外图书交流

一、晚清时期的汉籍外传和西书东渐

1. 汉籍流入日本的情况

晚清时期中国图书传入日本,主要是作为商品在中日两国商人之间进行贸易买卖而进行的[②]。明治维新后,中译西学书籍迅速传入日本,其中一些新学书籍对日本产生了重大影响。如魏源编纂的清史著作《圣武记》,刊刻于1842年,两年后即由日本商人购买运抵长崎,最先输入的四部先后被江户

---

① 许磊:《简论中国古代图书交流》,《图书馆理论与实践》2005年第6期。
② 严绍璗:《中国古代文献典籍东传日本的轨迹》,载陆坚、王勇主编《中国典籍在日本的流传与影响》,杭州大学出版社1990年。

时代掌握政权的首席老中买去,当时值银25两。至1848年共传入10多部,购入价在次年涨至40两,从一个侧面表明了该书的价值及当时日本社会对它的需求。日本朝野都对《圣武记》极为关注,至1850年已有多种翻刻选本问世。[1] 而魏源编撰的另一部介绍世界知识的巨著《海国图志》,仅仅在1854年至1856年的三年之间,日本翻刻版本就达21种之多(均为部分翻刻)[2]。其中关于美国内容的选本最多,"一年之间竟有十余种"[3]。"一部著作在出版后短短几年内,在另一个国家竟然就出现这么多种版本的译本,这恐怕在世界出版史上也是罕见的"[4]。这部书对于日本明治维新的影响,正如近代中国维新运动的领袖梁启超所指出的:"日本之平象山(佐久间象山)、吉田松阴、西乡隆盛辈,皆为此书所激刺,间接以演尊攘维新之活剧。"其他新学著作传入日本的速度也十分迅速,如合信《全体新论》1851年刊刻于广州,1857年日本即有越智氏之训点翻刻本。合信的另一本著作《西医略论》出版于1857年,次年日本桃树园二宅氏即予翻刻。丁韪良《万国公法》之日本翻刻本距原本亦只一年,可见传播速度之快。

在正常的图书贸易之外,晚清时期日本对于汉籍的搜求还有许多非正常的渠道。1907年,日本在大连开设满铁调查部图书室,在日本对中国图书的掠夺中起过重要作用。同年,日本三菱公司的一个文化机构——岩崎氏静嘉堂以10万元收购了浙江归安陆心源的藏书入库。此事在当时引起广泛关注。陆心源一生嗜书,"偶见异书,倾囊必购"。特别是在太平天国起义期间,东南藏书家藏书散出,陆氏经多年苦心经营,至1882年藏书达15万余卷。陆心源这批珍贵的藏书,于1907年被其子陆树藩以10万元卖至日本。这一事件引起清政府官员的警惕,为避免珍贵藏书重蹈陆心源皕宋楼覆辙,端方奏请由政府出资75000元购下杭州丁氏八千卷楼藏书,并创江南图书馆于南

---

[1] 大庭修:《江户时代末期的舶载中国书籍与日本》,载陆坚、王勇主编《中国典籍在日本的流传与影响》。
[2] 王晓秋:《近代中日文化交流史》,中华书局2000年,第33—34页。
[3] 黄丽镛:《魏源年谱》,湖南人民出版社1985年,第228—229页。
[4] 王晓秋:《近代中日启示录》,北京出版社1987年,第31页。

京以储。端方、张之洞等甚至还想将常熟瞿氏的铁琴铜剑楼藏书买下。尽管多方努力，1909年，广州孔氏岳雪楼33万卷藏书，还是被日本人藤田封八择其精本，往售东瀛。

2. 欧洲国家对汉籍的搜求和收藏

自古以来，中国图书传入日本、朝鲜等亚洲国家者多，传入欧洲各国者鲜。明朝中后期耶稣会士来华，打开了汉籍西传的通道。其中一些汉籍在欧洲产生了重大影响，引发了欧洲对中国的兴趣，由此形成颇具规模的汉学研究。一般说来，收藏中国图书的主要有对中国文化感兴趣的外国人、汉学研究机构以及大型国家图书馆等，而个人在汉籍收藏中最为活跃，来华的外国教士、学者、外交家、商人等等，或多或少均收藏着一些中国图书，其中一些人的收藏留在了中国，很多则运回各自的国家。在欧洲，收藏中国图书的主要国家有英、法、德、俄以及瑞典、荷兰等。[1]

英国自马礼逊来华后即相当注重收集中国图书。马礼逊1824年回国时带的1万余册汉籍，后来赠给了伦敦大学图书馆。而大英博物馆收藏汉籍之丰富，据1876年随从郭嵩焘出使欧洲的刘锡鸿《英轺私记》记载有"万卷"之多[2]，"其书之最要者，则有《十三经注疏》《七经》《钦定皇清经解》《二十四史》《通鉴纲目》《康雍上谕》《大清会典》《大清律例》《中枢政考》《六部则例》《康熙字典》《朱子全书》《性理大全》 杜佑《通典》《续通典》《通志》《通考》《佩文韵府》《渊鉴类函》、殿版之四书五经、《西清古鉴》等类。其余如群儒诸子、道释杂教、各省府州县之志、地舆疆域之纪、兵法律例之编、示谕册帖尺牍之式、古今诗赋文艺之刻、经策之学、琴棋图画之谱、方技百家、词曲小说无不各备一种。至于粤逆伪诏伪示，亦珍藏焉。"[3] 由此可知，大英博物院所收藏的汉籍图书不仅数量较多，而且品种丰富，囊括经史子集，甚至连"粤逆伪诏伪示"都收录在馆。

---

[1] 彭斐章：《中外图书交流史》，第250页。
[2] 张德彝：《随使英俄记》，岳麓书社1986年，第409页。
[3] 刘锡鸿：《英轺私记》，岳麓书社1986年，第147—148页。

法国也是汉籍收藏大国。被称为欧洲第一私人汉籍收藏家的罗道尔（Robert des Rotours）仅在巴黎近郊一处藏书就有十数万卷。法国国家图书馆收藏的汉籍更是历史悠久，"于质于量，雄视全欧"。特别是伯希和敦煌秘籍及其在北京收藏的图书运至后，"孤本珍抄，美不胜收"。德国柏林普鲁士国立图书馆收藏的汉籍仅次于巴黎国家图书馆。其他如柏林之东方语言学校、柏林大学以及波恩等大学均藏有汉籍。[1]俄国驻北京东正教布道团第十三届随班学生斯卡契科夫于1848年受聘筹办驻北京俄罗斯布道团的气象台，其间购买了徐松、姚元之、姚文田等私人之收藏，并得到了大量关于新疆的资料，成为当时俄国首屈一指的汉籍藏书家，他的藏书被认为是"历来私人所能收集的书籍中罕见的一批"，其中包括木刻本和手抄本共1400多种，后保存于苏联国立列宁图书馆。1869年，美国政府向清政府提出交换文献的要求，清政府指派恭亲王奕䜣出面，以《皇清经解》等10种130函相赠。这批图书成为美国国会图书馆收藏的首批中文资料。1904至1905年，清政府又把第二批汉籍赠给美国国会图书馆。与此同时，美国一些大学也对收集汉籍表现出热情。1876年，耶鲁大学在美国首先开设中文课程，并建立美国第一个汉语教研室和东方学图书馆。两年之后，曾经在耶鲁大学留学的中国留学生容闳把自己所藏图书全部捐赠给他的母校。1896年，加利福尼亚大学接受了来华传教士傅兰雅的赠书，这些书为傅兰雅在江南制造局时的译书百余种，内容主要为西方科技著作、武器制造说明书的中译文，成为该校图书馆东方藏书中第一批资料。进入20世纪后，美国哥伦比亚大学、芝加哥大学也开始收藏中文资料[2]。

晚清中国被西方侵略的历史，反映在中外书籍流通方面，主要表现为对古籍的破坏和掠夺。在八国联军侵占北京期间，中国古代最大的类书《永乐大典》受到严重破坏，一部分被焚毁，未毁者几乎全被劫走，运往英、美、法、

---

[1] 莫东寅：《汉学发达史》，上海书店1989年影印本，第104—117页。
[2] 中国社会科学院情报研究所编：《美国中国学手册》，中国社会科学出版社，1981年。

日等国，作为古董贩卖，或入私家收藏，或入博物馆当作点缀品陈列。[①] 至清末只剩残存本 64 册，移存于京师图书馆。《永乐大典》的被焚掠只是 20 世纪中国图书之大不幸命运的开端，随后，甲骨文与敦煌文献便步了其后尘[②]。1899 年甲骨文被发现于河南安阳。1903 年至 1904 年间，美国驻山东潍县传教士方法敛和英国浸礼会驻青州传教士库寿龄合伙购买了很多甲骨，后陆续转卖给美国普林斯顿大学、美国卡内基博物馆、苏格兰皇家博物馆、大英博物馆、美国斐尔德博物馆等机构。而敦煌文献引起世人关注则主要是外国人的缘故。其中最为著名者，一是英国考古学家斯坦因，他于 1907 年、1914 年两次到敦煌千佛洞，盗走完整长卷写本 3000 余卷，残破者 6000 余卷，还有不少印本图书，后运至伦敦大英博物院。由此，敦煌文物文献大量流向国外。二是法国人伯希和，他于 1908 年到敦煌，盗买藏书经卷 6000 余卷，还有大批的绘画，后分别送到法国国家图书馆、卢浮宫博物馆及吉美博物馆保存。上述写本和印本的图书，有佛经、道经、儒书、杂书（小学、地志、小说、通俗词典等）。专书而外，还有诗词、短文、唐代俗讲（押座文、变文、讲经文）信札、账簿、医卜、历书、户籍、契据、状牒、醮词等类。

3. 汉籍外译与传播

如前所述，汉籍西译始于利玛窦等来华耶稣会士。至 19 世纪，西方的汉学研究兴起，推动汉籍西译取得了丰硕成果。俄罗斯人雅金甫 1808 年抵达北京，在京期间他翻译了《资治通鉴纲目》《大清一统志》和四书等，回国后出版《成吉思汗前四汗本纪》《西藏纪事》及《三字经》等。德国人克拉勃罗德 1828 年著《满洲文选》，并附刊教士钱德明译乾隆皇帝御撰满文《盛京赋》。法国学者雷慕沙 1818 年与克拉勃罗德一道在巴黎发起成立亚洲协会，并出版《亚洲学报》，对法国汉学的形成贡献极大。德国学者库尔茨师从雷慕沙学习中文，1830 年翻译的《太上感应篇》成为较早的德译本。另一位法国学者儒莲于 1832 年继雷慕沙任法兰西学院中国语、中国文学讲座教授，热

---

① 郭沫若：《影印＜永乐大典＞序》，《光明日报》1959 年 9 月 8 日。
② 彭斐章：《中外图书交流史》，第 259 页。

心于中国文献的翻译工作,其译著有《大慈恩寺三藏法师传》《大唐西域记》《老子道德经》《西厢记》《赵氏孤儿》等,都是比较有影响的法译本。19世纪末,随着中国的大门被西方列强的枪炮打开,汉籍的翻译出版进入了一个新的时期。其中影响较大的有法国著名汉学家沙畹和考狄。沙畹于1889年来华任法国驻华使馆译员,开始研究翻译《史记》,后分为五册以《司马迁史记》的书名于1895—1905年出齐。这部译著"为汉学界盖世名作。译文既正确详尽,且有丰富之底注,创见既多,考证及比较法亦复精细"。考狄曾在中国游学,1890年主办《通报》杂志,以英法德文字合刊,这是当时西欧唯一的一份汉学杂志。他还编著《中国书目》,列有几百年来在西欧和俄国出版的关于中国的著作,并译注鄂多立克之《东游录》,对于中西交通史的研究具有贡献。

汉籍英译方面,较有成就的是英国伦敦会传教士理雅各。理雅各于1840年到马六甲任英华书院院长,1843年随英华书院迁至香港,开始英译中国古典名著的工作。理雅各认为:"只有透彻地掌握中国人的经书,亲自考察中国圣贤所建立的道德、社会和政治生活基础的整个思想领域,才能被认为与自己所处的地位和承担的职责相称。"[3]他与另一位传教士湛约翰、中国人黄胜合作,着手翻译四书,分为《中国经典》第一卷和第二卷,分别于1861年和1862年出版。后在中国学者王韬的协助下,完成了后三卷的翻译工作(《尚书》《诗经》和《春秋左传》)。除译出上述图书外,理雅各和王韬等还合作翻译了《礼记》《孝经》《易经》《道德经》《庄子》等共28卷,所译书一般英汉对照并详加注释,推动了中国文化在欧洲的传播。总的说来,19世纪至20世纪初西方对中国图书的翻译偏重于经典和史地图书,对于中国文学作品如小说、戏曲的翻译出版物也占比较大的比重,英法两国学者在翻译中国图书方面成就突出。

如前所述,中文图书舶载日本后直接翻刻者居多,皆因中日同文,日本知识分子多能够阅读汉文。如合信的医学著作就是直接翻刻,在日本产生了不小的影响。明治维新前后,日本知识界还把许多新学方面的汉籍进行训点

---

[3] 顾长声:《从马礼逊到司徒雷登》,第126页。

（在汉文旁加上训读符号或假名）翻刻，如合信所著《博物新编》，伟烈亚力、李善兰合译之《谈天》，丁韪良著《格物入门》，韦廉臣撰《格物探原》等都曾经训点翻刻。明治维新时期，对新学书籍的需求日益旺盛，把汉籍译成日文者逐渐增多。如丁韪良的《万国公法》，日本史学家重野安绎曾将其译为《日译万国公法》，受到日本知识界的欢迎。这一时期，对于中国古代文学名著的日译版本也相继推出。如《水浒传》由曲亭马琴应书店要求翻译了前 10 回，高井兰山续译了后 60 回，同时由日本著名画家葛饰北斋插图，以《新编水浒传》的书名出版。17 世纪湖南文山的日译本《三国演义》在明治维新之后不断重印，有同益出版社本、帝国文库本等多种版本。《西游记》的翻译始于江户时代，由日本著名小说家西田维则发起，经过三代人努力，到天保二年（1831 年）完成《通俗西游记》的翻译，全书共 31 卷。西田维则等人参加翻译的另一译本《绘本西游记》前后也用了 30 年，全书共 4 卷。《红楼梦》的翻译出版是从 19 世纪末叶开始的，全译、节译本《红楼梦》陆续问世。进入 20 世纪以来，关于《红楼梦》的日文译本品种甚多。其他如三言、二拍及《聊斋志异》等，也均曾被节译为日文。

4. 西学图书的东渐

西方著作被翻译为中文，开始于 16 世纪后期西方传教士在中国对宗教宣传品的翻译。而真正大规模的译书活动则是在近代。1724 年，雍正皇帝下令把西方传教士逐出中国，关闭了西方各种科学技术知识传入中国的大门。由于清廷对外奉行严格的闭关锁国政策，对内实行高压的文化政策，许多知识分子选择了考据这条学术道路，出现了乾嘉考据学派，他们埋头于古书的考证，对科技史的贡献仅仅是校注了一批中国古代科技书籍，并对一些亡佚的书籍及史料进行了辑佚。鸦片战争前，除传教士们向中国译介西方图书外，林则徐被认为是中国"睁眼看世界的第一人"。他组织翻译《华事夷言》，作为了解"夷情"、讲画"时务"的材料；其译书活动最重要的成果是《四洲志》一书，大约辑译于 1839 年。该书译自 1836 年出版、英国人慕瑞所作的《世界地理大全》，是一本讲世界五大洲知识的新书。林则徐借用梵典分大地为四大洲之说，故题书名为《四洲志》。此后，魏源在《四洲志》及《职外方纪》《外国史略》《舆地全图》等早期介绍西方的著作基础上，编纂完成《海国图志》，较为全面地对西方文化进行介绍。这以后，姚莹《康輶纪行》，徐继畲《瀛环志略》等相继问世，由译书而对图书事业的认识在中国士大夫中逐步深入。

洋务运动时期，洋务派在许多企业、新式学堂中都附设了翻译机构，如北京同文馆、江南制造局、福州船政局等都设法组织人力翻译西书。这一时期的译书主要集中在官方和教会方面，共译书近千种，译书范围仅限于介绍西方科学技术及国际法律知识方面的书籍，也比较系统地引进了许多新型学科，尤其对自然科学的发展起了开拓作用，提高了中国人认识世界的能力。与此同时，也涌现出一批卓尔不群的翻译人才。

李善兰（1813—1884年），浙江海宁人，字壬叔，号秋纫。他凭着对算学的浓厚兴趣，一反中国传统士大夫致力于经、史、子、集的常规，投身于算学领域，与英国传教士伟烈亚力、艾约瑟、韦廉臣合作翻译科学书籍，把西方近代数学、天文学、力学和植物学的系统知识介绍给国人。同治七年（1868年），经巡抚郭嵩焘推荐，被征入同文馆，任天文算学总教习，此后，李善兰在同文馆兢兢业业地从事教学和译书活动，成就颇为可观。所译的书籍主要有《几何原本》《代数学》《重学》《代微积拾级》《谈天》《物学》《奈端数理初集》等。

另一位翻译家徐寿（1818—1884年），字雪村，江苏无锡人。他放弃了八股取士的科举道路，改攻所谓的格致之学，这也是适应当时社会剧变的表现。同治元年（1862年），曾国藩推举徐寿到安庆制造轮船，造出了中国第一艘蒸汽动力船——"黄鹄"号。1866年到江南制造局翻译处，在此工作一直到逝世，做了18年的编译工作，合作翻译出版了一大批化学及其他方面的书籍，主要有：《汽机发轫》9卷、《化

图4.3 徐　寿

图4.4 李提摩太

学鉴原》6卷、《化学鉴原续编》24卷、《化学鉴原补编》7卷、《化学考质》8卷、《化学求数》8卷、《物体遇热改易记》4卷、《西艺知新》6册、《西艺知新续刻》9册、《宝藏兴焉》16卷、《营阵发韧》2卷、《法律医学》26卷等。

此外，西方传教士当中的李提摩太（1845—1919年）也颇值得关注。他是英国浸礼会传教士，同治八年（1869年）被派遣来华，1891年，由英、美外交官、商人、传教士在上海设立的文化出版机构——同文书会的董事长赫德提名，担任该会总干事。次年同文书会改称广学会，成为外国人在华的重要出版机构，并出版了大量书籍。其中以李提摩太编译的《泰西新史揽要》和林乐知编译的《中东战纪本末》最为畅销。李提摩太的译著并不多，但他所译的书籍使中国维新派大大开阔了眼界，对戊戌变法产生了一定影响。

19世纪70年代到戊戌变法前后，早期维新派知识分子一方面利用著作阐发自己的改良思想，向社会启蒙；另一方面又翻译西方先进的经济、政治理论书籍，希望通过中国和西方国家的对比，找出中国的差距，以达到社会变革的目的。甲午中日战争后，维新派提出译书应"以东文为主，辅以西文；以政学为先，而次以艺学"的译书原则，主张有日文转译，从而掀起了近代译书的第二次高潮。这一时期，著名的译书和译者有王韬（1828—1897年）的《格致西学提要》和《普法战纪》等，值得一提的是康有为及其《日本书目志》。在这部译书中，康有为将日本明治维新时期的东西学书籍翻译成中文，并依照日本分类法排列，系统地介绍到中国。该书是维新改良派译书原则的具体体现。梁启超在此基础上，总结了1895年以前中国翻译西方自然科学和社会科学的书籍，编成《西学书目表》，供学习西学、翻译西书之用，该书目是对戊戌前期译著的大汇总，具有较高的目录学价值。同时，维新派还把大量翻译东西方报刊的译文在《时务报》《实学报》《求是报》《译书公会报》

《中外纪闻》《国闻报》《蜀学报》《知新报》等等30多家报刊刊登，成为宣传鼓吹变法的重要手段。

这一时期，严复的译书在思想界所起的作用最为深广。严复（1854—1921年），字又陵，又字几道，福建侯官（今福州）人，先后翻译了亚当斯密的《原富》、穆勒的《名学》、孟德斯鸠的《法意》和斯宾塞的《群学肄言》（即社会学原理）等书，比较系统地介绍了西方资产阶级的政治、经济和社会学说。其中，《天演论》是震动全国的一部名著，它把西方最新的科学成果达尔文的

图4.5 严 复《天演论》

进化论介绍到中国来。严复还在按语中反复申述"自强保种"的重要，说明世界在不断进步，中国若不除旧布新、奋发图强，就无以自存于世。该书为改良主义者和民主革命派提供了理论基础。当时《民报》的文章指出："自严氏之书出，而物竞天择之理，厘然当于人心，中国民气为之一变。"严复对翻译工作提出的"信、达、雅"三条标准，至今仍在翻译界有一定影响。

另外，文艺书籍的翻译特别是小说的翻译也受到重视。林纾在这方面取得的成就最大，与严复有南林北严之称。林纾（1852—1924年），琴南，号畏庐，福建闽县（今福州）人。一生翻译的外国文学作品达180种之多，包括美、英、法、俄等许多国家的名著。其中以1895年首次译出的法国小仲马名著《巴黎茶花女遗事》和1901年译出的《黑奴吁

图4.6 林 纾

天录》最为有名,影响也最大。林纾的译书,令中国知识界大开眼界,使他们感到欧美文学的价值不亚于国粹。此后,外国文学作品的翻译出版日渐增多,中国小说也打破了章回体,开始仿效欧美小说写法。

辛亥革命前,译书活动再次形成高潮,这一时期翻译出版外国图书有以下特点。一是译书内容发生明显变化。从前期对宗教宣传品、自然科学著作的译介发展到对哲学、社会科学著作的系统翻译。20世纪初期,为适应君主立宪运动和资产阶级革命运动之需,大量的哲学、社科著作被翻译过来。到1904年,西方哲学、社会政治学说以及历史著作译为中文的就有250多种。而在1900年以前,只有60多种。这些译著题材广泛、内容博杂,政治、经济、哲学、历史、法律、外交、文艺等都有涉及。如卢梭的《民约论》(杨廷栋译)、斯宾塞的《女权篇》(马君武译)、那特硁的《政治学》(冯自由译),严复的8大著名译著也在此期译成。达尔文的进化论是19世纪末20世纪初对中国社会影响最大的学说,直到1901年才有了选译本。二是译书数量有相当大的发展。1899年出版的《东西学书录》,收录中国自1840年后半个多世纪出版的译著,共39类568种;1904年问世的《译书经眼录》,收录了1900年至1904年间出版的主要译著,共25类533种。可见,仅20世纪最初五年的译书出版量就相当于以前50多年的总和,译书数量发展是相当迅速的。三是转译自日文的西学书籍的比重较大。1900年以前,中国人主要通过直接翻译欧美书籍来介绍西学。1901年,清政府在"新政"中实行"奖励游学"措施,掀起了留学日本的热潮。由于日文与我国文字有一些相通之处,翻译较易,所以许多日文版的西学书籍被翻译为中文,日文译作数量激增,呈后来居上之势。据《译书经眼录》统计,1900年至1904年间,在533种译书中,译自日本的竟达321种之多,占总数的60%之多。四是译书方式和译书主体的变化。在20世纪以前,西学翻译的主体主要由外国传教士和少数与其合作的中国开明士大夫构成,多数译著以西人口译、国人笔录及润色的方式进行。据梁启超编撰的《西学书目表》统计,1896年以前出版的西学译著,中国人翻译者38部,中外学者合译者123部,外国人翻译者139部。20世纪初期,则以中国译者为主体，以国人独立翻译为主要方式。据《译书经眼录》统计，中国人翻译者 415 部，中外学者合译者 33 部，外国人翻译者 35 部。涉及中国译者 300 多人。

5. 图书进出口征税的变迁

晚清时期，中外图书进出口量逐步增大。由于海关关税为外国人所控制，一般商品的运销税率为"值百抽五"，另加千分之二点五的码头捐税。图书及印刷品按章程每百斤估价 60 两银，征收税捐 3.15 两银。洋务运动以后，特别是戊戌维新时期，中外图书的翻译出版进入高潮，对于中外图书商品税调整的呼声越来越高。戊戌变法期间，光绪帝采纳梁启超提出的"书籍报纸恳免纳税"建议，宣布"书籍报纸一律免税，均着照所请行"。据陈伯熙《老上海工商篇》载："当清光绪戊戌之交，新学勃兴，出版物寄递较多，那时锡山廉君惠卿方主文明书局事，编译各级教科书，积极进行，复于京津各埠设庄分销，常言书籍为教育基础，知识渊薮，宜别于普通商品之外，免予纳税。"之后，廉惠卿以书贾名义奏请免税，为清廷允准，派官员与上海海关税务司力争，免除这一地区运销图书的商品税。

另据《上海书业商会十年概况》载，晚清海关征税章程规定，中国所印刷的书籍和地图运至国外的，每百斤税为 0.7 两银，自通商口岸至通商口岸者免税；其绘画及地图已裱或装轴者，需完税银 5 厘；外国所印书籍地图，无论进口出口，一律免税。有些书商为了降低成本，乃把图书印刷业务委托给香港、日本有关方面代印，之后运回国内廉价销售。这种外产内销的形式依然难以与外国同行竞争。宣统二年（1910 年）四月，上海书业商会呈请税务处，请求凡出口进口书籍地图及绘画图书，无论在中国或外国印刷，一概免税，以广教育及鼓励工艺之书。后由税务处核准，"以后中国旧书籍图画出口，应按值百抽五征收税项，其余一切新书新图，无论运至外国，或由此口运至彼口，一概免税。"[①] 图书进出口税收的调整或免除，有利于图书进出

---

① 张静庐：《中国现代出版史料（甲编）》，上海书店出版社 2003 年，第 414—415 页。

口贸易,也促进了清末图书市场的发展①。

二、民国时期的中外出版交流

民国初期,特别是第一次世界大战爆发和日本向中国提出"二十一条"以后,日本各类图书的中译迅速降温,对西方各类著作的译介活动重又活跃起来。

1. 外国文学作品的翻译出版和社会影响

五四运动时期,各类进步刊物在翻译出版外国文学作品和理论著作方面的影响极大。1915年9月,《青年杂志》创刊于上海,次年第二卷起改名为《新青年》。其创刊号上,陈独秀发表《现代欧洲文艺谭概》,不仅对西方文艺思潮的演变作了比较系统的介绍,还联系中国文坛的现状提出译介的任务和努力的方向,并首次译介王尔德的剧本《意中人》、屠格涅夫的小说《春潮》《初恋》等。其后,又译介武者小路实笃、易卜生等人剧本10余部,屠格涅夫、莫泊桑、显克微支等人小说近40篇,还有高尔基等人的文艺论文。创刊于1919年1月1日的《新潮》月刊,由北京大学学生团体新潮社主办,傅斯年、罗家伦等主编,刊载介绍西洋近代思潮以及易卜生、萧伯纳、托尔斯泰等人剧本、小说20余篇。1910年创刊于上海的《小说月报》,从1921年第12卷第一号起,由沈雁冰(笔名茅盾)任主编,在内容上加以革新,仅沈雁冰就陆续发表了《波兰近代文学泰斗显克微支》《西班牙写实主义文学的代表伊本纳兹》《脑威文豪哈姆生》等介绍文章,并出版了《被损害民族的文学》和《俄国文学研究》两个专号,对俄国现实主义文学作大力介绍和翻译。1922年由郁达夫、郭沫若等组成的创造社创办的《创造季刊》,较多地译介了国外浪漫主义文学的作家作品。1929年,徐调孚(蒲梢)所编《汉译东西洋文学作品编目》,以著录单行本为主,部分长篇名著只载于杂志者亦附入,共收近30个国家的文学图书564种。②另据统计,1927年至1937年的10年间,

---

① 张文杰:《论清代对外图书贸易及管理》,《国家图书馆学刊》2013年第4期。
② 蒲梢:《汉译东西洋文学作品编目编例》,载张静庐辑注《中国现代出版史料甲编》,第271页。

我国所译文学类图书有 1620 余种。①

苏俄文学的翻译出版，在 20 世纪二三十年代逐步兴起。成立于 1932 年的生活书店出版的瞿秋白翻译的《高尔基创作选集》，是该店第一本被查禁的书。成立于 1936 年的读书出版社也出版过以群翻译的《苏联文学讲话》等不少苏联文艺理论作品。从抗战到新中国成立前，外国文学翻译出版的重心逐步从欧美文学转到苏联文学，大量苏联文学作品被翻译成中文。生活、读书、新知三家书店在这一时期也出版了不少苏俄文学作品，如读书出版社出版的高尔基《海燕》、新知书店出版的奥斯特洛夫斯基《钢铁是怎样炼成的》等等。

民国时期文学翻译出版物的社会影响，从亚米契斯《爱的教育》、歌德《少年维特之烦恼》和斯诺《西行漫记》的风行可见一斑。《爱的教育》最早译名为《馨儿就学记》，译者包天笑，其翻译是意译加创作，创造人物细致生动，文字流利，从容描绘，有"纡徐为妍"之致。包译出版以后销路颇好，1926 年 7 月已出至第 8 版，这在当时的教育小说中是破纪录的。1938 年长沙商务印书馆仍在重印，到 1948 年前后达 18 版之多。译名为《爱的教育》的是夏丏尊译本，1926 年 3 月由开明书店出版，10 个月后就再版，两年半的时间里重印 5 版，1935 年 11 月编入"世界少年文学丛刊"时已有 20 版之多。1938 年经夏丏尊修订，至 1949 年 3 月共发行修订版 19 次，外加 1942 年 8 月的成都一版，"各地小学都采用为课外辅助读物，十余年中，印行达一百版左右"②，谱写了中国翻译出版史上的灿烂篇章。

德国著名思想家、文学家歌德的成名作《少年维特之烦恼》是一部曾经产生重大国际影响的文学作品。1922 年 4 月，上海泰东书局出版了由郭沫若翻译的该书译本，立即产生巨大的轰动。在五四精神影响下的一代中国青年，从洋溢着"狂飙突进"精神的《少年维特之烦恼》中获得了心灵共鸣。这部译著因而风行海内，一年多之内连出 4 版，到 1930 年 8 月先后印行达 23 版。据不完全统计，1922 年至抗战前夕的 10 年间，郭译本由不同书店重印达 30

---

① 上海图书馆编：《中国新文学大系》（1927—1937）第 20 集，上海文艺出版社 1989 年。
② 王知伊：《开明书店纪事》，书海出版社 1991 年，第 100 页。

次之多。

美国著名记者斯诺的《西行漫记》是20世纪30年代后期一部轰动世界的报告文学作品。作者于1936年6月至10月，深入中国西北革命根据地进行实地采访，真实记录了毛泽东等中国共产党人的历史，并以明快的笔触报道了他在革命根据地的所见所闻，成为外国人了解当时中国革命状况的权威性读物之一。1937年该书在英国伦敦戈兰茨公司出版后的几周内就销出十几万册，此后3个月内英国就印了5版，打破了有关远东时局畅销书的最高纪录。该书在中国也同样畅销，1938年由上海复社翻译初版即告罄，以后接连数版，仅在上海一地就印了5万本；各种印本总计有20多种。[1]

2. 外文原版图书在中国的流传

1925年9月，我国正式加入《出版物国际交换公约》（《布鲁塞尔协定》），规定交换活动由各国分散进行，应不仅出于自愿，而且要承担一种契约的责任。同年，北京政府成立出版品国际交换局，隶属于教育部。南京国民政府成立后，1928年10月改由国立中央研究院办理。该院设立出版品国际交换处，专理出版品国际交换事宜。1934年后，该交换处为国立中央图书馆实际接办。全面抗战爆发后，1937年11月，交换处随中央图书馆西迁至重庆，国外交换品改道海防邮入。1938年9月在昆明设办事处，以便就近接收登记交换品。1939年，教育部、外交部及出版品国际交换处设立战时征集图书委员会，分向各国征集图书，以补各大学被战火所毁损者。征集的书籍，统由交换处承办提取及收转事宜。[2]1946年7月，依据中央图书馆修正组织条例，成立国立中央图书馆出版品国际交换处于南京，分设办事处于上海。交换处除代表政府交换出版品及代转国内外学术机关间交换刊物外，并代国内学术机关同国外学术机关相互交换，兼办国内学术机关复本交换，代为国内学术机关购置西文图籍。根据1947年出版的《国立中央图书馆概况》记载，国立中央图书馆馆藏书有中日文书754500多册，西文书39900多册。西文图书的收集，除由征求交换

---

[1] 邹振环：《影响中国近代的一百种译作》，中国对外翻译出版公司1996年，第401页。
[2] 彭斐章：《中外图书交流史》，第291页。

而得外，还以购书费的大部分用于购置各种科学著作及必需的参考书，并选订重要的外文杂志。

由于外国图书货源不足，价格上涨，在民国时期出版业繁荣的上海，还出现了翻印外国原版图书的业务。龙门联合书局、大华杂志公司、现代图书公司等都曾从事过这方面的出版活动。

3. 中国图书在欧美各国的翻译流传

20世纪西方中国学研究获得充分发展，与汉籍翻译出版的基础性工作深入开展是分不开的。英国的翟林奈（或小翟理斯、贾尔斯）1911年曾为《古今图书集成》编制过索引，所校释之韦庄《秦妇吟》渊博典雅，见重当时。此外，他还译有《孙子兵法》《论语》《左传》《诗经》等中国古籍。1938年，伦敦约翰默里出版社出版之《中国的不朽长廊》，编译介绍了中国不少古典名著。在德国，卫礼贤、福兰阁、佛尔克及查赫、库恩等潜心翻译中国文献，影响尤其深远。卫礼贤1899年被派至山东青岛传教，曾师从劳乃宣，并与康有为、赵尔巽、罗振玉、王国维、辜鸿铭等有来往。1924年回国后任法兰克福大学汉学系主任，次年成立中国学社于法兰克福，为中国文化传播于德国做出了极大贡献，他所藏的中国书籍最后也留在了那里。从1910年耶拿出版他的译作《论语》，至1928年，相继译出了《老子》《列子》《庄子》《孟子》《易经》《吕氏春秋》。除这些经典著作外，卫礼贤还编译有《中国神话故事集》，1914年由耶拿迪德里希出版社出版。该书后由F. H. 马顿斯译成英文，1921年在纽约出版。卫礼贤的翻译在欧美影响巨大，德国著名汉学家福赫伯1968年曾说："卫礼贤的翻译作品从整个成就来看不会很快被超过，至今几乎还没有更新的中国古典著作的德文译本问世。"[①] 另一位在汉籍翻译方面影响较大的是弗朗茨·库恩。他在20世纪二三十年代陆续将"三言二拍"中的一些故事译成德文，1940年柏林施泰尼格尔出版社出版了他的译作《十三层塔》，选译《今古奇观》的六篇作品。除此之外，库恩还译有中国古典长篇小说多种，

---

① 张国刚：《德国的汉学研究》，中华书局1994年，第46页。

如《好逑传》（1927年莱比锡岛社出版）、《金瓶梅》（1930年莱比锡岛社，译名为《金瓶梅：西门与其六妻妾奇情史》）、《红楼梦》（1932年莱比锡岛社）、《水浒传》（1934年莱比锡岛社，节译本，译名为《梁山泊的强盗》）、《三国演义》（1940年柏林 G. 基彭霍伊尔出版社，仅译前38回，译名为《三国志：中国小说》）等。这些译作多成为欧洲其他国家翻译中国小说的底本。库恩翻译的《红楼梦》就曾被转译成英、法、意、匈4种文字，《金瓶梅》曾被转译成英、法、瑞典、芬兰、匈牙利等多种文字。

在苏联，从1917年到1949年出版了近百种研究中国问题的书籍。著名翻译家阿列克谢耶夫翻译了许多中国文学作品，如他在20年代着手翻译的《聊斋志异》是较早而较全面翻译成俄文的中国文学作品之一。一些中国现代作家的著作也被译成俄文。如瓦西里耶夫翻译了鲁迅的《阿Q正传》《孔乙己》《故乡》《社戏》等7篇小说，结成一集出版。同时在莫斯科还出版了《当代中国短篇小说集》，内有郁达夫等人的作品。茅盾的《子夜》也在1935年被译成俄文出版。

民国时期，欧洲各国对中国图书的搜集也收获颇丰。据1957年法、英等9个国家25个图书馆联合编制的《欧洲图书馆藏中国方志目录》，共收方志2590种，除去重复，还有1400多种不同的地方志。在德国，除了国立图书馆外，汉籍收藏机构还有一些大学、研究所图书馆。莱比锡大学的哈隆1930年应聘至哥廷根大学任职，当时中国学者季羡林先生在该校研究梵文，常奉其命致函北京琉璃厂等书店邮购图书，该校汉学图书由此初具规模。1938年，哈隆到英国剑桥大学任汉学系主任，致力于该校中文图书的建设。人们认为，剑桥大学图书馆今日之所以能成为欧洲最好的汉学图书馆之一，首先应归功于哈隆。

20世纪20年代开始，美国亦开始不遗余力搜集购求中国图书。据有学者统计，美国收藏中文图书逾万册的图书馆就有50多家[1]。1927年成立的美

---

[1] 中国社会科学院情报研究所编：《美国中国学手册》，中国社会科学出版社1981年。

国国会图书馆中国部在其主持者恒慕义策划下，曾于 1929 年从天津盗买了 22000 多册中文善本图书。该馆还利用洛克菲勒基金赠款大量购进中文图书，至 30 年代中期，该馆藏书达 135000 册，成为美国收藏中文图书最多的图书馆之一。1957 年，由王重民编纂、袁同礼主编而成的《美国国会图书馆藏中国善本书录》一书，收录有 1777 种珍本书籍。而朱士嘉编《美国国会图书馆藏中国方志目录》收录达 2939 种之多，计宋代 23 种，元代 9 种，明代 68 种，清代 2376 种，民国 463 种，其中不乏罕见之珍本。始建于 1638 年的哈佛大学图书馆，从 1879 年起开始搜集中文资料。根据裘开明所编《美国哈佛大学哈佛燕京学社汉和图书馆汉籍分类目录》（1938—1940 年），收藏有中国方志 2900 多种，清人文集 2500 多部，共有中文图书近 30 万册。

另外，一些华人、华裔和在华美国人对于中国古典文学作品的英译也主要在美国出版。如 1942 年由纽约现代书店（Random House）出版的林语堂编译之《中国与印度之智慧》，介绍中国与印度的文学名著，包括从唐至清的 9 种作品的翻译，并有沈复《浮生六记》等作品的选译。1927 年纽约出版了王良志的《红楼梦》节译本，1929 年在纽约和伦敦同时出版了王际真的《红楼梦》节译本。此外，王际真还译有《中国传统故事集》，为最早的中国传统小说选集英译本之一，包括 20 篇文言文和白话小说，1944 年由纽约哥伦比亚大学出版社出版。另外，美国女作家赛珍珠翻译的七十回本《水浒传》于 1933 年同时在纽约和伦敦出版，该书译名是 All Men Are Brothers（《四海之内皆兄弟》），曾有多种翻印本，影响颇为深远。

4. 汉籍的东传与翻译出版

甲午中日战争结束后，汉籍又开始大量传入日本。建于 1924 年的东洋文库，藏有汉籍 60 多万册，其中有 5 种被列为日本国宝，即《春秋经传集解》《史记》之《夏本纪》与《秦本纪》《文选集注》（为平安时代日人仿唐写本之抄本，属"准汉籍"）、《毛诗》唐写本残卷与《古文尚书》唐写本残卷。1959 年吉田寅、棚田直彦为内阁文库、京都大学人文科学研究所、东洋文库、东京大学东洋文化研究所等日本 9 处汉籍收藏处所藏宋人文集编制了一份联合目录，名为《日本现存宋人文集目录》，共收 529 位宋代著者所著 600 余种文集。据统计，日本各方面编纂的汉籍藏书目录多达 2600 种，而且日本收藏之汉籍有许多在中国本土早已亡佚，因此更见珍贵。日本东洋学情报中心将日本各机关或个人编辑出版的 2600 种目录集中起来，编成《日本对汉籍的搜集：汉籍关系目录集成》一书[①]。

在汉籍翻译出版方面，日本的内藤湖南曾于 1905 年 4 月奉外务省命至我国东北调查沈阳政务现状，在沈阳故宫崇谟阁等处发现《满洲实录》《满文老档》《汉文旧档》《蒙古源流》《五体清文鉴》等清代史料。对于这批史料，内藤与其弟子们进行了集中整理，编成《满蒙丛书》，自 1919 年起出版，原定每年出 8 册，共 3 年 24 册出齐，结果只出 9 册便终止。这些史料后由其弟子等整理翻译后陆续出版。[②] 此外，不少汉籍的日译本以丛书形式刊行，较著名的有东京国民文库刊行会 1920 至 1924 年出版的《国译汉文大成》；东京支那文学大观刊行会 1926 年出版的《支那文学大观》，早稻田大学 1930 年出版的《物语支那史大系》等等。日本的一些出版社也致力于中国图书文献的翻译出版。如岩波书店出版的《岩波文库》收录了不少和译汉籍；东京筑摩书房出版的《吉川幸次郎全集》24 卷，收录作者的不少译作。与此同时，一些中国现代作家的作品也较早在日本翻译出版。1927 年，鲁迅的作品首次在日本译出。1931 年，日本记者山上正义翻译出版《阿 Q 正传》。抗战胜利后，《鲁迅选集》《鲁迅全集》的翻译出版亦受到日本读者喜爱。

5. 中国图书的流失和寻访

自鸦片战争至 1949 年的 100 多年间，帝国主义国家掠夺中国图书文献，造成中国图书文献的流失。特别是日本，清末民初通过收购陶湘、叶德辉、梁鼎芬等中国私家藏书收集汉籍，20 世纪 30 年代还先后从西藏、蒙古等地窃走西藏藏经《丹珠尔》1 部、蒙古藏经《甘珠尔》1 部和蒙文佛经 225 种，又

[①] 彭斐章：《中外图书交流史》，第 322 页。
[②] 夏应元：《内藤湖南的中国史研究》，载北京市中日文化交流史研究室编《中日文化交流史论文集》，人民出版社 1982 年。

从上海盗走雍正朝以来的满族镶红旗文书共 2400 多函。在抗日战争期间，不仅大量珍贵图书毁于战火，日本帝国主义还有计划地对中国图书进行掠夺。

1937 年 12 月日军占领南京后，在一些"中国学家"的参与下，"用作战形式"开展有计划的文献扫荡，把原中央研究院、原国立图书馆以及中山陵等 70 多处藏书机构所收的 88 万册汉籍悉数劫掠而去。此后，日军还在山东、江苏、香港等地有目的有计划的掠夺图书。据有学者调查统计，从 1930 年至 1945 年 8 月抗战胜利的 15 年间，除了西藏、云南、贵州、青海、四川等省以外，中国各地文献典籍被劫往日本者共 23600 多种，合 270 余万册。[①] 至于在战火中被烧毁的图书数量，更是无法估计。上海东方图书馆是当时中国藏书最丰富的图书馆，在 1932 年"一·二八"淞沪抗战时期被日军轰炸而烧毁，所藏的 50 余万册珍贵典籍，除了寄存于租界内的 500 余种珍善本外，无一幸免于难。经过战火之后，不仅图书被毁，一些书局所藏的板片也被烧毁。

抗战期间流失的中国图书还远不止这些。1941 年 12 月珍珠港事件爆发之前，国民党政府密令把移存于上海的国立北平图书馆馆藏善本书籍，挑选最精善本 2720 种运往美国国会图书馆[②]。1945 年 8 月，苏联红军接管日本的满铁大连图书馆，该馆所藏 27 万余册汉籍在交接过程中被大量盗运并焚毁，其中宋版书全部被盗，原藏《永乐大典》55 册也在交接过程中丢失，直到 1954 年，这 55 册才由苏联列宁图书馆送还中国外交部。

对于流失海外的中国图书，很早就引起了一些有识之士的关注。19 世纪末，出使日本的黎庶昌、杨守敬、李盛铎等人在日本寻访购买，颇有收获。1929 年，曾在北洋政府任教育总长的傅增湘赴日本搜访汉籍，后人把他的访书记录整理为《藏园群书经眼录》，其中访日所记的汉籍有 240 多种。20 世纪初期敦煌文献外传以后，郑振铎、王重民等人还前往欧洲寻访中国书籍。郑振铎曾于 1927 年出游英法等国，以《欧行日记》的形式记录所见图书版本、

---

① 严绍璗：《汉籍在日本的流布研究》，江苏古籍出版社 1992 年，第 288、194—202 页。
② 利用这批图书的缩微胶卷，国家图书馆出版社于 2014 年整理出版《原国立北平图书馆甲库善本丛书》。

内容等情况，相当于图书目录提要。1934年，王重民被派往巴黎整理编辑伯希和所劫掠的敦煌文献，他选取其中有价值的卷子拍摄微缩胶卷，并出版《巴黎敦煌残卷叙录》；1938年再次赴伦敦大英博物院翻阅斯坦因所获敦煌文献，编成《敦煌古籍叙录》。王重民还曾到意大利、德国等图书馆搜集，著有《罗马访书记》《柏林访书记》《记剑桥大学图书馆所藏太平天国文献》等等。1939年第二次世界大战爆发后，王重民到美国整理美国国会图书馆所藏的中国善本书。1947年回国后，他为从欧美各图书馆查阅的大量古旧善本书籍撰提要，其中4400多篇收入《中国善本书提要》[1]。

三、马克思主义著作的出版传播

由于俄国十月革命的胜利，马克思主义学说被介绍到中国，受到一些先进知识分子的欢迎。马克思主义在中国的传播，最早的载体是各类新型报刊。1899年上海广学会出版的《万国公报》刊载李提摩太、蔡尔康合译英国社会学家颉德著的《社会的进化》，名为《大同学》，其中提到"德国讲求养民学者有名人焉，一曰马克思，一曰恩格思（斯）"。这是在中国出版的报刊上首次出现马、恩的译名。1900年12月6日，中国留日学生刊物《译书汇编》在日本东京创刊，创刊号登载了日本有贺长雄的《近世政治史》的中译文，于第2、3、6、8期连载。文中写道："1862年，各国工人领袖均集于万国工人总会。""麦克司总理全体。"该文还做了进一步阐释："西国学者悯贫富之不平等，而为雇工者往往受资本家之压制，遂有倡均贫富、制恒产之说，谓之社会主义。"这是中国报刊第一次介绍社会主义和马克思领导的第一国际。1902年上海广智书局出版湖南留日学生赵必振译、幸德秋水著《二十世纪之怪物帝国主义》，高度赞扬马克思的主张；1903年又出版了福井准造的《近世社会主义》，较全面地介绍了马克思、恩格斯的生平、著作及其学说的主要内容。此外，《江苏》也对马克思主义进行了介绍。最早把马克思主义系

---

[1] 彭斐章：《中外图书交流史》，第342页。

统介绍进来的中国人是梁启超。1902年,他在《新民丛报》发表《进化论革命者颉德之学说》一文,指出:"麦喀士(即马克思),日耳曼人,社会主义之泰斗也。"① 在《二十世纪之巨灵托拉斯》一文中写道:"麦喀士(社会主义之鼻祖,德国人,著书甚多)之学理,实为变私财以作公财之一阶梯而颂扬之。"② 此后,梁启超相继在《新民丛报》上发表了一系列介绍马克思主义的文章。1903年,马君武在《译书汇编》发表《社会主义与进化论比较——附社会党巨子所著书记》一文③,介绍了马克思主义学说的发展历史,并附有马克思主义著作的目录,列举了《英国工人阶级状况》《哲学的贫困》《共产党宣言》《政治经济学批判》和《资本论》等5本书,这是迄今为止所见到的中国最早的马克思主义著作书单。中国人最早介绍马恩生平,并摘译马恩著作的是资产阶级民主主义者朱执信。1905年11月同盟会机关报《民报》连载了朱执信以"蛰伸"为笔名撰写的《德意志社会革命家小传》,其中《马尔克》(即马克思)一节,第一次比较详细地叙述了马克思、恩格斯的生平活动,介绍了《共产党宣言》要点,并节译了《宣言》中的十项纲领,还提到了《资本论》,是马克思主义经典著作在中国最早的中译本。1907年8月,由张继、刘师培等人发起,在东京成立了中国第一个研究马克思主义的团体——社会主义讲习会,翻译马恩论著,并在东京创办了《天义报》。该报在1907年12月第13—14期刊登了震述的《经济革命与女子革命》一文,文中以附录的形式摘译《共产党宣言》第二章中对资本主义婚姻制度批判的一些段落。该报第16—19期合刊中,又登载民鸣据日文版翻译的《共产党宣言》第一章《资产者和无产者》的译文,这也是中国报刊第一次把《共产党宣言》的一章全部译出。

在当时出版的各种刊物中,介绍马克思主义的水平较高的当属《民报》。《民报》是同盟会的机关报,1905年11月26日创刊于日本东京,其发行面

---

① 《新民丛报》第18号,1902年10月16日。
② 《新民丛报》第42—43号合期,1903年。
③ 《译书汇编》第2卷第11期,1903年2月16日。

非常广,影响也比较大。据统计,《民报》在1905年至1907年除了先后发表朱执信的《德意志社会革命家小传》《论社会革命与政治革命并行》等文章外,还登载了孙中山、廖仲恺、宋教仁等资产阶级革命家介绍马克思主义、社会主义的文章。1912年6月,上海社会党绍兴支部机关刊物《新世界》第2期刊载煮尘治所译《社会主义大家马尔克之学说》;同年《新世界》第1、3、5、6、8期刊载了施仁荣所译的《理想社会主义与实行社会主义》,提出了在中国易于实行社会主义的四点理由;等等。以上这些刊物极大地推动了马克思主义在中国的早期传播,使马克思主义影响的深度和范围不断推进。

俄国十月革命胜利以后,马克思主义在中国的传播进入新阶段。就在十月革命后的第三天——1917年11月10日,上海《民国日报》首载了俄国十月革命胜利的消息。次日,《申报》《时报》《晨钟报》等都做了报道,在中国先进分子中引起强烈反响。十月革命给中国带来了马克思主义,给中国的新文化运动注入了新的血液。当时的《国民》和上海《民国日报》副刊、《觉悟》《曙光》《今日》等,都曾译载单篇的马恩经典著作。这个时期,在北京、上海以及国外的巴黎等地,马克思主义研究会、研究小组和中国共产党发起组开始建立起来,中国社会主义青年团也宣告成立,学习马列主义理论和了解苏俄的实际状况已成为革命者的迫切要求。为了满足这个要求,《新青年》从1920年第八卷第一号起开辟"俄罗斯研究"专栏,又在第八卷第四号上发表了列宁的《无产阶级专政时代的经济和政治》,标题为《过渡时期的经济》。1920年3月,李大钊在北京大学发起并建立了马克思学说研究会。研究会设立了一个翻译室,德文组曾译过《共产党宣言》。1920年毛泽东到北京时,已经有了一个节译《共产党宣言》的油印本。研究会的德文组还翻译过《资本论》第一卷。1920年8月,《共产党宣言》第一个中文全译本的出版。由上海又新印刷所印刷,新青年社发行。版权页上的印刷及出版者皆署名"社会主义研究社"。译本32开,56页,竖排平装本,封面上有水红色的马克思坐像。书名五个字,排在马克思坐像上面,陈望道译。所译内容包括原著正文部分四章。全译本一出版,受到广大进步知识分子的欢迎,初版1000本很快赠送和销售一空。1920年9—10月间，上海共产主义发起组重印了这本书，开本、页数照旧。这本书后来又有人民出版社、平民书社、上海书店等各种排印本。这个全译本的译者陈望道（1891—1977年），浙江义乌人，早年留学日本，在那里接触到马克思主义。1919年受五四运动感召回国，应邀在杭州的浙江第一师范教国文。1920年初，上海《星期评论》杂志约他翻译《共产党宣言》，于是他毅然辞去教职，回到家乡义乌分水塘村潜心翻译。《共产党宣言》中文全译本

图4.7 陈望道《共产党宣言》译本

的出版，深入宣传了马克思主义学说，培养了一代无产阶级革命家，也引起了广大知识分子对马克思学说的极大关注。该书出版后，许多地方又予以翻印，北伐战争时期翻印的版本和数量更多[①]。据1924年《中国青年》发表署名冰冰的《一个马克思学说的书目》，上海书店这一时期出售的中译马克思主义著作22种，期刊5种[②]。另据张静庐所编的《马克思、恩格斯著作中译本年表（修订稿）》《列宁著作中译本年表（修订稿）》《斯大林著作中译本年表（初稿）》，从1912年到1927年，共出版马克思著作单行本4种、译文5篇；恩格斯著作1种，译文4篇；从1920年至1927年，列宁著作共出译文27篇，译著7种，其中4种为由李达负责的人民出版社所出；从1924年到1927年，斯大林著作共出译文6篇，书1种（书名为《列宁主义的理论及实施》，曾在《中国青年》连载（自第106期起，译者不详）[③]。

第二次国内革命战争时期，人们普遍对社会科学发生兴趣，推动了马克

---

① 叶再生：《中国近代现代出版通史》第2卷，第521—524页。
② 《中国青年》1924年第24期。
③ 张静庐辑注：《中国出版史料补编》，上海书店出版社2003年，第442—475页。

思主义在中国的进一步传播。新生命书局1929年首次出版了恩格斯的《家庭、私有制与国家的起源》全译本，恩格斯的另一名著《路德维希费尔巴哈和德国古典哲学的终结》在1929年也同时出了两种译本。1929至1930年，马克思的《哲学的贫困》《经济学批判》（即《政治经济学批判》）、《拿破仑第三政变记》（即《路易波拿巴的雾月十八日》）等著作也被首次翻译成中文出版。1936年，由侯外庐和王思华合译的《资本论》第一卷全译本以"世界名著译社"的名义出版。1938年，读书出版社出版了郭大力、王亚楠合译的三卷本《资本论》，是为《资本论》的第一个全译本。该社还出版了《剩余价值学说史》《唯物论与经验批判论》《资本论通信集》《列宁战争论》等译著。据统计，上海、北平、天津等数十家进步书店在第二次国内革命战争时期共出版单行本马克思著作31种、列宁著作31种、斯大林著作13种。

1935年10月中央红军到达陕北建立陕甘宁边区，很快恢复出版工作，中央印刷厂、八路军印刷所用石印设备出版书报，并在抗大设有编译科，在马列学院则设有编译部等编译机构，编译从苏联运来的马列著作。1938年成立解放社后，出版《马克思恩格斯论中国》以及《法兰西内战》《社会主义从空想到科学的发展》等译著，并编译了《马克思恩格斯对于唯物史观的书信》《列宁斯大林论中国》《列宁斯大林共产国际论中国》《斯大林选集》等书。到1940年8月，边区月出书报达190万字，其中重印和新印马列主义经典著作颇多，除前面列举外，还有《马克思恩格斯丛书》10部、《列宁选集》18卷、《共产党宣言》《哥达纲领批判》《德国的革命与反革命》《共产主义运动中的"左派"幼稚病》等。随着解放战争的胜利和解放区的扩大，马列经典著作随之大量出版，一种书往往有多种版本，如《共产党宣言》有7种版本，多为各地新华书店出版。同时也出版了一些马列新论著，如《从猿到人》《法兰西内战》《列宁文选》《帝国主义是资本主义发展的最高阶段》《青年团的任务》等。

据统计，从1906年至1949年，全国共出马恩列斯著作的中译本532种，其中仅抗战到新中国成立的 10 余年间，就出版了 378 种。①

第三节　当代出版业对外开放

一、我国图书版权贸易的发展历程

图书版权贸易具有典型的文化产业特征。图书作为一种商品，不仅仅是用于交换的劳动产品，它还富有文化、思想等丰富内涵，因此，图书版权贸易无论从形式、内容方面来讲，都是我国出版事业的重要组成部分。"无传播则无权利"。只有将作品最大化地传播出去，才能使权利人的权利得到最大化地实现。虽然我国版权法律制度的建立比西方晚，直到 1910 年才颁布了第一部正式的版权法律制度《大清著作权律》，但古人的版权意识萌芽甚早，版权贸易的实际行为也早于版权法的诞生。1935 年 9 月林语堂著作《吾国吾民》在美国正式出版，该书在 4 个月内连印 7 次，荣登全美畅销书榜首，林语堂也因此而获得了超过 6000 美金的版税，并为我国早期的国际图书版权贸易留下了辉煌的篇章。

从 1949 年 10 月中华人民共和国成立到 1990 年的 50 多年间，我国没有相关的著作权法，对版权的规范通过一些"通知"、"公告"之类文件来实现，如 1950 年发布的《关于发布第一届全国出版会议五项决议的通知》，对书稿稿酬作了规定，未涉及著作权内容。"文化大革命"期间，出版业处于停滞状态，我国的版权贸易也就无从谈起。不过在 1978 年之前，我国还是进行了一些特殊的图书版权贸易，如国际书店委托英国劳伦斯公司在英国出版《毛泽东选集》英文版，我国与前苏联国家之间相互交换出版品等。总体来说，我国图书版权贸易的发展以 1978 年十一届三中全会为分界线，可以分为两个阶段。1978 年以前，只有零散的版权贸易；1978 年至 2000 年，我国的版权贸易才正式起步并获得了快速发展。

---

① 彭斐章：《中外图书交流史》，第 304—305 页。

改革开放以后，中国出版界开始与国际出版界广泛接触，不仅组团参加了法兰克福、莱比锡等多个国际书展，而且海外出版界也到中国举办各种书展。在版权引进方面，中国大百科出版社与不列颠百科全书出版公司合作，在中国出版了中文版的《简明不列颠百科全书》；在版权输出方面，大陆与港澳台地区的合作不断加强，一些著名学者的作品开始在香港出版，如沈从文的《中国古代服饰研究》等。1988年，国家版权局批准设立了中华版权代理总公司，主要代理大陆与台湾地区的版权贸易；1990年《中华人民共和国著作权法》颁布；1992年我国先后成为《伯尔尼公约》和《世界版权公约》的成员国，标志着我国的图书版权贸易开始在国际法的框架内运作。

1990年以前，中国从未有过版权贸易方面的统计，正式的统计是从1995年开始，统计的类型是图书。根据国家版权局的年度统计，从1995年到1999年5年间，通过出版社开展的图书版权贸易共约20700种，其中引进19740余种，输出1960余种。引进与输出之比约为10∶1。这5年间，版权贸易数量发展较快，1995年为1900余种，1996年为3100余种，1997年3580余种，1998年5950余种，到1999年6870余种。5年间增长了近5000种。版权贸易中引进作品的内容也从以前的相对单一到品种丰富，经济管理、计算机和语言类图书的引进量大大增加，与我国当时的社会、经济发展热点相吻合。此外，我国图书版权贸易的主要引进地也由以前的港台地区转移到了西方发达国家如美国、英国、德国等。这表明我国的图书版权贸易已经进入一个较快的发展时期。2001年我国正式加入世界贸易组织，同时《著作权法》修正案颁布，我国经济与全球经济的联系更加紧密，图书版权贸易也进入了更加开放的国际环境中。

这一时期，对外合作出版发展成为图书版权贸易的重要模式。在20世纪70年代末到80年代初，图书的对外合作出版只是处于探索阶段。合作出版的载体形式单一，推出的图书也多为单行本，合作出版的主要方式有以下两种：一是中外双方共同商定选题，共同制定编辑计划，合作出版。在经济上，成本由双方负担，所得利益，平均分配。例如，1981年上海人民美术出版社与南斯拉夫评论社合作出版《中国》大型画册。这部油画先由上海人民美术出版社拍摄，南斯拉夫评论社补充拍摄。说明文字则先由上海人民美术出版社起草，再由南斯拉夫评论社根据国外读者的要求，进行修改和润色。画册编就后共同审阅定稿，在意大利印刷，在莫托文集团中征订印数，套印成英、意、法、日与塞尔维亚文等各种版本，在世界各大城市书店发行。《中国》画册印行10万多册，为各国读者了解中国提供了生动形象的材料。它的合作出版，在我国实行改革开放初期，具有重要意义。另一种是中外双方共同商定选题，由我国提供稿件与图片，由国外出版公司负责出版印刷和发行。在经济上，国外出版公司付给我方适当报酬或发行折扣。中国领导人的著作在国外出版，多采取提供稿件的办法。如1984年英国培格曼出版公司出版的《邓小平文集》，即由中方提供稿件，并翻译成英文定稿后送出，由该公司负责出版。

20世纪80年代中期到90年代末，图书对外合作出版快速发展。这一阶段，中外双方或者通过互相访问，进行业务洽谈，达成合作出版项目，或者直接举行合作洽谈会，双方提出要求，作出共同合作出版的计划。据统计，从1978年到1988年，全国100多家出版社同世界20多个国家和地区的出版社，签订500多个合作出版协议，而到1995年，合作项目已达2000多项。伴随着项目数量的逐年增长，合作出版也凸显出一些新的特点。

一是图书合作出版由单行本向系列化发展，对内更加注重有分量读物的引进。1986年9月，在纪念中国工农红军长征胜利50周年之际，中澳合作出版《中国—长征》画册。画册首次印刷中英法德日五种文版，后又增加荷兰文和意大利文版，共计发行约7万册，发行范围遍及世界40个国家。中国大百科全书出版社与美国不列颠百科全书出版公司合作编译的《简明不列颠百科全书》大型工具书，全书共10卷，收有条目7.1万余条，约2400万字，附图片5000幅。此书从签订协议、翻译、撰稿、校订和编辑工作到全部出版共用了5年时间。此外，由中国社科院出版社和英国培格曼出版公司联合出版的《中国概况》（英文版）也是很好的例子。该书共分三卷，计150万字，由中方80多个单位的200多位专家学者参加编写和翻译，培格曼公司组织进行英文编纂并负责印刷、出版、发行。1988年11月该书在伦敦开始发行，英方权威人士称这部书"是向西方人士介绍中国的划时代著作"。

与此同时，引进图书版权由过去着重个别畅销书向着重引进大部头图书转变。如引进欧美的大百科全书就有多种。除上文提到的《简明不列颠百科全书》外，还有中国友谊出版公司与英方合作的《英汉剑桥百科全书》，外文出版社与台湾光复书局合作的《大美百科全集》（30卷），商务印书馆与美合作的《康普顿百科全书》（14卷）及河北人民出版社与美合作的《美国学院百科全书》（21卷）等。此外还有一些大部头的辞书、词典等。

二是合作的方式多样，渠道各异。除转让版权外，还产生了其他多种合作方式。如由中外双方协定，共同合作，由双方各分担一部分撰写内容，或以某书为模本进行改编，由一方出版或合作出版。例如商务印书馆与英国牛津大学出版社合作出版的《精选英汉·汉英词典》，英语部分由牛津大学出版社负责，该社将原《英语精选词典》根据中国的情况加以增补。汉语部分由商务印书馆负责，聘请专家编辑。这部词典在中国出版，比较适合中等文化程度的读者阅读，发行量很大。又如外语教学与研究出版社同牛津大学出版社合作出版的《英汉双解牛津初级英语学习词典》，也是采取上述合作出版方式，在中国出版后受到广大初学者的欢迎。另一种办法是专为海外出版社编撰图书，异地发行。如文物出版社与台湾出版社合作编撰中国考古新发现，供台湾出版和发行。其他还有部分书稿与图片的出版合作，也有进行文字翻译合作。

三是对外合作开始走向集团化，并开始注重高科技读物的引进。这期间，许多地方出版社都设立了版权机构，统筹版权贸易。许多省市以组团方式出访，或参加国际书展，或进行贸易谈判。以省市为单位、以地方版权贸易公司名义，集体选购版权和进行出版贸易谈判，产生了较好的效果。如由广东科技出版社牵头组成的百通公司，对引进海外的出版物共同出版、分开发行。与此同时，适应"科教兴国"战略的需要，一些出版社也注意有计划地分批引进一些高科技专著的版权。

20世纪90年代我国加入国际公约以来，由于译者的顾虑，一度出现译作冷落的现象。经过几年探索，出版单位积极进取，逐步改变了这种局面。如译林出版社与法国伽里玛出版公司合作之初，洽谈购买10本书的版权，但由于不够了解，法方只答应转让两本。经译林出版社多方积极工作，出书快、质量好，支付版税及时，赢得了对方信任和赞许。1995年后双方交往密切，版权贸易成批成交，到1996年已有100多种图书获得伽里玛公司的授权。译林出版社采取积极的办法，又与美国出版机构取得联系，获得一些著名作家的著作翻译版权。一些专业出版社如人民卫生出版社和一些大学出版社，在这方面也取得了较好的成效。

二、国际出版交流互访逐步发展

十一届三中全会以后，中国进入了一个以经济建设为中心、实行改革开放的新的历史时期，中国出版界与国际出版界的交往，也开始大规模展开。从20世纪70年代末至80年代末，是中国出版界对外交流的起步阶段。这一阶段，虽然国内还没有正式通过著作权法，也还未参加国际性著作权保护组织，但是中国出版界与海外交流非常活跃。

一是中外出版界人员互访，扩大联系。1978—1988年的十年时间，中国出版、印刷、图书发行等部门，派出了大批人员，先后访问了世界上许多国家和地区，和各国出版界人士进行了广泛接触并建立了经常性的友好联系。1978年以后的短短几年里，中国出版界派出代表团先后访问了日本、美国、英国、法国、联邦德国、荷兰等国家。这些国家的出版代表团，也先后访问了中国。日本、英国、南斯拉夫、朝鲜代表团，每隔一两年来中国访问一次，并且常常到中国的一些出版社作客，互相沟通最新的信息和交流业务工作经验。

二是派相关从业人员参加国外学习、培训。为了深入了解国外的出版业务，中国出版界曾分别与一些国家的出版界达成协议，派出一批编辑、出版、印刷、图书发行人员，到英、美、意大利等国留学、进修和实习、专业考察。例如与英国出版商协会商定，中国每年派出若干编辑人员，轮流在英国某些出版公司实习。与日本某些大的出版社也有协议，每年派出几名编辑，在日本的出版社某具体部门帮助工作一段时间。

三是参加国际出版活动与会议。如参加国际出版家协会的大会。国际出版家协会是 1896 年在巴黎成立的国际出版商的组织，现有成员 40 多个，每四年举行一次会议。中国虽然未加入国际出版家协会，但在 1980 年、1984 年和 1988 年，中国出版工作者协会派出代表，以观察员身份列席了大会。

四是参加和举办国际图书展览。1979 年以前，中国出版界大多由国际书店代表参加国外的书展，之后情况发生了根本性的变化，中国许多出版社积极发展对外业务，派出代表直接参加了许多国际性的书展，如法兰克福图书博览会以及意大利波罗尼亚的儿童图书展览会等，将中国图书直接展示在国外读者面前。为了扩大中国图书在国外的影响，除了争取参加国外的各种规模的国际书展外，中国出版界还主动在国内承办国际书展，引进国外信息。1986 年由中国图书进出口总公司发起，举办大型的北京国际图书博览会，并确定每两年举办一次。这一大型的国际性图书博览会，为中国出版界和世界各国出版界之间的直接接触，进行图书贸易和出版业务洽谈提供了平台，并发展成为一个重要的对外交流与合作的出版会展品牌。

五是两岸出版业交流广泛展开。大陆与台湾出版界的来往是从 1988 年开始正式展开的。此后便日益频繁。1990 年 8 月，应中国出版工作者协会的邀请，台北市出版商业同业公会组织的"台北出版人访问团"参加了第三届北京国际图书博览会，并在京沪两地举行了"海峡两岸出版交流研讨会"。这是 40 多年来台湾民间出版机构首次正式组团来大陆，标志着两岸出版界的交流进入了新阶段。自 1995 年起，每年召开一次的"华文出版联谊会议"将两岸出版交流推向高潮，两岸出版交流进入了程序化的阶段。2003 年 5 月，大陆颁布了《外商投资图书、报纸、期刊分销企业管理办法》，允许海外资本包括台湾资本投资出版业的零售领域，并承诺 2003 年 12 月 1 日以后放开连锁和批发。同年 7 月，两岸合资的福州"闽台书城"获批准开办，很多台湾业者开始尝试与大陆业者以合作、合资、承包等模式运作。自 2005 年起，每年举办一次的海峡两岸图书交易会成为两岸出版发行界洽谈合作、共谋商机的平台。两岸顺畅的出版交流机制，推动交流从间接到直接，从单向到双向，从一般交流到实质性合作，取得了突破性进展。除原版进出口、版权贸易、合作出版、联合购买海外版权外，双方还共同投资开书店、搞批发、办物流等，合作领域不断拓宽、合作项目不断深化，从单纯的版权买卖迈向了新的合作模式。据统计，自1998年至2006年，大陆共引进台湾版权10287项，共输往台湾版权5057项。到2007年底，两岸合作成立或台商独资的分销服务企业已达到6家，台资在大陆成功投资的印刷项目也在逐年增多，市场占有率逐步提升。

三、中国出版业对外开放全面深化

2001年11月，世界贸易组织（WTO）第四届部长级会议审议通过了中国加入世界贸易组织的申请。中国从2001年12月11日起正式成为世贸组织成员。在中国加入WTO承诺的内容中，新闻出版方面的对外开放程度是逐步提高的，也是分时间段进行的。其中在书报刊分销服务方面做出的承诺是：加入WTO 1年内，外国服务提供者可在深圳、珠海、汕头、厦门、海南5个经济特区和北京、上海、天津、广州、大连、青岛、郑州、武汉8个城市设立中外合资的书报刊零售企业。其中在北京和上海，零售企业不超过4家，其余地区不超过2家，在北京设立的零售企业中的2家可在市内设分店。加入WTO后2年内，开放所有的省会城市及重庆市和宁波市，并允许外资对零售企业控股。加入WTO 5年内，取消对外资从事书报刊分销服务企业在地域、数量、股权及企业设立形式方面的限制。在音像和娱乐软件分销服务方面，承诺在不损害中国审查音像制品内容的情况下，允许外国服务提供者与中方伙伴设立合作企业，从事音像制品和娱乐软件的分销。与此同时，承诺自加入WTO时起，全面实施《与贸易有关的知识产权协定》》（《TRIPS协定》）。上述规定的公布和实施，标志着从加入WTO开始，中国新闻出版业对外开放迈出了实质性步伐。在很短的时间内，就有60多家外资企业在中国大陆开设办事机构，拟申请在大陆投资设立书报刊分销企业。到 2006 年，中国所承诺的出版业对外开放已顺利度过了过渡期。这标志着出版业的分销领域已对外资全面开放。

1. 发行领域、零售市场的逐步全面开放

在发行方面，根据中国加入 WTO 的承诺，立即对外国投资者开放了图书、报纸、期刊的零售市场，到 2004 年底，书、报、刊的批发市场对外开放，外商可以在中国投资设立中外合资、合作和独资的书、报、刊批发和零售企业。同时，音像和电子出版物的分销市场也对外开放。根据新闻出版总署外事司的统计，截止到 2007 年 12 月，经新闻出版总署批准的外资分销企业共 62 家。其中独资企业 24 家，合资企业 38 家。从加入 WTO 以来，中国已经有一批中外合资的发行企业成立，出版物市场的开放已经是大势所趋。比较典型的是，2003 年 12 月，经新闻出版总署与商务部批准，德国贝塔斯曼集团收购 21 世纪锦绣图书连锁有限公司 40% 的股份，成为首家中外合资的全国性连锁图书发行企业。这也是我国对外开放以来的第一起外资并购案。尽管基于全球整体战略等因素的考虑，2008 年贝塔斯曼集团与中国出版业的合作已经发生了很大变化，基本撤出了在中国的业务，但其与中国出版业合作的影响是巨大的。

2. 印刷行业敞开大门

在出版各环节中，印刷领域的开放较早。目前，中国有关部门对印刷业特种行业的限制已经取消，印刷环节已经走向国际市场。根据《印刷业管理条例》《外商投资产业指导目录》和《设立外商投资印刷企业暂行规定》等法规，中国允许外商在华投资设立中外合资、中外合作、外商独资的包装装潢印刷企业，允许设立中外合资、中外合作出版物和其他印刷品印刷企业。印刷市场的开放带来了行业的迅速发展，外资的大量涌入，带动了国内企业的投资，大大提高了出版物的印刷水平和质量，技术升级速度明显加快。同时还出现了大量外资和港台资金进入内地印刷市场并且主导高端印刷业务的局面。到 2007 年，中国境内有 2900 多个中外合资的印刷企业，其中大部分集中在广东。仅广东一省印刷对外加工贸易年收入已超过 300 亿元人民币。这些印刷企业与许多国家和地区进行业务合作，实现了产业化、国际化运作。

目前,中国已成为重要的国际印刷加工基地,珠三角和长三角地区更是成为中国印刷业发展最为迅速的地方。越来越多的外国出版公司把图书的加工制造工序转移到中国,经中国印刷企业印装之后再返回本国市场销售。

3. 出版环节的对外开放

根据中国的入世承诺和有关规定,目前还不允许外商投资出版领域,即不允许外商在中国参与图书、报纸、期刊、音像制品、电子出版物的编辑、出版工作,以及设立出版机构。但境外出版单位可同国内的出版机构开展多种形式的单一项目合作或版权合作。这是符合中国的管理规定,也是政府部门积极鼓励和提倡的。这种合作可以引进国外的优秀作品,同时还可以向世界传播中国的优秀文化,是对外开放非常有影响和能够取得成效的方式。自加入WTO以来,一些国外知名的出版企业,如美国的IDG集团、赫斯特集团、麦格劳－希尔集团等都与中国有版权合作项目。一些国内出版单位在与国外出版集团开展合作出版的基础上,进一步深化了双方的合作领域和范围,建立了长期战略合作伙伴关系。这是中国出版业国际合作以及对外开放的新形式。不少中国的出版机构,特别是"中国图书对外推广计划"工作小组各成员单位与国外出版机构建立了各种战略合作关系,如北京大学出版社与荷兰布里尔出版社建立了长期战略合作伙伴关系;凤凰出版传媒集团与新加坡大众控股集团、加拿大灵通传媒集团、美国麦格劳希尔教育集团、美国牛津大学出版社等结成合作伙伴;吉林出版集团与美国哈珀·柯林斯出版集团结成了出版战略合作联盟,等等。中国出版机构与国外著名出版企业的合作取得了很大的成效。

4. 大力实施出版"走出去"战略

相对于中国5000多年的悠久历史和灿烂文化,中华文化的传播和影响还相对处于弱势。中文信息在世界上所占的比重,与中国当前日益增强的国力和经济地位极不相称。因此,"走出去"传播和推广中国文化,扩大中国出版业的影响,也成为出版业对外开放的重要任务。2005年,由新闻出版总署与国务院新闻办公室联合牵头的"中国图书对外推广计划"(原为"金水桥工程")全面启动。主要模式是资助国外出版机构翻译费用，鼓励其翻译出版中国图书。这一计划获得国内外出版界的认可和好评。由政府推动、企业主导、市场化运作的"中国图书对外推广计划"，成为我国新闻出版业对外开放的名牌工程。实施10年来，已经资助了108家出版机构的645个出版项目，以16种文字在27个国家出版发行。其中以欧美国家为主，以国际出版集团和专门出版中国主题图书的出版机构为主，出版的图书全部进入国外的主流销售渠道。在"走出去"具体的政策方面，还包括加强对外文化交流，继续办好各项国际出版交流活动；鼓励有条件的新闻出版企业以独资、合资或合作的方式在境外兴办文化实体、合办报刊、举办展览等多项内容。在不断深化和完善的过程中，全方位、深层次、宽领域的对外开放格局正在逐步形成。

与此同时，国内各出版机构纷纷通过各种形式进军海外市场。人民文学出版社与美国柯林斯出版集团签约，计划用5年时间把50种中国当代文学精品输出到英、美国家。外语教学与研究出版社和英国培生教育集团、麦克米伦教育集团成立"对外汉语出版工程"海外合资公司，共同开发选题。2007年3月，中国青年出版总社全资的海外子公司——中青社国际有限责任公司（CYPInternationalLtd.，简称"中青社伦敦分社"）在英国伦敦注册成立。这是中国在英国注册的第一家以出版英文图书为主的专业出版社，也是中国商业意义上投资海外的第一家以出版业务为重点的出版分社，在企业化、商业化、国际化经营理念方面都进行了非常有意义的尝试。同年，中国出版集团公司协同下属中国出版对外贸易总公司，分别与法国博杜安出版公司、澳洲多元文化出版社签订协议，在法国巴黎和澳大利亚悉尼注册成立三方合资出版社，分别使用"中国出版（巴黎）有限公司"和"中国出版（悉尼）有限公司"的名称。当年9月，中国出版（巴黎）有限公司挂牌，中国出版集团公司的海外第一家合资出版公司正式投入运营。这些海外合作的新模式，是我国出版发行体制改革中探索的新途径，是扩大对外开放的重要举措。这种合作形式已经开始超越版权，深入出版的各个环节，包括实体的打造和渠道的建设等，为对外合作交流和出版业走向世界带来了更大的空间。

5. 出版业引进外资逐步增加

出版业对外开放是出版物市场在遵守法律法规以及维护国家文化安全前提下的更大和更规范的开放，包括打破封闭，实现地区之间、行业之间以及国际和国内市场的开放。从形式上看，既有合作，也有合资；既有走出去，也有引进来。改革开放后，图书出版领域对外开放的个案逐渐增加。1993年商务印书馆与台湾商务印书馆、香港商务印书馆、新加坡商务印书馆、马来西亚商务印书馆在北京合资建立了商务出版国际有限公司。这类合作带来的新编辑思想、图书内容、装帧形式和经营方式，都对中国的出版业产生冲击和影响。1994年，由人民邮电出版社与欧洲最大出版商之一的丹麦艾阁萌国际集团公司共同投资组建的少儿读物出版公司"童趣出版公司"，其主要业务是引进迪斯尼公司在国外市场上已经出版并受到欢迎的图书及其他产品，在中国的市场上出版发行。同时，先后有多家中外合资合作的音像制作企业被批准建立。90年代中期中国唱片上海公司曾与日本公司合资成立了上海联合光盘有限公司，不久中唱总公司又与日本JVC公司合资成立了一家光盘复制企业。在出版物发行方面，1989年上海成立了第一家沪港合资的书店——沪港三联书店有限公司。1995年，上海又批准中国科技图书公司与德国贝塔斯曼集团合资建立一家以开展图书俱乐部业务为主的发行企业——上海贝塔斯曼文化实业有限公司，面向全国的书友会直接开展图书报刊的发行零售业务，其拥有会员数量和年销售额一度令人瞩目。1995至1997年，香港联合出版集团以不同的方式，先后注资在广东、南京、北京与当地出版企业合资开办书店，从事批发和零售业务。在书刊印刷方面，从80年代后期起，我国广东地区曾建立了一批外资独资、中外合资的印刷企业，其中包括像唐纳里、立丰雅高之类的国际著名印刷企业。这些独资合资印刷企业的发展，使广东取代上海成为中国最重要的书刊印刷基地。

改革开放是决定当代中国命运的关键抉择，是实现中华民族伟大复兴的必由之路，是党在新的时代条件下带领人民进行的新的伟大革命。十一届三中全会以来，特别是党的十六大以来，中国出版业在改革开放中不断调整政策，确定更加规范和务实的对外开放方向，把对外开放作为出版业发展和繁荣进步，融入国际社会，提升我国文化软实力的重要方面。这标志着中国出版业对外开放的脚步更加坚定，一个面向全球的中国出版业的开放市场正在形成。

本章小结

中外出版交流的开端，一个基本的前提条件就是古代中国对外贸易通道的形成。从两汉时期丝绸之路的开通，到隋唐时期海上交通的开辟，我国的写本书与印本书陆续向日本、高丽、百济、新罗等国出口。出口的主要途径，一是各国派使节来朝，求写各类书籍或佛经；二是各国派来的留学生和学问僧在长安等地购买经籍带回本国；三是商船到达外国的口岸出售。到两宋时期，图书出口主要通过各国使者来京进行贡赐贸易，宋廷把书籍作为回赐品而流传到国外的，也有一些通过民间市场经销。日本、高丽等国的僧人不断来华，访求佛经和各类图书，也是一个出口的途径。宋与辽、西夏、金之间在和平时期于边境榷场互市，东南泉州、四明港口与东南亚海上往来等，都是图书随同其他商品销往境外的渠道。元代和明代对外图书贸易的主要对象是朝鲜、日本，对安南和琉球也有少量输出。贸易的主要形式仍是贡赐贸易。自晚清民国以来，中外出版交流发生了转向，由向外输出转为向内输入，翻译西书成为主流。直至20世纪80年代我国全面实行改革开放，中外出版界的互动合作才得以实现。

从版权贸易和交流来看，古代主要以佛经翻译为大宗。而西方著作的引进，开始于16世纪后期西方传教士在中国对宗教宣传品的翻译，真正大规模的译书活动则是在近代，晚清民国时期形成了几次翻译出版的高潮，广泛、系统地介绍了西方资产阶级政治、经济、社会学说，引进了进化、平等、民主的观念，推进了中国近代思想启蒙运动。新中国成立后，特别是改革开放以来，我国出版业对外开放步伐加快，对外版权贸易和出版交流合作的内容和形式更加丰富多样，推动中国出版走向国际化道路。

参考文献

［1］肖东发、于文主编：《中外出版史》，北京：中国人民大学出版社，2010年。

［2］来新夏著：《中国图书事业史》，上海：上海人民出版社，2009年。

［3］陆本瑞主编：《世界出版概观》，北京：中国书籍出版社，1991年。

［4］彭斐章著：《中外图书交流史》，长沙：湖南教育出版社，1998年。

［5］王勇著：《中日汉籍交流史论》，杭州：杭州大学出版社，1992年。

第五章
历代出版管理

第一节 古代出版管理
第二节 晚清民国时期的出版管理
第三节 新中国的出版管理与出版法制建设

本章梳理先秦以来出版管理的基本线索，分析不同历史时期出版管理机构、制度和政策的特点及其社会文化因素。

第一节　古代出版管理

自从有了图书出版活动，就相伴着对图书事业的建设和管理。随着社会与技术的进步，出版业逐渐发展起来，出版物生产方式不断变化，有关的出版管理机构以及出版法律法规也随之建立并逐步得到加强。

一、宋代之前的出版管理

先秦时期"学在官府"，图书的编辑使用集中在很小的范围内，政府设立了盟府、册府、府库、秘室等藏书机构，并设立书言记事、掌管书籍的史官。《吕氏春秋·先识篇》记载："夏太史令终古出其图法，执而记之……乃出奔如商"；"殷内史向挚……载其图法，出亡之周"。这里的"图法"便是由太史令、内史一类的史官所管理的文献典籍。《汉书·艺文志》云："古之王者，世有史官，君举必书……左史记言，左史记事。"史官的主要职责是记载君王的言行，并收藏和保管这些历史记录。金毓黻《中国史学史》论及《周礼》记载的五史职掌："周礼，春官之属有大史，掌建邦之六典；小史掌邦国之志，内史掌王之八枋之法，掌书王命；外史掌书外令，掌四方之志。若以书使于四方，则书其令；御史掌邦国都鄙及万民之治令，掌赞书；而六官所属诸职司，莫不有史。"[①]由于当时史官的记录主要作为后世查考的依据，不具有大量复制、广为传播的使命和手段，其管理呈现出初始阶段的特点。

随着生产力的发展，文化渐次发达，到春秋战国时期，各派力量宣传自己的政治主张，诸子百家著书立说、讲学授徒，抄写了大量竹木简册和帛书。特别是民间私人讲学的兴起，打破了殷商以来典籍文献由五官掌管以至"学

[①]　金毓黻：《中国史学史》，商务印书馆2010年，第6页。

在官府"的垄断局面。这一时期，各诸侯国多有太史的设置，形成专门从事文化管理的职能部门。但是王室和诸侯对于某些典籍的传播，只是提出倡导或禁止的方向，并不具体管理那些著、编、授合一的学者。秦统一六国后，由九卿之一的少府，下属尚书主制诏文书，掌管档案；位列九卿之首的奉常，其属官中的太史兼皇家史官、太卜负责应皇帝诏命进行卜筮。太史、太卜、太医等都有收集图书的职责。他们通过对书籍的撰著、收集、整理、编次、鉴别来影响图书活动，并遵循皇帝的旨意，对某些图书加以倡导或禁绝。

汉朝建立后，总结亡秦教训，把"儒术"推崇到"独尊"的地位，从中央到地方普遍设立学校，传播儒家经典。儒家经典的广泛传播，催生了以抄书出售为业的"佣书"或"经生"，还产生了买卖图书的"书市"、"书肆"。汉朝统治者还大力搜集、整理图书。汉惠帝取消了禁止私人藏书的挟书律，汉武帝广开献书之路，汉成帝命谒者陈农到全国各地搜求遗书，并派刘向等将藏书分门别类加以校订。这些措施，推动以广泛传播为目的的出版活动和图书贸易的产生。但总体来看，对整个社会生活的影响还比较小，所以统治者仅将其作为文化管理的一部分加以制约，没有设立专门的管理机构。西汉时期，中央政府设御史中丞掌管图书，接受并处理奏章、监察地方官吏。其他管理人员也是以原官兼事图书管理。东汉时期，中央政府设置的秘书监是我国最早的主管藏书的专职机构，其职责是"掌典图书，古今文字考合异同"。该机构设主管长官一人，也叫"秘书监"，属太常。这被认为是我国最早的主管藏书的专职官员。

从西周起，官方对于某些重要文件均制作副本加以收藏。正本藏于六官（主管六个政府部门的长官），副本则藏于太史。这种副本制度，对后世藏书产生了深远影响。西汉武帝时期，曾专设写书官抄写书籍。据《汉书·艺文志》载，汉武帝"建藏书之策，置写书之官，下及诸子传说，皆充秘府"。"写书之官"的职责是将整理的国家图书进行缮写，每种书抄写若干复本，分送太常、太史以及各大藏书机构，外廷有太常、太史、博士等收藏，宫内又有命名为延阁、广内、秘室的书库。依此旧制，西汉时期大量图书典籍得以复制留存。

魏晋南北朝时期，随着文化事业的发展，各个政权均设置有专门管理图籍的机构，同时负有编撰、抄书的职责。晋代设置有秘书省，长官称为秘书监，管理国家图籍，下设秘书令、秘书郎、秘书校书郎等。因秘书省还负责著述事务，故另有秘书著作郎、秘书著作佐郎若干名。北魏、北齐均设有秘书省，长官为秘书监。秘书监之下有秘书丞，图书的搜集、整理、编纂由秘书丞管理。秘书监典掌官府藏书、校雠秘籍，自魏晋时期开始增加署僚，经南北朝的扩充完善，发展定制为秘书省，成为中央行政机构不可缺少的重要组成部分。这种体制一直延续至唐朝。

图 5.1　北齐校书图

魏晋南北朝时期，书肆普遍出现，图书成为常见的商品，不可避免地要接受政府管理机构的监管。统治者一方面鼓励图书的生产发行，一方面又根据政治需要和价值判断适时地采取一些措施，对图书生产和传播加以管理和引导。第一次对某类图书的发行和传播加以禁止的是曹操。汉魏之际，黄巾军起义，地方武装争战不息，各路军阀纷纷利用谶纬之书为争夺天下大造舆论。曹操挟天子以令诸侯，当权力稳固后即下令禁止谶纬图书的流传。这是历史上第一次禁谶。西晋时期，政府对谶纬图书也严加查禁。当时有一部解释儒家经典《春秋》的纬书《春秋元命苞》，被晋武帝下诏禁止传抄售卖。此书在后赵、前秦、北魏和南朝均被查禁。天文学专著《甘石星经》因涉及星相问题，也被查禁[①]。前秦皇帝苻坚采纳王猛的建议，下诏禁止谶纬图书，太史令王佩因宣扬图谶而被杀。对如实记录皇家家丑的书，苻坚也断然采取焚毁措施。北魏太武帝拓跋焘还发起了取缔和销毁宗教典籍的行动，于太平真君七年（446年）下诏灭佛。这是中国历史上第一次大规模灭佛事件，佛经的传播因此遭受重大打击。北周武帝宇文邕继北魏太武帝之后也发动了一场反对宗教的运动，于建德三年（574年）下令禁绝佛、道二教，毁佛像，烧佛经，剥夺寺产，勒令沙门道士还俗。佛教经典再一次惨遭厄运，连道教经籍也一并被毁。通过以上事例可见，魏晋南北朝时期政府对图书出版发行的管理是围绕着政治需要来变换重点的，查禁图书的类型和范围主要是谶纬图书、国史、宗教典籍，查禁的目的主要是维护政治稳定、维护皇家尊严、促进民族融合等。这些查禁活动有的对政治稳定和社会发展有积极意义，如对谶纬图书的查禁；有的则是矫枉过正之举，对文化交流和发展造成了重大破坏，如对佛教、道教典籍的查禁。

隋唐时期，产生了雕版印刷术，使得成百上千部的图书可以一次印成，对于书籍的流传和普及，科学文化知识的发展和传播都起到巨大推动作用。隋代在中央设置秘书省掌管图书典籍的收藏、整理。隋文帝开皇三年（583年），由秘书监负责派人搜集整理书籍。隋炀帝即位后，又增加秘书省官120员，并以学士补之。他在位20年，秘阁修撰的新书就达17000卷。《隋书·经籍志》对隋文帝、隋炀帝时期官府图书的整理、抄藏乃至图书的装帧分级都有详尽的记载：

隋开皇三年，秘书监牛弘表请分遣使人，搜访异本。每书一卷，赏绢一匹，校写既定，本即归主。于是民间异书，往往间出。及平陈已后，经籍渐备。

[①] 郑士德：《中国图书发行史》，中国时代经济出版社2009年，第72—76页。

检其所得，多太建时书，纸墨不精，书亦拙恶。于是总集编次，存为古本。召天下工书之士，京兆韦霈、南阳杜頵等，于秘书内补续残缺，为正副二本，藏于宫中，其余以实秘书内、外之阁，凡三万余卷。炀帝即位，秘阁之书，限写五十副本，分为三品：上品红琉璃轴，中品绀琉璃轴，下品漆轴。于东都观文殿东西厢构屋以贮之，东屋藏甲乙，西屋藏丙丁。又聚魏以来古迹名画，于殿后起二台，东曰妙楷台，藏古迹；西曰宝迹台，藏古画。又于内道场集道、佛经，别撰目录。

由此可见，隋初在搜集整理、抄写及完善经籍方面做了大量工作，大大丰富了政府藏书。

唐代政治、经济、文化的发展，推动了图书事业的发达，官方的出版机构也正式建立起来。唐朝中央政府设吏、户、礼、兵、刑、工等六部，以礼部作为主管文化的机构，以秘书省作为国家管理图书的机构，由宰相直接领导，其职责是"掌邦国经籍图书之事"。秘书省长官为秘书监，副长官为秘书少监，下设秘书郎、校书郎、正字、主事、令史、书令史等负责整理、校勘、辑刻图书的工作。唐代以科举考试的方法选拔人才，其官定教材《五经定本》《五经正义》等，均由曾任秘书监的颜师古、孔颖达等考订后颁行全国。此外，唐朝政府将国家图书分藏于弘文馆、集贤殿书院和崇文馆等处。弘文馆、集贤殿书院聚集着一大批学者，成为其时对藏书进行研究和整理的主要力量。弘文馆隶属于门下省，置学士、直学士等，并以宰相兼领馆务，号为馆主，"弘文馆学士掌详正图籍，教授生徒。凡朝廷有制度沿革、礼仪轻重，得参议焉"。集贤殿书院隶属于中书省，开元十三（725年）年设立，置学士、直学士等，"掌刊缉古今之经籍，以辨明邦国之大典"。崇文馆隶属于东宫，为太子读书之所，亦设学士、直学士等。学士掌经籍图书，教授诸生。另设司经局，置洗马二人，掌图书缮写、刊辑之事。唐朝通过这些机构管理图书的收藏和辑刊，奠定了对书籍出版活动加以管理的基本格局，后来历代在机构名称及设置上虽略有改动，但体制未有大的变化。唐代是"写本"最为鼎盛而又高度重视史学工作的时代，为了保证史书的修撰，还曾在官方最重要的修史机构——史馆配备了专事抄写的"书手"。

值得一提的是,包括书业在内的各种商业在唐代都有了行业组织——行。书肆的行业组织被称为"书行"。"书行"的带头人称"行头",由司市在同行业中指派。"行头"也是书肆经营者,负责组织本行业的经营者服徭役,协助官府收税和评定书价。行业组织也有维护本行业利益的职能,有拒绝新开书肆加入"书行"的权力。[1]

二、宋元时期的出版管理

宋代印刷技术的长足发展,推动出版活动的范围及影响渐次拓展,引起了统治者的高度重视。两宋刻书业遍布全国各地,产生了大量"书贾"和私人书坊,为了对图书出版加以规范和约束,两宋政府虽然没有设立专门的出版管理机构,但是调动中央与地方的各级行政机构,共同承担起出版管理的职责,出现了从中央到地方各级政府机构几乎都参与到出版管理活动中的局面。从"三省六部",到"二府三司"、各州府县,各级机构都参与到出版管理活动中,在全国范围内形成庞大的出版管理网络。

宋代官刻机构很多,仅中央直属的就有殿、院、监、司、局等各级机构。此外,刑部、大理寺、进奏院、尚书度支部、编敕所等又各刊刻不少法律文书和诏令。然而以上这些部门就刻印书籍的规模、数量以及地位而言,都不能与国子监相比。国子监作为最高教育机关,除行使教育职能外,还兼管刻书。国子监所设刻书机构原称印书钱物所,淳化五年(994年)"始置书库监官,以京朝官充,掌印经史群书,以备朝廷宣索赐予之用,及出鬻而收其直,以上于官"。由此可知,国子监既管刻印又经营发行,还负有审查管理责任,是负责图书"搜寻""缴审"和监督检查的最高管理机构,其主要职能,一是刻印书籍,即所谓"掌印经史群书";二是发行图书,即所谓"出鬻(图书)而收其直以上于官";三是监察各地刻印图书。

---

[1] 郑士德:《中国图书发行史》,中国时代经济出版社2009年,第123页。

宋代对刻书事业的管制，首先表现为三令五申禁止擅镌。从中央到地方，政府对图书的生产和流通实行的管理和限制也越来越严格。从《宋史》《宋会要辑稿》等文献可知，宋朝几乎每一个皇帝都颁发过"禁止擅镌"的诏令，各级政府还设立了审查查禁机构，选官详定，有书籍审查程序、雕刊管理办法以及对违禁者的处罚条例等。

其次，有了图书出版的事前审查制度。当时叫"看详"，或委托国子监，或附属各级政府，如州县、提举司、转运司等，虽还很不完善，但已具备现代出版法规的因素或雏型。宋代对出版事先审查的范围很广，严格规定所有出版物都必须事先接受审查，否则不许镂刻并予以严厉处罚。通常情况下实行一次审查制，即委官"看详"，认定无违碍后即可出版流通。有时为强化管理，也采取二次审查制，即出版前"选官详定"，印刷完毕后还须送秘书省再次审阅后方许进入市场流通。[1] 如宋光宗绍熙四年（1193年）六月规定："今后雕印文书，须经本州委官看定，然后刊行。仍委各州通判，专切觉察，如或违戾，取旨责罚。"[2] 绍兴十五年（1145年）十二月孙仲鳌上奏说："自今民间书坊刊行文籍，先经所属看详，又委教官讨论，择其可者许之镂版。从之。"[3] 这些史料表明，各州官府承担了对出版事先审查的职能。除了在镂版流通以前采用事先检查制外，宋代统治者还实行在书市、书肆中随时予以事后追取查检的制度。国子监以及各州通判等随时会对经"州委官看定"、"书坊见刻板及已印者"进行"访闻""缴审""查验""专切觉察""常切检举缉捕禁绝"，加强跟踪管理。除了对已刊图书进行日常的"搜寻""觉察"和"缴审"外，宋朝统治者还根据特殊的事件、皇帝的诏令，不定期采取集中行动，对图书进行特别审查。其中有全国范围内的诏察，即据皇帝诏令由"各路州军""州县监司""各州通判"或"各州委官"对违法刊刻流通事件进行大清查，往往限期首纳，毁版焚讫，然后"取勘具案闻奏"。也有对边境

---

[1] 祝尚书：《试论宋代图书出版的审查制度》，《传统文化与现代化》1997年第6期。
[2] 《宋会要辑稿》刑法二之一二五。
[3] 《宋会要辑稿》刑法二之一一四。

地区、京师开封府及刻书中心等重点地区进行监督检查。此外，宋朝统治者还针对出版传播领域的新动向或某些突发事件、与党争政争相牵连的所谓"讥议时政""伪学""党案"专门立案，严加追查和惩处，从而加强思想舆论的控制。如对雕印文集的审查、对士子"语录"的追查，由图书审查还曾引发乌台诗案、江湖诗案等政治案件，由政治斗争而诱发的图书查禁如庆元党禁等。①

宋朝之所以对图书出版严加管制，与当时的政治、军事、外交、内政有极密切的关系。禁印"边机文字"、"刑统律说"、"敕文"、"会要"、"实录"、"奏议"、"策论"等，是由于民族矛盾尖锐，为了对外防范契丹、西夏、金、蒙古等少数民族，出于保密的需要；禁印天文图谶，兵谋攻术，非入佛道藏的宗教书，是出于维护统治，防止人民反抗的需要；禁印司马光、苏轼、黄庭坚等人的文集，是统治者出于党同伐异的需要；禁印诸子百家，因其违背儒家经义；禁印程文短晷，因其有害士子；甚至连作诗都认为有害经术。由于内政外交等诸多因素，两宋政府虽然加强了对图书出版的管理与限制，但仅靠中央发号施令，没有地方政府机构的密切配合，收效甚微。不过，由于宋代官府对佛教、道教采取宽容和鼓励的政策，抄藏经籍成为寺观重要的职责，推动了寺观藏书事业发展。

与政府的管理效果式微相比，宋代书商行业组织较前代成熟。在开封、临安、建阳等书业较为发达的城市都建立了行业组织。凡是从事书籍刊刻、贩卖的书坊、书肆经营者，都被纳入书商行业组织。书行的首领称为行头或行老，多由有名望的书坊大户担当，主要任务是维护行业利益，防止不正当竞争，共同维护图书市场秩序，同时也要替官府向本行的行户收取捐税、摊派各种劳役。北宋全盛时期，开封约有160多个商行，6400多商户，这些商户都被纳入各种行业组织——团行之中。书业团行是其中之一。据《东京梦华录》载："市肆谓之'团行'者，盖因官府回买而立此名，不以物之大小，

---

① 郭孟良：《论宋代的出版管理》，《中州学刊》2000年第11期。

皆置为团行，虽医卜工役，亦有差使，则与当行同也"。无论经营货物的大小，都要参加相应的团行。南宋时期，包括书行在内的各种行业组织仍然存在。①

元朝建立以后，承袭宋、金政权组织的体制，并根据当时的社会情势和政治需要加以改革和发展，形成了一套严密的管理体制，对明、清两代产生了深远影响。元朝管理体制上的这种严密性，反映在官方刻书机构与出版管理制度上，也是很严整的。

元朝的中央政府以及各行省的政府机关，兼行管理版印图籍，或者说它们同时也是刻书的管理机构。②从中央政府层面来看，中书省、秘书监、广成局、太史院、国子监、御史台和司农司等均有管理刻书职责。中书省是全国最高政务机关。大凡重要图书的出版，都由中书省审核批准并颁下所谓特有的"牒"文（公文、文书），才可刊印。兴文署（初设年代不详）的主要职责是掌管刻书出版事务，有署令、署丞，下设校理、楷书、掌记等工作人员。元世祖至元十年（1273年）正月设秘书监，职掌历代图籍并阴阳禁书，又兼领天文历数的部分职责。同年十一月兴文署"交属秘书监"。至元十三年（1276年），兴文署并入翰林国史院。十五年四月，"世祖用许衡言，遣使取杭州在官书籍板，及江西诸郡书板，立兴文署以掌之。诸路儒生著述，辄由本路官呈进，下翰林看详，可传者命各行省，檄所在儒学及书院，以系官钱刊行。"③这些书版应该就归于兴文署。但此后兴文署一度撤销。至元二十七年（1290年）正月，"复立兴文署，掌经籍板及江南学田钱谷"④，秩从六品，隶属于集贤院。兴文署可视为元中央政府的正式出版机构，曾刊印过《资治通鉴》和胡三省的《通鉴释文辨误》。

元代国子监隶属于集贤院，也兼事刻书，曾刻小字本《伤寒论》10卷。至元六年（1340年）国子监呈中书省批准，下浙江东道宣慰使司都元帅府，分派庆元路儒学镌刻了《玉海》《辞学指南》《地理考》《汉书艺文志考证》《通

---

① 郑士德：《中国图书发行史》，中国时代经济出版社2009年，第165页。
② 李致忠：《古代版印通论》，紫禁城出版社2000年，第220—221页。
③ 钱大昕：《补元史艺文志》卷一，中华书局1985年。
④ 宋濂：《元史》卷十六《世祖本纪十三》，中华书局1976年。

鉴地理通释》《通鉴答问》等若干种书。御史台是元代最高监察机构，同时也兼管刻书。司农司是专管农业并刻印本专业书籍的机构，从至元十年（1273年）到至顺三年（1332年）曾大规模印刷、推广《农桑辑要》[①]。该书前附刻有"中书省致江浙行省印造《农桑辑要》咨文"。

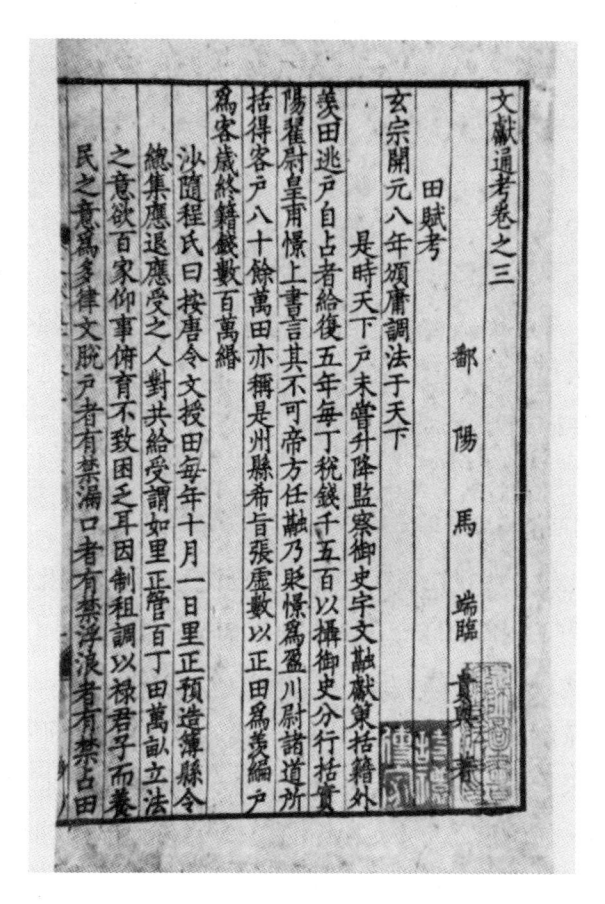

图 5.2　元西湖书院刻本《文献通考》

元代地方官刻十分活跃，一般经下属部门陈请，再经有关部门审定，然后交各路儒学、书院、郡学、儒司刻印。明陆容《菽园杂记》中说："尝爱

[①]　《咨文》，缪启愉《元刻农桑辑要校释》卷首，中国农业出版社1988年。

元人刻书,必经中书省看过下所司,乃许刻印。"[1]清于敏中《天禄琳琅书目·茶晏诗注》记载:"元时书籍,并由中书省牒下诸路刊行。"由此可见,元朝统治者对有关政治、事关治体、有裨治道的著作十分重视,无论是自下而上还是自上而下,图书出版都必须经过逐级呈请、审核批准,再通过各路儒学或地方权力机构,出资刊布流传。这种由国家的政务中枢中书省直接管理,而不是由秘书监、兴文署等具体部门兼管的管理体制,为前此历代所罕见,也正是元朝出版业的一个突出特点[2],反映出元朝统治者对出版业的重视以及管理制度上的严格。

元朝政府不仅对图书出版表现为上述严格的审批手续,对于有碍政权巩固和蛊惑民心、亵渎教化的图书,非但禁止其出版,也禁止其流通。其中,对于图书收藏、雕印的禁止,主要集中在防止利用旁门左道、天人感应等图谶式理论号召人民反抗。因其书稿由不同机关分别审批,这种管理体制和具体措施对文化传播起到了一定的限制作用。

三、明清时期的出版管理

与前代相比较,明代在出版管理机构设置上有两个变化:一是撤销秘书监,使图书管理归并到翰林院;二是翰林院图书管理职能淡化,由内阁代管,实际为宦官所掌管。明洪武十三年(1380年)撤销秘书监,图书管理由翰林院典籍负责。撤销秘书监实际上是将一个正六品机构所承担的工作,由两个八品翰林典籍来完成,这是对出版管理工作的极大弱化。而翰林典籍是为皇帝个人服务的,其职责是典守文渊阁的藏书。由此来看,明代内阁虽有管理国家图书文献的责任,却不具备审批民间出版物的权力,也没有图书检查的措施。当然,明朝最重要的出版法令如《大诰》以及地方志编纂条例的颁布,都是用皇帝诏书形式发布的;重要典籍的刊刻,由司礼监经厂和国子监负责;各地舆图的绘制和保管,由兵部负责;向全国造纸省份派出管理官员,由内

---

[1] 陆容:《菽园杂记》卷十,中华书局1985年。
[2] 田建平:《元代出版史》,河北人民出版社2003年,第17页。

府负责。地方刻书又由 13 个行省的各级地方政府掌管。由于明代没有一套统一的从中央到地方完整规范的管理机构和管理制度，其出版管理主要采用三种方式：

一是颁布命令条例，如洪武六年（1733年）、十六年（1383年）、十七年（1384年）多次下令各州府编绘地方图志，永乐十年（1412年）、十六年（1418年）两次颁布《修志凡例》，并详细规定修志体例及完成时间。此后的各朝也曾颁布过修志法令。二是颁布图书样本。对于重要文本，为了防止发生错误，明政府往往采取颁布样本的措施，规范刻书的文字差讹和版式问题，确保刻印质量。明太祖洪武年间，曾下令广颁《大诰》的大字本，让各地照样刻印。嘉靖十一年（1532年）福建提刑按察司发出牒文，召集书坊主到衙门，向他们颁发"钦定官本"，要求照样雕版。建本《礼记集说》《春秋四传》等书序目后，都全文刊载了这篇牒文，可见政府监管是有力的。三是派专员监督刻书质量。弘治十二年（1499年），明政府曾令福建巡按御史厘正麻沙所存书版。嘉靖五年（1526年），巡按御史杨瑞受明世宗委派，赴建阳考察书坊业，与提调学校副使邵诜联名上疏，建议在建阳设立管理书坊业的官署。世宗准奏，"派翰林春坊官一员监校麻沙书板，寻命侍读汪佃领其事。此皆载礼部奏稿者，是明时麻沙书板且有官监校矣。"[①] 这被认为是我国历史上第一个地方性的出版事业管理机构。嘉靖十一年（1532年），福建提刑按察司发出公函通知建宁府："照得五经四书，士子第一切要之书。旧刻颇称善本，近时书坊射利，改刻袖珍等版，款制褊狭，字多差讹。如'巽与'讹作'巽语'、'由古'讹作'犹古'之类，岂但有误初学，虽士子在场屋，亦讹写被黜，其为误亦已甚矣。该本司看得书传海内，板在闽中，若不精校另刊，以正书坊之谬，恐致益误后学。"为了加强管理，按察司对建阳书坊业作了规定：1. 颁发一批官刻五经、四书的标准本。命建阳知县"拘各刻书匠户到官，每给一部，严督务要照式翻刊，县仍选委师生对同，方许刷卖。" 2. 书坊刊行的书籍，"书尾

---

① 施鸿保：《闽杂记》卷八"麻沙书板"，福建人民出版社 1985 年。

就刻匠户姓名查考,再不许故违官制,另自改刊。如有违谬,拿问重罪,追版划毁,决不轻贷。""仍取匠户不致违谬结状同依准缴来。"3.命各书坊都要写出遵规守制的刻书保证书,具结画押后上交官府,作为检查处理刻书质量的凭证。这应该说是我国历史上最早出现的地方性出版管理法规。①

从总体上看,明朝政府对出版的管理比较宽松,既不像宋朝一次次由政府颁布禁令,也不像元朝进行事前审查,更没有禁止书籍流向国外的法规②。而是对图书内容及国内外发行都采取开放的政策,除正统年间禁毁《剪灯新话》等小说③和万历年间查禁李贽《藏书》《焚书》等个别事件外,终明一朝无论是国史、宫史、谏诤之辞,还是市井文学、小说艳曲,都可以由坊肆刊行。因此,与宋、元、清三朝相比,明代的出版活动是相对活跃的。

清王朝建立之时,延续2000年的封建制度行将就木,但康、雍、乾三朝还是出现了短暂繁盛的景象,其后江河日下。这一过程,也是清代出版管理的写照。

清前中期,中央政府没有设置专门的出版行政管理机构,出版活动的组织和管理主要由内阁、翰林院、国子监、理藩院等部门负责。首先,清沿明制,设内阁辅佐皇帝办理政事,也负责组织修书、存贮档籍。内阁设有典籍厅和满本房,分别负责满、汉文本旨令、档案、图籍的收藏和管理。翰林院内有典薄厅,掌管奏章、文稿及供翰林参阅的图书。纂修史籍本来是翰林院的职责,但是翰林院分隶内三院时,修书各馆附设于内三院,各书修纂仍以内阁大学士任监修总裁官,学士则分兼副总裁、总纂、纂修等职。凡纂修实录、圣训,大学士充监修总裁并总裁官;学士充副总裁官;侍读学士充纂修并提调官。对书史进行编辑校勘,是翰林官的重要职责。国史馆是纂修国史的机构,隶属于翰林院,设总裁、提调、总纂、纂修、校对等官,多由翰林官兼任。翰

---

① 郑士德:《中国图书发行史》,中国时代经济出版社2009年,第302页。
② 缪咏和:《中国出版通史·明代卷》,中国书籍出版社2008年,第18—22页。
③ 顾炎武:《日知录之余》卷四"禁小说",《顾炎武全集》第19卷,上海古籍出版社2011年,第1418页。

林院对图书编纂、出版有组织管理职能，其图书编修职能更明显一些。

清代国子监是最高教育行政管理机关，也是主管官学教科书编制、出版的部门，下设绳愆厅、博士厅、典簿厅、典籍厅等机构。其中与出版有关的机构为典籍厅，设典籍一人，掌书籍、碑、板之藏。国子监的印书，主要是利用明代北监所存的印版印刷。武英殿交国子监贮存的一部分印版，也用来印刷。光绪三十一年（1905年）成立学部，撤销国子监，其学堂事务由学部管理。

理藩院作为清朝中央设置的管理少数民族事务的专门机构，主持对《理藩院则例》《钦定蒙文汇书》等官刻本的组织编撰、出版以及颁发，在编纂出版《蒙文汇书》中充当的主要角色是组织、领导、管理，而不是具体编修和出版。据《理藩院则例》，会同国史馆组织编撰、出版、颁发《钦定外藩蒙古回部王公表传》，也是理藩院有关图书出版管理方面的重要职责。理藩院充当图书颁发者，体现了其出版发行管理职能。另据《乾清门侍卫拉锡等奏刻制甘珠尔经费用折》，蒙古文《甘珠尔》的木刻出版，虽不是在理藩院的直接组织领导下完成的，但其经费筹措以及管理是由理藩院负责的。理藩院所属唐古忒学多名教习喇嘛还参与了《甘珠尔》以及后来木刻出版《丹珠尔》的组织管理和具体翻译编辑工作。[①]

清朝前中期，在书业发达的苏州地区出现了书业公会组织。同治十三年（1874年）在苏州尚义桥崇德公所院内立有一碑。碑文称："苏城书坊一业，向于康熙十年间曾建崇德书院，在治北利三图汪家坟，供奉梓潼帝君，为同业订正书籍、讨论删原之所。并同业中异乡司伙，如有在苏病故，无力回乡者，代为埋葬狮山义冢等事宜。历年久远，咸各遵守。兵燹后，公所被毁，故址荒蔓，难以修葺。今同业各愿捐资，更卜新基，在于治下北利四图石幢弄内，重建崇德公所。择吉兴工，次第建造。一应章程，悉循旧规。皆出同业自愿捐办，毫无假公勒捐情事。"[②] 这表明，早在康熙十年（1671年）苏州书坊

[①] 宝山：《清代蒙古文出版史研究》，内蒙古教育出版社2007年，第154页。
[②] 苏州历史博物馆：《明清苏州工商业碑刻集》，江苏人民出版社1981年。

业就集资建立了行业公会的议事场所,其宗旨是协调同业之间关系,保护竞争,促进互助。各书坊刊行的书籍,除自行销售外,也可以求助全行业代为销售。道光十七年(1837年)十月,崇德书院(公所)65家书坊订立《各书坊公禁淫书议单条约》,全行业相互约定、相互监督,禁售淫书:"议得凡有应禁淫书板本,各坊自行检出赴局呈缴,照议领价,如有藏匿不缴者,察出议罚,任局吊销;议得外省书友来苏兑换者,先将捆单交崇德书院司月查明,如有应禁书籍,即行交局销毁,只付纸价,倘匿不呈缴,及各坊私相授受者,俱照原价以一罚十,一半归崇德书院充公,一半缴局充公,仍将原书缴局销毁,或外省书友不遵局议,请局发封,任凭局办。"这被认为是我国有文献记载最早的书坊业行规行约。①

在出版政策方面,清朝统治者入关后,推行文字狱,比较典型的是康熙二年(1663年)庄氏《明史辑略》案、康熙五十一年(1712年)戴名世《南山集》案、雍正年间的吕留良诗文集案等等。除了文字狱外,又颁布种种书坊禁律,对私坊图书流通施加干预。早在顺治九年就曾题准:"坊间书贾,止许刊行理学政治有益文业诸书,其它琐语淫词,及一切滥刻窗艺社稿通行严禁,违者从重究治。"②康熙二年议准:"嗣后如有私刻琐语淫词,有乖风化者,内而科道,外而督抚,访实何书系何人编造,指明题参,交于该部议罪。"此后,康熙二十六年、康熙五十三年、乾隆三年及乾隆十九年等等均有禁例,而且一次比一次严格和详细,一直延续到嘉庆以后。

在实行严厉的文化专制主义的同时,清朝统治者还采取开科取士、征聘隐逸、任用旧臣以及大规模地组织编书、校书、印书等一系列措施,作为笼络知识分子、麻痹民众反抗意识的重要政治手段,并通过搜集、整理、刻印图书,将那些有碍于统治者的违禁书籍销毁,以巩固其统治地位,显示其文治之盛。

乾隆三十八年(1773年)乾隆皇帝下诏开设《四库全书》馆,准备纂修《四

---

① 郑士德:《中国图书发行史》,中国时代经济出版社2009年,第327页。
② 素尔纳:《钦定学政全书》卷七"书坊禁例"。

库全书》，下诏采访遗书。此后 10 年间共征得图书 3 万多种。这个征书运动是一场空前绝后的图书流通过程，许多举世罕见的典籍或海内孤本在这个时期出现。这种由官方组织的征书活动也促进了大规模的图书的出版。如包括 6 个汇编、32 典、6109 部，总计 10000 卷的《古今图书集成》；涵盖经、史、子、集四大部类，收录书籍 3400 多种，共 79000 多卷的《四库全书》等，将我国的图书出版规模扩大到了前所未有的局面。

图 5.3　四库全书简明目录

乾隆三十九年（1774 年），各省征书工作大体完成，乾隆帝上谕要求各省督抚"应将可备采择之书开单送馆，其或字义触碍者，亦当分别查出奏明，或封固进呈，请旨销毁，或在外焚弃，将书名奏明，方为实力办理"。此后查缴范围不断扩大，并与文字狱联系在一起，造成大量的书籍被毁。据统计，19 年间共禁毁书籍 3100 多种，15.1 万余部（包括复本），销毁版片 8 万块以上。其中全毁书达八成以上，对中国古代的书籍造成了极大的破坏。[1]

在征书禁书的同时，清政府还通过部署翻刻钦定、御纂诸书，发布书坊禁令等方式，使得官修书籍有选择地定向传播，直接控制各地的刊行品种，

---

[1] 黄爱平：《四库全书纂修研究》，中国人民大学出版社 1989 年，第 78 页。

对各地的出版传播活动起了导向作用。如康熙皇帝喜爱天文、历法、数理等，他在位期间刊刻了不少此类书籍。"乾隆元年议准，圣祖仁皇帝《律书渊源》（即《律历渊源》）应颁发直省书院及所属各学，以为士子观览学习之用，并招募坊贾人等，刷印鬻卖。有情愿刊刻者，听。"① 从而也影响到了民间，推动天文、历算之学盛行，出现了许多非常有价值的成果。

清前期统治者振兴文教事业、奖励著述、组织编纂、整理图书的文化建设举措，发挥了知识分子的群体智慧，集传统文化之大成，保存了大量文化典籍。另一方面，清统治者迭兴文字狱，销毁大量书籍，实行文化专制主义，限制了学术自由，禁锢了人们的头脑，扼杀了进步思想，造成了中国文化的大破坏。很多学者为此而缄其口。私人出版不敢触及时讳，有的避害趋利，将一些书籍深藏家中，不敢拿出来示人，在一定程度上延缓了出版事业的进步与发展。

四、历代出版法规与禁书

古代中国从夏商西周，经春秋战国、秦汉、隋唐以至明清，每次王朝更替，统治者都把律典制定作为首要任务提上日程②，留下了卷帙浩繁的法律法规，如秦律有《法经》六篇以及《田律》《效律》《置吏律》《仓律》《工律》《金布律》等，汉律60篇，唐律12篇30卷，明律30卷，《大清律集解》30卷458条等等，形成了一以贯之的具有中国思想文化特色的法律传统。随着出版业的发展和社会影响的扩大，统治者对其关注度也不断提高，数量众多的与出版相关的法律法规，或以皇帝的诏书、谕旨形式出现，或以正式的"法""律""例""令"等面目示人。这些法律法规的主要条款，多为围绕图书生产和流通环节采取的措施。

历代政府之所以对书籍的传播高度重视，是与书籍作为人们交流思想、传播知识、介绍经验、宣扬主张的重要工具这一功能分不开的。雕版印书出

---

① 素尔纳：《钦定学政全书》卷四"颁发书籍"。
② 马敏：《中国文化概论》，华中师范大学出版社2003年，第197页。

现以前，书籍主要靠手写流传，流通范围受到一定限制，影响所及还不够广泛，但只要书籍内容有碍政治，政府就要严加管理。为了保证图书出版活动符合统治阶级的意志，从先秦开始，几乎每个朝代都有禁书的记录。据统计，从先秦到清代的禁书目录就有 3000 多种[1]，其中宋代明确的禁书超过就 100 次[2]。依据内容划分，古代被禁最多的是谶纬类、星相类、历书类、军事类等，文学、历史书籍也是被禁较多的。

1. 禁毁儒家经典，控制思想舆论

开中国禁书之先河的，是战国时期秦国的秦孝公。据《韩非子》记载：商君教秦孝公以连什伍，设告坐之过，燔《诗》《书》而明法令，塞私门之请而遂公家之劳，禁游宦之民而显耕战之士。这是中国历史上第一次以国家名义禁《诗》《书》，禁私议法令。[3] 秦始皇统一六国后，各种思想包括对秦不满的言论在社会上流传，丞相李斯因此建议："臣请史官非《秦记》皆烧之；非博士官所职，天下敢有藏《诗》《书》、百家语者，悉诣守、尉杂烧之；有敢偶语《诗》《书》者，弃市；以古非今者，族；吏见知不举者与同罪。令下三十日不烧，黥为城旦。所不去者，医药、卜筮、种树之书。若欲有学法令，以吏为师。"[4] 这一建议被秦始皇采纳。在实行"焚书坑儒"过程中，秦始皇还颁布"挟书律"，除了允许官府有关部门可以藏书外，民间和个人一律不得藏书。这一文化专制法令在一定时期内维护了思想统一，对于古文献保存和学术发展却造成了重大损失。

作为一项专门管理图书流通的法律，挟书律在西汉建立之初被沿用，以控制思想与文化的自由传播。汉惠帝四年（公元前 191 年），这一法律正式解除。直到两汉结束都没有禁书的法律出台。[5]

---

[1] 安平秋、章培恒主编：《中国禁书大观》，上海文化出版社 1990 年。
[2] 林平：《宋代禁书研究》，四川大学出版社 2010 年，第 161—162 页。
[3] 耿相新：《中国简帛书籍史》，三联书店 2011 年，第 423 页。
[4] 司马迁：《史记·秦始皇本纪》，中华书局 2012 年，第 54 页。
[5] 陈正宏、谈蓓芳：《中国禁书简史》，上海学林出版社 2004 年，第 21 页。

2. 禁毁谶纬之书，防止政治谣言

谶纬之学盛行于两汉时期，是一种带有迷信、预言性质的学说，按阴阳五行和天象变化，占验吉凶祸福，了解"天意"。西汉末年，统治者利用其维护自己的地位，导致谶纬之学大行其道。谶纬之学在东汉被称为内学，尊为秘经。魏晋以后，谶纬之学往往被利用作为篡夺政权、改朝换代的工具，所以在建立政权之后，为了防止再有人故技重演，历代帝王都严厉禁绝谶纬之书。如前所述，自曹操禁谶始，对于谶纬之书的禁令就史不绝书。晋泰始三年（267年），晋武帝司马炎下诏"禁星气、谶纬之学"。此后，禁毁星气、图谶图书成为统治者的共识。北魏太和九年（485年），孝文帝颁布禁书诏："图谶之兴，起于三季。既非经国之典，徒为妖邪所凭。自今图谶、秘纬及名为《孔子闭房记》者，一皆焚之。留者以大辟论。"隋唐时期，谶纬图书也被纳入严禁的范围。隋开皇十三年（593年），隋文帝下令"私家不得藏纬候、图谶"。唐朝继承隋朝禁止谶纬图书的传统，并写入法律条文。唐律《职制》第二十条规定：诸玄象器物，天文、图书、谶书、兵书、七曜历、《太一》《雷公式》，私家不得有，违者徒二年。私习天文者亦同。其纬、候及论语谶，不在禁限。唐大历二年（767年），唐代宗发布《禁藏天文谶制》云："自四方多故，一纪于兹，或有妄庸，辄陈休咎，假造符命，私习星历，共肆穿乡之辩，相传委巷之谈。饰诈多端，顺非而泽，荧惑州县，讹误闾阎，怀挟邪妄，莫逾于此。其玄象器物、天文、图书、七曜历、太一雷公式等，准法，官人百姓等私家并不合辄有。"可见，在禁毁谶纬之书的同时，一些涉及天文、历法等自然科学知识方面的图书也受到牵连。元朝时期，政府对于煽惑民心，鼓动人民造反；或谶说元朝气术短长，伪推天时朔晦，不利元人运祚的图书，都纳入禁印禁行之列。据《元史·世祖本纪》载：至元三年（1266年）十一月辛亥，"诏禁天文、图谶等书。"[1] 此外，元朝政府对"诸阴阳家伪造图谶，释、老家私撰经文，凡以邪说左道诬民惑众者，禁之，违者重罪之。"[2]

---

[1] 宋濂：《元史》卷六《世祖本纪三》。
[2] 宋濂：《元史》卷一〇五《刑法志四》。

谶纬之书因受到历朝查禁，自隋唐以后大量散失，谶纬之学也几乎成为绝学。《隋书·经籍志》将遗存于世的谶纬图书独立成类，也只有13部92卷。到了新旧《唐书》仅存郑玄、宋均二家所注谶纬9部84种。马端临《文献通考·经籍考》里唯存部分《易纬》和《礼纬·含文嘉》1种，其余亡佚殆尽。今日所存仅少量残篇，可见者仅有《易纬·乾凿度》，清人马国翰《玉函山房辑佚书》中有辑录。

3. 禁毁佛道经典，限制异教传播

佛教于西汉年间传入中国，此后时兴时衰。兴时皇帝诵经信佛，衰时皇帝发布毁经灭僧诏书。历史上比较著名的毁佛事件有4次，即"三武一宗"，"三武"是指北魏太武帝拓跋焘、北周武帝宇文邕、唐武宗李炎，一宗指后周世宗柴荣。佛教经典在这些事件中，不断遭到破坏。对此前已论及，这里不再赘述。

道教在金代获得了很大发展。元太祖十四年（1219年），成吉思汗在西征途中派人到山东莱州延请全真教派首领丘处机为之讲道。从此道教得到蒙古贵族的信任。元太宗九年（1237年），道士宋德方与其门人秦志安雇用100多名工人开雕《道藏》，后雕成《玄都宝藏》凡7800卷。至元十八年（1281年），元世祖下令除《道德经》外，《道藏》经文并印板尽行烧毁，还集百官于大都悯忠寺，焚《道藏》伪经杂书，并向诸路派遣专督使者，监督焚毁。这是中国历史上最严重的灭道毁典事件。

4. 禁止私纂国史，限制时政言论

版印书籍的出现，扩大了书籍的流通范围，书籍的社会影响也随之更加深广，政府对书籍出版流通的管理因而更加具体。从隋朝开始，禁书的范围逐步扩大。隋开皇十三年（593年）五月，隋文帝颁布禁书诏令："人间有撰集国史、臧否人物者，皆绝。"唐朝建立以后，在门下省设立了专门的史馆，成为当时中央政府机构中的一个固定机构，且规格之高超过前朝各代，由丞相直接负责监修国史，相关政府机构官员担任修撰官员。我国古代史馆制度由此正式确立，国史和前朝正史纂修的权力自此收归中央政府。唐朝时期，

中国出版史论

只要某书的印行有悖国家政令的推行，政府就要出面干涉。据《全唐文》载，唐文宗大和九年（835年），冯宿出使剑南两川，见"剑南两川及淮南道皆以版印历日鬻于市，每岁司天台未奏颁下新历，其印历已满天下"，他认为这种做法"有乖敬授之道"，于是上疏请求断禁。同年"十二月……丁丑，敕诸道府不得私置历日版。"① 这是唐代政府对书籍禁印的实例。

宋朝建立以后，始终与北方的少数民族处于对立的状态。"和"、"战"政策的矛盾与斗争，反映在对书籍的流通管理上，就是凡涉及时政、边机，违背儒家经义，有伤社会风化及谣言惑众等书籍，都在禁毁之列。宋仁宗康定元年（1040年）下诏称："访闻在京无图之辈及书肆之家，多将诸色人所进边机文字镂版鬻卖，流布于外。委开封府密切根捉，许人陈告，勘鞫闻奏。"② 宋哲宗元祐五年（1090年），由礼部拟定、御批颁行法令：凡议时政得失，边事军机文字，不得写录传布；本朝会要、实录，不得雕印，违者徒二年，告者赏缗钱十万。内国史、实录仍不得传写；即其他书籍欲雕印者，选官详定，有益于学者，方许镂版，候印讫，送秘书省，如详定不当，取勘施行，诸戏亵之文，不得雕印，违者杖一百。委州县监司、国子监觉察。③ 这个规定包括四个方面的内容：凡批评时政和议论边机的文字，连传写都不许；本朝会要、实录，涉及国家的典章制度和朝廷机密，既不许传写，更不许雕印出版。违者判刑，并鼓励告发；其他有关学术的一般书籍，虽许雕印，但雕印之前需有选官审查，雕印之后还得送秘书省审定；至于戏谑之文，则根本不许雕印，违者要受刑法处置，并由州县监司和国子监时时监察。这一法令得到皇帝的批准后施行，形成了宋代对书籍实施管理的纲领，以后的历次禁令，都不外这几个方面。

进入南宋以后，金人进占中原，南宋偏安江淮以南，形成了南北对峙的局面。南宋绍熙四年（1193年）臣僚进言："朝廷大臣之奏议，台谏之章疏，

---

① 《全唐文》卷六二四。
② 《宋会要辑稿》第一六五册《刑法》二之二四，中华书局影印本。
③ 《宋会要辑稿》第一六五册《刑法》二之三八，中华书局影印本。

内外之封事，士子之呈文，机谋密划，不可泄漏。今仍传播街市，书坊刊行，流布四远，事属未便，乞严切禁止。"于是朝廷下诏："四川制司行下所属州军，并仰临安府、婺州、建宁府，照见年条法，指挥严行禁止。其书坊见刻板及已印者，并日下追取，当官焚毁。具已焚毁名件，申枢密院，今后雕印文书，须经本州委官看定，然后刊行。仍委各州通判，专切觉察，如或违戾，取旨责罚。"宋宁宗庆元年间（1196年），韩侂胄当政，把朱熹一派的理学斥为"伪学"，把他们的著作指为"伪书"，加以禁毁。根据国子监上言"凡谕士子，专以《语》《孟》为师，以六经子史为习，毋得复传语录，以滋盗名欺世之伪。所有进卷侍遇集，并近时妄传语录之类，并行毁板。其未尽伪书，并令国子监搜寻各件，具数闻奏。今搜寻到七先生《奥论发枢百镂真隐》，李元纲《文字》，刘子翚《十论》，潘浩然《子性理书》，江民表《心性说》，合行毁劈。乞许本监行下诸州提举司，将上件内书板当官劈毁。从之。"[1]可见这一时期对书籍的管理，不但对言时政得失、边防军机的书禁印禁卖，对违背儒家经义的程文短晷以及宣扬异端的书籍，同样禁止刊行。

5. 迭兴文字狱，禁止民间文学作品流通

文字狱古已有之，以清朝为最。在号称"盛世"的康熙、雍正、乾隆三朝，以文字获罪者难以数计，动辄被满门抄斩，甚至殃及师生以及刻印、售卖者。其惨烈程度超过历代。有人统计，仅乾隆朝文字狱总数在130起以上。[2]首开先例的是康熙二年（1663年）庄廷鑨《明史》案。浙江大户庄廷鑨用重金买到明末大学士朱国祯编《明史》遗稿，延请一些学者补编崇祯朝及南明史实，刻名出版，书中以南明王朝为正统。被人发现后，兴起空前大狱。"时江楚诸名士，列名书中者皆死。刻工及鬻书者同日刑"。康熙五十一年（1712年）戴名世《南山集》案发生。戴名世是安徽桐城名士，精通经史，曾参考他书撰南明人物传记，其门人选择其中一部分，与戴氏其他文章合刻为《南山集偶钞》，集中记述南明史事并使用南明年号，遭到都察院左都御史赵申乔参劾。

---

[1] 《宋会要辑稿》第一六六册《刑法》二之一二七，中华书局影印本。
[2] 谢苍霖、万芳珍：《三千年文祸》，江西高校出版社1991年，第457页。

经九卿会审后，认为"戴名世大逆，法至寸磔，族皆弃市，未及冠笄者发边"[1]。后康熙帝降谕，戴名世处斩，书版烧毁，其他的人也从轻发落。雍正六年（1728年），又发生了曾静、吕留良案。这一文字狱案缘起于清初士人对满州贵族统治不满，曾静派其学生张熙对川陕总督岳钟琪策反，岳钟琪向雍正帝密报了这一情况。雍正帝随即下令搜捕曾静、张熙及其家属、亲友及其门人等，追查到吕留良的诗文集等。此时，吕留良已亡故，其子吕葆中也去世。雍正帝下旨将已死的吕留良父子等人开棺鞭尸示众，妻妾女眷发配为奴，男士六岁以上的全部斩决，财产入官。又命释放曾静、张熙，下令编辑此案的"上谕"，附以曾静口供等，编成《大义觉迷录》出版，颁发全国。乾隆四十二年（1777年），江西新昌县举人王锡侯没有考中进士，编《字贯》一书，想以此提高声望。其同乡王泷南以《字贯》篡改《康熙字典》为名，向官府举报。江西巡抚海成受理此案后，认为该书按部首编排，序文凡例上书写康熙、雍正的名讳，构成攻击御撰书籍之罪。并以此汇报给乾隆皇帝。结果王锡侯被处死刑，其全家受到株连，《字贯》一书书板被销毁。"自《字贯》之狱兴，有清一代无敢复言《字书》者，桂、段诸家，以治经不能不识字，则尽力于许氏说文，以避时忌。"

此外，顺治、康熙、雍正、乾隆和嘉庆朝均多次重申对刻印"淫词小说戏曲"的禁令。据俞正燮《癸巳存稿》载：

其小说之禁，顺治九年题准，琐语淫词，通行严禁。康熙四十八年（1709）议准，淫词小说及各种秘药，地方官严禁。五十三年（1714）年四月，九卿议定，坊肆小说淫词，严查禁绝，板与书尽销毁，违者治罪，印者流，卖者徙。乾隆元年（1736）覆准，淫辞秽说，叠架盈箱，列肆租赁，限文到三日销毁；官故纵者，照禁止邪教不能察辑例，降二级调用。嘉庆七年（1802），禁坊肆不经小说，此后不准再行编造。……十八年（1813）十月，又禁止淫词小说。[2]

从清朝查禁"淫书小说"的禁书书目来看，《红楼梦》《西厢记》《石点头》《今

---

[1] 郑天挺：《明清史资料》下册，天津人民出版社1981年，第145页。
[2] 俞止燮：《癸巳存稿》卷九"演义小说"。

古奇观》《拍案惊奇》这些小说都被统治者名列"淫书小说"的禁书书目中。

6. 版权保护相关法律法规

在我国相沿成习的观念中，盗版翻印他人著作并不被视为严重的"偷盗"行为。学者们一般抱有学术乃天下之公器的思想，写书不是为了一己之私利，而是为实现天下教化的理想。因此，古代知识分子对未经授权许可而复制自己作品的事情，看得并不严重，因为它有助于扩大传播范围，实现"名山事业"。汉代史学家班固编纂的《汉书》，大量使用《史记》材料，并没有引起多少非议。直到宋代郑樵的《通志·总叙》批判班固乃"浮华之士也，全无学术，专事剿窃"，说明这一时期的人们头脑中才逐步形成了"剿窃"观念。宋代人之所以有强烈的"剿窃"观念，是出版市场化在人们思想中的反映。

宋代以降，随着印刷技术的发展，大量私人著作以出版的方式发表出来，使得著作人和出版者的权益保护问题凸现出来。宋罗璧《识遗》卷一云："宋兴，治平以前犹禁擅镌，必须申请国子监。熙宁后，方弛此禁。然则士生于后者何其幸也！"北宋英宗治平以前，书籍尚不能擅自镌刊，必须申报国子监看详批准，故盗板翻刊者少。自神宗熙宁开释此禁之后，官私刻书业大兴，特别是各地书坊有如雨后春笋，生机勃勃。为了盈利，书坊非但有时违禁出书，也不择手段地盗版出书，使得原出版者利益受损，于是产生了最初的版权管理。《宋会要辑稿》记载，宋神宗熙宁四年（1071年）二月，"诏民间毋得私印造历日；令司天监选官，官自印卖；其所得之息，均给在监官属"。另外，宋刻本《方舆胜览》在《自序》之后，印有两浙转运司的录白：

据祝太傅宅干人吴吉状：本宅见刊《方舆胜览》及《四六宝苑》《事文类聚》凡数书，并系本宅贡士私自编辑，积岁辛勤。今来雕板，所费浩瀚，窃恐书市嗜利之徒，辄将上件书版翻开，或改换名目，或以节略《舆地纪胜》等书为名，翻开搀夺，致本宅徒劳心力，枉费钱本，委实切害，照得雕书合经使台申明，乞行约束，庶绝翻板之患。乞给榜下衢婺州雕书籍处张挂晓示，如有此色，容本宅陈告，乞追人毁版，断治施行。奉台判，备榜须至指挥。

右令出榜衢婺州雕书籍去处张挂晓示，各令知悉。如有似此之人，仰经所属陈告，追究毁版施行。故榜。

上述这份由两浙地方官府（转运司）发布的保护《方舆胜览》诸书版权的公告是在嘉熙二年（1238年）十二月发布的，距今已超过7个半世纪。这种官府出面并通过发布文告形式保护版权的做法，实际上已是法律形式的体现。①

在政府关注版权的同时，不少私家刻书也有意识地申明版权。根据叶德辉《书林清话》记载，南宋年间刻本有"眉山程舍人宅刊行，已申上司，不许覆板"的字样②。南宋大理学家朱熹也对书坊为了牟取暴利出版粗制滥造作品的行为进行过严厉批评。朱熹不仅有维权意识，而且有维权行动。他的《四书或问》"未尝出以示人，书肆有窃刊行者，亟请于县官，追索其板"③，即要求用追索板片的方法来打击盗版，维护自己正当权益。朱熹的《论孟精义》曾被浙江婺州人翻刻盗版，他乃致信吕祖谦，请其出面从中加以劝止。淳熙年间，南康军学教授杨元范未经朱熹的允许就擅自刻印了他的著作，朱熹立即写信劝阻，并自己拿钱把已经刻印好的书籍买回销毁。④为了保护自己的知识产权，朱熹还在崇化镇以同文书院名义开了一家书铺子，自刻出版自己的著作。这一时期的著作者或出版者为维护个人的正当权益，采取"申上司"、"挂晓示"等办法保护版权。由此不难看出，宋代不仅有了版权意识，而且有了版权保护的方式方法。这些"陈乞地方有司禁约书坊翻板，并非载在令甲，人人之所必遵。特有力之家，声气广通，可以得行其志耳。虽然，此风一开，元以来私塾刻书，遂相沿以为律例。"⑤的确如此，虽然上述这些录白、声明、告示、公据未构成版权管理的条例，更未构成国家法律条文，但却是我国最早的版权管理办法。

---

① 周宝荣：《宋代出版史研究》，中州古籍出版社2003年。
② 叶德辉：《书林清话》，国家图书馆出版社2009年，第25页。
③ 纪昀等：《四书或问提要》《钦定四库全书总目》卷35，中华书局1997年，第294页。
④ 朱熹：《朱子全书》（21），上海古籍出版社2002年，第1145页。
⑤ 叶德辉：《书林清话》，国家图书馆出版社2009年，第28页。

第二节　晚清民国时期的出版管理

从晚清到民国，在近代中国政治、经济、文化转型的历史背景下，出版业也开始了由传统向近代的转型历程，现代意义上的出版企业开始形成。与之相适应，现代意义的出版法律体系也初步形成，出版管理由此进入了一个新的阶段。

一、晚清时期出版管理的新变化

晚清中央政府在政治体制、政府机构方面做了很大的调整，涉及出版管理的有商部、巡警部、学部以及隶属这三个部门的印刷注册总局。

光绪三十一年（1905年），清政府撤销国子监，成立学部。学部分设总务司、专门司、普通司、实业司、会计司、司务厅等五司一厅。总务司设郎中一人，总理司务，审核图书典籍事。总务司下设有机要科、案牍科、审定科三科。审定科设员外郎一人，主事一人，掌管审查教科图书，收管本部应用参考图书，编录各种学艺报章等事。另有编译图书局，局中附设研究所，专司研究编纂各种课本。从这些机构的设置及其职能可以得知，教材图书的编写、审定和出版，均归学部管理，学部不仅是最高教育行政管理机构，而且还是编写、审定、出版教科书的出版行政管理部门。它对全国通用教科书的编写要求、审定程序、出版机构等都做了具体的规定。光绪三十二年（1906年），学部公布《学部第一次审定教科书凡例》规定：各书局所编教科书须经学部审定，初小学教科图书送审皆须有著者姓名、出版年月、价格、印刷、发行所等，学部改正之处，必须照改后寄呈复核，审定后可标明"学部审定"字样，并通用5年，5年后再呈部审定。高小教科书除通用期为4年外，余同初小教科书。同时公布经审定的小学和中学暂用书目表各一，列入文明书局、商务印书馆、南洋官书局、普及书局、昌明书局等10余家各种教科书百余种，列入应予批示及毋庸审定表的有20余种。

1906年，商部、巡警部和学部三部门共同制定了《大清印刷物专律》，其中规定："京师特设一印刷注册总局，隶商部、巡警部、学部。所有关涉一切印刷及新闻记载等，均须在该局注册。"由于清政府已经日落西山，印刷注册总局并没有发挥真正的作用。

晚清以前的历代中央政府均缺乏对出版业的法制化、规范化管理，对出版业没有专门的法律保护条文，对有悖统治阶级利益的出版行为却有严厉的处罚，所以政府管理行为多表现为"禁书毁版"。这在一定程度上妨碍了出版业的发展。晚清以降，随着西方近代观念的传入和新式出版业的迅速发展，有关出版的立法逐步完备起来。

光绪二十四年（1898年）戊戌变法期间，光绪皇帝发布诏书称："各省士民若有新书以及新法制成新器，果系足资民用者，允宜奖赏以为之劝：或量其材能，授以实职；或锡之章服，表以殊荣；所制之器，颁给执照，酌定年限，准其专利售卖。其有能独力创建学堂，开辟地利，兴造枪炮各厂，有裨于兴国殖民之计者，并著照军功之例给予特赏，以昭激励。"[①]根据光绪帝的旨意，总理衙门拟定《振兴工艺给奖章程》共分12款，对给奖范围及呈报程式作了具体的规定。其中涉及图书出版的条款有：第四款，如有著新书，贯通中外学政，深明治体，纲举目张，切实可用于今日者，或能博征时务，发明经义，原原本本，有功圣教者，请特恩赏给翰林院编检实职，或派往各省学堂为总教习；第五款，或著新书发明专门之学，如公法、律例、农学、商学、兵法、算学、格致之类，确有心得，请赏给庶吉士、主事、中书实职，发交总署及出使各国大臣、各洋务省份因才器使，或派往京师及各省大学堂专门分教习。凡每一人所著书，必在二十万言以上，乃得请奖，以杜冒滥。既得奖后，其书亦准自刻，专售二十年。这个章程中规定能够获得奖赏者，一是发明经义，有功圣教的图书，二是新学书籍。只要是获得奖赏的图书，都可允准自己设局刻印，并给予二十年的专卖权。值得注意的是，该章程把"著新书"划在工艺之列，并未给予特别的管制。

[①] 朱寿朋：《光绪朝东华录（四）》，中华书局1958年。

1901年清政府宣布实行新政，同时实施了大规模的宪政改革和修律实践，前后颁布推行的新政法令达2000余件。商务印书馆当时就出版了《大清光绪新法令》20册和《大清宣统新法令》35册，前后共计300余万字，对于新政成果的传播起到了关键作用。[①] 其中，关于出版的主要法律有以下两个。

一是《大清印刷物专律》。1905年，清政府被迫宣布"预备立宪"，并派遣五大臣出国考察宪政。他们回国后呈文，请求制定有关集会、言论、出版的法律，得到清政府认可。1906年由商部、巡警部与学部共同拟订《大清印刷物专律》。这是中国有史以来第一部有关出版的专门法律，共6章41款，详细规定了出版物生产者的资格、条件、注册方式、费用以及巡警衙门的责任等。该律规定实行出版注册登记制。其第一章大纲第一款明确：京师设一印刷注册总局，隶商部、巡警部、学部。所有关涉一切印刷及新闻记载，均须在本局注册；第二章印刷人等、第三章记载物件等也围绕注册登记展开。对于印刷人，规定"凡以印刷或发卖各种印刷物件为业之人，依本律即须就所在营业地方巡警衙门，呈请注册"，巡警衙门再向京师印刷注册总局申报，经核准后始可印刷发行。按这一界定，"所谓记载物件者，或定期出版，或不定期出版，即新闻丛录等，依本律名目，谓之记载物件"；"凡印刷或发卖或贩卖或分送各种记载物件，而该记载物件并未遵照本律所条向京师印刷注册总局注册者，即以犯法论"。该律还规定，印刷物件的内容中不能有关涉普通毁谤、讪谤、诬诈的内容，即印刷物件中不能有危害清政府的统治、扰乱社会治安的内容。凡印刷物有毁谤性言论者，如属毁谤私人，按普通诽谤处罚；如毁谤皇帝、皇族或政府，专律上称作"讪谤"，出版发行此类印刷物件，一经告发或查出，就要从重从严处罚。此外，该律还给地方各级官吏授予很大的权力，规定他们有权受理对印刷物的指控，逮捕被告和随意封闭印刷所。从以上内容可以看出，《大清印刷物专律》旨在对出版舆论的严格控制，极少给出版人和著作人的合法权益以应有的保护。但作为时代变革

---

① 商务印书馆编译所：《大清新法令》（点校本），商务印书馆2011年。

的产物，它的出台也是清廷预备立宪期间粉饰民主的一种象征。①

二是《大清著作权律》。随着近代出版业的发展，要求保护版权的呼声日益高涨，从19世纪末到20世纪初，出现了许多保护版权的事例。如1899年，江南分巡苏松太兵备道出示谕禁，宣布给予东文学社翻译印行的《支那通史》等数十种书以版权保护。称"为此示仰书贾坊铺人等一体知悉，尔等不得将该学社前项译印书籍及续印各书私行翻印，希图渔利。如敢故违，一经告发，定即提案，究罚不贷。"1903年，严复译著《社会通诠》出版，与商务印书馆签订版税合约规定："此书版权系稿、印两主公共产业。若此约作废，版权系稿主所有"；"此约未废之先，稿主不得将此书另许他人刷印"；"此书出版发售每部收净利墨洋五角"；"此书另页须粘贴稿主印花"。这被认为是我国第一个版税合同，具体规定了当事人双方各自的权利和义务，对双方同时起着约束和保障作用，被视为我国版权立法的先声。1904年，严复的另一译著《英文汉诂》由商务印书馆出版，版权页上有"侯官严氏版权所有 翻印必究"的版权印花。这是我国使用版权印花最早的实例。1908年，清政府委托当时驻柏林的代办和商务参赞，以观察员身份参加了国际版权公约——《保护文学艺术作品伯尔尼公约》成员国在柏林修订公约的大会。经过激烈的讨论和艰难的酝酿，1910年清政府颁布了《大清著作权律》，是为我国历史上第一部版权法。该法参考世界上两大法系中主要国家的著作权法，分通例、权利期限、呈报义务、权利限制、附则等共5章55条，对著作权的概念、著作物的保护范围、注册手续、保护期限、著作人权限、侵犯著作权的处罚等问题都作了具体规定，是一部比较完善的现代意义上的著作权法，标志着清政府开始以法律形式对出版活动进行管理，也是政府出版管理走向法制化、规范化的起点。这部法的主要特点，一是首次以法律的形式明确了著作权的基本概念："凡称著作物而专有重制之利益者，曰著作权。"著作物具体指的是文艺、图画、帖本、照片、雕刻、模型；二是受保护作品的范围较小。

---

① 张晋藩主编：《清朝法制史》，中华书局1998年，第693页。

受保护的主体一般是作者本人；关于作者的权利未从正面进行规定，而是通过禁止某些行为间接地作出规定；三是采取注册保护制度。规定作品必须完成呈报注册手续方可得到保护。凡经民政部注册给照的著作物，都受该律保护，他人不得翻印、仿制、割裂、改窜、假冒而侵损著作人之权利；四是规定著作权的保护期限。"著作权归著作者终身有之，死后得由其继承人继续至三十年"；五是对侵犯著作权及其处罚作了详细规定。"准有著作权者向该管审判衙门呈诉"，由审判机关"责令假冒者赔偿，且将印本刻板及专供假冒使用之器具，没收入官"，并科以罚金。《大清著作权律》颁布后，清政府民政部成立了著作权注册局，并发布通告，开始实施著作权保护。该律颁布一年之后，清政府垮台，这部法律并未能真正贯彻执行，但对1915年北洋政府版权法和1928年南京国民政府版权法的制定产生了较大影响。

此外，近代书业行业协会作为政府进行出版调控与管理的重要市场中介组织，也制定了一些行业规范，在维护书业的同业利益，发挥行业的自治与自律方面起到了重要的作用。如上海书业商会成立时，拟订章程35条，并附出版公约17条，经清政府商部立案。1936年教育部因不满各出版者图书定价多不严实，往往任意抬高定价，大打折扣，对教育造成不良影响，特颁布划一图书出售办法10条，同时还令上海市书业公会制定具体实施细则，整饬各书店改售实价。书业公会十分配合，议定细则64条，并将之公布于报端。①

二、民国时期出版管理的强化

辛亥革命以后的南京临时政府和北京政府时期，政局动荡，没有专门意义上的出版管理机构。相对而言，1927年至1949年国民党统治时期的出版管理机构设置及分工较为明确。为了维护统治地位，加强对出版业的管理，国民党在国民党党部组织和国民政府两个层面，同时加强了出版管理机构的设置和改进。

---

① 《上海市书业同业公会为划一图书售价办法公告》，《申报》1936年6月2日。

中国出版史论

在党部系统，具有出版管理职责的主要有四个机构。一是国民党中央执行委员会宣传部。该部的基本职能和组织框架于1928年正式确立，其主管新闻出版管理的机构除了宣传科以外，还设有征审科、出版科等。[①]1931年"九一八"事变以后，国民党中央宣传部改组为中央宣传委员会，1935年重新恢复为国民党中央宣传部，并专门设有新闻事业与出版事业两处，分管新闻、出版事务。1936年11月，国民党中央宣传部在抗战爆发前作了组织调整，设宣传指导、新闻事业、电影事业、国际宣传和总务五处。全面抗战爆发后，其出版检查职能由后来成立的战时新闻检查局和图书杂志审查委员会分管。

二是国民党中央图书杂志审查委员会。该委员会成立于1934年4月，当时隶属于国民党中央宣传委员会。据国民党中央颁布的《国民党中央图书杂志审查委员会组织章程》规定，该审查委员会设"委员七人至九人，由中央宣传委员会长聘任之，并指定三人为常务委员"；设秘书一人，由委员兼任，承委员会及常务委员之命，办理本会一切事务，并分设"总务、文艺、社会、科学三组，每组设组长一人，副组长一人，干事若干人。除由中央宣传委员会函党政机关调用外，得设专任干事、录事若干人，办理会中文书、会计、庶务等事务"。在工作程序上，"遵照国民党中央颁布的宣传品审查条例及审查标准、出版法、出版法施行细则等法令审查一切稿件"；对于经审稿件的审查意见，需"呈报国民党中央委员会备案"，对其中认为有疑义的稿件，还需将原件及审查意见一同呈送国民党中央审查委员会；对于其认为应行处分的书刊稿件，需"呈请中央宣传委员会查核办理"；此外，"每月将审查通过之书刊稿件名单分别汇成表册，送内政部一份备查"。[②]该委员会成立后，国民党中央宣传委员会即通告各出版机构，将出版书刊稿件送其审查。这在事实上成为国民党当局审查图书杂志出版物的一个专门机构。1935年《新生》

[①] 王凌霄：《中国国民党新闻政策之研究（1928—1945）》，台北中国国民党中央委员会党史委员会1996年，第33页。
[②] 中国第二历史档案馆编：《中华民国史档案资料汇编第五辑第一编文化（一）》，江苏古籍出版社1991年，第1—5页。

周刊事件发生，该委员会暂停工作，同时成立由陈果夫任主任的国民党中央文化事业计划委员会，统一管制新闻、出版、教育、广播等文化事业。

三是国民党中央文化事业计划委员会。该委员会成立于1936年，直属于国民党中央执行委员会。设主任委员1人，副主任委员2人，由中央执行委员会推任；委员11人，由中央常务委员会推任。主要负责出版事业、新闻事业和广播事业等各种文化事业的改进设计事宜、有关文化事业之调查及联络事宜、关于审查各种有关文化事业方案及文件事宜等。根据1936年颁布的《国民党中央文化事业计划委员会各研究会组织规程》，分设10个研究会对不同文化事业进行管理，有关出版的研究会设有"出版事业研究会"和"新闻事业研究会"。其中出版事业研究会按照《国民党中央文化事业之计划纲要》"纲领"第十四条规定"奖励出版并提高出版之水准，一切出版品以有专门内容及不违背民族利益为最低限度之条件"；第十五条规定："对于定期不定期之刊物，重新加以总检阅，其有专门内容而不背民族利益者，辅助其发展，其无专门内容而妨碍民族利益者，停止其发行"。[①]

四是新成立的国民党中央图书杂志审查委员会。抗战爆发后，"为适应战时需要，齐一国民思想"，国民党于1938年10月在重庆成立新的中央图书杂志审查委员会，由中执委宣传部、军委会政治部及行政院内政部、教育部和中央社会部共同组成，作为全国图书杂志审查机关，"掌握全国图书杂志原稿审查及各地方图书杂志审查委员会之指导与考核事宜"。1944年，该委员会职能扩大为"掌理全国图书杂志戏剧电影审查事宜"。同时，国民党还成立了两个与战时新闻出版管制相关的机构：国民党中央出版事业管理委员会和军委会第三厅。前者主要职责是指导、检查各地书店，指导、训练书店从业人员以及调查各地文化界动态和各地异党活动情况等，后者最初是由中国共产党及进步人士控制的专门主管文化宣传的机构，不久转变为国民党审查中共新闻出版的机构，对抗战时期的宣传阵地进行了严厉管制。此外，

[①] 中国第二历史档案馆编：《中华民国史档案资料汇编第五辑第一编文化（一）》，江苏古籍出版社1991年，第30页。

中国出版史论

国民党还在全国各地成立隶属于中央审查委员会的地方图书杂志审查处,办理各该省、市之图书杂志审查事宜,审查"除自然科学、应用科学"之外的一切稿件。"各省文化发达之县、市政府,于必要时得在各省、市审查处指导之下,酌设各县、市图书杂志审查分处"。这样,从中央到地方,形成了一个控制图书杂志出版发行的庞大系统。

在国民政府层面,对于出版的管理由不同部门按照各自的职能展开。其一,内政部及其隶属机构。内政部隶属于国民政府行政院,是国民政府的一个主要执行机构。对于出版管理的事务,根据国民政府颁布的相关出版法令,内政部主要负责出版品登记注册、出版品内容审查。内政部下设警政司,是管理全国警察的最高机关,也是一个特务机关,表面上与文化界并无统属关系,却是内政部中一个重要文化管理机关。根据徐矛的《中华民国政治制度史》,内政部警政司管辖有出版物登记及著作权等,行使了内政部关于出版管理的部分权力。[1] 其二,教育部前身——大学院。大学院成立于1927年10月,根据《大学院公报》1928年1月第一期公布的"中华民国大学院组织系统图"可知,大学院下设有国立学术机关、教育行政处、秘书处及各专门委员会。其中,教育行政处下属书报编审组的审查股,专门负责教科书的审查工作。1928年6月南京国民政府公布《修正中华民国大学院组织法》,改设秘书处、总务处、高等教育处、普通教育处、社会教育处及文化事业处。其中由文化事业处负责教科图书之审查、国际出版品交换以及全国出版物之征集保存及奖进事项。其三,教育部下属机构——国立编译馆。南京国民政府于1928年11月废止大学院,成立教育部,内设总务司、高等教育司、普通教育司、社会教育司、编审处等分支机构。[2] 其中,编审处负责中小学教材的图书审查事宜。1932年6月,裁撤编审处,设立国立编译馆,编审处所有事宜及人员都移归编译馆。编译馆成立初期的重要工作是教科书的审查。根据杨家骆《图书年鉴》(1933年)统计,国立编译馆审查商务印书馆等20余家出版社出版的儿童读

---

[1] 转引自王媛:《南京国民政府出版管理研究》,华中师范大学2009年博士学位论文,第22页。
[2] 中国第二历史档案馆:《中华民国史档案资料汇编第五辑第一编文化(一)》,第26—35页。

物 2000 余册，就中选定 700 册制成教育部选定儿童读物目录，于 1933 年 3 月由教育部公布；审查商务印书馆出版的《万有文库》全部 665 种，就中选定 405 种制成教育部选定中学读物目录第一辑，于 1933 年 2 月由教育部公布。①

此外，政府借助于书业公会这样的行业组织进行管理，也是晚清民国时期出版管理的一个重要特征。清末的学部、商部、巡警部，北京政府时期的教育部、内务部、警察官署、司法部，国民党政府的教育部、内政部、党部、宣传部、中央宣传委员会等，都曾发布不同内容的行政命令，转饬下文给各地商会下的书业公会。作为近代重要的文化商业团体，书业公会在全国许多地方都曾建立过组织，并在各地的书业活动中发挥了重要作用。②

1906 年颁布的《大清印刷物专律》给出版机构增加了许多束缚及限制，这就促使刚刚兴办起来的资本主义出版企业开始走向联合，它们利用旧式的书业商会的形式组织起来，以保障同业的利益。光绪十二年（1886 年），上海的书业团体组织——上海书业崇德堂公所成立，参加者为出版木版、石印线装书的旧书业，几年后停办。1905 年 10 月由叶九如等人重新组织公所，删去"崇德堂"三字，改称上海书业公所。同年 12 月，上海的一些以铅印平装书为主的所谓新派书业商人，又另外成立了一个名为上海书业商会的同业组织。③进入民国以后，这两个书业同业组织各自还存在了较长的一段时间。1928 年 12 月，又有以泰东图书局、光华书局、现代书局、亚东图书馆、开明书店等为代表的书局，邀约了 21 家以出版一般新书为主，在书业界往往称之为新书业的出版机构，成立了一个名为上海新书业公会的书业同业组织。④1930 年 7 月，上海商人团体整理委员会在市党部的支持下，将上述三个书业团体合组为上海市书商业同业公会。除了上述地区外，建立书业公会组织的还有北平、南京、广州、武汉、重庆等城市。如重庆出版商业同业公会成立于

---

① 宋原放：《中国出版史料（现代部分）》第一卷下册，山东教育出版社 2001 年，第 297—298 页。
② 吴永贵：《民国出版史》，福建人民出版社 2011 年，第 437 页。
③ 梁泮：《上海书业公所与上海书业公会》，《出版史料》1983 年第 2 辑。
④ 《上海新书业公会成立公告》，《申报》1928 年 12 月 7 日。

1943年，其时重庆作为战时的全国出版中心，各出版机构为公会的组建，制定章程，推选理事，规划任务等，活动内容一如战前的上海书业公会。抗战胜利以后，各大书局纷纷从大后方重返故地，上海书业公会新添了100多家生力军，较战前的会员数量大有增加。① 这些组织在协调出版机构内部纷争、规范出版机构行为，争取出版机构正当权益方面发挥了积极的作用。

2. 民国时期的出版立法

晚清时期的几部有关出版的法律，从形式上完成了从古代到具有近代法律文本特点的出版法律的转变。至于贯穿近代法治观念的法律文本的出现，还是中华民国成立以后，以孙中山为首的资产阶级革命党人制定的《中华民国临时约法》。《临时约法》第6条第4款规定："人民有言论、著作、游行及集会、结社之自由。"

袁世凯窃取中华民国大总统权力后，对出版物实行严格控制，《临时约法》成为一纸空文。自1912年到1916年，以袁世凯为首的北洋政府先后颁布有《审定教科用图书规程》《修正审定教科用图书规程》《教科书末页附印部令及规程摘要》《报纸条例》《出版法》《著作权法》等多种出版法规。在《戒严法》《治安警察法》《检查扣留煽动邮件章程》等法令中，也有不少限制出版的规定。

1914年，袁世凯政府颁布《报纸条例》，对报纸的定义、种类，注册机制，从事报纸事业的资格、保押费缴付分类、禁载事项、对报道失实的处理，有关处罚的情况以及处罚的标准等作出了具体规定。同年12月，制订《出版法》共23条，规定出版的定义、出版关系的内容、新闻检察办法、注册登记制、禁载事项、禁售条款、罚则等。其中第1—3条规定了"出版"、"出版之关系人"和"出版物应记载之条款"，凡文书图画出版前，著作人、发行以及印刷人，均应向该管警察官署禀报，写明姓名、籍贯、住址与发行、印刷时间以及印刷所名称。以学校、公司、局所、寺院、会所等名义出版的文书图画，

---

① 吴永贵：《民国出版史》，福建人民出版社2011年，第441页。

由学校等单位禀报。非卖品由著作人或发行人禀报。该法第10条以后为不得出版之出版物、违反之惩罚处置办法及实施方面的相关规定条款。其中第11条规定："文书图画有左列各款情事之一者，不得出版：一、淆乱政体者；二、妨害治安者；三、败坏风俗者；四、煽动曲庇犯罪人、刑事被告人或陷害刑事被告人者；五、轻罪、重罪之预审案件未经公判者；六、诉讼或会议事件之禁止旁听者；七、揭载军事外交及其他官署机密之文书图画者，但得该官署许可时，不在此限；八、攻讦他人隐私，损害其名誉者。"第12条规定："在外国发行之文书图画，违反前条各款者，不得在国内出售或散布。"该法还对出版物的申请禀报作了种种限制。1915年，又颁布了《著作权法》，分"总纲"、"著作人之权利"、"著作人之侵害"、"罚则"以及"附则"等5章45条，在《大清著作权律》的基础上加以修订，条文内容与之基本相同。

袁世凯复辟帝制失败后，继任总统的黎元洪为标榜新闻自由，于1916年7月废止《报纸条例》，恢复了国务院新闻记者招待处，宣布"凡中外文电有关国计者许录登"[1]；同时还解除了对多家报纸的禁令，允许复办和发行。与此同时，黎元洪政府宣布继续沿用袁世凯政府时期的《出版法》《著作权法》《治安警察条例》等。从1916年至五四运动期间，北洋政府又相继颁布了其他一些更为苛细的法律法规，如《管理印刷营业规则》《报纸法》《管理新闻营业条例》等。[2]

国民党统治时期，随着印刷技术的革新、新型纸张的普及、出版企业的发展以及资本主义经营方式的全面推进，统治者高度重视对出版行业的监督管理，并通过制定相应的法律法规对其进行调整。这一时期比较重要的法律法规有：1928年5月颁布《著作权法》及《著作权法施行细则》、1929年8月颁布《出版条例原则》、1930年3月颁布《出版法》、1930年5月颁布《出版法施行细则》、1937年颁布《修正出版法》等。其他与出版有关的法规还有1927年颁布的《教科图书审查条例》、1929年1月颁布的《宣传品审查条

---

[1] 《申报》1916年7月18日。
[2] 王余光、吴永贵：《中国出版通史·民国卷》，中国书籍出版社2008年，第162页。

例》、1932年11月颁布的《宣传品审查标准》、1934年颁布的《修正图书杂志审查办法》、1935年颁布的《教科图书审查规程》、1938年的《修正抗战期间图书杂志审查标准》、1940颁布的《战时图书杂志原稿审查办法》、1942年发布的《书店、印刷店管理规则》、1943年通过的《党营出版事业管理办法》和1944年的《战时出版品审查办法及禁载标准》，另外还有宪法、民法以及刑法中与出版有关的条款。据统计，国民党统治时期先后颁布实施了近200部有关新闻出版的法律法规，从出版自由、登记制度、审查制度以及处罚等方面作出了规定，用以对出版业的管制。

首先，标榜出版自由。1931年的《中华民国训政时期约法》、1936年的《中华民国宪法草案》和1947年的《中华民国宪法》这三个宪法性文件中都有相关的规定。如《中华民国训政时期约法》第35条规定，人民有发表言论及刊行著作的自由，非依法律不得停止或限制此自由。《中华民国宪法草案》第13条规定，人民享有言论、著作及出版的自由，非依法律，不得限制此自由。《中华民国宪法》第11条规定，人民享有言论、讲学、著作及出版自由。1938年制定的《中国国民党抗战建国纲领》也规定，在抗战期间，在不违反三民主义最高原则及法令范围内，对于言论、出版、集会、结社应当予以合法的充分保障。

其次，实行注册制度。1928年，国民党当局颁布了新《著作权法》，吸收《大清著作权律》和北洋政府《著作权法》的立法经验，作了一些修改，但基本未超出前两法范围，仅在著作权内容、登记注册生效制度、外国人作品保护等方面做了一些补充。其中规定：著作物如果"显违党义"或"其他经济法律规定标止发行者"，内政部拒绝注册。1930年颁布的《出版法》对"新闻纸、杂志"和"书籍及其他出版品"的登记注册进行了分别规定。其中对于新闻纸、杂志，规定"为新闻纸或杂志之发行者，应于首次发行期十五日前"，向"发行所在地所属省政府或隶属于行政院之市政府，转内政部声请登记"。对于书籍及其他出版品的登记注册，该法第十五条规定"为书籍和其他出版品之发行者，应予发行时以二分寄内政部。"①1937年颁布修正《出版法》并出台《出版法实施细则》，其中第十条规定：地方主管官署，在依出版法第九条第一项呈转新闻纸或杂志的登记声请时，应该送到当地同级党部审查同意后，在登记声请书内加具意见。第十一条规定：省政府或直隶于行政院的市政府，在依出版法第九条第二项核定新闻纸或杂志的登记声请时，应送当地同级党部审查。

其三，严格内容审查。国民党统治时期，对于出版物内容的审查逐步关口前移，从"出版后检查"转向"出版前检查"。1929年，国民党中宣部在《宣传品审查条例》中明确规定："宣传共产主义及阶级斗争"的宣传品为"反动宣传品"，要"查禁、查封或究办之"。"各发行所、各书局、各杂志社所出宣传品，经审查后令饬修正或停止出版发行而抗不遵办者，加重其处分。"1930年3月教育部公布的《新出图书呈缴规程》规定："凡图书新出时，其出版者须自发行之日起两个月内，将该项图书四份呈送出版者所在地之省教育厅或特别市教育局。"②1930年颁布的《出版法》及其实施细则规定，出版物通过国民政府有关机关登记注册后，在发行时仍须呈送主管部门审查。1934年6月，国民党中央宣传委员会公布的《修正图书杂志审查办法》规定：所有国内的书局、社团或著作人所出版之图书杂志（范围为文艺及社会科学）都要在付印前送国民党中央宣传部图书杂志审查委员会审查，并宣布先在上海试行。1937年颁布《修正出版法》，条款增至54条，将查禁书刊的权力下放到市、县政府。1938年7月，国民党中宣部为压制抗战言论，公布了《图书杂志原稿审查办法》。1940年至1944年国民党政府又相继公布《战时图书杂志原稿审查办法》《杂志送审须知》《图书送审须知》《新闻记者法》《书店印刷店管理规则》《通讯社报社管理暂行办法》《修正图书杂志剧本送审须知》《战时出版品审查法规和禁载标准》等有关内容审查的法规规章。

---

① 中国第二历史档案馆编：《中华民国史档案资料汇编第五辑第一编》，江苏古籍出版社1991年，第79—81页。
② 刘哲民：《近现代出版新闻法规汇编》，上海学林出版社1992年，第206页。

其四，加重处罚力度。对于出版业违法行为，以法律条文的形式设定了多种处罚手段，主要有行政处分、罚金、拘役、有期徒刑、无期徒刑甚至死刑。1930年12月颁布的《出版法》共44条。包括总则、新闻纸及杂志、书籍及其他出版品、出版品登载思想之限制、行政处分、罚则共六章，其中仅"行政处分"及"罚则"部分就占到近一半篇幅。该法对于报刊、书籍及其他出版物的限制更为苛刻，采取了事前干涉、事后追惩、预防和追惩相结合的办法。明确规定了书刊在出版之前必须向国民党当局申请登记以备"改正增删"，禁止登载"意图破坏中国国民党或破坏三民主义"、"意图颠覆国民政府或损害中华民国利益"的文字的书刊出版，否则将"处发行人、编辑人、著作人及印刷人一年以下有期徒刑、拘役或一千元以下之罚金……"。对传单和标语的印行，也严加控制，"非经警察机关许可"，"不得印刷和发行"。出版法公布后，很多进步刊物，如中国左翼作家联盟的《拓荒者》《萌芽》月刊等，很快就不能继续出版。1931年10月，又颁布了《出版法施行细则》，共25条，对于《出版法》的原则和办法加以具体规定。除了《出版法》有关处罚规定外，国民党政府还颁布过许多特殊法令，对出版违法行为予以惩治。1931年2月，司法院发布《危害民国紧急治罪法》，同年3月发布《危害民国紧急治罪法实行条例》，对"以文字、图画或演说为叛国之宣传者"均可处以极刑，轻者无期徒刑。1936年2月，国民党政府颁布实施的《维持治安紧急办法》规定："遇有以文字、图书、演说或其他方法，而为前项犯罪（扰乱秩序、鼓扇暴动、破坏交通以及其他危害国家事变）之宣传者，得当场逮捕，并得于必要时，以武力或其他有效方法排除其抵抗。"在处罚依据的采用上，国民党政府通过法规条文中某些模糊性字眼，增强了其法律解释的随意性。如1930年《出版法》的罚则中，即有"依其他规定有较重之处罚者，依其规定"的字眼。正是由于这一模糊性规定，国民党政府对出版行为的处罚更多采用了特殊法令的规定，从而增加了对出版业管理的暴力色彩。

根据刘哲民《近现代出版新闻法规汇编》（上海学林出版社出版）统计，1927—1949年颁布的出版法和施行细则的解释共26项；图书呈缴、审查法规共56项；新闻检查和取缔的法规24项。仅1929年6月就连续颁布了《查禁反动刊物令》《取缔销售共产书籍办法》和《取缔共产书籍办法令》。据张静庐编《中国现代出版史料》乙、丙、丁编的统计，国民党政府在1929—1941年十年左右的时间里，就禁毁了书刊2700多种，其中大部分是进步书刊，也包括改组派、国家主义、无政府主义派等派别出版的书刊。另据中国第二历史档案馆资料度记载，民国时期禁书有近5000种。

抗日战争时期，在沦陷区，日本法西斯也大规模取缔进步及抗日书刊。1938年7月1日，在上海出版的《众生》半月刊第五号上，载有《北京市政府警察局检扣书籍刊物一览表》，共计查禁书刊780多种。到1939年，日本侵略者编了两部《禁止图书目录》，共查禁图书1810多种。

图5.3　国民党查禁的书刊

三、出版界争取出版自由的斗争

1916年，在北京国民政府颁布《出版法》和《著作权法》的第二年，上海书业公会呈请国务院和内政部，要求对一些内容进行修正。1922年，上海书业公会再次呈请国务院和内政部，同时向国会提交请愿书，要求修改。结果都没有下文。直到1926年1月，北京政府方下令废除《出版法》。这是现

代史上出版界为争取自由而获得的第一个胜利。

1934年2月,上海各书店收到国民党上海市党部奉国民党中宣部查禁"反动"书刊的正式公文。共有149种图书遭到查禁,牵涉25家书店。于是被牵涉的各书店由开明书店领衔,联合请愿要求"体恤商艰"。在强大压力下,国民党政府同意对过去准许发行的书籍酌予删改继续发行,今后出新书需将原稿送审查机关先行审查,然后再准发行。

抗日战争爆发后,生活书店联合商务印书馆、中华书局、世界书局、开明书店等10多家出版企业于1938年8月发表宣言,坚决要求国民党立即撤销一切压制言论出版自由的法令。同年10月,当国民参政会在重庆召开第二次会议时,邹韬奋争取70余名参政员联署,提出了《请撤销图书杂志原稿审查办法,以充分反映舆论及保障出版自由案》,当即获多数票通过,但国民党政府拒不执行。随后,邹韬奋又提出了比较可以接受的《改善审查书报办法及实行撤销增加书报寄费,以解救出版界困难而加强抗战文化事业案》。这一提案也获得参议会多数票通过,但仍未见诸实施。

抗日战争胜利后,为争取言论出版自由,新闻界出版界联合发动了拒检运动,拒绝执行原稿审查制度。1945年9月,国民党政府不得不宣布自10月1日起废除原稿检查制度。

第三节　新中国的出版管理与出版法制建设

1949年10月1日中华人民共和国宣告成立,人民政府没收了国民党政府和官僚资本的图书出版业,废除国民党政府限制图书出版事业发展的法令,出版事业在管理结构、机构形态以及法规制度等方面呈现出全新的面貌。

以1978年召开的十一届三中全会为标志,新中国的新闻出版管理可以划分为两大历史阶段。中华人民共和国成立初期,在对农业、手工业、资本主义工商业进行社会主义改造的基础上,进行了大规模社会主义建设。为了完成这一历史任务,新中国借鉴苏联经验,建立了有利于集中国家和社会人、财、物资源办大事的计划经济体制。与此相适应，也建立了高度集中的出版管理体制，实现了新闻（报刊）与图书出版管理的统一，新闻出版行政管理体制的格局基本形成。建立了专业出版、民族出版、盲文出版等组成的较为完备的出版机构体系，形成了一系列的法律法规，为出版法制化建设奠定了基础。十一届三中全会以来，出版业赖以生存和发展的经济基础、体制环境和社会条件发生了深刻变化，出版管理体制改革和出版法制建设也进入新的阶段。

一、出版管理机构的变迁

新中国的出版管理主要由党的各级宣传部门和中央及地方政府系统两部分组成。

1921年7月，中国共产党第一次全国代表大会通过的决议提出：无论中央或地方出版的一切出版物，其出版工作均应受到党的领导。[1]1924年5月，中央正式决定分设宣传、组织、工农等部，中央宣传部负责宣传工作。1949年北平解放之后，在中宣部下设了出版委员会，领导出版事业的整顿恢复工作。新中国成立后，党中央管理出版的机构主要是中共中央宣传部，该部门在"文化大革命"期间被取消。1977年10月中央决定恢复成立中共中央宣传部，各地宣传部门也随之恢复建立。宣传部的主要职能是指导、协调和提出意见。以中央宣传部为例，其主要职能有受党中央委托，负责提出宣传思想文化事业发展的指导方针，指导宣传文化系统制定政策、法规，按照党中央的统一部署，协调宣传文化系统各部门之间的关系等。中央宣传部通过内设的出版局和新闻局来实现对全国新闻出版工作的领导。

从政府行政管理机构来看，1931年8月，中国共产党第一个出版行政机构——中央出版局在江西瑞金成立。新中国成立后，根据《中华人民共和国中央人民政府组织法》第18条规定，政务院下设新闻总署、出版总署。10月19日，经中央人民政府委员会第三次会议通过，任命胡愈之为出版总署署长，

---

[1] 中央档案馆：《中共中央文件选编（第1册）》，中央党校出版社1983年，第6—7页。

叶圣陶、周建人为副署长。出版总署于11月1日正式成立,主管全国出版事业。1951年12月,政务院会议通过了《关于调整机构紧缩编制的决定》,新闻总署于1952年2月撤销,部分职能划归出版总署。1954年11月,依照《中华人民共和国国务院组织法》第2条规定,出版总署于1954年11月30日正式结束工作,所有出版行政业务划归文化部管理。由文化部设置出版事业管理局,负责全国出版、印刷、发行的日常管理工作。此后,文化部出版事业管理局经几次调整,到1963年改为一室三处,主要负责政治书籍、文学艺术书籍审读、印刷企业的管理和出版行政工作,这种机构设置一直保持到1969年9月。[①] 与中央新闻出版行政部门的变动同步,地方新闻出版行政部门在新中国成立初期也经历了一系列的变迁。1966年至1976年"文化大革命"期间,我国社会主义事业遭到严重挫折,出版事业作为文化领域的重要部门首当其冲,受到的摧残和破坏尤为严重。其间,全国出版管理机构先后有"毛主席著作出版办公室"、"国务院出版口"、"国家出版事业管理局"三个部门。而各省、自治区、直辖市的出版管理机构,伴随着"文革"中各省(区、市)机构、体制的变化,出现了多种情况。1973年7月,国务院决定撤销出版口,成立国家出版事业管理局,直属国务院领导,统一管理全国的出版、印刷、发行、物资供应以及印刷的科研、教育等部门的工作。此后,各省、自治区、直辖市也相继成立了出版局,全国出版行政管理系统建立起来。

改革开放以来,新中国出版管理机构相继于1982年、1987年、1993年、1998年、2001年、2008年、2013年进行了七次改革,新闻出版行政管理制度也在改革过程中逐步完善。1982年5月,根据国务院部委机构改革的决定,成立于1973年的国家出版事业管理局划归文化部,成立文化部出版事业管理局。此后,一些省、自治区、直辖市的出版局或撤销,或与文化局合并,或改为出版总社,其行政管理的能力降低,与快速发展的出版业形成了矛盾。为提高出版管理能力,1985年7月,国务院批准文化部设立国家版权局,文

---

① 方厚枢.魏玉山:《中国出版通史·中华人民共和国卷》,中国书籍出版社2008年,第31页。

化部出版事业管理局改称国家出版局。1986年10月，国务院决定国家出版局和国家版权局脱离文化部，恢复为国务院直属机构。为加强对新闻出版业的管理，1987年1月，国务院发出《关于成立新闻出版署的通知》，提出"为加强对全国新闻、出版事业的管理，决定成立中华人民共和国新闻出版署，为国务院直属机构"。同时保留国家版权局，与新闻出版署是一个机构两块牌子，国家版权局对内对外单独行使职权，主管全国版权工作，代表国家处理涉外版权关系；新闻出版署主管全国新闻出版事业，负责起草新闻出版的法律法规，制订新闻出版管理的方针政策，管理书报刊市场，取缔非法出版活动和对外交流活动等。音像出版的管理职能也逐步交给新闻出版署。2001年4月，国务院发出《关于国家工商行政管理局新闻出版署国家质量技术监督局国家出入境检验检疫局机构调整的通知》，新闻出版署（国家版权局）更名为新闻出版总署（国家版权局），升格为正部级，为国务院直属机构，在原职责基础上，加强了2项职能、新增了1项职能、转变了部分职能。2013年3月国务院将新闻出版总署、广电总局的职责整合，组建国家新闻出版广播电影电视总局，随后更名为国家新闻出版广电总局。取消了原有的21项职责、下放了8项职责、加强了7项职责，内设22个机构，主要职责13项。

  在历次改革中，地方新闻出版行政管理机构也随之完善。1982年各省、自治区、直辖市一级的出版局，或并入文化局，或改为出版总社，或由地方人民出版社代行出版行政管理职能。随着新闻出版署成立，在各省、市、自治区和下属出版社单位较多的系统，如国家教委和军委总政治部等，也建立起各自的出版管理机构，作为所属出版社的主管部门，受托管理各该地区、该系统出版社的人、财、物及一些重要的日常工作。到2003年，全国31个省、自治区和直辖市，除海南外都单设和健全了新闻出版局（海南设文化广播电视出版体育厅）；全国332个地市州盟中有近71个单设新闻出版局，初步建立起由中央、省市区两级延伸至地市州和区县的4级行政管理体系。2013年，随着新闻出版总署与广播电影电视总局的合并，各省新闻出版局与广电局也逐步进行改革，大多合并为一个机构，管理本地区出版工作。

历次出版管理机构改革，通过简政放权，实现了从重审批到重监管的转变。其中，适应新技术新业态发展的需要，原新闻出版总署先后成立了音像电子管理处、音像电子和网络出版管理司、科技与数字出版司；2013年新闻出版广电总局设立了数字出版管理司，承担数字出版内容和活动的监督管理工作，对网络文学、网络书刊和开办手机书刊、手机文学业务进行监督管理。

在政府加强管理的同时，适应改革开放和出版业发展壮大的需要，自1979年起，我国的出版行业协会陆续成立。1979年12月，中国出版工作者协会成立并制定了章程。其后中国印刷技术协会、中国书刊发行业协会、中国编辑学会、中国期刊协会、中国音像协会、中国版权研究会等陆续成立。1999年，中国期刊协会、中国编辑学会、中国书刊发行业协会、中国音像协会分别作为团体会员加入中国出版工作者协会。2011年5月，经民政部批准，"中国出版工作者协会"更名为"中国出版协会"，按照行业协会负责人的规范要求，协会主席、副主席也相应更改为理事长、副理事长。除了中央一级的行业协会外，在各省、市还有地方行业协会。出版行业协会的主要职能有：制定行业自律规则，保护正当经营，制止不正当竞争和不道德的经营行为，维护行业内各企业的共同利益；进行出版行业内的互助和协作，开展同业拆借和同业救济，促使行业内各企业共同发展；进行出版专业技术方面的交流和培训，并进行专业技术的研究和开发；受政府委托，对出版物质量和出版企业经营活动实施检测和监督；出版业信息统计及产业发展预测；代表出版行业或企业与政府对话，维护企业的合法权益；开展出版行业国际交流活动。

二、对出版业的行业管理

1949年10月3日，中央宣传部出版委员会在北京召开了首届全国新华书店出版工作会议。1950年8月国家出版总署又召开了全国新华书店第二届工作会议。紧接着，于同年9月召开了第一届全国出版会议。第一届全国出版会议确定了出版事业为人民服务的基本方针。这个方针一直在指导着新中国的出版事业。1952年8月，人民政府颁布了《管理书刊出版业、印刷业、发行业暂行条例》，规定了出版物的登记办法和缴送样本办法。1953年，党提出了过渡时期总路线和总任务，对私营工商业和手工业实行社会主义改造，把私营出版业、印刷业、发行业逐步纳入国营的轨道。1955年7月国务院颁布了管理书刊租赁业暂行办法。到1956年春，全国所有私营出版社、印刷业、发行业都实行了全行业公私合营，全国的印刷出版和发行事业全部纳入国家计划。

"文化大革命"期间，出版事业受到摧残和破坏，造成严重的"书荒"。1978年7月，国务院批转的《国家出版局关于加强和改进出版工作的报告》提出：要恢复总编辑、主任编辑和责任编辑的三级审稿制度，对涉及有关毛泽东、党史、国界地图等图书要报有关部门审批等制度；加强出版事业，尽快改变目前书刊品种少、出版周期长、印刷技术落后的情况。1980年4月，由国家出版局制定、中央宣传部转发的《出版社工作暂行条例》中，对包括三审制在内的出版社工作进行了规定。同年5月，经国务院批准试行的新闻出版稿酬及补贴办法开始正式实施，恢复了中断10年之久的稿酬制度。1978年11月，国家恢复书目编印工作，同时恢复旧书收售工作。针对新时期出版工作发展的需要，相关部门还制定了许多新的出版印刷方面的规章制度，如1979年6月，国务院批转了外贸部《关于我国个人进出口自用印刷品管理的暂行规定》；1980年11月，国务院批转了国家出版局和国家人事局制定的《编辑干部业务职称暂行规定》；1980年8月，国家出版局颁布了《社店业务关系的规定》和《社厂签订合同的原则》等。这些及时有效的建章立制工作，使因"文化大革命"遭到破坏的出版业逐渐恢复正常的工作秩序，也步入了健康发展的正轨。

1979年至1980年，国家出版局先后在湖南长沙和北京召开全国出版工作座谈会，就如何加强和改善党对出版工作的领导，把握社会主义的出版方向，正确处理经济效益和社会效益的关系等重要问题进行讨论，并于1980年12月发出《〈建议有计划有步骤地发展集体所有制和个体所有制的书店、书亭、书摊和书贩〉的通知》，提出要有计划、有步骤地发展集体所有制网点。1982年6月，文化部在北京召开全国图书发行体制改革座谈会，发出《关于图书发行体制改革工作的通知》，提出图书发行体制根本改革的目标是："一主三多一少"。也就是在全国组成一个以国营新华书店为主体，多种经济成分，多条流通渠道，多种购销形式，少流转环节的图书发行网。多种经济成分就是允许集体经济和私营经济成分参与图书发行，多种流通渠道主要是支持出版社自办发行，多种购销形式就是推广寄销和试销。1983年6月，中共中央、国务院发布《关于加强出版工作的决定》。这是新中国成立以来首个由中共中央、国务院联合发出的关于出版工作的重要决定，成为新时期指导出版工作的纲领性文件。《决定》指明了我国出版工作的性质、根本方针和基本任务，明确出版物具有精神产品和商品的两重性，强调正确处理社会效益和经济效益的关系，并对编、印、发的改革以及出版管理改革提出了具体要求，对编、印、发工作中存在的实际困难提出了切实有效的解决措施。《决定》以中共中央文件的形式对上述重大原则作出科学阐述和明确规定，在中国共产党的历史上还是第一次，这对中国出版发行事业的繁荣发展来说，具有划时代的意义。

在总结改革实践经验的基础上，1988年5月，中央宣传部、新闻出版署发出《关于当前出版社改革的若干意见》和《关于当前图书发行体制改革的若干意见》，分别对出版、发行改革的指导思想，加强对出版、发行改革的领导等8个方面提出了指导意见。2003年，按照党的十六大关于深化文化体制改革的部署，中共中央办公厅、国务院办公厅转发了《中宣部、文化部、广电总局、新闻出版总署关于文化体制改革试点工作的意见》，正式确定35家改革试点单位。在此基础上，中共中央、国务院于2006年发出《关于深化文化体制改革的若干意见》，作出深入推进文化体制改革的部署。同年，中共中央办公厅、国务院办公厅印发《国家"十一五"时期文化发展规划纲要》。这是我国第一个专门部署文化建设的中长期规划。随后，新闻出版总署印发《新闻出版"十一五"时期发展规划》。

为了加强行业管理，从党的十四大开始，转变政府职能、政企分开逐渐成为出版界的共识。党的十六大召开以后，政府管理职能开始发生实质性转变。遵循政企分开、管办分离的原则，政府职能由微观管理向宏观管理过渡，由重审批向重监管方面转移，从对出版机构的具体管理中超脱出来，走向依法行政，加强市场监管，加大规范市场秩序的力度，突出体现在四大转变。一是由行政命令向司法监督转变。在加强出版法制建设的同时，减少对违法违规出版主体行使的行政处罚权，以法律手段来完善和提高对出版业的管理方式与管理水平。如尽量少使用甚至不使用影响执法透明性和公正性的警告、罚款、没收非法收入、封存出版物、责令出版单位停业整顿直至吊销许可证等行政处罚。二是由微观管理向宏观管理转变。进入21世纪以来，根据行业发展的实际情况，新闻出版行政管理部门多次发布新闻出版行政审批项目取消调整工作的文件，下放多项行政审批权。出版行政管理部门简政放权，不再参与企业的经营决策等微观活动，着力于增强从宏观上把握整个出版产业的能力，监督出版企业执行国家的方针政策，制定管理本行业的行政规章、宏观发展规划和发展战略，协调出版部门与其他部门、行业、产业的关系，提供有效的信息服务等。三是由直接管理向间接管理转变。不仅通过行业协会等间接的管理主体对出版业进行管理，还着力于通过间接的管理手段对出版业进行管理，如充分运用国家出版经济政策中的税收、价格、财政、投资、金融、稿酬、书报刊价格补贴、印刷工价和发行折扣等政策，通过税务、财政、金融等非行政管理手段，推动出版业繁荣发展。

三、社会主义出版法律法规体系的逐步完善

法律法规是出版管理的重要组成部分。随着改革开放的不断深化和依法治国战略的全面实施，在总结和继承出版立法调研、起草工作成果的基础上，出版法制建设取得了突破性进展。著作权法等出版法律法规日趋完善，不适应出版发展新情况的法规性文件相继被废止，与社会主义市场经济体制相适应的出版法律法规体系逐步建立起来，为新闻出版行政部门依法行政、新闻出版企事业单位依法经营提供了坚实的法律依据。

新中国成立后，有关部门制定了一些出版事业基本法规以及出版工作中应遵守的统一规定。1949年10月至1965年主要有《管理书刊出版业印刷业发行业暂行条例》《关于处理违法的图书杂志的决定》《出版总署关于查禁书刊的规定》《出版总署关于公营出版社编辑机构及工作制度的规定》《出版总署关于图书版本记录的规定》《文化部关于书籍、杂志使用字体的原则规定》《文化部关于汉文书籍、杂志横排的原则规定》等。这一时期有关出版方面的规定性文件多以部门规章为主。

改革开放以来，我国出版法制建设的力度不断加大，基本上形成了以法律为核心，以行政法规为基础，以部门规章及规范性文件等为有效补充的出版法制体系。首先，全国人民代表大会制定和颁布的《中华人民共和国宪法》确定了公民享有言论出版自由的根本原则。其次，《刑法》对扰乱市场秩序、制作、贩卖、传播淫秽物品和保守国家秘密等问题做了相应的规定；《民法通则》对肖像权、名誉权等涉及传媒和人身权的部分做了相关规定。至于目前已有的出版法规，归纳起来主要有三种类型：

一是由全国人大常委会制定颁布的《中华人民共和国著作权法》。1991年6月，我国正式颁布实施《中华人民共和国著作权法》，紧接着加入《保护文学艺术作品伯尔尼公约》以及《世界版权公约》，这是我国在版权保护方面的重大进步。2001年10月，九届全国人大常委会第二十四次会议审议通过了《中华人民共和国著作权法》（修正案）。这次修改主要涉及涉外行政案件受理、著作权权利归属和使用、对侵权行为的处罚，以及对著作权法和条例涉及的专业名词和有关用语进行具体释义等。修改后的实施条例也关系到社会每个成员的利益，同时与我国对外开放政策的执行密切相关。为增强新《著作权法》的可操作性，适应加入WTO的新形势，在知识产权的保护上与国际接轨，国务院公布了由国家版权局根据新《著作权法》制定的新《著作权法实施条例》并于2002年9月执行。著作权法及其实施条例的修订，标志着我国著作权保护制度更加完善，也标志着我国著作权保护水平迈进到新的阶段。2010年2月，《关于修改〈中华人民共和国著作权法〉的决定》获得通过，经过第二次修订后的著作权法于2010年4月1日起施行。修改如下：

将第四条修改为:"著作权人行使著作权,不得违反宪法和法律,不得损害公共利益。国家对作品的出版、传播依法进行监督管理。"增加一条,作为第二十六条:"以著作权出质的,由出质人和质权人向国务院著作权行政管理部门办理出质登记。"依照新的著作权法,2011年对《中华人民共和国著作权法实施条例》进行第1次修订,2013年第2次修订。与之同时,2011年7月《著作权法》第三次修订工作启动,目前《著作权法(修订草案)》正在向社会征求意见中。

二是由国务院、国家新闻出版行政管理部门及国务院其他部委制定并颁布的行政法规和部门规章。长期以来,行政法规和部门规章是新闻出版行政管理部门依法管理的主要依据。从立法机构看,主要出自国务院和原新闻出版总署;从管辖范围来看,涵盖了出版业的方方面面。其中,由国务院发布的行政法规主要有8个条例:

《计算机软件保护条例》(1991年5月通过,2013年1月修订);

《中华人民共和国著作权法实施条例》(1991年通过,2013年1月修订);

《音像制品管理条例》(1994年8月通过,2011年3月修订);

《中华人民共和国地图编制出版管理条例》(1995年7月通过,1995年10月起施行);

《出版管理条例》(1997年通过,2011年3月修订);

《印刷业管理条例》(1997年通过,2001年8月修订);

《著作权集体管理条例》(2004年12月通过,2005年3月起施行);

《信息网络传播保护条例》(2006年通过,2013年1月修订)。

上述由国务院颁布的条例在某种程度上具有出版法的性质。特别是作为新中国成立以来第一个比较全面系统的出版管理行政法规,《出版管理条例》的颁布和实施,是新闻出版领域法制建设取得的重大进展,也是新闻出版事业健康繁荣发展的重要保证。此外,由原新闻出版总署颁布的部门规章,截止 2014 年 9 月共计 52 条。[①] 涉及出版的主要有：《图书出版管理规定》《音像制品制作管理规定》《电子出版物出版管理规定》《期刊出版管理规定》《图书质量管理规定》等。其他部门规章有《出版专业技术人员职业资格管理规定》《新闻出版统计管理办法》等。

伴随着网络出版的迅猛发展，为了推动互联网产业在发展的过程中规范，在规范的基础上发展，2002 年 7 月，新闻出版总署、信息产业部颁布了《互联网出版管理暂行规定》，自此互联网出版正式纳入出版行政部门管理范围，互联网出版活动进入了一个有规可循的新阶段。此后，有关互联网出版监管的调研工作不断深入，新的《互联网出版管理规定》也正在酝酿中。

三是中共中央、中央宣传部等党的领导机关和政府有关部门联合发布的法规性文件。在出版改革过程中的许多重要改革措施，都是通过法规性文件体现的，如 1980 年国家出版局制定、中央宣传部批准的《出版社工作暂行条例》、1983 年中共中央、国务院发布的《关于加强出版工作的决定》、1989 年中共中央办公厅、国务院办公厅发布的《关于整顿、清理书报刊和音像市场严厉打击犯罪活动的通知》《关于压缩整顿报刊和出版社的通知》，1994 年中共中央办公厅、国务院办公厅颁布的《关于加强和改进书报刊影视音像市场管理的通知》等等。改革开放以来，国家新闻出版行政管理部门根据管理条例的授权，先后修订、颁布了管理规章和规范性文件 200 多件，对出版业的健康发展起到了重要的保障作用。

依照上述三个层次的法律法规，新闻出版行政管理部门主要从三个方面实行行业管理：

一是行业准入管理。主要包括设立出版机构的审批、变更和注销、法人制度与年检登记制度、领导人岗位持证上岗制度、从业人员职业准入制度等。早在 1952 年，政务院公布的《管理书刊出版业印刷业发行业暂行条例》就规定，出版社的建立要经过核准。1953 年，出版总署规定，出版社的创立必须

---

① http://www.gapp.gov.cn/govpublic/84.shtml

经出版总署转报政务院文化教育委员会批准,这就把出版社的审批权上收到中央。1978年12月,经中央宣传部同意,出版社的建立由国家出版局统一审批。1986年9月,国家出版局《关于审批新建出版社的条件的通知》首次明确提出,办出版社必须有主办单位,且主办单位必须是党政机关和全民所有制企事业单位。1993年,新闻出版署对主管和主办单位的职责进一步具体化,规定只有具备一定条件的单位才能办出版社。1997年,国务院颁布《出版管理条例》,把主管主办制度和审批制度以国家法规的形式固定下来。2011年新修订的《出版管理条例》中,对于出版机构审批制的原则没有改变。

二是从业人员准入管理。1980年11月,国务院批转了国家出版局、国家人事局制定的《编辑干部业务职称暂行规定》,把编辑业务职称定为编审、副编审、编辑、助理编辑四级。1986年中央职称改革工作领导小组发布了《新闻专业人员职务试行条例》和《出版专业人员职务试行条例》,把新闻专业人员分为高级记者、主任记者、记者、助理记者四级,编辑人员的划分与1980年文件相同,各种职称要通过评审获得,至此新闻出版专业技术人员的职称体系形成。职称制度的出现与发展,对新闻出版专业人员的成长起到了至关重要的作用。2002年新闻出版总署颁布了《出版专业技术人员职业资格管理暂行规定》,开始由职称管理向职业资格管理过渡。出版专业技术人员的职业资格分为初级、中级、高级三级,初级、中级资格实行全国统一考试制度,高级实行考试与评审相结合的制度。所有在出版单位工作的专业技术人员,必须通过国家的出版专业职业资格考试,取得规定级别的资格证书才能上岗。

三是对出版业务的管理。主要包括图书质量管理、年度出版计划备案制度、重大选题备案制度、专项选题批报、书刊号与版号管理、出版物样本送交制度等。出版物重大选题备案制度是改革开放以来逐渐形成的一项出版物内容管理制度。1997年,新闻出版署颁布《图书、期刊、音像制品、电子出版物重大选题备案办法》,规定了15项需要备案的选题,以后备案的范围有所扩大。2011年修改后的《出版管理条例》和《音像制品管理条例》都保留了备案条款。对于书号、刊号、版号的管理,源于20世纪80年代末期以来的书号、刊号买卖。

1993年10月中央宣传部、新闻出版署联合发出《关于禁止"买卖书号"的通知》，严禁任何单位、任何个人以任何形式购买书号。从1994年开始，新闻出版署开始对出版单位使用书号的总量进行宏观调控。1997年1月中央宣传部、新闻出版署又联合发布《关于严格禁止买卖书号、刊号、版号等问题的若干规定》，规定：凡是以管理费、书号费、刊号费、版号费或者其他名义收取费用，出让国家出版行政部门赋予的权力，给外单位或者个人提供书号、刊号、版号和办理有关手续，放弃编辑、校对、印刷、复制、发行等任何一个环节的责任，使其以出版单位的名义牟利，均按买卖书号、刊号、版号查处。2008年7月，我国开始试点实行书号实名申领制，并于2009年在全国推广。新的书号实名申领"一书对一号"，出版社申领书号时其书稿与正规出版物只差书号这"一步之遥"，管理者发放书号前能够把握每一本书的具体内容与版本信息。这在客观上起到了督促出版社加强自身业务监管的作用。

本章小结

自从有了图书出版活动，就必然相伴着对图书事业的建设和管理。但在晚清以前，历代政府均缺乏对出版业的法制化、规范化的管理，多表现为"禁书毁版"；而且还会因统治者的更替而呈现出随意化的特征来，这种管理体系在一定程度上会妨碍出版业的健康发展。晚清以降，随着西方出版观念的传入和新式出版业的迅速发展，开始有了专业法规对出版业进行管理。新中国成立以后，社会主义出版法律法规体系逐步建立和完善，为出版业提供了有序发展的市场环境。

参考文献

[1] 刘哲民编：《近现代出版新闻法规汇编》，上海：学林出版社，1992年。

[2] 周林、李明山主编：《中国版权史研究文献》，北京：中国方正出

版社，1999年。

[3] 李明山主编：《中国近代版权史》，开封：河南大学出版社，2003年。

[4] 李明山主编：《中国当代版权史》，北京：知识产权出版社，2007年。

[5] 李明山主编：《中国古代版权史》，北京：社科文献出版社，2012年。

中国出版史论
ZHONGGUOCHUBANSHILUN

第六章
历代出版物

第一节　古代出版物
第二节　近代出版物
第三节　当代出版物

本章专题梳理古代以来图书编撰的主要成就，出版物类型化发展的基本线索，以及不同历史时期出版物的时代特点。

我国是世界四大文明古国之一，我们的祖先首创造纸术和印刷术，为人类交流思想、传播文化作出了重大贡献。我国丰富的文化典籍浩如烟海，其数量之多在世界上是罕见的。历代从事出版事业的人们辛勤劳动，使得大量典籍能够连绵不断地整理出版，留传到今天。

第一节 古代出版物

早在商周时期，我国就出现了甲骨文书、青铜器铭文、玉石刻辞、竹木简牍等文献形式，但严格来讲，这些文书档案不是真正意义上的出版物。至春秋战国时期，随着学术下移，士阶层崛起，《论语》《孟子》《庄子》《老子》等诸子百家书籍的出现和广泛传播，出版物品种日益丰富，对社会发展起到了越来越重要的作用，形成了独特的文化现象与文化特征。据统计，从西汉以讫清代，中国的古籍就有18万种，236.7万卷。[①] 对于这些书籍，我国古代学者以经为根、以史、子为干、以集为枝，建立起依经、史、子、集之次第排列的中国古代图书分类体系。

一、先秦时期的出版物

我国真正的校书活动，开始于春秋战国时期的孔子和子夏。《后汉书·徐防传》云："《诗》《书》《礼》《乐》定自孔子。发明章句，始于子夏。"子夏尤精于《春秋》历史之学，提倡校书要"择善而从"，不泥古，不迷信，对文本中的差错应该有所发现和改正。子夏通晓文字形体及史书记日体例，

[①] 肖东发：《中国图书出版印刷史论》，北京大学出版社2001年，第336页。本节材料多取自该书，以下未及一一注释。

故能发现问题而加以校正。此后又进一步考察史实，准确无误，始成定论。这一事例，是我国校雠史上以灵活性见长的"活校法"的最早记载。

随着文献考辨活动的开展，经书、诸子书、科技书籍等图书类型也出现了。在经书方面，孔子对当时流传的《易》《诗》《书》《礼》《乐》《春秋》等6种主要文献典籍进行整理，并以此为教材进行讲学，称为六艺，后世又称为"六经"。孔子整理文献有明确的指导思想：一是"述而不作"，保持原来的文辞；二是"不语怪、力、乱、神"，删去芜杂妄诞的篇章；三是"攻（治）乎异端（杂学），斯害也已"，排斥一切反中庸之道的议论。由此可见，孔子整理文献，是反映其以"仁"为中心的哲学思想的一个重要方面。他编辑"六经"有明确的编辑意图，总结出"多闻阙疑"、"无征不信"等一些较为科学的编辑方法，即主张编辑必须注重考证，如果没有客观证据，即使在主观上再自信也不能下笔。这些都成为中国古代编辑思想的宝贵财富。

春秋战国时期，由于社会政治、经济和文化发生急剧变化，在学术思想领域形成百家争鸣的局面。许多思想家四方游说，著书立说，逐渐形成不同的学术思想流派。后世将这些思想流派的代表人物称为"子"，其书称为"子书"。这就是子部书的起源。先秦诸子的代表文献，儒家有《论语》《孟子》《荀子》等。其中《论语》是孔子与弟子的答问记录，由其弟子及再传弟子编辑，用400多个"子曰"辗转传述记录整理成书，属于集体创作。《孟子》是一部记录孟子言行及其与弟子、门人相互问答的书，是孟子政治学说、哲学思想的反映，也是由孟子与弟子共同编撰而成的语录体著述。《中庸》一书相传由子思"笔之于书，以授孟子"。《荀子》32篇，大部分为荀子自作，《大略》《宥坐》等篇则疑为后人所作。

道家主要文献有《老子》《庄子》。《老子》又名《道德经》，分上、下两篇，计81章。今存《老子》"道经"在上，"德经"在下，与先秦时的顺序相反，可见《老子》曾经过后人的润饰。《庄子》为庄周作品，《汉书·艺文志》著录为52篇，今存33篇，计内篇7篇，外篇15篇，杂篇11篇。《老子》相传为老子自著，《庄子》则非一人一时之作，与当时许多文献一样，为后人追加编辑而成。

墨家的代表作《墨子》约成书于战国初期，采用当时通行的语录体，但是比《论语》《孟子》的主题都要集中。《汉书·艺文志》著录为71篇，今存53篇，其中仅《耕柱》《贵义》《公孟》《鲁问》《公输》5篇为墨子弟子将墨子的言行辑录而成，与墨子思想最为接近。由于《墨子》一书中保存了大量科技成果以及资料，也被后世看作是先秦的一部科技著作。

法家代表作是《管子》《韩非子》。《管子》相传为齐国管仲所撰。管仲字夷吾，曾任齐国相，辅佐齐桓公成就春秋霸业。今存76篇，其中大部分非管仲所作。《韩非子》则大部分为韩非本人所作，秦始皇就是看其书，才召其人的。韩非是荀子的弟子，他的学说代表了先秦法家的最高成就。《汉书·艺文志》著录《韩非子》55篇，今皆存世。

纵横家苏秦、张仪处于贫困时曾"佣力写书"，传世之作有《战国纵横家书》。杂家是较晚出现的一个学派，集大成之作为《吕氏春秋》，由秦相国吕不韦组织宾客集体撰写，全书分十二纪、八览、六论，共计160篇，2000多年来基本没有残缺散乱，是先秦诸子书中保存最完好的一部。

需要指出的是，按照现代学科分类，先秦诸子书属于哲学类著作，但我国古代四部分类的子部典籍十分庞杂，宗教、科技、类书、杂著皆列于子部。《隋书·经籍志》分子部为儒家、道家、法家、名家、墨家、纵横家、杂家、农家、小说家、兵家、天文、历数、五行、医方14类；《四库全书》分子部为儒家、兵家、法家、农家、医家、天文算法、术数、艺术、谱录、杂家、类书、小说家、释家、道家14类，总收典籍2900多部，包括类书、释道及存白。《贩书偶记》和《贩书偶记续编》共收子部书3500多部，三书总计收书6500多部，哲学、社会科学、自然科学、应用科学、艺术、宗教等包罗其中，内容宏富，是各项专门史的资料渊薮。按照这一图书分类方法，子部书在先秦时期的成果，除了上述诸子百家的著作外，特别值得一提的还有目前可见最早的科技著作《考工记》。该书由战国时期齐人编著，被认为是我国第一部工业百科全书，分为攻木之工、攻金之工、攻皮之工、设色之工、刮摩之工、抟埴之工6个部分，对车舆、宫室、兵器以及礼乐诸器的制作作了详细记载，是研究中国古代科学技术的重要文献。在医学书籍方面，先秦最重要的医学书籍是《黄帝内经》，首见于《汉书·艺文志》著录，大约成书于战国以至秦汉年间，包括《素问》《灵枢》两部分，共18卷160余篇，约14万字，以问答形式写成。两千多年来的医疗实践证明，《黄帝内经》一书的价值甚高，不仅为我国历代医家所重视，也引起了世界许多国家的医学家和科学史家的高度重视，一些国际针灸组织将其列为必读参考书，部分内容还被译成日、德、英、法等多种文字，流传于许多国家。

此外，春秋战国时期还产生了一部有价值的地理著作，这就是《山海经》。它是一部内容丰富、风貌独特的古代著作，包含了历史、地理、宗教、生物、水利、民族、神话、医学、矿产等许多方面的内容。其中，《山经》以山为纲，分中、南、西、北、东五个山系，堪称我国最早的山岳地理书。《山海经》还记载众多的原始地理知识，如南方岩溶洞穴，北方河水季节性变化，不同气候带的地理景观与动植物分布的特点。在物质资源分布的篇幅中，对于矿产的记载尤其详细，提及矿物产地300余处，有用矿物达七八十种。《山海经》的今传本为18篇，晋郭璞作注，其后考证注释者以清代毕沅《山海经新校正》和郝懿行《山海经笺疏》较为流行。

二、秦汉时期的出版物

1. 识字课本

早在公元前七八世纪，我国就有了供学童诵读的识字课本，这就是周宣王时的太史籀用大篆编写的《史籀篇》，被认为是我国有历史记载以来最早的教科书。秦始皇时期，为了统一文字，进行了我国历史上第一次汉字的定型和规范化工作，将籀文简化，创作小篆，并参照《史籀篇》着手编写统一的识字课本。由丞相李斯作《仓颉篇》7章，中车府令赵高作《爰历篇》6章，太史令胡毋敬作《博学篇》7章，都用小篆书写，向全国颁布，《史籀篇》自此废读。西汉时期，为了适应时代的变迁，闾里塾师们将秦时使用的课本进行了重新的编次加工，"合《仓颉》《爰历》《博学》三篇，断六十字以为一章，凡五十五章，并为《仓颉篇》"。经过改编的《仓颉篇》，共有3300字，用隶书书写，成为汉代通行的识字课本。除了《仓颉篇》外，汉代学者还编出一批识字课本，如司马相如的《凡将篇》，史游的《急就篇》，李长的《元尚篇》等。其中流传时间最久，并且一直保存下来的是《急就篇》。

《急就篇》的著者史游在西汉元帝时曾为黄门令，所以此书的编定时间约在公元前40年。今天我们所见到的《急就篇》共2144字，据考证，最后的128字是东汉人补加的。《急就篇》的编撰方法大致是把当时常用的单字编集起来，不加注释，使之成为三言、四言、七言的韵语，以便记诵，尽可能避免重复字，同时使每句都表达一定的意义，借此在识字教育的过程中教给儿童一些常识。唐代以后，《急就篇》逐渐被新起的识字课本所代替，但是这本书还是保存流传了下来，并且对后世识字课本和字书的编撰有很大的影响。比如著名的《三字经》《百家姓》《千字文》等诸多韵语读物，都是继承了《急就篇》的经验和体例，并在此基础上而有所发展。

2. 经学书籍

自汉武帝"罢黜百家，独尊儒术"之后，儒家思想从诸子百家思想流派之一，一跃而为官方意识形态。在此后2000多年间，以诠释和发挥孔子整理"六经"等经典的经学书籍始终居于主流地位，成为中国出版史上最为壮观的图书门类。

两汉时期的经学分今文与古文两派。董仲舒用阴阳五行说解释《春秋公羊传》开辟今文经学，刘歆开辟古文经学。今文经学独盛于西汉，衰败于东汉中期。古文经学则于东汉时期异军突起，涌现出了一大批学识渊博的学者。两派长期相争，各执一端，势成水火，成为中国古代学术史上一件著名的学术公案。正如钱穆所云："当时博士经生之争今古文者，其实则争利禄，争立官与置博士弟子，非真学术之争也。"[1] 今古文经学的纷争，虽有一定的弊端，但也从一定程度上促进了两汉经学的繁荣发展。其最终结果就是促使经

---

[1] 钱穆：《国学概论》，商务印书馆1997年，第81页。

学著作大量产生，具体表现在数目庞大，名目繁多。

由于各种原因，我们无法对汉代经学著作进行精确的统计。仅据《汉书·艺文志》所载，其中"六艺略"著录的西汉时期的经学著作就有103家，3000余篇，具体言之：《易》之传有13家，294篇；《书》之传9家，凡412篇；《诗》之传6家，416篇；《礼》之传13家，555篇；《乐》6家，165篇；《春秋》23家，948篇；《论语》12家，229篇；《孝经》11家，59篇。其数目约占《汉书·艺文志》著录图书总数的四分之一。除此而外，民间还有很多名不见经传的经学著作。如果再把东汉一朝的解经之作计算在内的话，数目当会更多。

儒家的"经"除了孔子整理的"六经"：《诗》《书》《礼》《易》《乐》《春秋》之外，后世又加入了"三礼"：《周礼》《礼仪》《礼记》，"三传"：《公羊传》《谷梁传》《左传》；以及《诗》《书》《易》《论语》《孝经》《尔雅》《孟子》，至宋代，最终形成了《十三经》。这13部图书内容庞杂，包括文学、史料、哲理等等，是儒家经典的基本范式，经过官方的不断补充及法定，成为历朝统治者统一思想、教化天下的方式与途径。另一方面，由于经学在古代政治中扮演着重要角色并拥有崇高地位，由官方机构或学者对儒家经典进行阐发和议论的经学著作在两汉以后较长的时间内不断地大量涌现。唐代孔颖达编《五经正义》，被唐王朝定为经学的标准解释；宋人说经、解经之书收入清《四库全书》的就有约185部，司马光、欧阳修、苏轼、苏辙、程颐、王安石、朱熹、吕祖谦等学者名家都对经书有过注释。清乾嘉年间，考据之风盛行，许多经学古籍得以整理出来。至清朝末年，康有为著《孔子改制考》《新学伪经考》托古改制，为变法维新寻求理论依据。可以说，从西汉以至晚清的2000年间，经学出版物内容不断丰富，体例不断衍化，如传、故、注、说、章句、微、通、条例、音、集注、集义、解、通解、疏、训、释、撰等，无论是"六经注我"，还是"我注六经"，都充分展现出中华原典强大的基因传承。

3. 史学著作

两汉时期涌现出了众多史学大家，史学著作在数量上较前代有显著增长，在编纂体例上也有许多改变和创新，对后世影响深远。据《后汉书·艺文志》

著录，东汉共有史部书 196 部，其中包含有为数不少的优秀之作。史学著述的繁荣使得史书地位迅速提高，在其后魏晋时期的目录书里，史部书从经书的附属一跃而成为仅次于经书的一大图书部类。

《史记》是西汉史学家、文学家和图书编辑家司马迁（前145—？）所作，为我国历史上第一部纪传体通史。该书完成于西汉征和三年（前90年），共130篇，其中本纪12篇，表10篇，书8篇，世家30篇，列传70篇。司马迁撰写的《史记》，首创纪传体通史的编纂体例，确立了以人物为中心的述史体系。从内容上来看，纪传体史书体裁是以帝王将相为中心的历史，适应了封建统治的需要，反映了封建社会的等级秩序，因此纪传体史书被尊为正史，《史记》也因而成为后世史家学习和仿效的典范。

《汉书》为东汉班固（32—92年）所作（其中的《天文志》以及八表由其妹班昭和马续完成），是我国最早的一部纪传体断代史，记载了从汉高祖元年（公元前206年）到更始二年（24年）包括王莽新朝在内230年的历史。其编辑特色主要体现在如下几个方面：一是把本纪变为编年史，二是把《史记》的"书"改为"志"，并加以丰富和完善，特别是取西汉刘歆的《七略》为《艺文志》，具有保存文化的重大意义，是后世开展文化研究的宝贵资料。经过班固丰富发展的《汉书》10志，全面提供了当时政治、经济、文化、军制、刑法、天文、地理等方面兴废沿革的资料，使纪传体史书对历史发展的横向描述更加充实完善。

史书是除了经部书之外，我国古代第二大图书门类，也是承载和维护古代封建正统文化之"道"的重要载体。以上两部史学原典，与《后汉书》《三国志》《晋书》《宋书》《南齐书》《梁书》《陈书》《魏书》《北齐书》《周书》《南史》《北史》《隋书》《旧唐书》《新唐书》《旧五代史》《新五代史》《宋史》《辽史》《金史》《元史》《明史》形成了"二十四史"，被历代定为正统史书，加上后来的《清史稿》，完整系统地展现了我国数千年朝代兴替发展。正史的大量连续性出版，也促使其他史学书籍的繁盛。《四库全书总目》共著录史籍（包括存目）2050余部，39000余卷。又据《贩书偶记》与《贩书偶记续编》统计，史部收录典籍 2930 余部，45360 余卷，二者相加，清代流传下来的史籍共计 4990 余部，84370 余卷，内容上至东周列国时代，下至清末，包括编年体、纪传体、类书体、史评体、方志体、起居注体等多种体裁。

4. 字书

两汉时期的字书至今尚无明确的统计数字。我国第一部以训释字义和词义为主要内容的词典——《尔雅》编定于此时。西汉后期还出现了我国第一部方言词典——《方言》。我国历史上第一部以分析字形、探讨字体结构源流为主要内容的字典——《说文解字》则出现于东汉时期。

《尔雅》是我国最早的一部解释词义的专著，也是第一部按照词义系统和事物分类来编纂的词典。"尔"是"近"的意思，"雅"是"正"的意思，"尔雅"的意思是接近、符合雅言，即以雅正之言解释古语词、方言词，使之近于规范。《尔雅》最早著录于《汉书·艺文志》，但未载作者姓名。原为 20 篇，今存 19 篇，佚《序篇》1 篇。全书收词语 4300 多个，分为 2091 个条目。相对后世的词典来说，《尔雅》的知识容量相当有限，但是在古代却非常可观。《尔雅》还可称为我国最早的一部带有百科全书性质的辞典，在历史上备受推崇。从西汉开始，就成为儒生们读经、通经的重要工具书，到宋代被列为"十三经"之一。事实上，《尔雅》并不是经，也不是某一部经书的附庸，而是一本独立的词典。它首创的按意义分类编排的体例和多种释词方法，对后代词书、类书的出现和发展有直接的影响。

《方言》一书为西汉文学家、语言学家扬雄所作，全称是《輶轩使者绝代语释别国方言》，经东晋郭璞注释之后流传至今。今本《方言》计 13 卷，所收词条计有 675 条。作为第一次用个人力量进行全国方言词汇调查后而撰成的一部书，它的编纂在中国语言学史和图书出版史上都是一种创举，其收集材料和编写方法具有相当的科学性。《方言》和《尔雅》是古代最早的两部同义词典，《尔雅》汇其同而略其异，《方言》既明其同又辨其异，主要是辨其空间之异及时间之异，视野比《尔雅》广阔得多。作为我国现存最早的方言辞典，《方言》对后世也产生了深远的影响。

《说文解字》是东汉古文经学家许慎编纂的，共14篇，后有许慎写的叙，以"述其著书之意"。全书共收9353字，重文1163字，共10516字，解说之文凡133440字，几乎囊括了汉代和汉代以前的所有汉字。按部首分类法编排，对所有的汉字的音、形、义进行全面分析和解释，是一部体大思精，具有开创意义的著作。它在中国出版史上的重要成就和意义表现在：作为我国古代第一部真正意义上的字典，在编辑方法上吸取了先秦以来文字研究和字书编纂的成果和经验，首创部首分类法，在具体分析和解释文字中集中系统地阐述并应用了"六书"理论，为后来文字学的研究开启了门径。该书还保存了许多古代社会历史方面的资料，具有较高的文献价值。

5. 科技著作

从《汉书·艺文志》的著录可以看到，刘向、刘歆校书时将全部图书分为六大类，其中两类都与科技有关，即数术和方技。数术包括天文、历谱、五行、蓍龟、杂占、形法六类，共著录100多家2500多卷。方技包括医经、经方、房中、神仙四类，共有36家860多卷。这两类图书中包含了不少西汉的科技书籍。

两汉时期，我国在数学方面取得了巨大成就，比较重要的数学著作有《许商算术》《杜忠算术》《周髀算经》《九章算术》以及近年考古发现的《算数书》，其中尤以《九章算术》最为有名。《九章算术》是一部出于众手，经过长期修改和补充而成的著作，不仅记录了秦汉时代的数学成就，也反映了这一时期一些典章制度和社会情况。全书按数学性质分成九章，分别是：方田（即田积）、粟米（比例）、衰分（比例配分）、少广（开方）、商功（体积）、均输（税率）、盈不足（盈亏与比例）、方程（多元一次方程）和勾股。《九章算术》应用了分数计算方法、比例计算方法、开平方、开立方、二次方程和联立一次方程的解法，还提出了负数的概念和正负数的加减法，等等。这些均在当时居于世界领先地位。其中，关于一元二次方程和联立一次方程的解法比欧洲早1500多年。《九章算术》的出现，标志着我国古代完整的数学体系的形成，其价值可以与欧几里德几何学相媲美，在世界数学史上也占有重要地位。公元263年前后，三国时期的魏国人刘徽作《九章算术注》，对《九章算术》中的全部公式和定理都给出了证明，对一些重要概念也作了较严格的定义，还纠正了其中的一些错误。经过刘徽的注解和整理，使得《九章算术》成为我国数学研究中的经典之作。

两汉时期，我国的医药学也得到了较大发展，一些前代流传的古医药书，经过两汉学者的搜集、纠正和补充，最终成为流行于世的定本。与此同时，一些著名医学家也在长期的实践和研究中，将积累的宝贵经验形诸文字，撰写了一批著名的医药学著作。这两方面的努力使得两汉时期的医药学图书蔚成大观，《汉书·艺文志》著录的医经与经方有18家，近500卷。在众多的医书中，现存的经典著作有《黄帝八十一难经》《神农本草经》《治百病方》和《伤寒杂病论》。《黄帝八十一难经》简称《难经》或《八十一难》，旧题秦越人撰，共3卷（一说5卷），是一部以问难形式解释古医药的理论著作，涉及到人体正常生理、解剖、疾病、证候、诊断、针灸与治疗，以及阴阳五行学说等种种疑难问题的论述，内容十分丰富，在阐发中医学基本理论方面占有重要的地位，对历代医学家理论思维和医理研究产生了深远的影响。《神农本草经》又称《神农本草》，简称《本草经》或《本经》，是我国现存最早的一部的药物学典籍，最早被南朝梁《七录》所著录。从内容来看，该书非一人一时之作，其形成有一个不断完善和继承发展的过程，最后定稿应在东汉时期。今本《神农本草经》是清代学者孙星衍、顾观光等人的辑本，分为序例（或称"序录"）1卷，本文3卷。收载药物365种，其中植物药材252种，动物药67种，矿物药46种。涉及病证约170多种，包括内科、外科、妇科、儿科等科疾病。

此外，在天文学方面，东汉时期著名的科学家张衡的《灵宪》与《浑天仪图注》两书，是两汉时期最具代表性的天文学著作；而在农学方面最具代表性的是成书于西汉后期的氾胜之著《氾胜之书》和东汉末年崔寔的《四民月令》。

三、魏晋南北朝时期的出版物

1. 别集与总集

我国古代经史子集的四部图书分类法中,"集部"收历代作家的散文、骈文、诗、词、曲和文学评论等著作。《四库全书》分为楚辞、别集、总集、诗文评、词曲等5类。其中别集是指一人的诗文集,这类图书的编撰与出版始于汉魏之际,有作者自己编撰者,但更多的是后人收集作者诗文汇编成册,在别集产生之初尤其如此。《隋书·经籍志》著录的魏晋南北朝编辑的前人别集共40多部,合计亡书有近百部。如西汉末年著名文学家和语言学家扬雄的《扬雄集》5卷,亦称《扬子云集》,东汉文学家和书法家蔡邕有《蔡邕集》20卷(又称《蔡中郎集》),在魏晋南北朝时广为流传。《隋书·经籍志》著录三国时人的别集32部,合计亡书为66部。曹魏别集合计亡书48部,占了大部分,说明其时北方别集的编撰多于南方。晋代编撰别集之风大盛,数量剧增。《隋书·经籍志》著录晋人别集156部,合计亡书多达376部。但这些别集大多陆续散佚,完整流传至今者甚少。南北朝时期编撰的别集数量也很大,《隋书·经籍志》著录南朝宋、齐、梁、陈别集共179部,合计亡书达346部。北朝别集数量与南朝相差甚远,《隋书·经籍志》著录北魏8部、北齐3部、北周8部,合计19部。

集部书之总集是在别集的基础上发展起来的。魏晋以来,写诗撰文形成风气,编撰出版的别集日益增多。无论从文化的进步还是文学的发展来说,都需要对这些作品分析得失、评论高下、分别流派,也有必要将作品或依门类、或选精华,重新汇编,以利学习研究,广泛传播,总集因之形成了规模。两晋南北朝编纂了大量总集,《隋书·经籍志》著录了这一时期总集107部,2213卷;通计亡书合249部,5224卷。其中,综合类诗文总集以南朝时期梁萧统所编《文选》最具代表性。《文选》共30卷,世称《昭明文选》,为我国现存最早的诗文选集,荟萃了梁以前优秀的文学作品,为后世阅读和借鉴此前各家各种文体的作品提供了方便,因而受到历代文人重视。特别是自唐朝实行以文章取士的科举制度以后千年间,《文选》几乎成为操觚染翰之士的必修课本。《文选》的研究、注释也成为一项专门学问——文选学。另一部诗歌总集《玉台新咏》，共10卷，也成于梁代，徐陵（507～583年）编选，供皇宫后庭歌咏。书中所收诗歌，上自汉魏，下至梁代，共769首，内有五言诗8卷，歌行1卷，五言二韵诗1卷。为《文选》所收者69篇。该书选诗范围较窄，题材比较单一，但其中保留的一些采自民间的乐府民歌是全书的精华，如《孔雀东南飞》千百年来脍炙人口，是其中的代表作。

2. 方志与谱牒

魏晋时期的史部书，最具有价值的是方志和谱牒。方志是记载某一地区地理、历史、政治、经济、文化、风俗、人物等全面情况的综合性著作，最初萌芽于先秦时期，东汉至西晋涌现了一批记载地方史事的著作，但未出现贯穿古今、内容广博、体例完备的地方通志。真正把编年史、地理志、人物传三者结合起来，形成一种新的体裁的是东晋常璩所撰《华阳国志》。该书12卷，记事起自远古，止于东晋穆帝永和三年（347年）。内容分为三部分：1至4卷以地域为纲，记载梁、益、宁三州（今四川及陕西汉中、云南一部分地区）的历史地理，尤以地理为主，接近正史中的地理志。5至9卷以年代为纲，用编年体的形式叙述公孙述、刘焉刘璋父子、蜀汉、成汉四个割据政权以及西晋统一时期的历史，略似正史中的本纪。10至12卷以人物为纲，记载三州自西汉至东晋初年的贤士烈女，相当于正史中的列传。从内容来说，它是历史、地理、人物三结合；从体裁来说，它是地理志、编年史、人物传三结合。这两个三结合构成了《华阳国志》的一个显著的特点，这也是中国方志编纂史上的一个创举[①]。在《华阳国志》之后，中历南北朝、隋、唐，这种体裁在相当长的时间里被史家沿用。《隋书·经籍志》载方志于史部地理类，依其著录，魏晋南北朝时期可归入广义方志类的著作多达130余部。另外，还出现了许多体例不同、内容集中的专门性志书。其中有《汉水记》《衡山记》等山水志,《陈留风俗传》《诸蕃风俗记》等风俗志,《交州异物志》《凉州异物志》等物产志,

---

① 刘琳：《华阳国志简论》《四川大学学报（哲学社会科学版）》1979年第2期。

《庙记》《京师寺塔记》等寺观志，以数量大、类别多、体例新为主要特点，为后世地方志的编修从体例和资料方面奠定了基础。

谱牒是记载氏族家谱世系的史书。我国最早的谱牒之书，是《汉书·艺文志》所载的《世本》。但谱牒作为一门学问，却是在魏晋时期正式形成的。据《隋书·经籍志》的《谱系》类著录，通计亡书合53部1280卷。其中除刘向撰《世本》2卷外，其余大部分为魏晋时期的谱牒之书，隋唐之后谱学逐渐衰落，因而谱牒是魏晋南北朝时期一个独具特色的图书门类。

3. 专业论著

魏晋南北朝时期，人们在观念上突破了儒学"六艺"全面发展的限制，在学科研究上开始注意对专业自身规律的探索，一批专业的理论论著涌现出来。

文学方面，现存最早的文学论著是梁朝刘勰所撰《文心雕龙》。该书共10卷，分上下部各25篇，包括总论、文体论、创作论、批评论4个部分，理论观点首尾一贯，具有严密的体系，且论述详审、笔调精美，是我国古代文学批评史上空前的巨著。在艺术方面，有梁朝谢赫撰的《古画品录》一卷及庾肩吾撰的《书品》一卷。前者按绘画六法将画家分为六品，后者将汉至梁的书法家128人分为九品，每品各有论断，全书尚有总论。这两部书在编辑方法上都与《诗品》相仿。

在科技方面，北魏贾思勰所撰《齐民要术》是当时成就最为突出的农书，也是现存最早、最完整的一部中国古代农学著作。该书10卷92篇，主要记载公元6世纪前黄河中下游地区的农业和副业生产情况，内容十分丰富，仅征引前人著作即达一百五六十种。其采用的大量著作，如《氾胜之书》《四民月令》等，原书已佚，全赖贾氏的引用才保存了部分内容，后人因此而辑佚成书。此外，这一时期医学论著的撰写编辑成果也非常丰富。西晋时著名医学家王叔和将古代医书中有关脉学的记载汇集起来，并结合自己的实践加以论述，整理编辑成《脉经》。《脉经》共分10卷24类，依照脉的生理、病理变化所形成的24脉象而划分，是有关脉学的第一部系统的理论著作。王叔和还对他的老师张仲景的医学著作《伤寒杂病论》进行了编辑加工，将其中伤寒部分整理为《伤寒论》10卷22篇，每篇先进行理论分析，再列出治疗方法，计收397法、113方，使之成为一部理、法、方、药完备的医学书籍；将《伤寒杂病论》中的杂病部分整理成《金匮要略》3卷25篇，论述内科、外科、妇科等杂病60多种，收集了262个药方。

4. 传注体图书

除新的编著形式不断涌现外，魏晋南北朝时期在旧有的编著形式上也有较大的发展，其中尤以传注体最为显著，不少注无论在字数上，还是在学术价值上都远远超过了原著。

《尔雅》是我国古代第一部以释义为主的辞典，对该书最早的完整注本是晋代郭璞（276—324年）所作的《尔雅注疏》。全书共注"未详"、"未闻"者142处，所引典籍近50种，赖其注保存了晋代以前有关《尔雅》一书的许多材料，对于后人研究古汉语、古文献及了解古代社会生活有帮助。郭璞在为《尔雅》作注的同时，还作有《尔雅音》《尔雅图》《尔雅图赞》，将书中难以识别的字音注明，把所掌握的图像绘出，使后世学者一目了然，成为晋代《尔雅》学之集大成者，为其后的注家奠定了良好基础。

《水经》是三国时期一部记载水道的专书。北魏郦道元（？—527年）以其为蓝本，广泛收集有关资料，深入实地考察，获取山水等地理学的第一手资料，撰成《水经注》。实记1252条，共计40卷约30万言，把《水经》的内容扩大了20余倍。其引书多达400余种，涉及经、史、子、集，并收录了不少汉魏时期的碑刻，虽以作注的形式写成，实为我国第一部以记载河道水系为主的综合性地理著作，

图 6.1　水经注

也是我国北魏以前古代地理学的集大成之作。因为《水经注》采用的是以水记山、因地记事的写作手法，以水为中心层层展开，牵涉面极广，不少篇幅实际上超出了地理学的范围，为许多学科提供了材料。

《神农本草经》是东汉时期广为流传的一部药典，但因辗转传抄，出现了许多错误，南朝陶弘景（456—536年）对这部书进行整理加工，形成《本草经集注》，不但在内容上超过了原著，还打破了原书结构，将各种药物分成玉石、草木、虫鱼、禽兽、果实、米食及有名无用等7大类，之下又分为80多小类，同时特别在书中注明哪些是原有的，哪些是新增的，以便于读者区别和了解，在编辑体例上实属创举，使得"注"无论在内容还是编辑形式上，都发展成为一种独立的再创作体裁。

四、隋唐时期的出版物

1. 书目、类书及经学读本

隋朝建立以后，政府主持进行过几次大规模的书目编制工作，如隋文帝时即编了4部官修书目，分别是《开皇四年四部目录》《开皇九年四部目录》《七林》《开皇二十年书目》；隋炀帝时期还编制了《隋大业正御书目录》。唐朝政府组织编制的书目有《群书四部录》《开元四库书目》《唐秘阁四部书目》《贞元御府群书新录》《四库搜访图书目》等等。

现存最早的类书也产生于隋代，这就是《北堂书钞》。该书由隋朝秘书郎虞世南在秘书省的后堂——北堂所编，原为173卷，今本160卷，分19部，子目852类，主要是汇集古书中可供吟诗作文之用的典故、词语及一些诗文摘句。由于该书是现存最早的类书，从中亦可考见早期类书在编辑体例上的大致面貌。进入唐朝以后，政府组织编纂了大型类书《艺文类聚》100卷，分46部727个子目。其最大的特点是开创了"事居其前，文列于后"的编排体例，便于读者阅读和参考，对后世产生了深远的影响。唐太宗时期，命高士廉、魏征、房玄龄等编纂的《文思博要》，是唐朝政府编纂的又一规模宏大的类书，共1200卷，目录12卷，可惜在南宋已失传。唐玄宗时期，命集贤院学士徐坚等编撰类书《初学记》，完成于开元十三年（725年）。全书30卷，分23部313个子目，每类目下均分"叙事"、"事对"和"诗文"三部分。此书旨在供初学者所用，在叙事部分一改过去类书逐条抄写、单纯罗列的方法，将类事经过组织连贯成一篇文章，在类书编纂体例中可谓别具一格。

隋唐五代时期对儒家经典的刊正一直未曾中断。唐太宗时，命颜师古在秘书省考定《五经》，并将其校定的《五经》定本颁行天下。这是隋统一以后首次编纂的经籍文字定本。唐太宗还命孔颖达与颜师古等共同撰定《五经义训》，书成赐名《五经正义》。该书于唐高宗永徽四年（653年）颁行天下，成为全国唯一的经学标准教科书，每年明经依此考试，经学门户之争从此得以平息。

2. 史学著作和医药学图书

我国古代有后朝修前朝正史的优良传统，隋朝也不例外。隋文帝鉴于"魏收所撰书，褒贬失实，平绘为《中兴书》，事不伦序"，遂令魏澹重新撰写《魏史》，分为12纪、78传，加上史论、义例和目录，共计92卷。唐朝建立以后，于贞观三年（629年）开始设馆修北朝诸史及隋史。这次修史有明确分工：魏征在撰写隋史的同时，和房玄龄"总监"诸史，负责全面工作；令狐德棻在撰写周史的同时，"总知类会"诸史，负责协调诸史内容和编撰体例；李百药、姚思廉有家学传统，继其先父遗志，分别撰写齐史、梁史和陈史。这种合理的分工，保证了编撰工作的顺利进行。以上各书除了《隋书》成于永徽元年（650年）之外，其他各书均于贞观十年（636年）修成，合称《五代史》。后来又把《五代史》分为《梁书》《陈书》《齐书》《周书》《隋书》五种单行本。其中"志"30卷至高宗显庆元年完成，不可再分，就放在《隋书》之中。《晋书》始修于贞观二十年（646年），至贞观二十二年（648年）修成130卷。除了前代史外，唐代史馆还编辑了不少"实录"和"国史"。从唐代开始，每一个皇帝死后，继位者必敕史臣撰修实录，遂沿为定例。

在医学著作方面，隋唐时期也有值得一提的成果，这就是修于高宗显庆四年（659年）的《本草》二十一卷、《本草药图》二十五卷、《本草图经》七卷等书，总称《新修本草》，图文并茂，不仅是我国第一部药典，也是世界上最早的国家药典。早在唐代开元十九年（731年），日本就出现了该书的传抄本，并作为日本官方指定的医生必读书，广为流传。

3. 韵书和政书

魏晋南北朝时期已经出现韵书，但其编辑水平一直停留在较为原始的状态，直到隋代陆法言编著《切韵》出现，韵书的编著体例才大致定型。隋文帝初年，陆法言与刘臻、颜之推等8人讨论音韵，由陆法言作了笔录。此后，他用10多年时间博览群书，校订讨论稿，于仁寿元年（601年）编成《切韵》五卷。该书是古代音韵学史上的重要著作，在编辑上采用二级标目，先用四声分卷，其中平声分上平、下平，加上上、去、入共5卷，之下又分为193韵。这样按照声、韵的线索，查索起来十分方便，因而被称为唐宋韵书的始祖。

政书是记载一朝或数朝典章制度沿革以及经济、文化发展情况的图书体裁，可追溯到专讲职官制度的《周礼》。唐玄宗时期，史学家刘秩在《周礼》基础上广采经史百家之言，对各门类、各职官分别加以诠次，编成一部资料汇编性质的职官之书《政典》35卷。此书虽然开创了一种新的编纂形式，但在编排上未能突破《周礼》的结构，使许多与典章制度相关的资料无法收入在内。此后，政治家杜佑结合当时实际情况，对职官书从编辑体例上加以改造，编成中国第一部政书《通典》200卷，时限范围上起远古时代的黄帝，下至唐肃宗、唐代宗。此书在编辑体例上采用二级标目，首先将全书分为9门即食货、选举、职官、礼、乐、兵、刑、州郡、边防，每门又分1000多子目。分类编撰极有条理，是我国第一部记载历代典章制度的专书，被后来的政书编纂者视为典范。

4. 姓氏谱与地记

唐朝时期，人们修撰族谱的风气很盛，对其前代谱乘的传存也颇为致力。《新唐书·艺文志·谱牒类》对《隋书·经籍志·谱系篇》所载已佚或原属失载的族谱，曾依唐至五代所保存者加以注录。贞观十二年（638年）成书的《氏族志》，以皇族为首，外戚次之，然后是山东崔氏等名门望族，企图以勋品定高下。唐高宗显庆四年（659年）颁行的《姓氏录》，反映了当时士庶合流的趋势。唐玄宗开元二年（714年）撰成的《大唐姓族系录》，是唐代最后一部官修大型谱牒书。除了官修谱牒外，唐朝时期私人撰述族谱者也很多，以家谱为主，如刘知几的《刘氏家史》15卷等。唐人自撰族谱见于《新唐书·艺文志·谱牒类》，其卷数明确者合计60种890余卷。

隋唐时期，随着大规模有组织的编修方志活动的开展，产生了我国最早的地记总志。这就是隋大业年间由朝廷综合编纂的《诸郡物产土俗记》151卷、《区宇图志》129卷、《诸州图经集》100卷等。图和志，过去是分别单行的，这一时期将两者合编为一书。唐代纂修的第一部地理志书，是唐太宗时期魏王李泰所撰的《括地志》正文550卷，序略5卷，该书有志无图。贾耽所绘《海内华夷图》，所撰《古今郡国县道四夷述》，则为图说并行。后者提要为《贞元十道录》，古今地名并注，这是贾耽的一个创造。唐宪宗元和八年（813年），李吉甫先后撰进《元和郡县图志》42卷，图说合一，体例比较完善，成为后世官修方志的范本。

五、宋元时期的出版物

宋以前的图书主要是抄本，宋以后的图书出版有两种方式，一种是雕版印行，为印本书；一种是缮正传抄，为抄本书。抄本时代的图书数量十分有限。雕版印刷技术的广泛使用，标志着印本书时代的到来，图书出版数量达到了新高峰。

1. 官私方志

宋朝多次下诏征集图经，开始了大规模纂修总志、方志的工作。宋太宗太平兴国年间修撰的《太平寰宇记》为全国总志之书，共200卷，《目录》2卷，较宋以前各志书增加了风俗、姓氏、人物、土产等内容，改变了以前志书详于地理而略于人文的缺陷，也为其后志书的纂修体例树立了典范。宋神宗元丰三年（1080年）修《元丰九域志》10卷，元祐元年（1086年）颁行。宋徽宗大观元年（1107年）专门设置《九域图志》局，重修《九域图志》，这是国家设局修志的开端。由于政治原因，《九域图志》未能修成，不过因其命州郡都要编纂图经，大大推动了各地方志的纂修。宋王朝南渡后，南方各处修志如雨后春笋，其中尤以两浙东西路为最盛，前后纂修方志165种，仅浙东就有132种；其次是广南东西路，前后修志有120种。四川约有110种；江南东西路、荆湖南北路也各有七八十种；福建路43种；陕、甘、河南各10余种；河北6种，山东3种。总计为718种。

我国的官修志书制度，最初形成于隋唐时期，但在体例上还多为图经体，与后世方志不同。到两宋时期，我国近代方志体例才有大致的定型。宋人关于方志的起源、性质、作用、内容、资料搜集鉴别、凡例、艺文、详略、与修人员条件等诸方面，也都形成了系统的理论，不仅纂修得多，且在内容、体例上继往开来，多有创建，堪为后世修志者法。地方志从本质上说就是地方史，由各级地方行政长官主持、官方出资修纂并出版，成为中国出版史上光辉的篇章。

2. 史学著作

宋代所编有影响的史学巨著是《资治通鉴》。该书共294卷，《目录》30卷，《考异》30卷，为司马光奉敕编撰的编年体史书。书成进览之后，奉旨下杭州镂板，元祐七年（1092年）版行于世。至绍兴三年（1133年），两浙东路提举茶盐司公使库又委托绍兴府余姚县印造版行。此外又有蜀广都费氏进修堂、建康、建宁、鄂州鹄山书院等，也先后刻印出版过《资治通鉴》。今仍传世者尚有宋绍兴三年（1133年）两浙东路茶盐司公使库刻本及其他6个宋刻本。史书部头大，卷帙浩繁，出版这类史书很能反映出

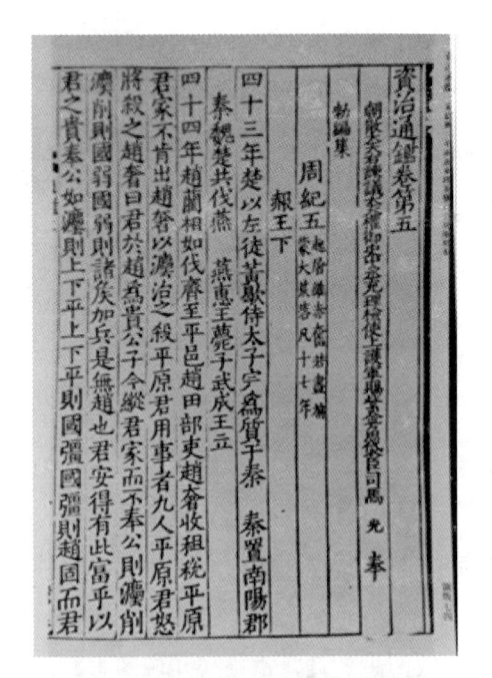

图6.2 宋两浙东路茶盐司公使库刻本《资治通鉴》

宋代版事业的盛况。

元代编纂典制历史方面的巨帙，当属马端临的《文献通考》。马端临前后用 20 余年时间，以杜佑《通典》为蓝本，编成田赋、钱币、户口、职役、征榷、市籴、土贡、国用、选举、学校、职官、郊社、宗庙、王礼、乐、兵、刑、经籍、帝系、封建、象纬、物异、舆地、四裔等 24 考 348 卷的宏篇巨帙，为元代私人史撰中之最有名者。该书现存最早的刊本是元泰定元年西湖书院刻本，其内容是唐代杜佑《通典》的 5 倍，是宋代郑樵《通志》的 5 倍，也是继《通典》《通志》之后最为通博的典章制度方面的通史巨著。

3. 集部书和类书

宋朝科举取士最多，加上特赐、特奏名，可以说是空前绝后，因而别集也就多。收录现存宋人别集最为完备的目录，是四川大学古籍整理研究所编辑的《现存宋人别集版本目录》，共计收录两宋 739 人的诗词文集，其中诗集、文集、诗文合集的作者 632 人，词集作者 107 人。此外，自昭明太子《文选》以降，形成了编纂总集的传统，时有巨帙。宋代编制类书始自宋太宗太平兴国七年间，其中《太平御览》《太平广记》《册府元龟》《文苑英华》等 4 部大书，是两宋文化造极的表现。这 4 部类书凡 3500 卷，几乎将其以前所有著作中的精华囊括殆尽，是宋代标志性的撰著，即便在今天看来也是令人仰止的文化建设工程。

4. 法律文献

北宋王朝建立之初，即重定刑事法典，刻印《宋刑统》。这是我国第一部刻印出版的刑事法典，也是宋代内府刻印图籍的最早记载。由于这部法典是根据五代后周的《大周刑统》删订而成的，所以又被称为《重定宋刑统》。《大周刑统》又直接来自《唐律疏义》，因此《重定宋刑统》也就保存了唐律的基本精神和框架，成为研究北宋以前特别是研究唐代刑事立法和司法的重要法律文献。

5. 佛教文献

宋太祖开宝四年（971 年），派张从信前往益州（今成都）主持刻印佛教大藏经13万版，凡5048卷，480函，1076部。这就是我国出版史上有名的《开宝藏》、也被称为《蜀藏》的雕板印刷出版工程。这部大藏经是我国历史上第一部印行的佛教文献总汇，它的雕印不仅收到了巩固宋王朝统治的政治效果，而且是一次规模巨大的出版印刷事业的实践。通过这次实践，培养了大批雕印工人，积蓄了丰富的印刷出版经验，使自唐末以来就有刻书基础的四川，到了宋代更发展成为全国三大刻书出版中心之一，对当时和后世出版印刷事业的发展都有深远影响。

六、明清时期的出版物

1. 类书

类书是一种传统的工具书，它是把各种书籍中的史实典故、名物制度、诗词文章、俪词骈语等资料按句或按段有选择地摘录下来，然后分门别类再结合一起，以便寻检和征引，具有百科全书的性质。因其体裁较为特殊，尽管《隋书·经籍志》《四库提要》将类书归入子部，但正如《四库全书总目》子部类书类小序所指出的："类事之书，兼收四部，而非经非史非子非集，四部之内，乃无类可归"，也就是非经书也非史书，非子书也非集书。

我国古代第一部类书，是三国时期魏文帝曹丕主持编辑的《皇览》。据《三国志·魏志·文帝纪》载：魏文帝曹丕时"使诸儒撰集经传，随类相丛，凡千余篇"。因此书早已散佚，后世所存不多，难以窥其全貌。六朝时期也有很多类书，如北齐后主武平三年敕撰的《修文殿御览》，齐、梁间的《古今同姓名录》、梁朝的《华林遍略》等。唐代官修类书有三部，即欧阳询等奉敕撰《艺文类聚》，许敬宗等奉敕撰《文馆词林》，徐坚奉敕撰《初学记》；私撰的有二部：虞世南撰《北堂书钞》和白居易撰《白氏六帖》。其中，《北堂书钞》共160卷，从当时各类书籍中摘录名言佳句，凡852类，供当时作文采撷词藻之用，为我国现存的最早的一部类书；《艺文类聚》共100卷，从1400多种古籍中分类摘录，分岁时、政治、产业等46部，事实居前，诗文列后，内容丰富，为我国现存最早的一部完整的官修类书。

宋代类书编纂规模空前，产生了许多大型类书。较为著名的有《太平御览》《太平广记》《册府元龟》和《玉海》。《太平御览》为宋太宗时期下诏命李昉等人编修，共1000卷，分55部，各部之下又分若干类，有些类下又有子目，征引古书1690余种，不仅是一部重要的综合性资料工具书，而且是保存古代佚书最为丰富的类书之一。《太平广记》为宋太宗时期命李昉、扈蒙、李穆、徐铉、赵邻几、王克贞、宋白、吕文仲等12人编纂，共500卷，目录10卷，取材于汉代至宋初的野史小说及释藏、道经等和以小说家为主的杂著。《册府元龟》为宋真宗命王钦若、杨亿等所辑，共1000卷，分31部，1100多门，将历代事迹，自上古至五代分门顺序排列，所采以史籍为主，间取经、子，引文多整章整节，对宋以前史辑的校勘工作有较高价值。《玉海》为南宋时期王应麟私撰，共200卷，分天文、地理、官制、食货等21门，卷末还附有《辞学指南》4卷，并有辑者所作《诗考》及《诗地理考》等13种。该书对宋代史事大多采用《实录》和《国史日历》，有较高的史料价值。

明清两代，官修和私辑的类书达到了一个新的高度。明代产生了我国最大的类书《永乐大典》，也是举世共誉最早最大的"百科全书"。该书从明成祖永乐元年（1403年）开始，到永乐六年（1408年）编成。永乐元年七月，根据明成祖的指示，解缙汇集学者百余人，博采众书，分门别类，依韵纂辑一部大类书，于次年冬呈上，成祖赐名《文献大成》。但是，由于编纂匆促，内容简略，遂命重修，并令太子少保姚广孝、刑部侍郎刘季箎与解缙共同监修，开馆于南京文渊阁。永乐六年（1408年），重修《文献大成》毕，书上，改赐名《永乐大典》。《永乐大典》全书共22877卷，另有凡例和目录60卷，约37000万字，装成11095册。其收录范围相当广泛，连书契以来的经史子集、百家之书都予以收录，甚至连天文、地志、阴阳、医卜、僧道、技艺、戏曲小说等也予收录，这是其他类书所不能比拟的。全书辑录古书达七八千种，几乎将明朝皇家图书馆——文渊阁的藏书囊括殆尽。在编排上，该书首先按明初官修韵书《洪武正韵》的韵部编排，韵部之内各字亦按《洪武正韵》原书顺序排列。每字之后，先叙各字书、韵书对此字的解释，再列此字篆、隶、楷、草等各种字体的写法，其后则为总叙、典故、诗文等部分，将与此相关的资料分别罗列起来。全书结构清晰，栏目清朗，在编辑技巧上达到很高的水平。它收集了许多后世无传本的书，保存了许多失传的古籍。清代乾隆年间在修《四库全书》时，曾将从《永乐大典》中辑出的古代佚书385种，4926卷，收入《四库全书》中。此后，又有一些学者从中辑出许多其他的书，先后总计辑出的书近600种。其他如《建炎以来系年要录》《东观汉记》《农桑辑要》《水经注》《续资治通鉴长编》等脍炙人口的名著，也多是由《永乐大典》辑出或经《永乐大典》校补的。《永乐大典》还保存了不少农学、科技、手工业、民俗文学、释藏道经等方面的作品，而这些又是后来的《四库全书》不以为重的著作。据估计，目前国内外各类图书馆和私人收藏的《永乐大典》约有800余卷，400余册，其中中国国家图书馆藏有222册、台湾国立故宫博物院62册、美国国会图书馆40册、日本东洋文库34册、英国牛津大学图书馆12册、英国博物馆10册，其他均零散于各地或私人。存于大陆的约200余册，存于台湾的约70余册，其存量不到全书的4%。

继《永乐大典》之后，清王朝又组织编纂了一部重要的类书《古今图书集成》。该书是康熙、雍正年间由陈梦雷、蒋廷锡等先后主持编纂的，以陈梦雷用力最多，至雍正三年底（1726年）重编完毕，并用铜活字进行排印，于雍正六年印成，共印了65部。《古今图书集成》共10040卷，525函，5020册，是现存最大的一部类书。全书分6类汇编，汇编之下分32典，32典之下又分为6100余部。每部之下，收录与之相关的事物，每一被收录的事物即为一基本小主题，其下依汇考、总论、列传、艺文、选句、记事、杂录、外编等项，罗列有关资料，其格式为先书引用书名，再换行书引文，其中不少小主题还附有绘图以便说明。该书分类细致，条理明晰，在组织体系和编排体例上远胜过以前的类书。此外，清代康熙、雍正间还编有《渊鉴类函》《佩文韵府》《骈字类编》《子史精华》等大型类书。

2. 丛书

南宋时期，以俞鼎孙、俞经编的《儒学警悟》、左圭辑的《百川学海》为开端，形成了"丛书"这一新的图书出版形式，并在明清时期发展到极盛，到近代达到 3000 余种。"丛书"是在一个总书名下汇集多种单独著作为一套，并以编号或不编号方式出版的图书，通常是为了某一特定用途，或针对特定的读者对象，或围绕一定主题内容而编纂。一套丛书一般有相同的版式和装帧，且多由一个出版者出版，或者一次出齐，或者陆续出版。南宋嘉泰二年（1202）俞鼎孙、俞经编《儒学警悟》，将 6 人的 6 种著作汇为一书出版。70 年后，左圭辑成《百川学海》，收书 100 多种。两书被视为中国丛书之祖。明清时期，丛书的编纂刻印活动十分活跃，到清代乾隆年间，政府也开始从事丛书的编纂刻印。这一时期影响最大、规模空前的当数《四库全书》的编纂。

《四库全书》是我国古代最大的一部丛书。乾隆三十七年正月（1772 年），下诏各省征集图书。次年二月成立《四库全书》编修馆，实际上负责这项工作的是总编纂官纪昀，先后任命正副总裁以下官员 360 人，参加抄写、装订的有 3800 多人。到乾隆四十六年十二月（1782 年 1 月），历时 10 年编成。乾隆五十二年（1787 年）以后，该书陆续被抄成 7 部。

《四库全书》收录的图书，大体可分为 6 个方面：第一种内府本，是原来储藏在宫内的旧刻本和抄本；第二种大典本，是从《永乐大典》中辑出的逸书，有 385 种；第三种采进本，是从各省征集搜求的书，达 12000 余种；第四种敕撰本，是清朝编纂的各种官书；第五种

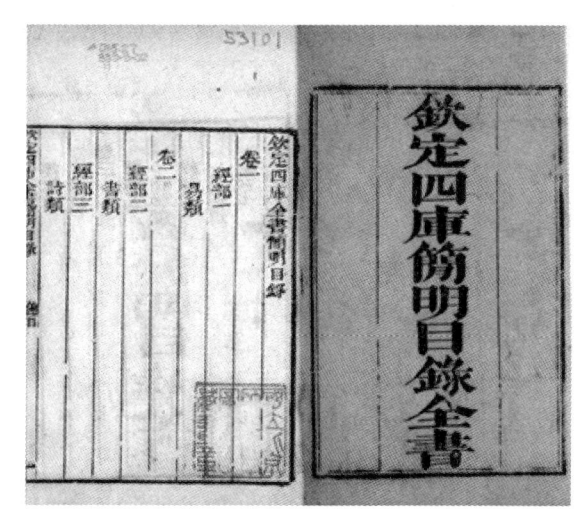

图 6.3 《钦定四库简明目录全书》

进献本，是当时藏书家应乾隆之令进献的书；第六种通行本，是采购来的社会上流行的书。对收集来的图书，编辑者分为五种情况区别对待：凡清朝皇帝著作、奉皇帝命撰写的图书以及统治者认为最好的图书，列为"应刻图书"，除了收进《四库全书》外，还要刻印发行；凡有利于清廷统治和君主专制的图书，列为"应抄图书"，收进《四库全书》；凡不符合上述两条标准的图书，又不在禁止之列的，列为"存目图书"，只在《四库全书总目》里保存书名，不收入《四库全书》；凡是不利于清廷统治的图书，都被列为禁止流传和销毁图书，并编制"禁毁书目"；凡戏曲、小说皆不收录。按照上述原则，《四库全书》共收集从古代到当时的著作3500余种、79000多卷，分装36000余册。

《四库全书》系统地保存了我国古代的文化遗产。编纂人如纪昀、戴震等，从《永乐大典》中辑出500多种珍贵图书，一一辨别真伪，考究版本，叙述书旨大意，撰成《四库全书总目提要》，使读者得以了解各书的内容及版本源流。随着《武英殿聚珍版丛书》的广泛流传和南三阁《四库全书》的对外开放，为再编新书创造了条件，新的丛书频频出现，促进了我国出版印刷事业的发展。

3. 史书和地方志

我国古代有专门机构记录皇帝言行。北宋初年，门下省起居郎与中书省起居舍人为寄禄官，另置起居院，掌记录皇帝言行，以三馆、秘阁校理以上官从事，称修起居注。元丰改制废起居院与修起居注官，由起居郎与起居舍人记录皇帝言行。明万历三年（1575年）定制：令日讲官日轮一员，专记注起居，兼录圣谕诏敕册文等项及内阁题稿。另选讲读以下六员，专管编纂。清康熙九年（1670年）始设起居注馆，置记注官满四人，汉八人，以日讲官兼摄。五十七年（1718年）裁起居注馆，记注之事并归内阁。雍正元年复设起居注馆。修起居注，主要是将谕旨、题奏、官员引见、除授，依次记载。一日之上谕以事务大小轻重为序，题奏则以衙门位次或官职大小为序。每月分作2册，每年24册，先成草本，由总办记注官逐条查核增改，送掌院学士阅定。列以上年之事，至次年分月编纂，年底进呈皇帝，候发下后再送内阁储藏，其副本则存翰林院。

除了起居注以外，明代的国史与实录纂修也卓有成效。明建文元年（1399年），令董伦等人纂修《太祖实录》。成祖永乐九年（1411年），再命胡广等重修。至十六年（1418年）成书257卷。以后历朝皇帝去世后，皆有纂修实录之举。万历年间组织编纂纪传体国史，以修撰焦竑主其事，成《国史经籍志》。此外，明代还编有《大明一统志》90卷、《（弘治）大明会典》180卷、《（万历）大明会典》228卷等书。清康熙、乾隆时期，开"国史馆"，终清一代，共成书约700余卷，计有清太祖至穆宗各帝《本纪》以及《宗室王公功绩表传》《八旗满洲氏族通谱》《满汉名臣传》《满洲源流考》等，成为后来编修《清史稿》的重要资料。

明太祖洪武初年，两次诏修《元史》，编纂《元史》共210卷，计本纪47卷、志58卷、表8卷、列传97卷。另附目录2卷。清初，于顺治初年设明史馆，至乾隆四年（1739年），张廷玉领衔奏上《明史》336卷，计本纪24卷、志75卷、表13卷、列传220卷、目录4卷。书成后，由武英殿刊行，即今通行的《明史》。

明永乐十六年（1418年），明成祖朱棣诏令天下郡、县、卫、所皆修志书，并且第一次由政府颁布了统一的《纂修志书凡例》。此后，明代地方志的编纂活动一直没有中止过，其工作由地方政府主持。朱士嘉在《中国地方志综录》中共著录明代地方志860种之多，现在存世的明代方志远不止这个数量，由此可知当时编纂的方志数量更加庞大。明代地方志的编纂质量较高，大都有凡例，体例也较严谨。其类目大多分为两级，门类之下再列细目。完备的编辑体例，是地方志这一编纂形式在明朝时期渐趋成熟的标志。

清王朝入关后，组织了多次全国性大规模普修地方志的活动，许多地区也频繁进行地方志的编纂。在此基础上，一些学者对地方志的编纂进行理论总结，并形成了两种学术观点。一派以章学诚为代表，认为地方志的性质就是地方史乘，应该用史书体例编写。另一派以戴震为代表，着重考证地理沿革与方位，重视发掘史书中的材料。这种编志方法考据虽详，却容易遗漏现

实生活中珍贵的一手材料，使得方志的价值受到影响，因而并不盛行。

4. 清代考据学著作

明末清初之际，黄宗羲、顾炎武、王夫之，以及后来的颜元、朱之瑜、陈确、傅山、方以智、唐甄等著书立说，提倡实学，对清代学术的发展具有深远影响。

黄宗羲的名著《明夷待访录》，对专制的暴君政治和封建秩序进行了激烈的批判，提出了"工商皆本"的观点。顾炎武所著《日知录》《天下郡国利病书》等，反对专制主义政治，提倡实事求是、踏实钻研的学风，并强调人要有民族气节。稍晚于黄、顾的学者阎若璩和胡渭，前者著《古文尚书疏证》，以比较的方法证明古文尚书是一部伪书；后者著《禹贡锥指》和《易图明辨》，在辨别古书真伪和提倡疑古精神上都有一定的贡献。从阎、胡开始，清朝的学术风气就由"经世"转入"避世"，从要求社会改革转入"为考据而考据"。

有清一代的学术研究，由反对宋明专谈心性之学，而为专治训诂笺释的"汉学"，推动了考据学、校勘学、辑佚学等学术活动的发展，对清代图书的著述、收藏、整理、刊版都产生了巨大影响。特别是乾嘉学派学者辈出，著作如林。仅《清代朴学大师传》所载史学家就有88人。戴震的《声韵考》、段玉裁的《说文解字注》、王念孙的《广雅疏证》，是音韵学、文字学、训诂学方面的代表作；王昶的《金石萃编》、毕沅的《山左金石志》、钱大昕的《廿二史考异》、王鸣盛的《十七史商榷》、赵翼的《廿二史札记》，以及章学诚的《文史通义》等，则是史学名著。这些学者致力于考据、版本、校勘和辑佚工作时对于藏书的倚重，推动清代私人藏书事业的空前发展，超过了历史上任何一个朝代。据有关资料统计，清代著名藏书家多达500余人，其中乾嘉时期以吴县黄丕烈、长洲周仲连、元和顾抱冲、吴县袁又恺为最著，号称清初"四大藏书家"。黄丕烈特别注重于宋本的收藏，自号佞宋主人，并名其藏书室为"百宋一廛"。

5. 科技书籍

从明代后期开始，在科学技术方面相继产生了许多具有重大学术价值的著作。农学方面，徐光启所撰《农政全书》60卷，全书50多万字，引用古代著作和文献200多种，集我国古代农书之精华，是我国古代五大农书之一。

该书的许多篇章对于今天的农业生产仍然具有指导意义；清乾隆年间由政府编制的《授时通考》，是农学著作的集大成之作。医学方面，明代李时珍编著的《本草纲目》记载药物1800多种，收集医方10000多个，是一部珍贵的药学著作，书中对植物、矿物都有可贵的记载，保存了丰富的历史资料。该书还被译为拉丁、日、英、俄、法等多种文字，在世界医药学史上产生了深远影响。著名科学家达尔文在其著作里就曾大量引用《本草纲目》的内容；清代由政府编纂的《医宗金鉴》，精选大量我国古代权威医学著作的注解本，重于临床应用，并附有歌诀，便于记诵，是当时从医者的必备书籍。此外，其他一些科技书籍如《徐霞客游记》和宋应星的《天工开物》等也都具有很高的学术价值。前者记录了作者考察16省地貌、地质、气候、植物等方面的研究成果，是一部学术价值很高的地理学著作；后者记录明代中叶以后农业、手工业的生产技术情况，也是一部伟大的科技名著。值得关注的是，明代后期还翻译出版了一批反映西方科技成就的图书，如《几何原本》《泰西水法》《万国舆图》《坤舆图说》《人体图说》等，对于促进中国科学技术发展发挥了作用。

6. 戏曲与小说类书籍

宋元以来，小说、戏曲逐步发展，至明清时期走向繁荣。《三国演义》《水浒传》《西游记》《金瓶梅》等古典长篇小说都在明嘉靖年间定型或开始出现，对后世的文学艺术产生了深远影响。明末清初，文坛上继续盛行戏曲的创作，当时这一类作品很多，其中以孔尚任的《桃花扇》及洪昇的《长生殿》最为著名。从清康熙年间开始，小说创作又进入高潮，并相继产生了《聊斋志异》《红楼梦》《儒林外史》这三部不朽的文学作品。

明清时期，在戏曲与小说的创作与编辑活动中，涌现出不少优秀的编辑工作者，其中以冯梦龙和凌濛初最具代表性。冯梦龙一生编辑和创作的作品达数十种，以《三言》最为有名。"三言"即指《喻世明言》《警世通言》《醒世恒言》，是我国白话短篇小说的集大成之作。三书共收作品120篇，其中宋元旧作40篇左右，明人作品80篇左右。"三言"在编辑史上的最大贡献是试图打破以往正统文人的雅俗之分，有意识地去编选广大群众能够读懂并喜闻乐见的作品，并把这些作品置于与儒经、国史相同的高度，这在当时确属难能可贵。凌濛初一生编选的作品在20部以上，其中以《二拍》最为著名。"二拍"即《初刻拍案惊奇》《二刻拍案惊奇》，实收白话短篇小说78篇，其中部分为他自己的独立创作，另有大部分是根据《太平广记》《夷坚志》等文言小说故事情节加工改编而成。凌濛初在编选时以"奇"为收录标准，并要求小说创作要做到"真与饰"、"实与赝"的有机结合，反映出深刻的文学见解和深厚的编辑功力。

图6.4 桃花扇

第二节 近代出版物

19世纪以后，随着近代出版业的兴起，出版物内容和出版物类型都发生了极大改变。其中一个引人瞩目的现象，就是报纸、杂志的出版发行。《全国中文期刊联合目录》著录了中国50所图书馆所藏1833年至1949年间国内外出版的中文期刊近2万种。《上海图书馆馆藏建国前中文报纸目录》收录了馆藏1862年至1949年国内外出版的中文报纸3500余种。从这两组数据中可以大致看出当时报纸、杂志出版的整体情况。新式印刷术传入中国，首先广泛应用于报纸、杂志的印刷，而后才扩展到图书领域。由于近代报刊具有反映及时、流传广泛等优点，极大地促进了近代出版和大众传媒事业的发展，也给社会带来巨大的影响。

如果说晚清民国时期出版业的发展带来了出版物类型的不断丰富，那么近代社会的转型则推动了出版物内容结构的不断调整。这一时期，通常习惯上划分的教科书出版、古籍出版、工具书出版、翻译出版、文艺著作出版、社科图书出版、自然科学图书出版等几大出版门类，已基本定型或已经具有相当的基础。从教科书出版来看，教科书出版是晚清商务印书馆、文明书局等民营出版业赖以发展和壮大的经济基础，民国时期几大出版机构的排名也是以教科书的市场份额来计算的。从工具书出版来看，早在19世纪初期，传教士就用新式出版技术排印一部含有中英两种文字的名为《中国语文字典》的工具书，商务印书馆1899年出版的《商务印书馆华英字典》、1901年出版的《华英音韵字典集成》、1908年出版的《英华大辞典》等在当时都享有盛名。尤其是《英华大辞典》，一直到1935年还在印刷发行。《辞源》《辞海》《辞通》《中华大字典》等字辞书是民国时期的出版文化工程。从文艺图书出版来看，晚清出版界对文学的社会功用非常重视，希望通过文学作品的出版来唤醒民众的爱国民主意识，从而导致了晚清文学出版的繁荣。其中以小说出版为著，谴责小说、侦探小说、写情小说等这些小说门类，反映了此类出版物众多而进行文学和出版上划分的结果。《老残游记》《二十年目睹之怪现状》《官场现形记》《孽海花》等堪称为谴责小说的代表，侦探小说因其与中国的公案小说、历史小说相通以及迎合末世人民铲奸除恶的心理而风靡一时。侦探小说与谴责小说结合起来，导致民初黑幕小说的行世；言情小说的代表刊物《小说时报》，其大部分作者到民国初年成为鸳鸯蝴蝶派的代表。

　　与此同时，19世纪上半叶西方传教士出于传教的需要，在中国沿海及附近的海外其他地区，开办了一些教会出版机构，除了用新技术印刷宗教宣传品外，还出版了一些反映西方科学文化知识的中文书刊，由此开启了近代翻译出版的大潮。1860年以前，我国西书出版几乎全部由教会出版机构包办。从1843年至1860年，香港、广州、福州、厦门、宁波、上海等五口通商的城市，共出版西书434种，除了329种纯属宗教宣传品外，其余的105种涉及天文、地理、数学、医学、历史、经济等方面内容。洋务运动开始后，以京师同文馆、江南制造局翻译馆等为代表的官方出版机构开始成为翻译出版的主力，江南制造局翻译馆出版的翻译西书有160种之多。进入民国时期，翻译出版图书的数量更为可观。据有关专家估计有 40000 多种，翻译出版书籍约占民国全部出版图书总数的三分之一。[①]

一、新式教科书

作为近代以来产生的一个新的出版物品种，教科书在适应形势发展的过程中，从翻译外国教科书到自己编写教科书，从文言文教科书到白话教科书，体例和内容不断变革，逐步走向完善。

清朝末年，在西学东渐的大潮中，中国的教育事业出现了一次重大变革，废科举，兴学堂，编印新的教科书，成为当时一种时尚而又无以抗拒的潮流，迅速发展起来。

在科举时代，书院、私塾学生所用的课本大致有两种，一种为启蒙课本，如《三字经》《百家姓》等；另一种为准备参加科举考试的，如《四书》《五经》等。随着西学东渐，这些课本已不能适应教学需要。19 世纪末，清廷酝酿废除科举，新式书院、新式学堂纷纷兴起，新式教科书亦随之大量涌现。

在中国，新式教科书是在西学东渐过程中诞生、在近代民族印刷业崛起中发展的。最早出现的新式教科书是西方传教士在中国传教时，应兴办学堂之需而编印出版的。1876 年，西方基督教会为编写新式教科书，专门组织成立了"学堂教科书委员会"，负责新式教科书的编写工作，"教科书"一词也于此时在中国出现。"学堂教科书委员会"编写的教科书，可以说是中国历史上第一套供学堂、学校教学使用的新式教科书，计有算学、历史、地理、伦理和宗教等数种。1890 年，上海的基督教传教士又组织了一个中国教育学会（或称基督教教育会），编译出版各种教学用书。此后，中国人开始编写和印制新式教科书或类似于教科书的课本。

国人较早编制新式教科书的，是 1897 年由盛宣怀创设的南洋公学。南洋公学除编译国外教科书外，还自编了《蒙学课本》。该书由陈懋治、杜嗣程、

[①] 王余光、吴永贵著：《中国出版通史·民国卷》，第 20 页。

沈庆鸿等师范生编纂。全书分三编,体例仿英、美等国教科书,用文言编写。1898年出版,铅字印刷,没有插图。该书编制、印刷得都不理想。但在近代新式教科书编辑出版史上具有开启先河的作用。

从1898年起,俞复、丁宝书、杜嗣程、吴稚晖等人开始编制教课讲义,随编随讲,共成七编。其中第一至三编讲些日常事理,同时识字,以适应儿童学习兴趣。第四编是用历史故事进行品德教育。第五编是用诸子书中的故事进行智力教育。第六编是叙事文,其中有选自《史记》《资治通鉴》等书的,也有新撰的。第七编为议论文。全书编排由浅入深,文字简洁有趣,同时附有图画。特别是前三编编得尤为出色,选儿童"游戏习惯之事"为题材,如"击球"、"捕蝉"等,以提高儿童兴趣。第一编还附了"字类备温",将全册400多个单字分为名字、代字、动字、静字、状字、介字及联字等七类,供儿童复习。第二、三编每课后还列有思考题二三道。1902年,俞复等人组成文明书局,将这套教科书命名为《蒙学读本》出版发行。《蒙学读本》出版后很受各学堂欢迎,不到3年,就重印了10多次。成为当时垄断小学教育界的教科书。此外,文明书局还出版了"中学教科书七种",包括《新撰博物学》《中学生理卫生》等。

南洋公学和文明书局出版的教科书没有固定的学制,也没有一定的教授方法,只是初具教科书的雏形。1902年,清政府学部颁布了学堂章程,规定了各等学堂的学制。由于《蒙学读本》等教科书都是在这之前编制的,与学制不相吻合,给教学带来了不便,商务印书馆于是利用这一时机,按学堂章程规定的学制,陆续编成了一套《最新教科书》。

1902年,商务印书馆设立编译所,聘请蔡元培为所长,委托蒋维乔等人为编辑,着手编辑《初小国文》。次年,蔡元培受"苏报案"牵连,避往青岛,编译所长由张元济兼任。张元济又聘日本人长尾慎太郎、加藤驹等人为顾问。他们依照日本编纂方法,并广搜坊间各家新式教科书,进行分析研究,拟订编写体例;在编写过程中,他们字斟句酌,不厌其烦地讨论研究。至1904年初,《最新初小国文教科书》第1册编成出版。由于编制质量高,又符合当时学制要求。不到两周，即销售5000余本，受到教育界的欢迎。此后，商务印书馆陆续出齐了《最新初小教科书》《最新高小教科书》《最新中学教科书》，组成了一套《最新教科书》。这套书从内容到形式都是对旧的儿童启蒙读物及教学用书的革命，不仅按照学制编辑，而且配有教授法，便于教学中使用，对近代中国教科书的体例、形式产生了巨大影响。商务印书馆的这套《最新教科书》畅销近10年，约重印10多次。此后"各书局所编之教科书，及学部国定之教科书，大率皆模仿此书之体裁"。[①] 新式教材的编辑出版使商务印书馆取得了巨额利润，一举成为图书出版界的品牌，而教科书的出版也成为各出版企业重视的对象，对整个出版业的发展都产生了巨大的影响。

1906年，清政府的学部为使教科书趋于规范化、统一化，设立了图书局，准备仿文明书局与商务印书馆出版的教科书体例，编制一套国定教科书。在国定教科书出版之前，学部颁布了初高小暂用教科书目与中学暂用书目。经审定使用的暂用教科书除文明书局与商务印书馆所出各书外，还有直隶学务处、新学会等机构编的30多种教科书。由于其他各类教科书质量不高，到民国成立前，全国各学校仍沿用商务印书馆、文明书局与南洋公学的教科书，而以商务印书馆为主。

民国时期的教科书出版主要集中在商务印书馆和中华书局。据统计，商务印书馆在民国时期共出版小学教科书10套，中学教科书8套。中华书局从1912年至1938年间，共编写10套小学教科书，8套中学教科书。1924年，世界书局编成自己首套小学教科书——"新学制小学教科书"，打破了商务印书馆与中华书局的垄断局面，形成三足鼎立之势。此后，世界书局于1925年开始编辑"新主义小学教科书"，突出三民主义的中心内容，以迎合革命。1929年正式开始出版中学教科书，这套教科书分自然科学、算学、党义、国文、历史、地理、英文等科。1930年代，又编辑出版"新课程标准教科书"。

---

① 蒋维乔：《编辑小学教科书之回忆（1897—1905年）》，汪家熔：《中国出版史料（近代部分）》第3卷，湖北教育出版社2004年，第62页。

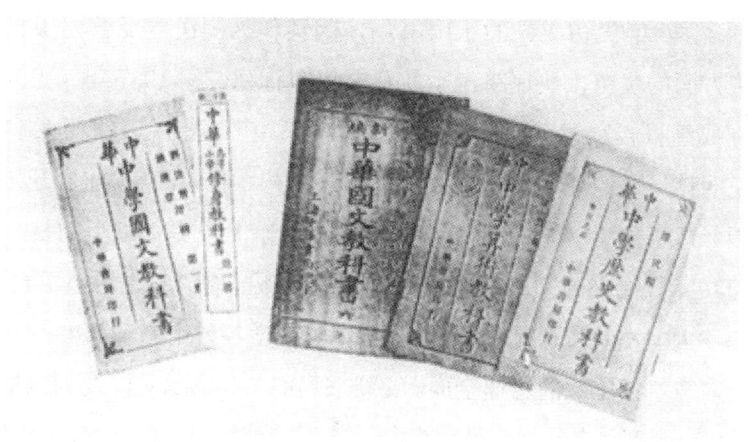

图 6.5　中华书局教科书

开明书店出版中小学教科书，始于 1927 年编辑《开明活页文选》。《开明活页文选》以活页的形式、低廉的价格、精选的篇目和优良的服务，赢得了中学生和语文教师的欢迎。随后，开明书店又请立达学园的数学教师刘薰宇、周为群、章克标、仲光然编写了一套数学教科书，包括算术、代数、几何、三角四种，出版后也受到欢迎。开明书店还邀请林语堂编纂了一本《开明英文读本》。这个读本内容多取材文学故事，语文与文法结合密切，配以丰子恺画的插图，版式清新活泼，成为开明书店最畅销的书，对当时商务印书馆出版的周越然编《模范英文读本》也造成了一定冲击。《开明活页文选》《开明英文读本》与《开明算学读本》出版成功之后，开明书店相继约请周建人、戴运轨、赵廷炳、顾寿白等编写了物理、化学、动物、植物、生理卫生等教科书，并从最初出版供初中用的的教科书，逐渐扩大到高中、师范和小学的范围。1932 年，开明书店开始出版小学教科书。小学国语课本初年级 8 册，高年级 4 册，由叶圣陶编写，内容紧密联系儿童生活，文体活泼多样，文字贴近儿童口语。其中，初年级课本中的文字手写体与插图均由丰子恺书写绘画。另外，还有傅彬然编写的小学低年级用《常识课本》8 册和高年级用《社会课本》4 册，顾均正、贾祖璋编写的小学高年级用《自然课本》4 册，刘薰宇编写的小学《算术课本》初年级 8 册，高年级 4 册。

20世纪30年代初成立的正中书局，因其作为国民党党营出版机构在政治、经济方面的优势，快速跻身于教科书出版行列。据1937年《国立编译馆工作计划成绩报告》记载，当年前9个月，正中书局就有192种教科书呈送审查，说明该局已经成为重要的教科书出版机构。在1930年前后开始涉及教科书出版领域的还有大东书局和北新书局。大东书局先行编写的是一套初中教材，1931年开始出版高中教材，1932年又出版一套"新生活小学教科书"，到1933年8月，大东书局就打出了"小学中学大学各科用书全部出齐"的广告，可见其介入教科书出版的迅速全面。北新书局的教科书更是涉及到包括国语、算术、历史、地理、自然、公民、美术、音乐、英语、化学、物理、生理卫生、动物学、植物学等多个教科书门类，其中比较有影响的有1930年赵景深编的初级中学《混合国语教科书》。另外，北新书局于1931年开始出版的，由赵景深、姜亮夫编选的《北新活页文选》，也是一套比较成功的中小学语文教学补充材料。此外，张一渠于1930年初创办了一家专门出版儿童读物的出版社——儿童书局，出版了许多儿童读物、中小学教科书、教学参考书等。据《民国时期总书目》统计，儿童书局自1932年1月至1946年10月间，共出版小学教材12种，中学教材1种。其中比较重要的小学教科书是1935—1936年间出版的《分部互用儿童国语教科书》（陈鹤琴、梁士杰主编），这套教科书根据我国北部、中部、南部地理位置及风土人情之不同，分别将地方教材融合于统一的语文教学中。著名教育家陶行知对这种编写方式曾给予了高度评价："儿童书局出版的分部教科书，是一个很有意义的尝试。它的效用，将如长江、珠江、黄河分道灌溉。若单靠长江，南北部有偏枯。我希望继分部教科书而起的，还要有人进而编辑特殊民族的教科书。这样，才是百川分流，泽及万方，合于教育机会均等之旨。"

抗战胜利后，又有中国文化服务社、胜利出版公司、独立出版社、儿童书局等四家加入进来分享国定本教科书市场，组成教科书出版的"十一联"，各家及其承印比例如下：正中书局23%、商务印书馆20.5%、中华书局20.5%、世界书局10%、大东书局7%、开明书店6%、文通书局4%、儿童书局3%、中国文化服务社2%、胜利出版公司2%、独立出版社2%。1947年7月，国定本教科书开放版权，各公私机构均可申请印行国定本教科书。一些民营出版机构也编印了少量教科书。如开明书店1946年8月至1947年7月陆续编辑出版的《开明新编国文读本》，受到教育界欢迎。

在中小学教科书出版百家争鸣的同时，随着近代学科体系和大学制度的确立，大学用书成为一时之需。从1923年起，商务印书馆先后出版了317种大学丛书，其中有：东南大学丛书（1923年）、燕京大学丛书（1923年）、北京师范大学丛书（1924年）、大同大学丛书（1925年）、清华大学丛书（1929年）、中央大学丛书（1930年）、武汉大学丛书（1930年）等等，涵盖了多个学科门类，其中教育、工程学、经济学、算学四类出书最多，体现了当时高校研究的热点，反映了当时国内学术研究的水准。同时出版"大学用书"的还有中华书局和世界书局。据统计，中华书局出版的"大学用书"前后达91种。而1931年世界书局十周年纪念特刊上刊载的"世界书局图书目录分类索引"中，关于"专科大学教本及参考书"一类，列明已出版的就有文学系、理学系、法学系、教育学系、农学系、工学系、商学系等系各科教科书及参考书。抗日战争时期，国民党政府的教育部在1939年成立大学用书编辑委员会（1942年该委员会改隶国立编译馆），聘请在某一科目学有专长的学者担任委员，决定先编各学院共同科目用书，次及各系必修科目用书，再次及于各学系选修科目用书。据熊复主编《中国抗日战争时期大后方出版史》统计，截至1945年，经大学用书编辑委员会审查核定，由商务印书馆、正中书局、中华书局等出版社出版的"部定大学用书"35种，41册。只完成了原计划1945年应完成70种的一半，占当时1007种大学科目的3.47%。因此它们"所能起到的作用和影响是极其有限的。"这一时期，除"部定大学用书"以外，商务印书馆、中华书局、世界书局、正中书局、文通书局都曾再版重印或新出版自己的大学丛书或大学用书。

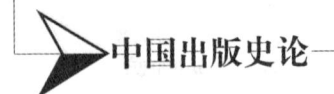

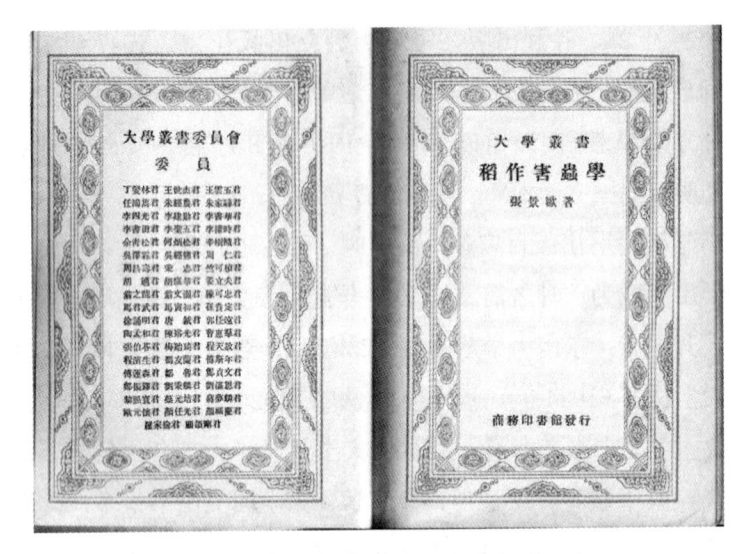

图 6.6　商务印书馆大学丛书

二、近代报刊的编辑出版

报刊是以刊载新闻和评论为主的定期的连续性出版物。所谓"报刊"，是报纸和期刊的总称。我国古代最早的报刊称"邸报"。但是，我国近代报刊的出现并不是由邸报直接发展而来的。它是伴随着西方资本主义入侵而来的一种新型媒介形式。

1. 我国古代的"邸报"

"邸报"大约起始于唐代，是封建王朝的政府机关报。因为由"邸使"负责传发，所以称为"邸报"。在有些古代文献中，邸报也被称为"邸钞"、"阁钞"、"朝报"、"杂报"、"条报"、"除目"、"状"、"状报"、"报状"或"京报"。唐玄宗开元年间出现的《开元杂报》被认为是世界上最早的报纸之一。唐末孙可之在《经纬集》中对《开元杂报》有详细的记载。宋朝的"判报"每一日、每五日、每十日或每月发行一次。元朝是由通政院发布"官报"。明朝、清朝都称邸报为"京报"。京报多者十余页，少者五六页，长约六寸，宽三寸，以黄纸为封面。

除邸报外，还有一种半官方性质的小报。它始于北宋末年，盛行于南宋。

小报的内容以邸报尚未发表或不准发表的材料为主。元明清各代，也都出现过这类小报。宋人称小报为"新闻"，这是"新闻"一词的最早的来源。邸报和小报，都是为封建王朝服务的，对劳动人民的活动或不利于统治阶级的消息皆不在反映之列。唐以后的农民起义队伍，往往利用和报纸相近似的揭帖、旗报和牌报为工具进行宣传。

所有这些古代的"报"，虽有初期报刊萌芽的性质，但就其内容的深度和广度来说，都还不能与近代出现的报刊相比，而且它们同近代报刊也很少有继承关系。

2. 近代报刊的出现

我国近代出现的报刊，是伴随西方列强入侵并使我国半殖民地化的过程开始产生的。近代初期的报纸和杂志还没有严格的区别，许多杂志载有新闻报道，而报纸也常常载有论著或专著。据当时所编的一些日报杂志目录所载，往往把杂志称为"丛报"或"册报"。从出版主体来看，一般把近代报刊分为两类：一类是外人办的报刊，另一类是国人自办的报刊。

从1815年到19世纪末，外国人在中国创办了近200种中外文报刊，占当时我国报刊总数的80%以上。最先用中文出版的近代报刊和最先在我国境内出版近代报刊的都是外国人。1815年8月由英国传教士马礼逊在马六甲创办的《察世俗每月统记传》，是用中文出版的最早的一种月刊；1828年外国传教士在马六甲创办的《天下新闻》是一种接近现代标准的综合性刊物；葡萄牙人在澳门创办的《蜜蜂华报》（葡萄牙文）是外国人在中国境内出版的第一份外文报纸；1872年，英国商人美查创办的《申报》是我国境内最早的日报，从创刊的时候销售量只有600创份，到1919年增至近3万份。

1839年林则徐在广东禁烟期间，曾经派人从各种外文报刊中选择出一部分新闻和评论，以供参考，当时称为《澳门新闻纸》，每周或每月抄报一次，对了解敌情曾经起过一定的作用，有学者认为它是国人报刊活动的萌芽。1858年，伍廷芳在香港创刊《中外新报》，是为我国自办的第一种近代化的中文报刊；在内地，则以1872年在广州创刊的《羊城采新实录》和1873年7

月在汉口由艾小梅主编的《昭义新报》为最早。1874年1月5日，王韬创办于香港的《循环日报》，是第一份传播资产阶级改良思想的报纸。

戊戌变法前后，出现国人自办报刊的高潮。1895年，康有为、梁启超等在北京设立强学会，同年8月15日创办了《万国公报》。因为与广学会所出之《万国公报》同名，遂于年底改名为《中外纪闻》。上海强学会也发行了《强学报》。两报都不收费，以宣传维新变法为主。不久就被清政府取缔。上海强学会又于1896年8月9日创办《时务报》，记载中外大事，评论时政得失，分栏编辑，用新闻纸两面印刷，开始具备了现代报纸的雏形。从1898年7月26日起，《时务报》为清政府所接收，改为官办，自同年8月17日起更名《中外日报》，至1911年停刊。

从1896至1898年间，全国建立了40多个改良派的学会团体，所办报刊有10份。其中最著名者，北方当数严复于1897年在天津发刊的《国闻报》；南方当数湖南南学会出版的《湘报》和《湘学新报》。1898年6月4日，光绪帝开始实行新政，准许官民自由办报。此时全国报纸总数比1895年增加了3倍。在这期间，以科学技术、工商、农业和教育、外交为主要内容的报刊也相继出现。如1897年出版的《实学报》《农学报》《求是报》，1898年出版的《格致新闻》《工商学报》和《商务报》等。

辛亥革命前，创办于1900年1月的《中国日报》，被称之为"中国革命提倡者之元祖"。《苏报》由胡璋于1897年6月26日在上海创办，该报于1900年出售给了陈范，从此成为中国人自己的报纸，由吴稚晖、汪文溥、章士钊等主笔，报纸的革命色彩越来越浓厚。1903年因刊登和推荐邹容的《革命军》及章太炎驳斥康有为政见的论文，在社会上引起了强烈的震动，爆发了著名的"苏报案"，成为当时一起重大的政治事件。

图6.7 《时务报》

1904年日俄战争期间，蔡元培等在上海创办《俄事警闻》，揭露帝俄侵占东北的罪行，后改名为《警钟日报》，成为继《苏报》而起的重要革命报刊之一。

1905年孙中山在东京发起组织同盟会，创办了《民报》。在此前后，在上海、香港、湖北及京、津等广大地区出版了一大批宣传民主革命的报刊。我国在日本的留学生也办起了《湖北学生界》（后改名为《汉帜》）、《浙江潮》《江苏》等进步刊物。这些报刊揭露帝国主义的侵略罪行，抨击清朝专制统治，对于增强人民的爱国意识，唤起革命斗争精神，起了很大的舆论引导作用。

图 6.8 《农学报》

民国时期，报刊作为大众传播的载体，其社会功能为众多有识之士所重视，成为他们研讨学术、发表主张、参与社会变革的途径，推动报刊朝着大众化、专业化方向发展。

三、现代学科内容图书的出版

如前所述，中国传统图书以经、史、子、集为其主体。19世纪40年代以后，国门渐开，中外交流日渐频繁，中国知识分子的眼界也因之而扩大，开始广泛接触、了解、移植西方思想文化。翻译图书的大量出版，广泛传播西学新知，给中国学术、思想和文化领域注入新鲜血液的同时，也带动了出版物内容和结构的巨大变革。在传统的经、史、子、集四部图书以外，各种自然科学和哲学社会科学著作，包括介绍西方

图 6.9 《民报》

资产阶级民主政治的图书，介绍社会主义学说的图书和新小说，都在这一时期不断涌现，促进了现代学科体系在我国的建立。这在梁启超编撰于1896年的《西学书目表》中初露端倪。此表将中国1895年以前翻译的298种西学图书分为西学、西政、杂类三大类，大致类似于今日的自然科学、社会科学和综合性图书。其中，西学类又分算学、重学、电学、化学、光学、声学、地学、动植物学、医学等12小类；西政又分史志、学制、法律、农政、商政、兵政等10类。这是与传统截然不同的图书分类法，反映出新式学科体系的萌芽。民国时期，随着出版业进一步发展，现代意义上的学科体系随着相关图书的大量出现而在中国初步确立起来，与传统图书形成一种互补共存之格局。从《民国时期总书目》来看，该书目把1912—1949年出版的12万余种图书，按哲学、心理学、宗教、政治、法律、军事、经济、文化、科学、教育、体育、文学、艺术、医药卫生、农业科学、交通运输等18个门类进行编目，透露出中国现代学科体系已经基本成熟的消息。

1. 人文、社会科学图书

1911年以前，中国古代约4000年出版的古籍总数才10万种左右，但在《民国时期总书目》收录的各类中文图书中，仅人文科学及社会科学著作总计就达6万余种，这既反映了中国现代学术出版呈现出前所未有的繁荣景象，也反映了中国现代学术在这一时期的发达。

一方面，中国学者自著的现代学术著作大量涌现。晚清时期，中国翻译了众多的西方近代学术著作，但是自著不多，1899年出版的徐维则《东西学书录》，收录鸦片战争以来西书567种（不包括纯宗教书籍），其中哲学社会科学123种。到了民国时期，各学术领域延续大量翻译西方学术名著的风气，同时也出现了中国学者自著的学术经典著作，展示了民国时期的学术风采。史学著作方面，有邓之诚的《中华两千年史》（4卷）（1934），钱穆的《国史大纲》（1940），陈寅恪的《隋唐制度渊源略论稿》，顾颉刚等的《古史辨》（6卷，1926—1938）等；汉语言文学方面，有胡适《白话文学史上卷》（1928），王国维《人间词话》（1926）、《宋元戏曲史》，黎锦熙的《新著国语文法》

(1924)等；哲学方面，有胡适的《中国哲学史大纲》（上卷），冯友兰的《中国哲学史》《贞元六书》（1939—1946），金岳霖的《论道》（1940）等；社会学方面，有费孝通的《生育制度》（1947）、《乡土社会》（1948）、《江村经济》（1925）等。这些著作，代表了当时的学术研究水平，是中国现代学术的奠基之作。

2. 自然科学图书

在《民国时期总书目》收录的各类中文图书中，科技图书1.3万余种，约占总量的11%。从民国时期两大出版机构商务印书馆和中华书局来看，自然科学图书始终其重要出版物门类。商务印书馆曾于1898年编印过一套名为《科学入门》的用汉文注释的英文教材，五四以后更是出版过《自然科学小丛书》《工学小丛书》《农学小丛书》《医学小丛书》《算学小丛书》等科技丛书。其中《自然科学小丛书》200种，除6种外，均为译作，是我国翻译的科技图书中最为完整齐备的一套丛书。据统计，商务印书馆1950年前出版的自然科学图书有1299种，应用技术图书有1351种，共2650种，门类涉及到科学总论、天文气象、物理学、化学、生物学、动物及人类学、植物学、地质矿物及地理学、科学名人传及其他，基本囊括了当时自然科学的所有内容。而与之同时的中华书局，1950年前出版科技图书844种，分别为自然科学263种，技术科学134种，医药、卫生112种，农学、畜牧、林业120种，地理215种。另外，民国时期的科技学会也往往把出版书籍，发行杂志，促进学术研究、交流作为重要工作。例如，中国科学社曾出版《中西星名考》《科学的南京》（赵元任），《显微镜理论》（吴伟士），《中国木本植物目录》（钟心煊），《植棉学》（章之汶），《地质学》（谢家荣），《地文学》（竺可桢），《动物学》（秉志）等。中国科学社下属的中国科学图书仪器公司，1940年至1947年出版有《实用土木工程丛书》12种，以及《中国科学社科学画报小丛书》10种、《中国科学社科学画报丛书》12种、《中国科学社通俗科学丛书》3种等科学普及丛书。中国天文学会编写刊行有《应用天文学》（秦汾），《普通天文学》（胡文耀），《中西对照恒星表》《中星仪说》（常福之），《相对性原理》《图解天文学》

(高鲁)等天文书籍。中国工程师学会出版有《机车概要》等工程书籍2种，中国水利工程学会1936至1937年出版有《中国水利珍本丛书》2辑11种，中华医学会1948年至1949年出版有《近代医学丛书》11种。一些科学学会还和出版机构合作出版了书籍，共同推动了民国时期科技出版的发展。

四、新型工具书

在古代字书、类书、书目的基础上，近代又涌现了一批新型工具书，报刊索引、字典、辞典、表谱、舆图、年鉴、手册等工具书的编纂出版日益增多。在古代上图下文的绣像小说基础上，近代又出现了连环画。这些新型出版物一经出现，迅速赢得读者和社会的认可，发行量都十分可观。

据不完全统计，从两汉到明清，我国工具书的总数为597种。而在民国时期，工具书出版空前繁荣，共出版工具书1450种，是以前年代出版工具书总和的两倍多。这一时期，工具书作为一种重要的出版物类型，受到出版界和学术界的高度重视，不仅出版数量明显增加，涵盖百科全书、字典、词典、年鉴、书目、索引等多个类型，而且在内容和编纂方法上都产生了根本性变化。

在百科全书出版方面。近代以来已出版了《日用百科全书》《中华百科辞典》《少年百科全书》几部小型百科全书。1930年，中华书局出版由舒新城主编的《中华百科辞典》。该辞典约200万字，其体式虽为辞典，性质上则兼顾各科各系统的知识，每条释文之下，依其性质照学科分为各类，内容包括政治、社会、哲学、教育、经济、文学、艺术、数学、理化、博物等各科，可以说是一部中型百科全书。

在辞书出版方面。以汉语字典辞典的编纂出版成绩最为突出，以商务印书馆的《辞源》和中华书局的《辞海》最为著名。1915年，商务印书馆出版由陆尔奎等人编纂的《辞源》，收单字1万多个，词目10万余条。这部辞典对旧学新知都有所反映，有学者评价它"既是一部革新的词典，又有一定的历史文献价值。因此出版后受到广泛的欢迎，起了不小的作用。从初版以来，至解放初期，历年重印的累积印数，多至四百余万部。直到今天，它还是我们常用的一部工具书。"《辞源》问世后，又于1931年出版续编，1939年出版正续编合订本，1949年又出版简编本。在商务印书馆出版《辞源》的同时，中华书局也开始筹划大型词典《辞海》，先期由徐元诰、范源廉主其事，后由舒新城、张相、沈颐等续其成，前后历经20年，于1936年底出版，收字约13000个，复词10万余条，内容包括历史上重要的名物制度、成语典故、农工商用语、古今地名、人名、名著、文艺及科学术语等。该辞典出版后一版再版，分印甲种（16开圣书纸本）、乙种（16开道林纸本）、丙种（32开圣书纸本）、丁种（32开道林纸本）、戊种（32开报纸本），抗战期间还有重庆版的南平毛边纸本，1947年出版32开精装合订本。各种版本行销在100万部以上。而在专科辞典的出版方面，商务印书馆和中华书局也均有突出贡献。商务印书馆出版有《中国植物学大辞典》（1917年初版）、《植物学大辞典》（1918年初版）、《中国医学大辞典》（1921年初版）、《中国人名大辞典》（1921年初版）、《动物学大辞典》（1923年初版）、《哲学辞典》（1925年初版）、《教育大辞书》（1928年初版）、《地质矿物学大辞典》（1930年初版）、《中国古今地名大辞典》（1931年初版）；中华书局出版有《外交大辞典》（1937年初版）、《经济学辞典》（1937年初版）、《中外地名辞典》（1924年初版）、《地学辞典》（1930年初版）、《中外人名辞典》（1940年初版）。此外，上海医学书局1920年出版了丁福保编的《佛学大辞典》，中国图书大辞典馆分别于1931年和1936年出版文献学家杨家骆编的《四库大辞典》《丛书大辞典》。此后杨氏在《四库大辞典》的基础上又编有《四库全书学典》，1946年由世界书局出版。这些辞典均影响一时，有些至今仍重印再版，为人们参考使用。在双语词典的编译出版方面，以语文词典数量最多，涉及到世界各主要语种。以商务印书馆为例，就有1916年伍光建编的《英汉双解英文成语辞典》，1918年李玉汶编、伍光建校订的《汉英新辞典》，1921年陆费执、瞿桐岗译定的《英华正音词典》，1923年张世鎏、陆学焕编的《英汉双解韦氏大学字典》，1928年黄士复、江铁主编的《综合英汉大辞典》，1920年谢寿昌等编的《模范法华字典》，1930年葛祖兰编译的《日本现代语辞典》，1930年路大华编的《新中俄大字典》，1943年O.P. Ibakez编的《班华字典》，1922年孙国璋编的《世界语高等文典》（新读本）；等等。

在年鉴出版方面，20世纪二三十年代逐步丰富并基本形成规模。据不完全统计，我国从1909年到1949年，共编纂出版了99种、约150回次的年鉴。综合性的年鉴，如1913年上海神州编译社出版的《世界年鉴》，1924年商务印书馆出版的《中国年鉴》，申报馆编印的《申报年鉴》，1931年大东书局出版的《世界年鉴》，1923年上海新亚书店编印的《新国民年鉴》等；地方性年鉴也十分丰富，如1930年无锡县政府编的《无锡年鉴》，1931年东北文化社编印的《东北年鉴》，1935年广州市政府编的《广东年鉴》，1947年华东通讯社编的《上海年鉴》，1937年湖北省政府编的《湖北省年鉴》等。此后还出现了许多专科性年鉴，如1934年商务印书馆出版的《中国经济年鉴》，1933年实业部编的《中国劳动年鉴》，1935年财政部编的《财政年鉴》，1936年内政部编的《内政年鉴》等等。

在书目索引出版方面，以商务印书馆和开明书店较为突出。商务印书馆出版的目录可分为两类：一是重印的古典目录，如1935年出版《丛书集成》初编，收录各种史志目录、官私藏书目录等古典目录44种（其中2种未出）；二是当代人编制的目录，主要有朱士嘉《中国地方志综录》（1935年）、王庸《中国地理图籍丛考》（1947年）、王梦曾《中国文学史参考书》（1935年）、孙毓修《四部丛刊书录》（1922年）等。商务印书馆出版的索引中，重要的有：庄鼎彝《两汉不列传人名韵编》（1935年），邓元鼎、王默君《宋元学案人名索引》附异名索引（1936年），《十通索引》（1937年），杨殿珣《石刻题跋索引》（1941年），钱亚新《太平御览索引》（1934年），《佩文韵府索引》（1937年）等。开明书店也出版了为数不少的书目与索引。1935年，开明书店出版了《二十五史补编》，其中收录清代以降的学者为正史艺文志所作补辑目录28种。这些目录大多首次刊行，为研究我国历代典籍提供了较为完备的目录资料。开明书店出版的索引，主要有金步瀛《丛书子目索引》（1935年）、叶圣陶《十三经索引》（1934年）、陈乃乾、陶毓英《室名索引》（1934年）、陈乃乾《别号索引》（1934年）、二十五史刊行委员会《二十五史人名索引》（1935年）、汪宏声《中国历代年号索引》（1936年）等等。

除上述两家外，这一时期出版的目录索引还有：平心《〈生活〉全国总书目》，1935年生活书店版；杨家骆《民国以来出版新书总目提要》，1936年中国图书大辞典馆印行；朱士嘉《官书局书目汇编》，1933年北平图书馆印；孙殿起《贩书偶记》，1936年印；《中国近代史书目初稿》，1937年上海鸿英图书馆编印；陈乃乾《四库全书总目提要索引》，1926年中华书局出版；梁启雄《二十四史传目引得》，1936年中华书局出版。

五、丛书与古籍

在古代，丛书多为综合性的。随着科学文化的发展，各种专门性的丛书相继出现。从丛书发展历史来看，清代的丛书出版就表现出综合化和专门化的趋势，并在民国时期得到发展，形成综合性丛书与专科性丛书齐头并进的局面，丛书出版数量也远超前代。有学者根据《中国丛书综录》及其《补正》和《中国近现代丛书目录》作过不完全的统计，民国时期丛书总数在6400种左右，超过历代出版丛书数目的总和。其中，综合性丛书如商务印书馆1929年开始出版的《万有文库》一、二集，1932年开始出版的《大学丛书》；中华书局1930年开始出版的《社会科学丛书》，1934年开始出版的《新中华丛书》和《中华百科丛书》；世界书局1928开始出版的《ABC丛书》；新生命书局1933年开始出版的《新生命大众文库》；生活书店1936年开始出版的《青年自学丛书》等等，都是具有影响力的综合性丛书。而这一时期出版的各类专科丛书，更是涵盖到各种学科，涉及到多种领域。其中，哲学类丛书有世界书局1934年开始出版的《哲学丛书》；宗教类丛书有佛学书局1931年开始出版的《佛学小丛书》；心理学类丛书有世界书局1935年开始出版的《心理学丛书》；政治类丛书有中华书局1937年开始出版的《现代政治丛书》；法律类丛书有大东书局1931年开始出版的《暨南大学丛书》；文化类丛书有商务印书馆1936年开始出版的《中国文化史丛书》；文学类丛书有上海文化生活出版社1935年开始出版的《文学丛刊》、良友图书印刷公司1935年开始出版的《中国新文学大系》等，反映出当时学术文化向纵深化、专门化方向发展的趋势。另外，翻译类丛书特别是外国名著的译介，是民国时期翻译出版的重要特色。根据有关学者统计，这一时期出版的以"世界名著"冠名的丛书就有：商务印书馆1928年的《世界文学名著》，上海新文化学会1928年的《世界名著提要丛刊》，世界书局1929年的《世界名著丛书》，上海春潮书店1929年的《世界名著丛书》，商务印书馆1929年的《汉译世界名著丛书》，神州国光社1930年的《世界历史名著丛刊》，启明书局1931年的《世界文学名著》，上海北新书局1931年的《世界文学名著丛书》，上海湖风书局1931年的《世界文学名著译丛》，上海春光书局1934年的《世界文学名著译丛》，中国文化学会1934年的《世界名著丛书》，上海复兴书局1936年的《世界文学名著译丛》，启明书店1937年的《世界短篇名著丛刊》等。其中，最有系统、最有计划的当属生活书店1935年开始出版的《世界文库》。《世界文库》由郑振铎任主编，参加该文库编译委员会的作家、翻译家多达百余人，第一集刊出的62种外国文学名著，囊括法国、英国、美国、俄罗斯、德国、波兰、希腊、挪威、比利时、罗马等10个国家的作家作品，为读者提供了了解世界名著的经典范本。

自清乾嘉以来，藏书家推重宋元旧刻，曾慨叹"宋元本其距今远者八百余年，近者且不足五百年，而天壤间乃已万不一存"，故而呼吁"举断不可少之书，复而墨之，勿失其真，是缩今日为宋元也，是缓千百年为今日也"。这是久有影刻宋元本行世的本因。在各类丛书出版蔚成风气之时，古籍丛书的出版随着而兴。据统

图 6.10 万有文库

计，民国时期民营出版业、图书馆等机构刻书、藏书家刻书三大系统共出版古籍 26859 种，以及《说郛》100 卷、《续藏经》7140 卷。其中商务印书馆出版的《四部丛刊》，自 1920 年开始发售预约，1922 年全部刊成，收古籍 323 种，8548 卷（4 种无卷数），分订成 32 开线装 2100 册。《四部丛刊》所收，皆为善本，其中有宋本 39 种，金本 2 种，元本 18 种，影宋写本 16 种，影元写本 5 种，校本 18 种，明活字本 8 种，高丽旧刻本 4 种，释道藏本 2 种，其余皆出明清精刻。1927 年，商务印书馆重印初编，并对原本作了一些更动。1936 年又将初编印成 16 开洋装大本，以便于图书馆开架阅览之用。1934 年刊印《续编》81 种，1935 至 1936 年刊印《三编》73 种。《四部丛刊》正续三编总计收书 477 种，11921 卷，规模可谓空前宏大。关于它的价值，在《印行〈四部丛刊〉启》中，张元济归纳为"七善"，前四善是："汇刻群书，昉于南宋，后世踵之，顾其所收类多小种、足备专门之流览，而非常人所必需；此之所收，皆四部之中家弦户诵之书，如布帛菽粟、四民不可一日缺者，其善一也。明之《永乐大典》，清之《图书集成》，无所不包，诚为鸿博，而所收古书，悉经剪裁；此则仍存原本，其善二也。书贵旧本、昔人明训，麻沙恶椠，安用流传；此则广事购借，类多秘帙，其善三也。求书者、纵胸有晁、陈之学，冥心搜访，然其聚也非在一地，其得也不能同时；此则所求之本，具於一编，省事省时，其善四也。"这四点的确反映了《四部丛刊》的特色，因而受到学术界重视。文献学家郑鹤声、郑鹤春将其与《永乐大典》《古今图书集成》《四库全书》并列，称之为现代编纂国学书中惟一之伟业。

　　民国时期，商务印书馆和中华书局是近代出版企业中的双雄，始终是旗鼓相当的竞争对手。他们在教科书方面的激烈竞争，已为人所皆知。商务印书馆出了《四部丛刊》，中华书局也推出一部与其相抗衡的大型丛书，这就是《四部备要》。《四部备要》自 1922 年开始发售预约，1924 年开始分集出版，至 1931 年出齐，收古籍 336 种（一说 350 余种），11305 卷，初以连史纸和赛宋纸两种纸张印刷，线装 12 开，分订 2500 册，1934 年又有线装 5 开本印行，1936 年出洋装缩印本。《四部丛刊》和《四部备要》都是利用现代出版技术,择取中国传统的四部要籍刊行于世,宗旨是借此反映传统文化学术的主要面目。如果说《四部丛刊》是我国近代最大的一部古籍影印丛书,那么《四部备要》就是一部较全的常用古籍排印丛书。由于两书在选目和出版手段上的差别,因而显示出不同的学术意义和收藏价值。《四部丛刊》讲究版本,非宋元旧注,概不轻用;而《四部备要》则注重实用,充分选收清代学者如戴震、惠栋、段玉裁、王念孙、王引之等人的注疏本。它们在内容上各有特色,可以互为补充,但不能彼此取代。在出版手段上,《四部丛刊》使用影印技术,使宋元旧椠保持本来面目,在版式、字画等方面不失古书风貌;而《四部备要》则利用聚珍仿版活字排印,印出来的效果非常精美。这两大文化工程代表了中国古籍出版的一个新纪元,是继清代纂修《四库全书》之后中国文献整理的又一盛事。

1935年至1937年,商务印书馆又辑出《丛书集成》(又名《丛书集成初编》)。该书与《四部丛刊》《四部备要》被称为民国时期影响最大的三部大型综合性丛书。原计划辑印宋、元、明、清名贵丛书100部,综计子目约6000种,由于抗日战争爆发被迫中断,结果只出了4000余种,去除重复的,实际出书3467种,多数以铅字排印,并加以断句,少数用影印。该书在编排上依照王云五的中外图书统一分类法分为总类、哲学、宗教、社会科学、语文学、自然科学、应用科学、艺术、文学、史地等10大类,再区分为541小类,分装4000册。各类包括的子目种数为总类368种,哲学451种,社会科学322种,宗教34种,自然科学158种,应用科学225种,语文学145种,艺术285种,文学1216种,史地883种,收编了自汉魏以来直到明清四部以外的笔记、丛钞、杂说等单本、孤本书籍,可补四部书之不足。

在商务印书馆编辑《丛书集成》的同时,中华书局也启动了影印《古今图书集成》的出版工程。《古今图书集成》有清雍正六年(1728年)内府的铜活字本,共印64部。到20世纪20年代,已经流传甚少。1933年,出版界翻印古书之风盛行。中华书局亦开始筹划影印《古今图书集成》和《各省通志》。商务印书馆其时也有影印《古今图书集成》之计划,两家遂起冲突。后商务印书馆总经理王云五主动退让，由中华书局影印《古今图书集成》、商务影印《各省通志》而使冲突圆满解决。1933年冬，广东中山旅沪富商陈炳谦将所藏康有为旧藏殿版铜活字本《古今图书集成》赠与中华书局作底本之用。其中62册抄本和同文版所附石印本考证24卷，皆从浙江省立图书馆借印。该书1934年10月开始第一批出书，到1940年2月全部出齐，共影印1500部，每部16开808册。其中博物汇编、艺术典等，因需求较多，影印了2500部。影印《古今图书集成》使中华书局从传承文化及经济效益两个方面都收获颇丰。

在近代出版企业激烈竞争的大潮中，私家刻书的传统依然没有中断，并且结出了丰硕的成果。这其中，著名藏书家刘承干辑刻的《嘉业堂丛书》，以收书罕见、内容丰富著称于世，可谓民国私家刻书典范之一。《嘉业堂丛书》刊刻于1913年至1918年，按四部分类，"取古近人著述之有益于斯世而不易得者，精刊而广布之"。所收之书，特色有二：一为罕见，如《周易正义》《四库全书》未收，为杨守敬从日本抄出，堪称海内秘籍。二为辑刻禁毁之书，如屈大钧的《安龙逸史》《翁山文外》等为清季禁书，其中《翁山文外》沉晦三百年而复出。故缪荃孙称该丛书有"三善"："一曰遵经训，一曰重孤本，一曰补佚"，这三善同时也恰当地道出了这部丛书的特点及学术价值，因而自刊行以来得到有关方面的高度重视。

第三节　当代出版物

一、图书

从1949年10月新中国成立至1966年"文化大革命"前，出版事业的建设取得了明显进展。各种门类的图书在品种、数量和内容质量上都出现了新的变化。

新中国成立初期，马克思、恩格斯、列宁、斯大林著作翻译出版工作有组织有系统地展开。至1956年，《马克思恩格斯全集》（39卷）出版了第一卷，《列宁全集》（39卷）出版了3卷，《斯大林全集》（13卷）出版了11卷。

在社会主义建设时期，马列著作中文版出版继续推进，《马克思恩格斯全集》（正卷39卷）出版了20卷；《列宁全集》（39卷）于1963年全部出齐；《斯大林全集》（13卷）1958年6月出齐。据文化部出版局版本图书馆统计，从1949年10月到1965年底，马、恩、列、斯著作总计出版395种，印制6909万册。与此同时，毛泽东著作的出版数量相当可观，从1949年10月到1965年底，各种文字、各种版本的《毛泽东选集》（一至四卷）和《选读》《语录》共印制1.52亿余册，毛泽东著作的专集、汇编本、单篇本共印制6.82亿余册。[①]

在学术著作出版方面，仅1956年就出版哲学社会科学类学术著作180多种，科学技术书籍8698种。1960年前后，著名学者马寅初、周谷城、冯友兰、朱光潜等撰写的一批学术专著和学术界有关中国哲学史研究方法、美学问题、形式逻辑问题等方面的一批讨论文集、专题论著和参考书陆续出版。从1958年至1965年，商务印书馆还翻译出版外国哲学、社会科学重要著作近200种。此外，《全上古三代秦汉三国六朝文》《全汉三国晋南北朝诗》《全唐诗》《全宋词》《全元散曲》《文苑英华》《明经世文编》《艺文类聚》《太平御览》《册府元龟》《永乐大典》等大型古籍，以及《中国哲学史资料选辑》《中国古代教育史资料》《古典文学研究资料汇编》等文献资料的出版，也为学术研究提供了便利。

在古籍整理出版方面，聂绀弩主持整理校注的《水浒传》（70回本）于1952年10月出版，标志着新中国古籍整理出版工作的起步。此后，《红楼梦》《三国演义》《西游记》等古典小说，经过整理校注，出版新的版本，每种都发行数十万部。特别是范文澜、吴晗组织整理的《资治通鉴》《续资治通鉴》点校本分别于1956年和1957年由古籍出版社出版，是新中国成立后首次经过精心整理的大部头史学名著。

在文学出版方面，1951年人民文学出版社成立后，出版了"中国人民文艺丛书"、"文艺建设丛书"，"解放军文艺丛书"，推出了一大批优秀作品。

---

① 《毛主席著作出版统计（1949—1976年）》，国家出版事业管理局1977年7月编印。

其中包括丁玲的《太阳照在桑乾河上》、周立波的《暴风骤雨》、赵树理的《李家庄的变迁》及马烽、西戎的《吕梁英雄传》等长篇小说；李季的《王贵与李香香》、阮章竞的《漳河水》等诗歌；贺敬之、丁毅等的《白毛女》等剧本，对我国社会主义文艺建设，发展社会主义文化事业，都起了积极的作用。作家魏巍写的特写报告《谁是最可爱的人》，1951年9月由中国青年出版社出版单行本，一年之内印行4版，成为青少年学生的必读课本。《鲁迅全集》新的注释本10卷于1958年出齐后，还出版了《鲁迅译文集》10卷。"五四"以来的其他著名作家的作品也出版了多种，如茅盾的《子夜》，巴金的《家》等作品，都重版了10次以上。还编辑出版了"五四"以来各种流派的作家的作品选集近50种。这一时期在中长篇小说的创作上尤为突出，如人民文学出版社出版的《保卫延安》（杜鹏程）、《青春之歌》（杨沫）、《林海雪原》（曲波）、《上海的早晨》（周而复）；作家出版社出版的《三家巷》（欧阳山）、《野火春风斗古城》（李英儒）；中国青年出版社出版的《红日》（吴强）、《红旗谱》（梁斌）、《红岩》（罗广斌、杨益言）、《创业史》（柳青）；上海文艺出版社出版的《铁道游击队》（知侠）、《战斗的青春》（雪克）；等等。这些优秀作品都脍炙人口，受到读者广泛欢迎，有的一印再印，发行数量很大。民间文艺作品经过整理也获得丰收，仅1956年新出版的戏剧类书籍就有1000多种，其中大部分是地方戏剧。

适应向文化水平较低的工农群众进行政治理论教育、普及文化科学知识的需要，各种通俗读物自1950年至1956年出版了2.2万余种，印行7.25亿册。其中，仅1956年出版的少儿读物就达2300多种。特别适合少年儿童阅读的出版物有了很大发展。1951年人民美术出版社成立后，组建了连环画编辑室和创作组。从1951年到1956年全国共出版连环画册1万余种，累计印数2.6亿册，新连环画册完全取代了旧连环画，占领了图书市场。

在教材出版方面，以高等学校教材的增长最为突出，反映了新中国对培养人才和科学研究工作的重视。1952年新出版的高等学校教材仅有6种，印行2.9万册，到1956年就增加到1066种，印行806万册。此后10年间，高等学校教材的出版工作持续推进，到1964年春季，新华书店供应高等学校理工农医各科的教材已达3600多种；高校文科教材到1965年底共编选出版73种。许多新编教材都有较高的质量，被许多院校所采用，在国内外获得好评。

在翻译出版方面，自1949年10月至1956年底，出版了43个国家的各类书籍共15700多种，印行2.6亿多册，其中译自苏联的书籍所占比重最大。这些著作对于我国建设社会主义事业和完善学科体系也起了重要作用。以外国文学作品为例，其中译成中文品种最多的是高尔基的著作，仅1949年10月到1953年底就出版了80多种；由奥斯特洛夫斯基著、梅益译的《钢铁是怎样炼成的》一书，一版一次就印了50万册。人民文学出版社从1952年12月到1954年，平、精装共计印了30次，总印数124多万册。

中外文辞书方面，大型汉语辞书《辞海》《辞源》的修订工作于1958年启动，至1965年，上海中华书局辞海编辑所出版了《辞海·未定稿》上下两卷，内部发行。由商务印书馆编辑部进行的《辞源》修订工作，于1964年出版了《辞源》修订版第一分册。这一时期，商务印书馆还出版了《英汉大辞典》（修订本）、《俄汉大辞典》，以及外汉双语辞书和专科辞书20余种。

从1957年到1965年，这一阶段的图书出版虽然取得了不少成绩，但也经历了曲折和挫折。"文化大革命"开始后，新中国成立后出版的大部分图书，都被批判为"封、资、修"的"毒草"，书店停止出售，图书馆禁止借阅，有许多书甚至被焚毁。"文革"开始的第一年，图书出版数量从1965年的20143种（其中新出12352种），骤降到11055种（其中新出6790种），减少将近一半。1967年，图书品种又猛降到2925种。1966年至1970年的5年内，全国49家出版社出版的图书（不包括马恩列斯著作、毛泽东著作、图片）总计2977种，总印数51.57亿余册（张）。其中政治读物大部分是选编报刊文章，种数占19.6%；共印26亿余册，约占图书总印数的50%。从书的内容看，2700多种图书中，有80%左右是汇编报刊上发表的文章。如政治读物汇编"中央两报一刊"（指《人民日报》《解放军报》《红旗》杂志）社论、文章及《学习文选》等就有990多种。

毛泽东著作、毛泽东像以及"革命样板戏"图书，是"文革"期间两类数量最为巨大的出版物。据统计，从 1966 年至 1976 年，全国共计出版图书 91869 种，总印数 300 亿余册（张）。其中毛泽东著作和毛泽东像以及单张毛泽东语录、诗词就达 108 亿册（张）之多，占"文革"期间图书总印数的 36%。[①] 样板戏的出版工作，先以人民出版社名义出版，1971 年 10 月以后改为剧本由人民文学出版社出版，画册由人民美术出版社出版。据统计，仅北京地区从 1970 年至 1972 年 6 月底，《红灯记》等 6 种样板戏（每种均有 5 种版本）的总印数高达 3115 万册（不包括战士出版社和各省、市、自治区租型印数），而 1972 年 6 月在北京的书店中积存的样板戏图书约有 150 万册，其中仅《红色娘子军》和《沙家浜》两书的存数就有 30 多万册。

"文化大革命"使出版业遭到严重破坏，但在恶劣的政治环境中也产生了一些优秀出版物。在马列经典著作出版方面，人民出版社从 1972 年开始，先后出版了由中央编译局重新校订的《马克思恩格斯选集》4 卷本和《列宁选集》4 卷本。马、恩、列、斯著作的各种单篇本陆续新出和重版了多种；并增印了《列宁全集》第 1—39 卷；《马克思恩格斯全集》余下的 18 卷也陆续翻译出版，至 1974 年全部出齐。人民出版社还重印、修订范文澜著《中国通史简编》和《中国近代史》（上册）以及郭沫若著《中国史稿》；中国青年出版社于 1963 年 7 月出版了作家姚雪垠的长篇历史小说《李自成》第一卷。1958 年，毛泽东指示点校"二十四史"中的前四史，中华书局组织顾颉刚等一批专家开展这项工作，到 1965 年，《史记》《汉书》《后汉书》《三国志》的新点校本陆续出版，得到各方面的好评。1971 年，中断了五年的"二十四史"点校工作得以恢复，分别在京、沪两地推进这项宏大的古籍整理工程。上海分担《旧唐书》《新唐书》《旧五代史》《新五代史》和《宋史》5 种，由上海人民出版社负责组织上海的专家进行，其余各史均由中华书局组织，所有全部史书点校后，统一由中华书局出版。到 1975 年底，北京承担各史的点校出版工作

[①] 方厚枢：《中国当代出版史料文丛》，中国书籍出版社 2007 年，第 410—418 页。

基本结束。1978年春，最后一种由上海点校的《宋史》出版，各史点校出版工作全部结束。至此，我国出版史上第一次用新式标点点校"二十四史"及《清史稿》新整理本，历时20年，终于全部完成。此外，从1973年下半年起，全国掀起了一场"评法批儒"的运动。全国重印和新出版了一大批"法家著作"点校本和"法家著作"注释、选译等古籍。从1966年5月到1976年10月的10年间，全国出版的古籍一共有350余种，和同时期出版的其他学术著作比较起来，数量似乎不少；但如果具体分析则可看出，除了"二十四史"、《清史稿》和周恩来批准出版的少数古籍之外，还有中华书局出版的《两宋农民战争史料汇编》《历代天文律历等志汇编》；文物出版社出版的《经法》《老子》《孙子兵法》《武威汉代医简》；人民卫生出版社出版的少数中医古籍等，这批书的种数仅占"文革"中出版的全部古籍的25%；而配合"评水浒"、"评法批儒"等政治需要出版的古籍就占75%。所以，"文革"时期的古籍出版工作，总的来说还是处于萧条和畸形的状态。这一时期对古籍的研究专著，仅出版了章士钊的《柳文指要》等极少几种。

改革开放以来，图书再版率经历了从低谷向高峰攀升的过程，品种结构也发生了很大变化。按照我国图书的统计方式，图书由书籍、课本和图片三大类构成。20世纪80年代以来，书籍、课本数量持续增长，在图书中的比例不断增加，特别是书籍在图书中的比例增加更快。图片出版在80年代中期进入鼎盛时期，1991年达到了创纪录的6340种以后，开始进入衰退期，不仅在图书总量中的比例逐年降低，绝对值也大幅度下降。另外，图书印数和印张的总体发展趋势也是逐年增长的，图书总印数由1980年的45.93亿册增长到2000年的62.72亿册，其中1996年至1999年图书年总印数曾经超过70亿册，1980年至2000年全国图书总印数1299.88亿册，人均超过100册图书。

改革开放30年来的图书出版不仅彻底扭转了"书荒"的局面，基本上可以满足不同层次人民群众对图书的不同需要，而且在各个学科都出版了一批反映我国科学技术、文化艺术等领域的巨大发展，体现中国文化多样性的标志性图书。在马列主义、毛泽东思想著作出版方面：1985年，《马克思恩格斯全集》共 50 卷全部出齐。1986 年，《马克思恩格斯全集》中文第二版的编译出版工作开始，1995 年，首批 1、11、30 卷和《马克思恩格斯选集》中文第二版 1—4 卷由人民出版社出版。从 1984 年开始的《列宁全集》中文第二版 60 卷，到 1990 年底全部出齐，《列宁选集》中文第三版 1—4 卷也于 1995 年出齐。1977 年，曾出版《毛泽东选集》第 5 卷，主要收录 1949 年—1957 年的著作和讲话。1991 年 7 月，《毛泽东选集》（1—4 卷）第二版出版发行，另外从 1993 年 12 月开始出版的《毛泽东文集》到 1996 年已经出版到第 5 卷。1983 年 7 月《邓小平文选》（1975—1982 年）（1994 年改为第 2 卷）由人民出版社出版发行，1989 年 5 月《邓小平文选》（1938—1965 年）（1994 年改为第 1 卷）出版发行，1993 年 11 月，《邓小平文选》第三卷出版发行。马列主义、毛泽东思想及邓小平理论著作的出版，其影响重大，意义深远。

在哲学社会科学、文化教育、文学艺术著作方面，有大批的精品问世。如新版《孙中山全集》《鲁迅全集》《郭沫若全集》《茅盾全集》《巴金全集》《韬奋全集》《张岱年全集》《曹禺全集》《闻一多全集》《冰心全集》《宗白华全集》《孙冶方选集》《薛暮桥选集》《中国通史》（范文澜、蔡美彪著）、《中国抗日战争史》（军事科学院历史研究部）、《西藏简明通史》（藏文）（恰白·次坦平措、诺昌·吴坚著）、《蒙古秘史》（蒙文）（巴雅尔著）、《毛泽东传》（中央文献研究室编）、《现代公司与企业改革》（吴敬琏著）、《法学原理》（高铭暄著）、《冼星海全集》《中国美术全集》《乾隆版大藏经》《敦煌石窟艺术》《李可染书画全集》《齐白石全集》《中国玉器全集》《丹珠尔》（藏文）（崔成仁钦等著）、《蒙古族民歌集成》《十万个为什么》等。

在科学技术著作方面，有《杂交水稻育种栽培学》（袁隆平等著）、《机械工程手册》《实用儿科学》（诸福棠、吴瑞萍、胡亚美主编）、《工程控制论》（修订版）（钱学森、宋健著）、《值分布论及其新研究》（杨乐著）、《泌尿外科》（吴阶平主编）、《中国矿床》（上中下）（宋叔和等著）、《高士其全集》（4 卷）、《转移核糖核酸——结构、功能与合成》（王德宝等著）、《中国针灸四大通鉴》（邓良月等主编）、《肾脏病学》（王海燕等著）、《李四光文集》等；在工具书出版方面，更是成就辉煌，除了《辞海》《辞源》《新华字典》《现代汉语词典》修订出版外，还有新编的 8 卷本《汉语大字典》、74 卷本《中国大百科全书》、13 卷本《汉语大词典》《藏汉大词典》、93 卷本《中国医学百科全书》、2 卷本的《英汉大词典》、25 卷本《中国农业百科全书》等等。

二、报纸

新中国报纸出版业是在解放区报业的基础上和对旧报业进行改造而发展起来的。据统计，1949 年全国出版报纸 315 种，总印数 4.12 亿份，到 1952 年全国报纸为 296 种，总印数 16.09 亿份，比 1949 年增长 290%，总印张数 13.33 亿份，比 1950 年增长 105%。在第一个五年计划期间（1953—1957 年），报纸的发展很快，专区、市级以上报纸出版 364 种、总印数 24.42 亿份、总印张数 23.78 亿印张，分别比 1952 年增长 23%、52%、78%。在第二个五年计划与国民经济调整时期（1958—1965 年），1958 年全国专区、市级以上报纸出版 491 种、总印数 39.13 亿份、总印张数 35.13 亿印张；到 1965 年为 343 种，比 1958 年种数减少 148 种，总印数 47.41 亿份、总印张数 40.3 亿印张，分别比 1958 年增长 21%、15%。1950 年至 1965 年，全国报纸的年总平均期印数增长的幅度较大。1950 年为 301.2 万份，1957 年为 1130.7 万份（其中中央级报纸 441.5 万份，地方报纸 689.2 万份），1965 年为 2476.6 万份（其中中央级报纸 929.4 万份，地方报纸 1547.2 万份）。[1]

"文革"开始后，全国中央级和省、自治区、直辖市报纸的种数，由 1965 年的 197 种，猛降到 1966 年的 49 种，1967 年至 1976 年维持在 42 种至 53 种之内；中央级报纸由 1965 年的 20 种降到 1966 年的 7 种，1967 年又降至 4 种，以后一直到 1976 年基本不变；省、自治区、直辖市报纸，由 1965 年的 323 种，1966 年猛降到 42 种，以后一直到 1976 年，都在 38 种至 49 种之间。在"文革"10 年中，报纸成为发动和开展"文化大革命"的舆论工具，

---

[1] 方厚枢、魏玉山著：《中国出版通史·中华人民共和国卷》，第 75 页。

失去大众传媒的特色。其中创刊于1902年的《大公报》,从1956年10月1日起,作为专事报道经济财贸和国际新闻的全国性政治类大报在北京出版发行。"文革"开始后,不断接到红卫兵要求报纸改名的警告,报经上级批准,《大公报》于1966年9月15日改名《前进报》出版。但是,这份宣称"紧跟'文革'进程,大力宣传无产阶级文化大革命"的《前进报》仅仅"前进"了103天,就于当年12月28日晚10时,被中央财政金融学院一个'造反'群众组织封闭了。"造反派"不仅公布了《〈前进报〉被判以死刑》的"判决书",在报社门口贴出大字书写的所谓"《大公报》讣告",还"堂而皇之成立了令人啼笑皆非的所谓'《大公报》治丧委员会'。北京《大公报》就这样'寿终正寝'了。"[①]

改革开放以来,我国报纸出版得到了前所未有的发展,不仅报纸的品种数量、报纸的发行量有很大的增长,报纸的形象和报纸的内容也有巨大的变化。1980年全国出版报纸188种,2000年出版2007种,增加了近10倍,报纸总印数由1980年的140.4亿份增长到329.6亿份,增加了1.3倍,总印张由141.7亿印张增长到799.8亿印张,增加了5.5倍。1980年,全国有全国性报纸36种,2000年增加到了206种。省级报纸是指各省、自治区和直辖市有关部门办的报纸,主要发行范围在本行政区划内,在发行方面进行着"立足本省,面向全国"的努力,一些报纸也取得了很大的进展,如上海的《文汇报》《新民晚报》、广东的《南方周末》等。1980年全国省级报纸共有152种,2000年全国省级报纸增加到798种。地市级报纸数量更多,1982年(1980年没有统计)全国地市级报纸267种,2000年增加到841种。1982年以前,我国没有县级报纸,1982年全国县级报纸62种,到2000年增加到162种。按照地区分布,报纸种数最多的是北京,除北京市所属的报纸外,绝大多数的中央部委所办的报纸也在北京地区,2000年北京地区的报纸总数240种,其次是广东101种,另外报纸品种比较多的省区还有湖北(98种)、山东(97种)、

[①] 吴葆:《北京〈大公报〉停刊与〈前进报〉夭折》,《纵横》2002年第1期。

新疆（94 种）、江苏（92 种）。报纸最少的是宁夏和西藏，各有 16 种。

三、期刊

1950 年 9 月，出版总署召开第一届全国出版会议，期刊组组长储安平在汇报中说，全国期刊共有 247 种，发行总量约 200 万册（其中有私营期刊 96 种、发行 36 万册）。期刊分布地区以华东地区最多，占全国期刊总数的 43%；发行量以华北地区最多，占全国发行总量的一半。每种期刊发行量超过 20 万册以上的只有《学习》1 种，超过 10 万册以上的只有《中国青年》1 种，有 50% 的期刊发行量不超过 5000 册。

1952 年 8 月 16 日，政务院颁布了《期刊登记暂行办法》，经过一年的时间工作结束。据出版总署统计，截至 1953 年 9 月，全国核准登记的期刊共计 281 种（其中中央级期刊 126 种，地方期刊 155 种）。在 281 种期刊中，国营的 236 种、公私合营的 9 种、私营的 36 种。全国从事期刊编辑工作人员，据出版总署对 268 种期刊的情况调查，全国共有 1632 人（其中中央级期刊 118 种、1052 人；地方 150 种、580 人）。268 种期刊中，国营和公私合营期刊有 240 种、1537 人；私营期刊 28 种、95 人。从调查的情况中反映，地方期刊的编辑力量很薄弱，中央级期刊编辑力量虽较强，但不平衡，其中自然科学、生产技术类编辑力量较弱。

为了加强和改进期刊出版工作，中央宣传部、出版总署和有关方面采取了不少措施促进期刊工作的发展，全国新创刊了多种期刊，特别加强了对通俗性期刊的发展，学术性期刊、文学艺术和自然科学、生产技术等类期刊也有了不同程度的增长。1953 年到 1957 年，我国实行第一个五年计划期间，期刊的数量增长较快。1957 年全国出版期刊 634 种，总印数 3.15 亿册，总印张数 6.89 亿印张，分别比 1952 年增长 79%、54%、146%。1965 年全国出版期刊 790 种、总印数 4.41 亿册、总印张数 9.35 亿印张，分别比 1957 年增长 25%、40%、36%。

"文革"开始后，全国期刊的总数由 1965 年的 790 种（其中中央级期刊

495 种，地方期刊 295 种），降到 1966 年底的 191 种（其中中央级 93 种，地方 98 种），到 1969 年，只剩下《红旗》《新华月报》《人民画报》《北京周报》等 20 种（其中中央级 17 种，地方 3 种），成为近百年来中国期刊发展史上全国期刊年出版量的最低点。期刊年总印数也惊人地下降，1965 年期刊的总印数为 4.41 亿册，1968 年只有 2800 万册，而其中《红旗》杂志就占了一半以上。

1971 年召开的"全国出版工作座谈会"结束后，上报中央的关于座谈会的报告，经毛泽东批示以中共中央文件下发。在文件中有一节专门谈到期刊出版工作，规定："根据需要和可能，逐步恢复和创办一些理论、文学艺术、科学技术、学术研究、文教卫生、体育等期刊，首先要注意恢复和创办工农兵、青少年迫切需要的期刊。属于社会科学方面的期刊，报中央组织宣传组批准，属于文学艺术方面的期刊，报国务院文化组批准，其他方面的期刊，报国务院有关部门批准。"文件下发后，期刊出版工作开始出现转机。一些停办的期刊陆续复刊，也创办了少量新期刊。全国期刊的种数，由 1970 年的 21 种，上升到 1972 年的 194 种。特别是中央级期刊上升的数量较多（由 1969 年的 17 种，上升到 1972 年的 118 种），但与广大读者的需要仍有较大差距，一批"文革"前出版的著名期刊迟迟未能复刊。

1973 年出版口领导小组于 5 月 18 日向中共中央、国务院上报了《文化大革命前期刊出版情况和现在复刊情况》的情况反映。据不完全统计，"文革"前公开发行的 700 多种期刊，大部分于 1966 年 6 月"文革"开始后停刊，其中为广大读者所熟悉或发行量较大的已停期刊有 217 种。由于毛泽东、周恩来的督促推动，各方面读者对各类期刊需要情况的呼吁，从 1974 年起，期刊出版的数量逐年有所增加，但到 1976 年只达到 542 种（其中中央级期刊 294 种，地方期刊 248 种），还没有达到"文革"前 1965 年出版 790 种的水平。

十一届三中全会以后，人们对各类型的期刊需求均很迫切，推动期刊品种和规模不断发展。从 1978 年的 930 种，经过 1989 年和 2004 年的小幅调整，到 2005 年期刊种数达到 9468 种。特别是 20 世纪 80 年代，期刊获得了大规模发展。按照期刊分类，在综合类期刊领域，创刊于1982年7月的《家庭》（原名《广东妇女》），从文化的不同方面来美化人们的生活，表现形式活泼多样，从而拥有了庞大的读者群，成为一道独特的风景线；在哲学、社会科学类期刊领域，创刊于1980年5月的《半月谈》，以通俗解释时事政策、评论社会思潮闻名，1992年发行高达720万份，被誉为"神州处处有人烟，有人烟就有《半月谈》"；在自然科学、技术期刊领域，创刊于1955年的《无线电》，以通俗新颖而满足了广大青少年及无线电爱好者的需要；在文化、教育期刊领域，创刊于1983年4月的《演讲与口才》，以知识性、实用性取胜，拥有一批忠实读者；在文学、艺术期刊领域，创刊于1978年8月的《当代》，以小说、报告文学等形式来表达人们对社会的关注和思索，契合了当时人们解放思想的要求，从而在整个20世纪80年代获得了飞速发展；在少年儿童期刊领域，创刊于1976年的《少年文艺》，满足了少年儿童求新、求真、求奇的心理特点；在画刊领域，创刊于1978年的《电影画刊》，以图片精美、内容切合读者喜爱为旨要。

到2001年，期刊总数为8889种，总印数28.95亿册，涉及期刊7大类别的各个方面。从2002年开始，适应进一步深化改革需要，各类期刊纷纷改刊改版，推动期刊结构不断优化。据统计，21世纪前10年，我国消费类期刊、商业类期刊和学术类期刊比例分别为13%、51%和36%。其中，消费类期刊以消费者个体为服务对象，如20世纪80年代末蓬勃发展的大众文化类期刊，《读者》《知音》《家庭》《女友》《青年文摘》等是其主要代表，成为我国期刊发展的支柱力量。20世纪90年代中期，时尚生活类期刊横空出世，其中《时尚》《世界时装之苑》《瑞丽》是这一阶段时尚类期刊的佼佼者。这些时尚期刊大多通过中外合作的模式运行，国际化趋势开始显现，在期刊市场中的中坚地位进一步巩固。此外，其他休闲娱乐类期刊如男性类、休闲玩乐类、青少年类等也是期刊业发展的热门类别。20世纪90年代末和21世纪初，随着金融证券业的发展和国有企业体制改革的深入，面向大众的财经读物类期刊应运而生，其中有代表性的是《财经》和《证券市场周刊》。商业类期刊

图 6.11　1979 年《人民日报》　　图 6.12　1981 年《红旗》

则主要以管理者作为服务对象，其内容是代表政府或行业协会指导行业的发展，因此我国大多数商业期刊只能称之为专业期刊或行业期刊。在学术类期刊中，大学学报是学术期刊中比例最高的门类，社科学术期刊数量相对较少，存在增加数量的空间。自然科学学术类期刊基本覆盖了各学术门类。除有少数学科根据需要，可能会适度增加外，多数学科更主要的是在增加办刊经费的前提下，进一步提高学术质量。[①]

四、音像制品、电子与网络出版物

相对于书报刊等纸介质出版物来说，音像制品、电子出版物可以称得上是新兴出版物。音像制品由录音制品和录像制品组成，主要形态包括录音带、录像带、唱片、激光唱盘和激光视盘等。录音制品 1908 年由西方传入中国，1915 年开始在中国生产，到 1949 年全国生产各种牌号的唱片 8000 种。新中国成立后，唱片生产有很大的发展，到 1976 年，全国出版各种唱片 17000 多种。"文化大

[①] 徐升国：《我国期刊结构现状与投资机会》，《出版参考》2006 年 10 月下旬刊。

革命"结束以后，随着科学技术的发展和国民生活水平的迅速提高，录音设备、录像设备逐步普及，音像制品发展迅猛，成为重要的出版物形态之一。

从录音制品看，密纹唱片在20世纪90年代中期以后不再生产，取而代之的是激光唱盘（CD）的快速发展。从录像制品看，录像带在20世纪90年代后期出版数量锐减，激光视盘（LD）逐渐绝迹，代之而起的是VCD和DVD。高密度激光视盘（DVD—V）和高密度激光唱盘（DVD—A）在1999年尚未纳入统计范畴，但是到2000年，全国高密度激光视盘（DVD—V）的出版数量就达到了294种，131万张，高密度激光唱盘（DVD-A）出版8种，1.2万张。

图6.13 中国唱片总公司

按照统计资料，全国音像制品发行量最多的1997年为1.99亿张（盒）。全国音像制品的发行额，最高年销售额不超过20亿元，但是许多人都相信，我国的音像制品的实际发行量和销售额远远不止这样的数量，而应当是10倍左右。全国音像制品的主要生产地区是北京、上海和广东。北京出版数量多主要是由于中央部委所属的出版单位多，因此无论是录音制品还是录像制品的总量都位居前列。上海主要是录音带出版数量大，如2000年上海生产盒式录音带1563种，占全国出版总量的25.3%。广东则是录像制品出版走在前头，如2000年广东生产的DVD—V107种，占全国生产总量的36.4%，VCD1045种，占全国总量14.7%，都远远高于除北京以外的其他地区。

电子出版物是指以数字代码方式将图文声像等信息编辑加工后存储在磁、光、电介质上，通过计算机或者具有类似功能的设备读取使用，用以表达思想、普及知识和积累文化，并可复制发行的大众传播媒体。电子出版物的主要形态有软磁盘、只读光盘、交互式光盘、照片光盘、高密度只读光盘、集成电路卡等。电子出版物出现在20世纪90年代初期，90年代中期随着计算机的普及而快速发展。因此可以说，音像及电子出版业的兴起与发展，是改革开放以来中国出版的重要方面。

1991年武汉大学出版社出版了《国共两党关系通史》电子版，清华大学大学出版社出版了《英汉计算机词汇》电子版，被认为是中国最早的电子出版物。当时主要是软磁盘形式，出版的数量很少。1992年"中文科技期刊篇名数据库"等CD—ROM光盘出版，以后CD—ROM逐渐成为电子出版物的主流。1996年全国36家电子出版社出版的电子出版物共189种，其他图书出版社和软件公司出版73种，合计262种。从内容看主要是工具书和报刊的全文数据库，如《儿童辞海》《中国少儿百科》《人民日报》《解放日报》全文数据库等。1998年全国出版电子出版物1078种，2000年全国出版电子出版物2254种，其中CD—ROM2222种。光盘载体与传统的印刷载体和先进的网络载体相比，其产品显示出明显的过渡性特征，产品的形态也不断变化，包括FD、CD—ROM、DVD—ROM、INTERNET、MP3、E—BOOK等多种形式。

自1998年起，电子出版技术开始向网络出版技术转型，逐步形成了以下几种形态。其一，数字图书馆。2008年数字图书馆的用户超过2000家，其中主要集中于高校和公共图书馆市场。据几家数字图书馆商2008年的数据，全国的2300所高校中，大约有600多所院校成为书生数字图书馆的客户，约有600家是方正数字图书馆的用户，还有另外500多家是超星数字图书馆的用户，剩下的 500 家由于种种原因难以进入，基本上主流的大学图书馆市场已经接近饱和。数字图书馆商们纷纷开拓新市场，其中，中小学市场是各家角逐的重点。中文在线在中小学数字图书馆市场稳居前列；方正也向中小学市场拓展，有 300 余所重点中小学使用方正 Apabi 数字图书馆。其二，电子书。2005 年，书生公司的电子书有超过 16 万册，并可全文在线阅读；方正拥有数字版权保护的图书 21 万种，超星则达到 81 万种。其三，数字报刊迅猛发展，使得传统报业在世界范围内普遍出现急剧滑坡的趋势。2005 年国家新闻出版总署报刊司首次提出"数字报业"概念。2006 年，Zcom、Digibook、Xplus 等三大数字杂志平台得到国际风险投资的青睐，一时成为中国报刊界的焦点。清华同方知网、万方数据、维普资讯三家专业数字期刊的销售数额已经上亿元。

从 2005 年起，数字出版从概念的探讨，日益变成新的产业增长点。北大方正和清华同方等技术公司，从帮助出版社开发电子书刊到实际涉足内容原创；网络原创作品从自娱自乐到涉足商业化的出版发行；Google 和百度从查找信息的搜索引擎到进军中文图书的搜索业务，标志着我国数字出版产业正在加速形成，内容原创从纸介质出版加速向网络出版过渡，早期的技术提供商向内容提供商转型，其出版方向主要有以下几个方面：一是游戏出版。2006 年底，国内网络游戏运营商近 90 家，网络游戏产品几百种。二是文献网络出版。据统计，文献网络出版年增长速度为 40%，成为仅次于互联网游戏出版的第二大互联网出版领域。三是网络教育出版。据统计，2006 年我国涉及网络教育出版的网站超过 3000 个，互联网教育出版规模过亿元，网络教育出版在我国互联网出版市场中排名第三。四是网络音像出版。手机下载音乐非常普及，成为互联网音像出版的主流。五是文学出版影响渐大。2006 年文学网站日均总阅读量达到了 550 万，日均投稿量达 6000 篇，存稿逾 75 万篇，成为新生文学创作群体施展才华的重要园地。

五、少数民族文字、外文、盲文出版物

1. 少数民族文字出版物

新中国成立后，少数民族文字图书的出版有很大增长。自 1950 年到 1956 年间，以蒙古、藏、维吾尔、哈萨克、朝鲜、锡伯等 6 种少数民族文字出版的图书共有 4997 种，印行 4700 多万册。少数民族文字出版与汉文出版一样，在"文化大革命"中遭受了巨大的破坏。"文化大革命"结束以后，伴随着出版业的恢复，民族文字报刊也得到恢复与发展，如 1979 年 6 月新疆哈萨克文版《塔城报》复刊、1985 年《新疆商业报》维吾尔文版复刊、1986 年维吾尔版《哈密报》复刊等；1980 年创办维吾尔文版《新疆法制报》、1980 年创办维吾尔版《科学与技术》(1984 年又出版哈萨克文版，1987 年改名为《新建科技报》)、1980 年创办藏文《西藏科技报》、1981 年创办内蒙古文《内蒙古科技报》、1985 年创办藏文《拉萨晚报》、1985 年创办《吉林朝鲜文报》等等，其他少数民族文字的报刊，如苗文、傈僳文、布依文、侗文、纳西文等民族文字的报刊也大量出版。1990 年全国共有少数民族文字报纸 26 种，期刊 131 种，2001 年全国共有少数民族文字报纸 87 种，少数民族文字期刊 202 种。

除了书报刊等传统出版物出版机构外，少数民族音像、电子出版物等新兴媒体出版机构也发展很快，少数民族文字出版物的数量也得到大幅度的增长。全国每年使用的少数民族文字主要有蒙古文、维吾尔文、哈萨克文、柯尔克孜文、藏文、朝鲜文、彝文、西双版纳傣文、德宏傣文、景颇文、载佤文、傈僳文、哈尼文、拉祜文、纳西文、佤文、布依文、苗文、白文等近 20 种文字。从 1978 年到 2001 年，无论是图书出版数量，还是报刊出版数量均有较大发展。少数民族文字图书的出版主要集中在北京以及内蒙古、辽宁、吉林、黑龙江、四川、贵州、云南、西藏、甘肃、青海、新疆等少数民族比较集中的区域，特别是新疆，年出版少数民族文字图书占全国少数民族文字图书的二分之一左右。2001 年新疆出版少数民族文字图书 2316 种，吉林出版 853 种，内蒙古出版 724 种，四川 207 种，西藏 193 种。少数民族文字图书的类型也很丰富，几乎涵盖哲学社会科学和自然科学技术的各个领域。如民族出版社出版了维吾尔

族叙事长诗《福乐智慧》（维吾尔文）、内蒙古人民出版社出版了13世纪完成的文学名著《蒙古秘史》（蒙古文）、西藏人民出版社出版了世界上最长的史诗《格萨尔王传》和凝聚藏族人民智慧的医学百科《四部医典》，延边人民出版社出版了《朝鲜语大词典》、新疆人民出版社出版了《玛纳斯》（柯尔克孜文）；等等，为促进民族区域经济发展，传播民族优秀文化遗产等发挥了重要的作用。从少数民族文字期刊的语言分布看，维吾尔文、蒙古文、藏文、哈萨克文、朝鲜文的期刊数量最多。据统计，1997年在全国198种少数民族文字期刊中，维吾尔文55种，蒙古文52种，藏文27种，哈萨克文26种，朝鲜文20种，傣文、柯尔克孜文、彝文各2种，景颇文、壮文各1种。从地区分布看，新疆和内蒙古的数量最多，2001年新疆共出版少数民族文字期刊99种，几乎占全国少数民族期刊的一半，内蒙古出版46种，中央单位出版15种，四川和吉林各出版13种。少数民族文字报纸的出版以新疆最多，2001年出版41种，其次是内蒙古，出版13种，此外吉林、西藏各出版7种，云南6种，青海5种。

2. 外文出版物

新中国成立后，适应对外文化交流的需要，1952年成立以出版外文出版物为主要任务的外文出版社。至1956年底，出版了俄、英、德、法、日、西班牙、越南、印尼等8种文字的书籍640种，印行590万册。

改革开放以来，外文出版物也取得很大的成就。从期刊来看，1976年全国有外文期刊6家，主要是对外宣传类的综合性期刊。1976年以后，不仅外文期刊的数量有很大的发展，而且外文的类型也有很大的变化。1980年，全国外文期刊有14种，其中外文局所属的6种即《人民画报》《中国建设》《北京周报》《人民中国》《中国文学》《中国报道》，科学出版社、中国社会科学出版社等出版的《中国科学》《科学通报》《中国社会科学》《中国妇女》《中国体育》《中华医学杂志》《中国对外贸易》《中国银幕》等8种。此后外文期刊飞速发展，特别是科技类外文期刊发展更快，到1990年，全国外文期刊已经有125种，共出版156个文版，其中英文123个，法、德、俄、日、西班牙等语种的33个。在125种期刊中，哲学社会科学类的共有31种，自然科学技术类的94种。2002年全国外文期刊150余种，其中主要的是自然科学技术类，在向世界展示我国科学技术的研究与发展，加强中外科学技术的交流等方面发挥了巨大的作用，形成了一批在世界上有重要影响的专业学术期刊，如《中国医学杂志》英文版、《中国化学》英文版、《中国物理快报》英文版、《理论物理通讯》英文版等，已经成为具有重要国际影响的专业学术期刊。哲学社会科学类期刊也有一定的数量，如《中国社会科学》《中国对外贸易》《中外文化交流》《现代国际关系》《城市周报》《中国妇女》等等，在宣传中国政治、经济、文化等方面发挥着一定的作用。对外宣传类期刊发行数量也很大，在对外宣传方面发挥着主要的作用，如《北京周报》，有英、日、德、法、西班牙5种文字，6种版本，发行到150多个国家和地区，英语版每期发行4万多册。《中国画报》有英、法、日、俄、德、西班牙、意大利、阿拉伯等9种外文版，发行到140多个国家和地区，每期发行7万多册。《今日中国》出版5种外文版，每期发行9万多册。

从报纸来看，外文报纸出版比外文期刊的出版时间晚、数量少，最主要的是创办于1981年的《中国日报》（China Daily），它是新中国成立以来第一份也是目前唯一的一份全国性英文日报。到2001年，已经发行到150多个国家和地区，发行量超过30万份，还拥有《商业周刊》（Business Weekly）、《21世纪报》（21st Century）、《北京周末》（Beijing weekend）、《上海英文星报》（Shanghai Star）、《中国专稿》（Reports Form China）和《中国日报》网络版、《中国日报香港版》等英文报刊。

从图书来看，据不完全统计，1980年至1987年共出版外文图书5147种，语种多达45种，除了英、法、西班牙、德、日、俄、阿拉伯等较大的语种外，还有柬埔寨、尼泊尔、古加拉提等小语种。进入20世纪90年代后，外文图书出版平稳增长，2000年，仅中国外文出版发行事业局系统每年出版的外文图书就有1000种左右，约10个文种。外文图书的种类也很多，不仅有毛泽东、刘少奇、周恩来、朱德、邓小平、江泽民、陈云等著作的外文版，还有政治理论读物和介绍中国社会主义建设成就和中国基本知识的图书，如《中国对外开放》《农村改革大潮》《中华人民共和国成立四十周年经济建设主要成就》《中国概貌》等；有中国文学艺术精品图书，如《鲁迅短篇小说选》《红楼梦》《西游记》等；有科学技术类和中医中药图书，如《配位场理论方法》《中医饮食疗法》《中医基础理论》等，此外还有儿童读物等。

3. 盲文出版物

盲文期刊的出版始于1954年，当年中国盲人福利基金会创办了《盲文月刊》。"文化大革命"期间，《盲人月刊》被迫停刊。"文化大革命"结束后，1978年北京盲人出版社又出版了《知识与生活》《卫生知识》《文艺选刊》《科学知识》等期刊，向盲人传播文学艺术和科学普及知识。1985年中国盲人协会创办了《中国盲童文学》，主要刊登以盲人生活为题材的作品和盲人自己的创作作品。我国出版的第一部盲文图书是魏巍的《谁是最可爱的人》，1953年出版。1954年我国出版盲文图书44种，此后盲文图书的出版发展顺利，从1954年到1965年，全国出版盲文图书1453种，年均出版盲文图书100余种，总共发行90万册。"文化大革命"期间，盲文图书出版也受到很大的影响，1968年全国出版盲文图书仅有28种，其中27种为毛泽东著作和政治学习材料。"文化大革命"结束后，盲文出版迅速恢复和发展，1979年至1989年，全国出版盲文图书2600多种，发行230多万册，不仅包括了政治理论读物，还有法律、文学艺术、政治经济、医药卫生、工具书及英语等。

本章小结

中国是世界上拥有典籍最多、图书类型最丰富的国家。古代编辑活动普遍具有编、著、校合一的特点，十分注重图书的质量，务实求真，编纂了许多部可称为世界之最的巨帙大书。既反映在出版大部头书籍上，也反映在图书的类型和总体数量上。从出版物类型和内容结构来看，早在先秦时期，出现了史书、诸子书、科技书籍等图书类型，到晚清民国时期，新式出版业的发展不仅带来了出版物类型的不断丰富，时代潮流的变化也同时呼应了出版物内容结构的不断调整。习惯上划分为教科书出版、古籍出版、工具书出版、翻译出版、文艺著作出版、社科图书出版、自然科学图书出版等几大出版门类在晚清有的已基本定型,有的则有相当的出版基础,近代化的报纸、杂志也开始大量出现。新中国成立后,随着出版技术的进步和出版载体的丰富,音像电子、网络出版物和少数民族文字、外文、盲文出版物的涌现,使得出版物这一概念的内涵和外延大大拓展。

从出版物数量来看,据林穗芳统计,中国从西汉到民国时期共生产图书281755种。而新中国成立以后,除了"文化大革命"的十年,出版物数量快速增长,到2010年已经达到每年30万种。也就是说,当前一年的出版物数量相当于过去2000年的出版数量。但与此同时,如何提高出版物的质量,生产更多能够传世的文化精品和经典之作,依然任重道远。

参考文献

[1] 刘尚恒:《古籍丛书概说》,上海:上海古籍出版社,1989年。

[2] 姚福申著:《中国编辑史(修订本)》,上海:复旦大学出版社,2004年。

[3] 邹振环编著:《影响中国近代的一百种译作》,北京:中国对外翻译出版公司,1996年。

[4] 李致忠著:《中国古代书籍史》,北京:文物出版社,1985年。

[5] 曹之著:《中国古籍编撰史》,武汉:武汉大学出版社,1999年。

[6] 刘国钧著:《中国古代书籍史话》,北京:中华书局,1962年。

[7] 程焕文:《中国图书文化导论》,广州:中山大学出版社,1995年。

参考文献

［1］中国出版科学研究所：《中国出版通史》，北京：中国书籍出版社，2008年。

［2］刘尚恒：《古籍丛书概说》，上海：上海古籍出版社，1989年。

［3］吴永贵著：《民国出版史》，福州：福建人民出版社，2011年。

［4］方汉奇主编：《中国新闻事业通史》，北京：中国人民大学出版社，1992-1999年。

［5］姚福申著：《中国编辑史（修订本）》，上海：复旦大学出版社，2004年。

［6］邹振环编著：《影响中国近代的一百种译作》，北京：中国对外翻译出版公司，1996年。

［7］宋应离主编：《中国期刊发展史》，开封：河南大学出版社，2000年。

［8］傅璇琮、谢灼华著：《中国藏书通史》，宁波：宁波出版社，2001年。

［9］李致忠著：《中国古代书籍史》，北京：文物出版社，1985年。

［10］叶再生著：《中国近现代出版通史》，北京，华文出版社，2002年。

［11］曹之著：《中国古籍编撰史》，武汉：武汉大学出版社，1999年。

［12］刘国钧著：《中国古代书籍史话》，北京：中华书局，1962年。

［13］李瑞良著：《中国古代图书流通史》，上海：上海人民出版社，2000年。

［14］肖东发、于文主编：《中外出版史》，北京：中国人民大学出版社，2010年。

［15］高信成著：《中国图书发行史》，上海：复旦大学出版社，2005年。

[16] 郑士德著：《中国图书发行史》，北京：中国时代经济出版社，2009年。

[17] 陈焕仁著：《当代出版业研究》，成都：四川人民出版社，2009年。

[18] 李文藻著：《琉璃厂书肆记》，北京：中国文史出版社，2001年。

[19] 朱迎平著：《宋代刻书产业与文学》，上海：上海古籍出版社，2008年。

[20] 来新夏著：《中国图书事业史》，上海：上海人民出版社，2009年。

[21] 王余光等著：《中国阅读文化史论》，北京：北京图书馆出版社，2007年。

[22] 陆本瑞主编：《世界出版概观》，北京：中国书籍出版社，1991年。

[23] 彭斐章著：《中外图书交流史》，长沙：湖南教育出版社，1998年。

[24] 王勇著：《中日汉籍交流史论》，杭州：杭州大学出版社，1992年。

[25] 肖东发著：《中国图书出版印刷史论》，北京：北京大学出版社，2001年。

[26] 孙毓修著：《中国雕版源流考》，上海：商务印书馆，1934年。

[27] 张秀民著：《中国印刷史》，杭州：浙江古籍出版社，2006年。

[28] 钱存训著：《纸与印刷》，北京：科学出版社，1990年。

[29] 张树栋等著：《中国印刷通史》，北京：印刷工业出版社，1999年。

[30] 张静庐辑注：《中国近现代出版史料》，上海：上海书店出版社，2003年。

[31] 宋原放主编：《中国出版史料》，山东教育出版社、湖北教育出版社，2004年。

[32] 罗树宝著：《中国古代印刷史》，北京：印刷工业出版社，1993年。

[33] 刘哲民编：《近现代出版新闻法规汇编》，上海：学林出版社，1992年。

[34] 周林、李明山主编：《中国版权史研究文献》，北京：中国方正出版社，1999年。

[35] 李明山主编：《中国近代版权史》，开封：河南大学出版社，2003年。

[36] 李明山主编：《中国当代版权史》，北京：知识产权出版社，2007年。

[37] 李明山主编：《中国古代版权史》，北京：社科文献出版社，2012年。

[38] 叶德辉著：《书林清话》，国家图书馆出版社，2009年。

[39] 李致忠著：《历代刻书考述》，成都：巴蜀书社，1990年。

[40] 缪咏禾著：《明代出版史稿》，南京：江苏人民出版社，2000年。

[41] 肖东发著：《中国编辑出版史》，沈阳：辽宁教育出版社，1996年。

[42] 黄镇伟编著：《中国编辑出版史》，苏州：苏州大学出版社，2003年。

[43] 徐雁著：《中国旧书业百年》，北京：科学出版社，2005年。

[44] 李瑞良著：《中国出版编年史》，福州：福建人民出版社，2004年。

[45] 叶树声、余敏辉著：《明清江南私人刻书史略》，合肥：安徽大学出版社，2000年。

[46] 黄镇伟著：《坊刻本》，南京：江苏古籍出版社，2002年。

[47] 徐学林著：《徽州刻书》，合肥：安徽人民出版社，2005年。

[48] 王澄著：《扬州刻书考》，扬州：广陵书社，2003年。

[49] 纪昀等编：《钦定四库全书总目整理本》，北京：中华书局，1997年。

[50] 《二十四史》，北京：中华书局点校本。

[51] 永瑢等编：《四库全书总目》，北京：中华书局，1965年。

[52] 北京图书馆编：《民国时期总书目》，北京：书目文献出版社，1986-1994年。

[53] 周少川著：《古籍目录学》，郑州：中州古籍出版社，1996年。

[54] 陈桓著：《中国佛教史籍概论》，北京：中华书局，1962年。

[55] 潘吉星著：《中国造纸技术史稿》，北京：文物出版社，1979年。

[56] 张涤华著：《类书流别》，北京：商务印书馆，1985年。

[57] 任继愈著：《中国藏书楼》，沈阳：辽宁人民出版社，2001年。

图书在版编目（CIP）数据

中国出版史论 / 刘兰肖主编. —北京：中国书籍出版社，2015.3
（现代出版学研究丛书 / 魏玉山主编）
ISBN 978-7-5068-4705-6

Ⅰ.①中… Ⅱ.①刘… Ⅲ.①出版事业—文化史—研究—中国 Ⅳ.①G239.29

中国版本图书馆CIP数据核字（2015）第007716号

中国出版史论
刘兰肖　主编

责任编辑	卢安然
责任印制	孙马飞　马　芝
封面设计	楠竹文化
出版发行	中国书籍出版社
地　　址	北京市丰台区三路居路97号（邮编：100073）
电　　话	（010）52257143（总编室）　（010）52257140（发行部）
电子邮箱	eo@chinabp.com.cn
经　　销	全国新华书店
印　　刷	北京温林源印刷有限公司
开　　本	880毫米×1230毫米　1/16
印　　张	28.25
字　　数	393千字
版　　次	2015年9月第1版　2015年9月第1次印刷
书　　号	ISBN 978-7-5068-4705-6
定　　价	49.00元

版权所有　翻印必究